安徽省高等学校"十三五"规划教材
安徽省"一流教材"

会计学基础

（第2版）

主　编 ◎ 朱继民　周建龙
副主编 ◎ 程小红　陈　颖

北京师范大学出版集团
安徽大学出版社

图书在版编目(CIP)数据

会计学基础/朱继民,周建龙主编.--2版.—合肥：安徽大学出版社,2019.6(2024.1重印)
ISBN 978-7-5664-1861-6

Ⅰ.①会… Ⅱ.①朱… ②周… Ⅲ.①会计学－高等学校－教材 Ⅳ.①F230

中国版本图书馆 CIP 数据核字(2019)第 108611 号

会计学基础(第2版)

Kuaijixue jichu

朱继民 周建龙 主编

出版发行：	北京师范大学出版集团 安徽大学出版社 (安徽省合肥市肥西路3号邮编230039) www.bnupg.com www.ahupress.com.cn
印 刷：	合肥创新印务有限公司
经 销：	全国新华书店
开 本：	787mm×1092mm 1/16
印 张：	22.25
字 数：	408 千字
版 次：	2019 年 6 月第 2 版
印 次：	2024 年 1 月第 6 次印刷
定 价：	58.00 元

ISBN 978-7-5664-1861-6

策划编辑：方 青　　　　　　　　　　装帧设计：李伯骥　孟献辉
责任编辑：方 青 邱 昱　　　　　　美术编辑：李 军
责任印制：陈 如 孟献辉

版权所有　侵权必究

反盗版、侵权举报电话：0551—65106311
外埠邮购电话：0551—65107716
本书如有印装质量问题,请与印制管理部联系调换。
印制管理部电话：0551—65106311

前 言
(第二版)

《会计学基础》自2017年4月由安徽大学出版社出版以来,由于教材定位准确(应用型本科院校),内容通俗易懂,形式活泼,体例新颖,广受读者欢迎。

2017年本教材成功申报为安徽省高等学校"十三五"规划教材(编号:2017ghjc203),2018年成功申报为安徽省"一流教材"(编号:2018yljc028),这对我们是莫大的鞭策与鼓舞,同时,也对我们形成巨大压力。为了不辜负读者的期望,也为适用会计学理论与实践等变化与发展,在安徽大学出版社的大力支持下,我们耗时半年,对本教材进行全面修订,主要修订内容有以下几方面:

1. 根据会计准则修订的具体情况,修订了各章节所涉及的会计科目,如"债权投资""其他权益投资""其他综合收益"等,对相关交易或事项的会计处理变化也有介绍,为读者今后学习中级财务会计做好衔接准备。

2. 根据财政部有关财务报表格式及内容的修订,本教材也及时作出修订,并修订诸如"营业外收入""营业外支出"科目核算的内容等。

3. 根据新修订的《会计法》《会计人员管理办法》《会计专业技术人员继续教育规定》等法律、法规,修订了教材第十二章的主要内容。

4. 修订了有关增值税税率的变化内容,由17%修订为16%。当然,在2019年"两会"期间,李克强总理宣布将进一步下调增值税税率,此次修订已对部分内容进行了调整,暂未调整的部分应不影响本教材的教学使用。

5. 修订了第一版中存在的一些错误,同时也对一些案例进行了更新。

由于会计准则及相关法律、法规更新、变化较快,也基于我们学识有限,时间仓促,本教材依旧存在一些不足,我们期待广大读者的批评与指正,对此,我们表示衷心感谢。

编 者
2019年4月

◆ 前 言 ◆
（第一版）

《会计学基础》是会计学乃至整个经管类学科的专业基础课，是从事会计工作以及其他经济、管理工作的必修课程。

目前，本课程教材繁多，名称也多种多样，有称《基础会计》的，有称《初级会计学》的，也有称《会计学基础》的，但其内容大同小异。这些教材中，各有其特点与长处，当然也存在不足：个别教材过于"西化"，与我国会计核算体系存在较大差距，不利于学生将来就业；一些教材内容过于复杂，影响初学者的学习热情。此次编写的这本教材，立足于应用型本科院校经管类各专业，教材编写者都是从事会计教学多年的一线教师，有着丰富的教学经验，深知学生，尤其是初学者在学习过程中的困惑。因此，本教材具有以下几方面特点：

1. 专业理论上够用。本教材在编写中，我们力图展示会计学专业理论的完整性，但又不过多展开作深入阐述，以避免初学者陷入专业理论的漩涡中。作为专业入门课程，本教材必然会出现一些学生之前未曾接触过的专业名词、概念和基础理论，这是初学者最为困惑的地方，我们主要作一些基本描述，同时，通过二维码适当进行知识拓展，做到专业理论够用。

2. 应用知识上实用。会计学作为一门应用性学科，我们力图做到应用知识实用。会计学基础课程，主要教学目标是让学生掌握借贷记账法，熟悉企业资金运动过程中的基本账务处理，掌握会计循环过程。为此，我们结合案例，完整构建企业从资金的筹集，到利润形成与分配的全部业务，手把手教会这些经济业务的会计处理，让学生能够全面理解企业资金运动过程的全貌，并为今后的专业课程的学习打下基础。

3. 教学形式上好用。为了方便教师教学，在教材编写中，我们除了注重教学内容的深入浅出，专业理论的够用之外，更多在形式上下功夫。我们在每一章之后设有思考题、练习题以及案例分析，以便于学生课后练习。同时，为了拓展学生的知识面，我们在教材各章都设有若干二维码链接，以方便教师引导学生自主学习。另外，本教材附有教学课件，若有需要，可在出版社官方网站下载。

本教材由朱继民负责策划、组织，并进行最后统稿。由朱继民、周建龙担任主编，程小红、陈颖担任副主编，具体编写分工为：周建龙编写第一、二章，程小红编写第三、五章，朱继民编写第四、十二章，陈颖编写第七、八章，周燕编写第九、十章；牛艺琳编写第六、十一章。

由于我们的学识有限，虽然我们作了认真而细致的努力，但教材中难免存在诸多问题与不足，恳请广大读者不吝赐教，以便我们在以后的修订中加以完善，在此表达深深的谢意。许绍双、李仲轶等为本书修订作出了贡献，在此表示感谢。

编 者
2017年4月

目 录

001 第一章 概论

- 003 第一节 会计的概念与会计目标
- 009 第二节 会计对象与会计任务
- 012 第三节 会计基本假设与会计基础
- 015 第四节 会计计量属性与会计信息质量要求
- 019 第五节 会计方法与会计循环

026 第二章 会计要素与会计等式

- 027 第一节 会计要素
- 036 第二节 会计等式

047 第三章 会计科目与会计账户

- 049 第一节 会计科目
- 057 第二节 会计账户
- 061 第三节 会计账户的分类

072 ▷ 第四章
复式记账

- 073 ▶ 第一节　复式记账原理
- 076 ▶ 第二节　借贷记账法

089 ▷ 第五章
借贷记账法的实际应用

- 091 ▶ 第一节　资金筹集业务的核算
- 098 ▶ 第二节　供应过程业务核算
- 105 ▶ 第三节　生产过程业务核算
- 115 ▶ 第四节　销售过程业务核算
- 125 ▶ 第五节　利润形成及分配业务核算

148 ▷ 第六章
成本计算

- 149 ▶ 第一节　成本计算概述
- 152 ▶ 第二节　材料采购成本的计算
- 154 ▶ 第三节　产品生产成本的计算
- 158 ▶ 第四节　产品销售成本的计算

164 ▷ 第七章 会计凭证

- 165 ▷ 第一节 会计凭证的意义和种类
- 174 ▷ 第二节 原始凭证
- 182 ▷ 第三节 记账凭证
- 189 ▷ 第四节 会计凭证的传递与保管

197 ▷ 第八章 会计账簿

- 199 ▷ 第一节 会计账簿的意义和种类
- 204 ▷ 第二节 会计账簿的设置与登记
- 221 ▷ 第三节 对账与结账
- 224 ▷ 第四节 错账的查找和更正方法
- 227 ▷ 第五节 账簿的更换与保管

236 ▷ 第九章 财产清查

- 238 ▷ 第一节 财产清查概述
- 240 ▷ 第二节 财产物资的盘存制度
- 242 ▷ 第三节 财产清查的方法
- 247 ▷ 第四节 财产清查结果的处理

256 第十章 财务会计报告

- 258 第一节 财务会计报告概述
- 261 第二节 财务报表的组成及其编制
- 280 第三节 财务报表的汇总、审批与报送

286 第十一章 账务处理程序

- 287 第一节 账务处理程序概述
- 289 第二节 记账凭证账务处理程序
- 305 第三节 科目汇总表账务处理程序
- 314 第四节 汇总记账凭证账务处理程序
- 319 第五节 其他账务处理程序

328 第十二章 会计工作的管理和组织

- 330 第一节 会计工作的管理体制
- 332 第二节 会计机构和会计人员
- 338 第三节 会计法规
- 340 第四节 会计档案

344 参考书目

第一章

概 论

本章知识结构图

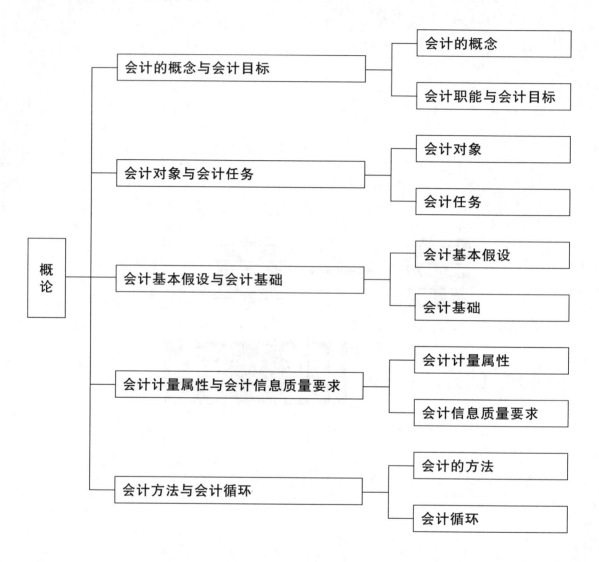

学习目标

1. 了解会计的概念与特点；明确会计的职能、对象、目标、任务。
2. 熟悉会计的基本假设与会计基础。
3. 掌握企业资金运动过程、会计方法体系与会计循环。
4. 会运用权责发生制和收付实现制确定会计期间的收入、费用。

第一节 会计的概念与会计目标

一、会计的概念

(一) 会计的产生与发展

1. 会计的产生

会计是人类社会发展到一定阶段的产物,它起源于人类的早期生产实践,伴随着人类社会生产的发展以及对生产剩余物管理的客观需要而产生、发展并不断完善。物质资料的生产是人类社会赖以生存和发展的基础。人类为了能够生存下去,必须有满足其衣、食、住、行等需要的物质资料,因而人类必须从事物质资料的生产。人类社会的生产活动决定着其他活动,也是人类会计思想和行为产生的根本前提。人类要进行生产活动,必然要关心自己的生产成果,并力求以尽可能少的劳动消耗(投入),取得尽可能多的劳动成果(产出)。基于此,人类在进行生产活动的同时,还需要对劳动成果和劳动耗费进行记录、计量,并将取得的劳动成果与劳动耗费进行比较、分析,以便获得反映生产过程及其结果的经济信息,并据以总结过去、了解现状和安排未来。由此,人类的会计思想和会计行为便应运而生。

人类生产活动的发生是会计产生的前提条件,如果没有生产活动的发生,就不会有会计思想和会计行为的产生。但是这并不意味着生产活动一发生,就自然产生了会计思想和会计行为。会计学者的考古结果表明,只有当人类的生产活动发展到一定阶段,以至于生产所得大体上能够保障人类生存和繁衍的需要时,人们才会关心劳动成果与劳动耗费的比较,特别是劳动成果有了剩余时,原始的计量和记录行为才具备了产生的条件,会计也由此进入了萌芽阶段。这一时期经历了漫长的过程,也叫会计的原始计量与记录时代。由此可见,会计并不是在生产活动发生伊始就产生的,它是生产发展到一定阶段,劳动成果有了剩余之后,人们开始关心劳动成果和劳动耗费的比较,更关心对剩余劳动的管理和分配,才会需要对它们进行计量、计算和记录,因而产生了会计思想,有了会计的萌芽。因此,会计是生产活动发展到一定阶段的产物,它是伴随着人类生产活动的产生而产生,也将随着人类生产活动的发展而不断发展和完善。

2. 会计的发展

会计作为一种计算、记录和考核收支的工具,无论在中国还是外国都是很早以前就存在了。在原始社会,人们只是凭借头脑和一些最原始的形式记录生产活动,如结绳记事、刻木求事等。虽然这种形式的记录很难称之为会计,但会计的萌芽却在这时出现了。文字出现以后,人们开始用文字和数字对物质资料的生产和耗费进行专门的记录,这就是最初的会计。由于当时的生产力水平低下,生产规模很小,剩余产品也不多，因此用来记录生产活动的会计也极为简单，它只是生产职能的附带部分，由生产者在工作之余，附带地把收入和支出记录下来。随着生产力的发展和生产规模的扩大，社会分工和私有制出现后，会计才逐步从生产职能中分离出来，成为一种独立的、由专人从事的工作。

在我国历史上，把"会计"两个字加以连用，作为一个独立的概念，最早见之于史书《周礼》。据《周礼》记载，早在西周时期，周王朝就设立了"司会"官职，专门掌管政府的钱粮收支。当时把每个月的零星计算称为计，把年终的总和计算称为会。司会"以一岁之会计"，对国库钱粮收支进行记录和计算，也包含考核的意思。

宋朝，我国出现了称之为"四柱清册"的记账方法。所谓"四柱"，是指把账簿分成"旧管（期初结存）""新收（本期增加）""开除（本期减少）"和"实在（期末结存）"四个部分，这四个部分的关系是：旧管＋新收－开除＝实在。这个平衡关系可以全面系统地反映经济活动，分期考核经济效果，还可以检查账簿记录是否正确。四柱清册法奠定了中式簿记的理论基础，把中式簿记提到一个较高的层次。

到了明朝末年和清朝，我国民间商业企业采用了"龙门账"，将经济业务分为"进（收入）""缴（费用）""存（资产）"和"该（负债及业主权益）"四大类，其关系是：进－缴＝存－该，并以此作为试算平衡公式，当该公式相等时称为"合龙门"。在此基础上，清朝后期又创立了"天地合账"，对每一笔经济业务都从"来源"和"去向"两个方面登记，以全面反映经济业务的内容和来龙去脉。"天地合账"属于中式复式记账法，这种方法在我国一直延用到20世纪上半叶。

在我国历史上，由于封建统治的长期存在，商品经济不发达，农业和手工业分散经营，生产规模小，生产效率低下，大量的社会财富集中在官府，所以当时的会计以官厅会计为主体，主要用来反映政府的财政收支活动。

直到20世纪初期，借贷记账法才从日本传入我国，主要用于官僚买办企业和大型民族工商业，大量的中小型企业仍采用传统的中式簿记。新中国成立后，我国沿用了前苏联计划经济模式下的会计核算体系，与西方经济发达国家的会计理论和方法有很大差异，在改革开放初期影响了我国的改革开放和对外交流，不适应发展社会主义市场经济的要求。因此，从1992年起我国进行了全面的会计改革，颁布了《企业会计准则》《企业财务通则》以及分行业的企业会计制度和财务制度，简称"两则两制"，自1993年7月1日起正式实施。此后，我国一直在陆续制定和颁布具体会计准则，并对分行业的会计制度进行了统一，例如，2000年颁布了全国统一的《企业会计制度》，2002年颁布了《金融企业会计制度》，2004年颁布了《小企业会计制度》。2006年2月，财政部又重新修订和颁布了《企业会计准则——基本准则》和38个具体会计准则，使之更适合我国经济体制改革的需要。这一系列改革，使我国会计理论和实务获得了前所未有的发展，走上与国际会计惯例趋同的道路，使会计真正成为世界通用的商业语言。

从西方看，到了12世纪，地中海地区海上贸易的发展促进了地中海沿岸城市的经济繁荣，意大利的佛罗伦萨、威尼斯等城市成为当时的商业中心和金融中心，为适应这种新的经济环境，一种完全新型的记账方法——借贷记账法应运而生。借贷记账法一出现便在意大利得到广泛的应用，后来又很快流传到欧洲各国，经过不断改进和完善，到15世纪时便形成了一套比较科学完备的记账方法。意大利数学家卢卡·巴其阿勒在其1494年出版的《算术、几何、比及比例概要》一书中对借贷记账法作了详细系统的介绍，该书对借贷记账法的广泛传播起了重要作用，使借贷记账法成为世界上绝大多数国家采用的记账方法。借贷记账法的出现是近代会计发展的重要标志。

到了18世纪，英国的工业革命促进了社会生产力的飞速发展，企业之间的竞争日益激烈。为了提高产品价格的竞争力，企业必须加强对劳动耗费的控制，降低产品成本，于是出现了以计算和控制产品成本为目标的成本会计。同时，生产规模的扩大和所需投资的增加使企业组织形式发生了重大变革，出现了股份公司制。企业的经营权和所有权相分离。股东和债权人主要通过企业会计报表来了解企业的财务状况和经营成果，因此他们要求由独立的第三方对企业的会计资料进行审查验证，以确保会计报表的客观性和公正性，于是出现了专门以查账为职业的会计师。1854年，在英国的苏格兰出现了世界上第一个特许会计师协会。从此，会计的服务对象从记账、算账、报账扩展到审查验证会计报表。

20世纪以后，美国经济迅速崛起，取代欧洲成为世界上会计的发展中心，自此，许多现代会计理论和方法均产生和发展于美国。第二次世界大战后，特别是20世纪50年代以后，以美国为首的资本主义国家的科学技术和经济飞速发展，各垄断集团之间的竞争加剧，迫使企业加强内部管理，重视经济预测和决策，于是出现了专门为企业内部管理服务的管理会计。后来，管理会计从传统会计中分离出来，成为与财务会计并列的独立工作，并形成独立学科，从此现代会计形成了财务会计和管理会计两大领域。因此，管理会计的出现被誉为"会计发展史上的里程碑"。管理会计在进行预测和决策时要运用运筹学、概率与数理统计、线性规划等知识，从而使高等数学和电子计算机进入会计领域，并带动传统的财务会计核算由手工操作发展到电算化，使会计核算方法产生了飞跃。同时，美国在"二战"后大量对外输出资本，开办跨国企业。跨国企业的出现带来了一系列新的会计核算问题，包括会计准则的国际协调、外币折算、合并会计报表的编制等，因此在20世纪50年代出现了国际会计。到了20世纪70年代，以美国为首的资本主义国家发生恶性通货膨胀，由此出现了通货膨胀会计。后来，随着知识经济的到来，西方会计学者开始研究人力资源会计，并且随着人类对环境的重视，又开始研究用于核算和监督环境问题的环境会计。

● **（二）会计的概念**

尽管会计从产生到现在已有几千年的历史，但是到底什么是会计？如何给会计下一个确切的定义？国内外会计界历来存在着不同的认识，至今尚未统一。因此，会计定义的研究也就成为会计理论研究中争论最集中、分歧最大的一个方面。

1941年，美国权威会计专业团体——美国注册公共会计师协会（AICPA）的会计名词委员会发表的第一号《会计名词公报》，对会计所下的定义是："会计是以货币形式记录、分类和汇总具有财务特征的经济业务和会计事项，并说明其经营成果的一种技术。"这个会计定义曾经被引用许多年，并被会计界和广大会计人员所接受，但它所阐述的仅是传统的会计记录职能。

随着决策论和信息论的发展，在20世纪60年代后期，美国会计学界对会计有了新的阐述。1966年美国会计理论权威机构——美国会计学（AAA）对会计所下的定义是："会计是鉴定、计量和传送经济信息的过程，借以使信息使用者能够作出可靠的判断和决策。"

从这一定义可以看出美国会计学对会计本质的阐述有以下两个方面的特点：一是在会计定义中更明确地阐述出会计的目标，即会计是为报表使用者制定决策提供相关的信息；二是会计信息的内容和范围扩大了，它所提供的不仅限于财务信息，还有经济信息。但其中的第二点，并未得到美国会计学界的普遍接受。

1970年，美国注册公共会计师协会所属会计原则委员会（APB）在其第四号公报中，对会计所阐述的定义与上述定义相类似，即："会计是一项服务活动，它的职能是提供有关一个经济单位的数量信息（主要是财务性质的信息），借以制定经济决策。"会计原则委员会阐述的会计定义，明确地阐明了会计信息是为制定经济决策服务的，而不仅限于为企业内部制定经营决策服务。

1978年，美国财务会计准则委员会（FASB）在第一号财务会计概念公报所阐述的会计定义是："会计是计量、处理和传送有关一个经济单位财务信息的信息系统，依据它所提供的信息，报表使用者可据以作出合理的经济决策。"美国财务会计准则委员会阐述的定义与会计原则委员会阐述的定义并无多大差别，都阐明了会计是一个信息系统。

上述关于会计定义的分歧主要在于对会计本质存在不同的看法，从而导致对会计作出不同的定义。会计本质是会计本身所固有的、决定其性质和发展的根本属性。在中外会计界，人们对会计本质的认识历来存在分歧。综合起来，主要有以下几种观点：管理工具论，认为会计是管理经济活动的一种工具；艺术论，认为会计是一种记录、分类和总结企业的交易并报告和解释其结果的艺术；信息系统论，认为会计是一个以提供财务信息为主的经济信息系统；管理活动论，认为会计是一种经济管理活动，其本身具有管理的职能。

在我国会计理论界，信息系统论和管理活动论是两大主要流派。信息系统论认为：会计是一个以提供财务信息为主的经济信息系统，旨在反映和控制企业或组织的各种积极活动，由若干具有内在联系的程序、方法和技术组成，由会计人员加以管理，用以处理经济数据、提供财务信息和其他有关信息的有机整体。这种观点将会计看成为经济管理提供价值信息服务的系统。

管理活动论认为：会计的本质是一种经济管理活动。在我国会计理论界，管理活动论最早是由杨纪琬、阎达伍教授在20世纪80年代初提出的。杨纪琬教授指出，"会计管理"的概念是建立在"会计是一种管理活动，是一项经济管理工作"这一认识基础上，通常讲的会计就是"会计工作"。他还指出，"会计"和"会计管理"是同一概念，"会计管理"是"会计"这一概念的深化，反映了会计工作的本质属性。阎达伍教授认为，会计作为经济管理的组成部分，它的核算和监督内容以及要达到的目的受社会制度的制约，"会计管理这个概念不是少数人杜撰出来的，它有充分的理论和实践依据，是会计工作发展的必然产物"。

在现代企业会计的背景下，将会计视为一种经济管理活动可以反映会计的本质，有助于会计的发展，因此我们倾向于管理活动论。在这个前提下，我们认为会计是以货币为主要计量单位，运用一系列专门的程序和方法，对企事业、机关单位或其他经济组织的经济活动进行连续、系统、全面地反映和监督，旨在提供经济信息和提高经济效益的一项经济管理活动，是经济管理的重要组成部分。

二、会计职能与会计目标

（一）会计职能

会计职能是会计在经济管理活动中所具有的功能。会计核算和会计监督是会计的基本职能。

1.会计核算

会计核算是指会计以货币作为主要计量单位，通过确认、计量、记录和报告等环节，反映特定会计主体的经济活动，向有关各方提供会计信息。会计核算是会计的首要职能。任何经济实体要进行经济活动，都需要会计提供相关而可靠的信息，从而要求会计对过去发生的经济活动进行确认、计量、记录和报告等工作，形成综合反映各单位经济活动情况的会计资料。

会计核算和其他经济核算相比具有如下特点：

（1）以货币作为主要计量单位，具有综合性。

会计要反映和监督会计内容，需要运用多种计量单位，包括实物量（如公斤、吨、件等）、劳动量（如工时、工日等）和货币量等，并以货币量为主。运用实物量和劳动量能够具体反映各项财产、物资的增减变动和生产过程中的劳动消耗，对核算和经济管理都是必要的，但这两种量度都不能综合反映会计的内容，而综合是会计的一个主要特点。会计以货币作为综合计量单位，通过会计的记录就可以全面地、系统地反映和监督企业、行政单位和事业单位的财产物资财务收支、生产过程中的劳动消耗和成果，并计算出最终财务成果。所以，在会计核算过程中已经运用了实物量和劳动量进行记录的，还必须以货币量综合地加以反映。

（2）会计核算具有连续性、系统性、全面性和综合性。

会计具有一套科学的专门方法，能对经济活动进行连续、系统、全面和综合的核算与监督。连续性是指对各种经济业务应按其发生的时间，顺序地、不间断地进行记录和核算；系统性是指对会计记录要按一定要求进行科学的分类、整理和汇总，为经营管理提供系统的、有用的会计信息；全面性是指会计核算对属于会计对象的全部经济业务都必须加以记录，不允许遗漏其中的任何一项；综合性是指会计对各项经济业务以统一货币为计量单位进行综合汇总，为经营管理提供总括的价值指标。

（3）会计核算要以凭证为依据，并严格遵循会计规范。

会计记录和会计信息讲求真实性和可靠性，这就要求企业、行政单位和事业单位发生的一切经济业务，都必须取得或填制合法的凭证。会计以凭证为依据进行核算。在会计核算的各个阶段都必须严格遵循会计规范，包括会计准则和会计制度，以保证会计记录和会计信息的真实性、可靠性和一致性。

会计核算包括四个环节：确认，是指通过一定的标准或方法来确定所发生的经济活动是否应该或能够进行会计处理；计量，是指以货币为单位对已确定可以进行会计处理的经济活动确定其应记录的金额；记录，是指通过一定的会计专门方法按照上述确定的金额将发生的经济活动在会计特有的载体上进行登记的工作；报告，是指通过编制财务报告的形式向有关方面和人员提供会计信息。

2.会计监督

会计监督是指会计人员在进行会计核算的同时，对特定主体经济活动的合法性、合理性进行审查。会计监督具有两个方面的特点：一是主要通过价值指标进行监督。会计监督的主要依据是会计核算经济活动的过程及其结果所提供的价值指标。由于单位的经济活动一般伴随着价值运动，表现为价值量的增减和价值形态的转化，因此，会计监督与其他监督相比是一种更为有效的监督。二是对企业的经济活动的全过程进行监督，包括事后监督、事中监督和事前监督。事后监督是对已发生的经济活动及其相应核算资料进行审查和分析；事中监督是对正在发生的经济活动过程及其核算资料进行审查，并据此纠正经济活动过程中的偏差与失误，促使有关部门合理组织经济活动，使其按照预定的目标与要求进行，发挥控制经济活动进程的作用；事前监督是在经济活动开始前进行监督，即审查未来的经济活动是否符合有关法令、政策的规定，在经济上是否可行。

会计核算与会计监督的关系是十分密切的，两者相辅相成。会计核算是会计监督的基础，而会计监督是会计核算的保证。

随着社会经济的发展和经济管理的现代化，会计的职能也会随之发生变化，一些新的职能不断出现。一般认为，除了会计核算和会计监督两个基本职能之外，会计还有分析经济情况、预测经济前景、参与经济决策、控制经营过程等多种职能。

● **（二）会计目标**

会计目标，也称"财务报告目标"，是指在一定社会经济环境下，人们通过会计实践活动期望达到的要求和目的。我国《企业会计准则》首次将我国企业财务报告的目标定义为：向财务报告使用者提供与企业财务状况、经营成果和现金流量等有关的会

计信息，反映企业管理层受托责任履行情况，有助于财务报告使用者作出经济决策。由此可以看出，我国企业财务报告目标主要包括以下两个方面：

1.向财务报告使用者提供决策有用的信息

企业编制财务报告的主要目的是满足财务报告使用者的信息需要，帮助财务报告使用者作出经济决策。因此，向财务报告使用者提供关于决策的有用信息是会计的基本目标。如果企业在财务报告中提供的会计信息与使用者的决策无关，那么财务报告就失去了编制的意义。

2.反映企业管理层受托责任的履行情况

现代企业制度强调企业所有权和经营权相分离，企业管理层受委托人之托经营管理企业及其各项资产，负有受托责任。企业管理层所经营管理的企业各项资产基本上为投资者投入的资本或者向债权人借入的资金，企业管理层有责任妥善保管并合理、有效运用这些资产。企业投资者和债权人等需要及时或者经常性地了解企业管理层保管、使用资产的情况，以便于评价企业管理层的责任情况和业绩情况，并决定是否需要调整投资或者信贷政策，是否需要加强企业内部控制和其他制度建设，是否需要更换管理层等。因此，财务报告应当反映企业管理层受托责任的履行情况，从而帮助投资者和债权人评估企业经营管理的合理性和资源使用的有效性。

第二节 会计对象与会计任务

一、会计对象

会计对象是指会计核算和监督的内容，即会计工作的客体。由于会计需要以货币为主要计量单位，对特定会计主体的经济活动进行核算和监督，因而会计并不能核算和监督社会再生产过程中的所有经济活动，而只能核算和监督社会再生产过程中能够用货币表现的各项经济活动。凡是特定主体能够以货币表现的经济活动，都是会计核算和监督的内容，也就是会计对象。以货币表现的经济活动通常又称为价值运动或资金运动。由于单位的组织形式和经济活动的内容不同，所以不同单位的会计对象均有不同的特点。

当今最典型的现代会计是企业会计，企业会计的对象就是企业的资金运动。但即使都是企业，工业、农业、商业、交通运输业、建筑业和金融业等不同行业的企业，其资金运动均有各自的特点，会计对象的具体内容也不尽相同，其中最具代表性的是制造企业。下面以制造企业为例，说明企业会计的对象。

制造企业是从事工业产品生产和销售的营利性经济组织，其再生产过程是以生产过程为中心的供应、生产和销售过程的统一。为了从事生产经营活动，企业必须拥有一定数量的资金,用于建造厂房、购买机器设备、购买原材料、支付职工工资、支付经营管理过程中各种必要的开支等,生产出的产品经过销售后,收回的货款还要补偿生产经营过程中垫付的资金、偿还有关债务、上交税金等。在生产经营过程中,资金的存在形态不断地发生变化,构成了企业的资金运动。企业的资金运动包括资金的投入、资金的循环与周转(即资金的运用)和资金的退出三个基本环节。

(一) 资金的筹集

制造企业要进行生产经营活动,首先必须筹集一定数量的经营资金,这些资金主要来自于所有者投入的资金和债权人投入的资金。企业筹集到的一定数量的资金,一部分构成流动资产(如货币资金、原材料等),另一部分构成非流动资产(如厂房、机器设备等)。资金的筹集是企业资金运动的起点。

(二) 资金的循环与周转

制造企业将资金运用于生产经营过程,就形成了资金的循环与周转。它又分为供应过程、生产过程、销售过程三个阶段。

1.供应过程

供应过程是生产的准备过程。在这个阶段,为了保证生产的正常进行,企业需要用货币资金购买并储备原材料等劳动对象,发生材料买价、运输费、装卸费等材料采购成本,与供应单位发生货款的结算关系。同时,随着采购活动的进行,企业的资金从货币资金形态转化为储备资金形态。

2.生产过程

生产过程既是产品的制造过程,又是资产的耗费过程。在这个阶段,劳动者借助于劳动手段将劳动对象加工成特定的产品,企业要发生原材料等劳动对象的消耗、劳动力的消耗和固定资产等劳动手段的消耗等,构成了产品的使用价值与价值的统一体。同时,随着劳动对象的消耗,资金从储备资金形态转化为生产资金形态;随着劳动力的消耗,企业向劳动者支付工资、奖金等劳动报酬,资金从货币资金形态转化为生产资金形态;随着固定资产等劳动手段的消耗,固定资产和其他劳动手段的价值通过折旧或摊销的形式部分地转化为生产资金形态。当产品制成后,资金又从生产资金形态转化为成品资金形态。

3.销售过程

销售过程是产品价值的实现过程。在这个阶段,企业将生产的产品销售出去,取得销售收入,要发生货款结算等业务活动,资金从成品资金形态转化为货币资金形态。

由此可见,随着生产经营活动的进行,企业的资金从货币资金形态开始,依次经过供应过程、生产过程和销售过程三个阶段,分别表现为储备资金、生产资金、成品资金等不同的存在形态,最后又回到货币资金形态,这种运动过程称为资金的循环。资金周而复始地不断循环,称为"资金周转",如工业企业的资金周转(见图1-1)。

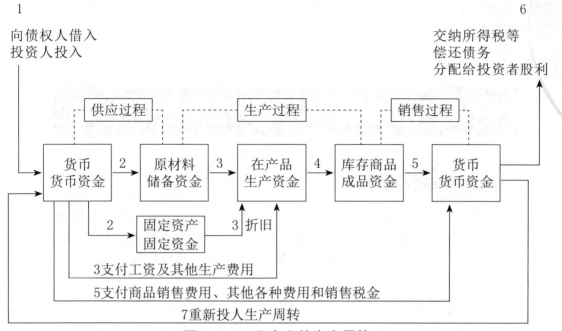

图1-1 工业企业的资金周转

●（三）资金的退出

制造企业在生产经营过程中，为社会创造了一部分新价值，因此企业收回的货币资金一般要大于投入的资金，这部分增加额就是企业的利润。企业实现的利润按规定应以税金的形式上交一部分给国家，要按照有关合同或协议偿还各项债务，还要按照企业章程或董事会决议向投资者分配股利或利润。这样，在企业收回的货币资金中，用于交纳税金、偿还债务和向投资者分配股利或利润的这部分资金就退出了企业的资金循环与周转，剩余的资金则留在企业，继续用于企业的再生产过程。

总之，上述能够用货币表现的经济活动，就是制造企业会计所要核算和监督的内容，即企业会计对象的一般表述。

二、会计任务

会计任务是指会计在经济管理中发挥其职能作用所要达到的目的和要求，它取决于会计的职能和经济管理的要求。在社会主义市场经济条件下，会计的根本任务应当是：按照国家的财经法规、会计准则、会计制度进行会计核算，提供以财务数据为主的经济信息，并利用信息帮助企业外部和内部的信息使用者进行经营决策，借以提高经济效益。具体地说，会计的基本任务有以下四点：一是根据会计核算的规范要求，及时正确地反映经济情况，提供会计信息；二是严格执行国家的方针政策和财务制度，加强会计监督，保护国家利益、社会公众利益和所有者的权益；三是加强计划和预算，合理和节约使用资金，改善经营管理；四是检查分析企业经营业绩，参与企业的预测和决策，增强企业活力，提高企业经济效益。

第三节 会计基本假设与会计基础

一、会计基本假设

会计假设也叫"会计核算的基本前提"，是指为了保证会计工作的正常进行和会计信息的质量，对会计核算的范围、内容、基本程序和方法所作的基本假定。企业在组织会计核算时，应遵循的会计假设包括会计主体假设、持续经营假设、会计分期假设和货币计量假设。

（一）会计主体

会计主体是指会计工作所服务的特定单位，是企业会计确认、计量和报告的空间范围。为了向财务报告使用者反映企业财务状况、经营成果和现金流量，提供与其决策有用的信息，会计核算和财务报告的编制应当集中于反映特定对象的活动，并将其与其他经济实体区别开来，只有这样才能实现财务报告的目标。

在会计主体假设下，企业应当对其本身发生的交易或者事项进行会计确认、计量和报告，反映企业本身所从事的各项生产经营活动。明确界定会计主体是开展会计确认、计量和报告工作的重要前提。

首先，只有明确会计主体，才能划定会计所要处理的各项交易或事项的范围。在会计工作中，只有那些影响企业本身经济利益的各项交易或事项才能加以确认、计量和报告，那些不影响企业本身经济利益的各项交易或事项则不能加以确认、计量和报告。会计工作中通常所讲的资产、负债的确认，收入的实现，费用的发生等，都是针对特定会计主体而言的。

其次，只有明确会计主体，才能将会计主体的交易或者事项与会计主体所有者以及其他会计主体的交易或者事项区分开来。例如，企业所有者的经济交易或者事项属于企业所有者主体所发生的交易或者事项，不应纳入企业会计核算的范围，但是企业所有者投入到企业的资本或者企业向所有者分配的利润，则属于企业主体所发生的交易或者事项，应当纳入企业会计核算的范围。

会计主体不同于法律主体。一般来说，法律主体必然是一个会计主体。例如，一个企业作为一个法律主体，应当建立财务会计系统，独立反映其财务状况、经营成果和现金流量。但是，会计主体不一定是法律主体。例如，在企业集团的情况下，一个母公司拥有若干子公司，母公司、子公司虽然是不同的法律主体，但是母公司对于子公司拥有控制权,为了全面反映企业集团的财务状况、经营成果和现金流量,就有必要将企业集团作为一个会计主体,编制合并财务报表。再如,由企业管理的证券投资基金、企业年金基金等,尽管不属于法律主体,但属于会计主体,应当对每项基金进行会计确认、计量和报告。

（二）持续经营

持续经营是指会计主体的生产经营活动将无限期持续下去,在可以预见的将来不会倒闭停业。企业会计确认、计量和报告应当以持续经营为基本前提。在这个基本前提下,会计便可认定企业拥有的资产将会在正常的经营过程中被合理地支配和耗用,企业的债务也将在持续经营中得到有序的补偿。

企业是否持续经营,在会计原则、会计方法的选择上有很大差别。一般情况下,我们会假定企业将会按照当前的规模和状态继续经营下去。明确这个基本假设,就意味着会计主体将按照既定用途使用资产,按照既定的合约条件清偿债务,会计人员就可以在此基础上选择会计原则和会计方法。如果判断企业会持续经营,就可以假定企业的固定资产会在持续经营的生产经营过程中长期发挥作用,并服务于生产经营过程,因而固定资产就可以根据历史成本进行记录,并采用折旧的方法,将历史成本分摊到各个会计期间或相关产品的成本中。如果判断企业不会持续经营,固定资产就不应采用历史成本进行记录并按期计提折旧。

如果一个企业在不能持续经营时还假定企业能够持续经营,并仍按持续经营基本假设选择会计确认、计量和报告原则与方法,就不能客观地分析企业的财务状况、经营成果和现金流量,从而误导会计信息使用者的经济决策。

（三）会计分期

会计分期是指将会计主体持续不断的经营活动人为划分为相等的、较短的会计期间,以便分期考核其经营活动的成果。会计分期的目的在于通过会计期间的划分,将持续经营的生产经营活动划分成连续、相等的期间,据以结算盈亏,按期编报财务报告,从而及时向财务报告使用者提供有关企业财务状况、经营成果和现金流量的信息。

在会计分期假设下,企业应当划分会计期间,分期结算账目和编制财务报告。会计期间通常分为年度和中期。中期是指短于一个完整的会计年度的报告期间。

根据持续经营假设,一个企业将按照当前的规模和状态持续经营下去。但是,无论是企业的生产经营决策还是投资者、债权人等的决策都需要及时的信息,因此企业需要将持续的生产经营活动划分为一个个连续的、长短相同的期间,分期确认、计量和报告企业的财务状况、经营成果和现金流量。明确会计分期假设的意义重大,由于会计分期,才产生了当期与以前期间、以后期间的差别,才使不同类型的会计主体有了记账的基准,进而出现了折旧、摊销等分摊费用的会计处理方法。

（四）货币计量

货币计量是指在会计核算中以假定价值不变的货币作为基本计量单位，反映会计主体的生产经营活动。在会计的确认、计量和报告过程中之所以选择货币为基础进行计量，是由货币的本身属性决定的。货币是商品的一般等价物，是衡量一般商品价值的共同尺度，具有价值尺度、流通手段、贮藏手段和支付手段等职能。其他计量单位，如重量、长度、容积、台、件等，只能从一个侧面反映企业的生产经营情况，无法在量上进行汇总和比较，不便于会计计量和经营管理，而只有选择货币尺度进行计量才能充分反映企业的生产经营情况，所以基本准则规定，会计确认、计量和报告选择货币作为计量单位。

上述会计核算的四项基本假设具有相互依存、相互补充的关系。会计主体确立了会计核算的空间范围，持续经营与会计分期确立了会计核算的时间长度，而货币计量则为会计核算提供了必要手段。没有会计主体，就不会有持续经营；没有持续经营，就不会有会计分期；没有货币计量，就不会有现代会计。

二、会计基础

（一）收付实现制

收付实现制亦称"现收现付制"，它以款项是否实际收到或付出作为确定本期收入和费用的标准。凡是本期实际收到款项的收入和付出款项的费用，不论其是否归属于本期，都作为本期的收入和费用处理；反之，凡本期没有实际收到款项的收入和付出款项的费用，即使应归属于本期，但也不作为本期收入和费用处理。由于款项的收付实际上以现金收付为准，所以一般称为"现金制"，它主要适用于行政单位或事业单位。

（二）权责发生制

权责发生制亦称"应收应付制"，是指企业按收入的权利和支出的义务是否归属于本期来确认收入、费用，而不是按款项的实际收支是否在本期发生来确认，也就是以应收应付为标准。在权责发生制下，凡是属于本期实现的收入和发生的费用，不论款项是否实际收到或实际付出，都应作为本期的收入和费用入账；凡是不属于本期的收入和费用，即使款项在本期收到或付出，也不作为本期的收入和费用处理。由于它不管款项的收付，而以收入和费用是否归属本期为准，所以称为"应计制"，它主要适用于以营利为目的的企业。

为了进一步说明问题，下面以列表的方式对两种原则加以比较（见表1-1）。

表1-1　权责发生制与收付实现制的比较

经济业务	权责发生制（元）			收付实现制（元）		
	本月收入	本月费用	说明	本月收入	本月费用	说明
1.收到上月的销售货款3 000元	0	—	已作为上月收入	3 000	—	本月收到现金作为本月收入
2.销售产品5 000元并收到货款	5 000	—	作为本月实现的收入	5 000	—	收到现金作为本月收入
3.销售产品4 000元，货款暂未收到	4 000	—	作为本月实现的收入	0	—	未收到现金不能作为收入
4.预付下月房租1 000元	—	0	不能作为本月费用	—	1 000	已支付现金作本月费用
5.支付本月办公费2 000元	—	2000	本月费用由本月负担	—	2 000	已支付现金作本月费用
6.负担上月已付的保险费500元	—	500	应由本月负担的费用	—	0	未支付现金不能作为费用
合计	9 000	2 500		8 000	3 000	

可见，两种不同的处理方法将影响到各个期间收入、费用和利润的确认。由于权责发生制能比较真实、合理地反映企业的财务状况和经营成果，故广泛用于经营性企业，而收付实现制处理方法相对简单，显然对各期收益的确定不够合理，主要用于不需要核算损益的行政、事业单位。目前，我国正在全面实行政府会计改革，其核心就是建立以"权责发生制"为基础的综合财务报告体系，即政府会计由预算会计和财务会计构成。其中，预算会计采用收付实现制；财务会计采用权责发生制。政府会计会计改革目的在于全面反映政府财务状况，进一步加强政府的资产管理和控制债务风险，为健全预算管理打下基础。

第四节　会计计量属性与会计信息质量要求

一、会计计量属性

所谓会计计量，是指为了将符合确认条件的会计要素登计入账并列报于财务报表而确定其金额的过程。企业应当按照规定的会计计量属性进行计量，确定相关金额。计量属性是指所计量的某一要素的特性方面，如道路的长度、汽油的重量、建筑的面积等。从会计角度看，计量属性反映的是会计要素金额的确定基础，主要包括历史成本、重置成本、可变现净值、现值和公允价值。

（一）历史成本

历史成本，又称"实际成本"，就是取得或制造某项财产物资时所实际支付的现金或者其他等价物。在历史成本计量下，资产按照其购置时支付的现金或者现金等价物的金额，或者按照购置资产时所付出的对价的公允价值计量。负债按照其因承担现时义务而实际收到的款项或者资产的金额，或者承担现时义务的合同金额，或者按照日常活动中为偿还负债预期需要支付的现金或者现金等价物的金额计量。

（二）重置成本

重置成本，又称"现行成本"，是指按照当前市场条件，重新取得同样一项资产所需支付的现金或现金等价物金额。在重置成本计量下，资产按照现在购买相同或者相似资产所需支付的现金或者现金等价物的金额计量。负债按照现在偿付该项债务所需支付的现金或者现金等价物的金额计量。

（三）可变现净值

可变现净值是指在正常生产经营过程中，以预计售价减去进一步加工成本和销售所必须的预计税金、费用后的净值。在可变现净值计量下，资产按照其正常对外销售所能收到现金或者现金等价物的金额扣减该资产至完工时估计将要发生的成本、估计的销售费用以及相关税金后的金额计量。

（四）现值

现值是指对未来现金流量以恰当的折现率进行折现后的价值，是考虑货币时间价值因素等的一种计量属性。在现值计量下，资产按照预计从其持续使用和最终处置中所产生的未来净现金流入量的折现金额计量。负债按照预计期限内需要偿还的未来净现金流出量的折现金额计量。

（五）公允价值

公允价值是指市场参与者在计量日发生的有序交易中，出售一项资产所能收到或者转移一项负债所需支付的价格。有序交易是指在计量日前一段时期内，相关资产或负债具有惯常市场活动的交易，清算等被迫交易不属于有序交易。

二、会计信息质量要求

会计信息质量要求是对企业财务报告中所提供会计信息质量的基本要求，是使财务报告中所提供会计信息对投资者等使用者决策有用应具备的基本特征，它主要包括可靠性、相关性、可理解性、可比性、实质重于形式、重要性、谨慎性和及时性等。

（一）可靠性

可靠性要求企业应当以实际发生的交易或者事项为依据进行会计确认、计量和报告，如实反映符合确认和计量要求的各项会计要素及其他相关信息，保证会计信息真实可靠、内容完整。

可靠性原则有四方面的含义：一是真实性，指提供的会计信息应如实反映企业的财务状况、经营成果和现金流量状况；二是客观性，指对经济业务的确认、计量和报告应不偏不倚，以事实为依据，不受主观意志所左右；三是可验证性，指会计信息应有可靠的凭据，以供复查其数据来源和信息提供过程；四是信息完整，如当收入大幅提高是由于国家政策所致时，只用报表提供收入信息是不够的，还应披露国家政策的影响。

(二) 相关性

相关性要求企业提供的会计信息应当与财务报告使用者的经济决策需要相关，有助于财务报告使用者对企业过去、现在或者未来的情况作出评价或者预测。

会计信息是否有用、是否具有价值，关键是看其与使用者的决策需要是否相关，是否有助于使用者作出决策或者提高决策水平。相关的会计信息应当有助于使用者评价企业过去的决策，证实或者修正过去的有关预测，因而具有反馈价值。相关的会计信息还应当具有预测价值，即有助于使用者根据财务报告所提供的会计信息预测企业未来的财务状况、经营成果和现金流量。例如区分收入和利得、费用和损失，区分流动资产和非流动资产、流动负债和非流动负债以及适度引入公允价值等，都可以提高会计信息的预测价值，进而提升会计信息的相关性。

(三) 可理解性

可理解性要求企业的会计核算和编制的财务报告应当清晰明了，便于财务报告使用者理解和使用。会计信息的价值在于对信息利用者的决策有用，因而必须使信息利用者理解会计记录乃至财务报告编报语言、方法的含义和用途。

(四) 可比性

可比性要求企业提供的会计信息应当相互可比，它有两个方面的含义：

1.同一企业不同时期可比

同一企业不同时期发生的相同或者相似的交易或者事项，应当采用一致的会计政策，不得随意变更。确需变更的，应当在附注中说明。如企业将存货计价从先进先出法改为加权平均法，会对存货发出成本和留存存货价值产生不同的影响，附注中应该说明。

2.不同企业相同会计期间可比

不同企业同一会计期间发生的相同或者相似的交易或者事项，应当采用规定的会计政策，确保会计信息口径一致、相互可比。企业经营状况、资产状况等依靠企业间会计报表信息的相互比较来反映，如果企业记账都口径一致，可比性无疑增强。可比性原则以客观性原则为基础，并不意味着不能有任何选择，只要这种选择仍然可以进行有意义的比较。如为了如实反映应收账款的风险，可以根据实际情况选择计提坏账准备的比例。

(五) 实质重于形式

实质重于形式要求企业应当按照交易或者事项的经济实质进行会计确认、计量和报告，不应仅以交易或者事项的法律形式为依据。企业发生的交易或事项在多数情况下，其经济实质和法律形式是一致的，但在有些情况下会出现不一致。例如，以融资租赁方式租入的资产虽然从法律形式来讲企业并不拥有其所有权，但是由于租赁合同中规定的租赁期相当长，接近于该资产的使用寿命；租赁期结束时，承租企业有优先购买该资产的选择权。在租赁期内，承租企业有权支配资产并从中受益等，因此从其经济实质来看，企业能够控制融资租入资产所创造的未来经济利益，因而在会计确认、计量和报告上就应当将以融资租赁方式租入的资产视为企业的资产，列入企业的资产负债表。

如果企业的会计核算仅仅按照交易或事项的法律形式或人为形式进行，而其法律形式或人为形式又未能反映其经济实质和经济现实，那么，会计核算的结果不仅不会有利于会计信息使用者的决策，反而会误导会计信息使用者的决策。

(六) 重要性

重要性要求企业提供的会计信息应当反映与企业财务状况、经营成果和现金流量等有关的所有重要交易或者事项。企业的会计核算应当遵循重要性原则，在会计核算过程中对交易或事项应当区别其重要性程度，采用不同的核算方法。对资产、负债、损益有较大影响，并进而影响财务报告使用者据以作出合理判断的重要会计事项，必须按照规定的会计方法和程序进行处理，并在财务报告中予以充分、准确地披露；对于次要的会计事项，在不影响会计信息真实性和不至于误导财务报告使用者作出正确判断的前提下，可适当简化处理。如某项资产过少可不单独在会计报告中列报，而在财务报告中合并反映。重要性原则与会计信息成本效益直接相关，坚持重要性原则能使提供会计信息的收益大于成本。

(七) 谨慎性

谨慎性要求企业对交易或者事项进行会计确认、计量和报告时保持应有的谨慎，不应高估资产或者收益，低估负债或者费用。谨慎性原则是指会计人员对存在不同会计处理程序和方法的某些经济业务或会计事项，应在不影响合理反映的前提下，尽可能选择不虚增利润和夸大所有者权益的会计处理程序和方法进行会计处理。当有多种会计方法选择时，会计人员应当遵循谨慎性原则的要求，既不多计资产或收益，也不少计负债和费用，更不得设置秘密准备。

(八) 及时性

及时性要求企业对于已经发生的交易或者事项，应当及时进行会计确认、计量和报告，不得提前或者延后。及时性原则是指企业的会计核算应当及时进行，以保证会计信息的时效性。及时性原则包含两层含义：一是及时收集和处理会计信息，即在经济交易或者事项发生后，及时收集整理各种原始单据或者凭证，并按照会计准则的规定，及时对经济交易或者事项进行确认或者计量，最后编制出财务报告；二是将会计信息及时输送给相关使用者，迟报信息将影响相关使用者对企业的判断以至决策。因此，记账、算账、报账都不得提前或延后。

第五节 会计方法与会计循环

一、会计的方法

（一）会计方法体系

会计方法是实现会计职能、发挥会计作用和达到会计目的的手段和措施。在社会主义市场经济条件下，为适应社会经济的发展和经营管理的要求，现代会计具有核算、监督、预测、决策、控制和分析的职能。因此，现代会计方法体系是由会计核算方法、会计监督方法、会计预测方法、会计决策方法、会计控制方法和会计分析方法组成的。

（二）会计核算具体方法

会计核算方法是指以统一的货币单位为量度标准，连续、系统、完整地对会计对象进行计量、记录、计算和核算的方法。它主要包括设置会计科目和账户、复式记账、填制凭证、登记账簿、成本计算、财产清查和编制财务报告七种专门方法。

1.设置会计科目

设置会计科目是对会计对象的具体内容进行分类核算的方法。所谓会计科目，就是对会计对象的具体内容进行分类核算的项目。设置会计科目就是在设计会计制度时事先规定这些项目，然后根据它们在账簿中开立账户，分类、连续地记录各项经济业务，反映由于各经济业务的发生而引起的各会计要素的增减变动情况和结果，为经济管理提供各种类型的会计指标。

2.复式记账

复式记账是与单式记账相对称的一种记账方法。这种方法的特点是对每一项经济业务都要以相等的金额，同时计入两个或两个以上的有关账户。它通过账户的对应关系，可以了解有关经济业务内容的来龙去脉；通过账户的平衡关系，可以检查有关业务的记录是否正确。

3.填制和审核凭证

会计凭证是记录经济业务、明确经济责任的书面证明，是登记账簿的依据。凭证必须经过会计部门和有关部门审核，只有经过审核并认为正确无误的会计凭证，才能作为记账的根据。填制和审核会计凭证，不仅为经济管理提供真实可靠的数据资料，也是实行会计监督的一个重要方面。

4. 登记账簿

账簿是用来全面、连续、系统地记录各项经济业务的簿籍，是保存会计数据资料的重要工具。登记账簿就是将会计凭证记录的经济业务，序时、分类地计入有关簿籍中设置的各个账户。登记账簿必须以凭证为依据，并定期进行结账、对账，以便为编制财务报告提供完整而有系统的会计数据。

5. 成本计算

成本计算是指在生产经营过程中，按照一定对象归集和分配发生的各种费用支出，借以确定该对象的总成本和单位成本的一种专门方法。通过成本计算，可以确定材料的采购成本、产品的生产成本和销售成本，可以核算和监督生产经营过程中发生的各项费用是否节约或超支，并据以确定企业经营盈亏。

6. 财产清查

财产清查是指通过盘点实物、核对账目，保持账实相符的一种方法。通过财产清查，可以查明各项财产物资和货币资金的保管和使用情况以及往来款项的结算情况，监督各类财产物资的安全与合理使用。在清查中如发现财产物资和货币资金的实有数与账面结存数额不一致，应及时查明原因，通过一定审批手续进行处理，并调整账簿记录，使账面数额与实存数额保持一致，以保证会计核算资料的正确性和真实性。

7. 编制财务报告

财务报告是根据账簿记录定期编制的，总括反映企业和行政事业单位特定时点（月末、季末、年末）和一定时期（月、季、年）的财务状况、经营成果以及现金流量等的书面文件。企业的交易或事项在日常核算中，已经利用各种不同的专门方法进行了全面、系统、连续的记录和反映，但是这些记录是分散在各种账簿中的。为了更集中和概括地反映出企业生产经营活动的全貌，会计人员需要通过编制财务报告，把分散在账簿中的资料集中起来，归纳整理，使之更加系统化，既全面又系统地反映出企业在一定时期内经济活动的情况和结果。财务报告提供的资料，不仅是向财务报告使用者提供与企业财务状况、经营成果和现金流量等有关的会计信息，反映企业管理层受托责任的履行情况，有助于财务报告使用者作出经济决策的重要依据，也是进行国民经济宏观管理工作必要的参考资料。

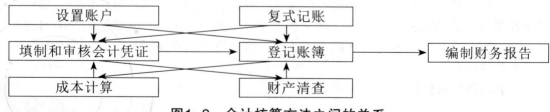

图1-2　会计核算方法之间的关系

上述各种会计核算方法相互联系、密切配合，构成了一个完整的方法体系。在会计核算方法体系中，其工作程序和工作过程主要有三个环节：填制和审核凭证、登记账簿和编制财务报告。在一个会计期间所发生的经济业务，都要通过这三个环节进行会计处理，将大量的经济业务转换为系统的会计信息。这个转换过程，即从填制和审核凭证到登记账簿，直至编出财务报告周而复始的变化过程，就是一般称谓的"会计循环"。其基本内容是经济业务发生后，经办人员要填制或取得原始凭证，经会计人员审核整理后，按照设置的会计科目，运用复式记账法，编制记账凭证，并据以登记账簿；依据凭证和账簿记录对生产经营过程中发生的各项费用进行成本计算，并依据财产清查对账簿记录加以核实，在保证账实相符的基础上，定期编制财务报告。

二、会计循环

企业的经济业务发生后，从取得原始凭证到会计项目的确认、计量、分类、记账直至向会计信息使用者报告财务状况和经营成果，有一个依次完成的过程，而且在连续的会计期间，这些工作周而复始地不断循环进行。人们把企业将一定时期发生的所有经济业务，依据一定的步骤和方法，加以记录、分类、汇总直至编制财务报告的会计处理全过程叫做会计循环。具体地说，会计循环包括以下几个环节：

● （一）确认经济业务

确认经济业务是指会计机构、会计人员对经济活动有关的信息数据进行筛选、确定的过程。企业经济活动产生的信息和数据能否进入及何时进入会计核算系统均由会计确认这一程序决定。会计确认还包括各个会计要素在财务会计报告中的列示方法，因此，会计确认直接影响所揭示和呈报的会计信息质量。

一般说来，会计确认的基本标准有四项：一是符合会计要素的定义，被确认的项目应符合财务会计报告的某个要求；二是可计量，被确认的项目具有足够可靠的相关的可计量性；三是可靠，被确认的项目的信息是如实的、可验证的和不偏不倚的；四是被确认的项目的信息是与决策有关的。

● （二）编制会计分录

在每一项经济业务发生后，会计人员首先应编制会计分录，也就是分析该业务对哪些账户(两个或两个以上)有影响，影响的数量是多少，影响的方式如何(增加还是减少了该账户的余额)等。在实际工作中一般是根据原始凭证来编制记账凭证的。

● （三）过账

根据记账凭证将每笔会计分录所确定的应借应贷金额，分别过入总分类账与明细分类账的各有关账户。

（四）试算平衡

一般在月末，会计人员根据总分类账中的发生额和余额，编制试算平衡表，用以检查会计分录和过账的正确性。

（五）账项调整

在将已经发生的经济业务全部登记账户的基础上，会计人员根据权责发生制原则，划清应归属和不应归属本期的收入和费用，进行账项调整，编制调整分录，过入相应的分类账，以便正确计算当期损益。

（六）结账

当试算平衡和账项调整之后，企业就可以结账。结账就是在月末编制结账分录，将各临时性账户的余额转入到永久性账户，以便进行下一个会计程序的工作。

（七）编制财务报告

在结账程序结束后，会计人员就可以进行会计报表的编制工作。财务报告是会计信息系统对企业会计信息的输出，企业外部各界人士主要是通过财务报告来了解企业的情况的。

思考题

1. 会计的本质是什么？你比较倾向于哪种观点？为什么？它的基本职能是什么？
2. 会计核算方法有哪些？简要阐述它们之间的关系。
3. 会计的对象是什么？制造企业金运动过程是什么？
4. 比较说明权责发生制与收付实现制的异同。

练 习 题

一、单项选择题

1. 在可预见的未来,会计主体不会破产清算,所持有的资产将正常营运,所负有的债务将正常偿还。这属于（　　）。
   A. 会计主体假设　　　　B. 持续经营假设
   C. 会计分期假设　　　　D. 货币计量假设

2. 会计的基本职能是（　　）。
   A. 反映与分析　　　　　B. 反映与监督
   C. 反映与核算　　　　　D. 控制与监督

1-4

第一章 概 论

3. 2018年9月20日采用赊销方式销售产品6 000元，10月25日收到货款存入银行。按收付实现制核算时，该项收入应属于（　　）。

　　A. 2018年9月　　　　　　B. 2018年10月
　　C. 2018年11月　　　　　　D. 2018年12月

4. 2018年3月20日采用赊销方式销售产品60 000元，6月20日收到货款存入银行。按权责发生制核算时，该项收入应属于（　　）。

　　A. 2018年3月　　　　　　B. 2018年4月
　　C. 2018年5月　　　　　　D. 2018年6月

5. 下列项目中，不属于会计核算方法的是（　　）。

　　A. 复式记账　　　　　　　B. 成本核算
　　C. 财产清查　　　　　　　D. 编制财务预算

6. （　　）是指对未来现金流量以恰当的折现率进行折现后的价值，是考虑货币时间价值因素等的一种计量属性。

　　A. 历史成本　　B. 现值　　C. 可变现净值　　D. 公允价值

7. 下列原则中不属于信息质量要求的原则是（　　）。

　　A. 明晰性原则　　　　　　B. 可比性原则
　　C. 配比原则　　　　　　　D. 相关性原则

8. 在会计信息质量要求中，要求合理核算可能发生的费用和损失的，体现的是（　　）。

　　A. 谨慎性　　B. 可比性　　C. 可理解性　　D. 可靠性

9. （　　）原则要求，会计核算方法一经确定，不得随意变更。如有变更，应在财务报告中说明理由及其对财务状况和经营成果所造成的影响。

　　A. 一致性原则　　B. 可比性原则　　C. 明晰性原则　　D. 合法性原则

10. 实质重于形式原则是指（　　）。

　　A. 企业应当按照交易或事项的法律形式作为会计核算的依据
　　B. 企业应当按照交易或事项的人为形式作为会计核算的依据
　　C. 企业应当按照交易或事项的经济实质进行核算
　　D. 企业应当按照交易或事项的法律形式或人为形式核算

二、多项选择题

1. 会计基本假设包括（　　）。

　　A. 会计主体假设　　　　　B. 持续经营假设
　　C. 会计分期假设　　　　　D. 货币计量假设
　　E. 权责发生制

2. 在下列组织中，可以作为会计主体的有（　　）。
    A. 事业单位   B. 分公司
    C. 生产车间   D. 销售部门   E. 企业集团

3. 会计的基本职能包括（　　）。
    A. 进行会计核算   B. 实施会计监督
    C. 预测经济前景   D. 参与经济决策
    E. 分析经营业绩

4. 会计反映职能的特点有（　　）。
    A. 反映已发生的经济业务 B. 具有完整性、连续性、系统性
    C. 主要计量手段是货币   D. 可以预测未来
    E. 以上都是

5. 会计信息的质量要求包括（　　）。
    A. 谨慎性   B. 可理解性
    C. 可靠性   D. 权责发生制   E. 可比性

6. 根据谨慎性会计信息质量要求，下列说法正确的有（　　）。
    A. 会计核算对尚未取得的收益，不得估计入账
    B. 会计核算对可能发生的费用、损失，不得估计入账
    C. 会计核算对可能取得的收益，可以估计入账
    D. 会计核算对可能发生的费用、损失，应按国家规定估计入账
    E. 会计核算要尽可能多估计费用，少估计收益

7. 下列属于会计计量属性的有（　　）。
    A. 历史成本   B. 现值
    C. 可变现净值   D. 公允价值   E. 重置成本

8. 权责发生制核算基础是以收付应归属期间为标准，确定本期收入和费用的处理方法，即（　　）。
    A. 凡是属于本期应获得的收入，不管款项是否已收到，都应作为本期收入处理
    B. 凡是属于本期应获得的收入，只有款项已经收到，才能作为本期收入处理
    C. 凡属本期应当负担的费用，不管款项是否已经付出，都应作为本期费用处理
    D. 凡属本期应当负担的费用，只有款项已经付出，才能作为本期费用处理
    E. 不属于本期的收入或费用，即使在本期收到或支出，也不能作本期的收入或费用

9. 根据权责发生制原则，下列各项中应计入本期的收入和费用的有（　　）。
    A. 本期销售货款收存银行   B. 上期销售货款本期收存银行
    C. 本期预收下期货款存入银行 D. 计提本期固定资产折旧费
    E. 本期支付上月水电费

10. 下列业务不属于会计核算范围的事项有（　　　）。
    A. 用银行存款购买材料　　　　B. 编制财务计划
    C. 企业自制材料入库　　　　　D. 与外企业签订购料合同
    E. 进行利润分配

三、判断题

1. 会计只能以货币为计量单位。　　　　　　　　　　　　　　（　　）
2. 负债是现在交易或事项所引起的现时义务。　　　　　　　　（　　）
3. 法律主体一定是会计主体，但会计主体不一定是法律主体。　（　　）
4. 可靠性是指在会计核算中应尽量低估企业的资产和可能发生的损失、费用。
　　　　　　　　　　　　　　　　　　　　　　　　　　　　（　　）
5. 相关性是指会计核算提供信息必须与会计信息使用相关联，满足与企业有关联的各方面的需要。　　　　　　　　　　　　　　　　　　　　（　　）
6. 可比性原则强调的是不同企业同一会计期间会计信息可以比较；同一企业不同会计期间会计信息可以比较。　　　　　　　　　　　　　　　　（　　）
7. 企业对其所使用的机器设备、厂房等固定资产，只有在持续经营的前提下才可以在机器设备的使用年限内，按照其价值和使用情况，确定采用某一折旧方法计提折旧。　　　　　　　　　　　　　　　　　　　　　　　　　　　　（　　）
8. 货币计量前提还包括币值稳定这个前提。　　　　　　　　　（　　）
9. 会计的监督职能是会计核算职能的基础。　　　　　　　　　（　　）
10. 企业集团不是一个独立的法人，但也可以作为一个会计主体。（　　）

四、计算分析题

目的：练习收付实现制与权责发生制下收入与费用的确认

资料：A公司2019年1月从B公司租入房屋一间用于营业，当月发生下列经济业务
1. 支付第一季度的房屋租金3 000元。
2. 收到甲公司的修理费2 000元，已在上月为其修理完工一批电器。
3. 为乙公司修理电器一台，修理费2 500元已在上月收到。
4. 为丙公司修理电器两台，修理费2 000元尚未收到。
5. 收到丁公司预付修理费1 800元，预计在下月为其修理。
6. 本月应付职工工资1 500元，尚未支付。
7. 用现金支付日常杂费500元。
8. 支付本月水电费电话费800元。

要求：1. 按收付实现制原则计算1月份的收入、费用。
　　　　2. 按权责发生制原则计算1月份的收入、费用。（不必编制会计分录）

第二章

会计要素与会计等式

第二章 会计要素与会计等式

本章知识结构图

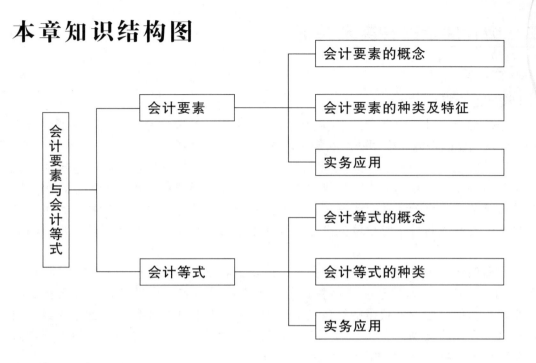

| 学习目标 | 1. 了解会计要素及其分类。
2. 明确会计要素的定义、特征及其构成；掌握会计等式。
3. 学会判断会计要素的不同类型。
4. 学会判断企业经济业务的类型。
5. 掌握分析经济业务发生对会计等式的影响。 |

第一节 会计要素

一、会计要素的概念

会计要素是对会计对象的具体内容按其经济特征所作的基本分类，是会计对象的具体化，也是构成财务报表的基本要素。我国《企业会计准则》将会计要素划分为资产、负债、所有者权益、收入、费用和利润六个要素。其中，资产、负债和所有者权益三项会计要素侧重于反映企业的财务状况，构成资产负债表要素；收入、费用和利润三项会计要素侧重于反映企业的经营成果，构成利润表要素。

二、会计要素的种类及特征

（一）资产

1. 资产的特征

资产是指企业过去的交易或者事项形成的、由企业拥有或者控制的、预期会给企业带来经济利益的资源。根据资产的定义，资产具有以下特征：

（1）资产预期会给企业带来经济利益，这是指资产具有直接或者间接导致现金或现金等价物流入企业的潜力。这种潜力可以来自企业日常的生产经营活动，也可以来自非日常的生产经营活动；带来的经济利益可以是现金或者现金等价物，也可以是能够转化为现金或者现金等价物的形式，还可以是减少现金或者现金等价物流出的形式。

资产预期会为企业带来经济利益是资产的重要特征。例如，企业采购的原材料、购置的固定资产等可以用于生产经营过程，制造商品或者提供劳务，对外出售后收回货款，货款即为企业所获得的经济利益。如果某一项目预期不能给企业带来经济利益，那么就不能将其确认为企业的资产。前期已经确认为资产的项目，如果不能再为企业带来经济利益，就不能再确认为企业的资产。

（2）资产应为企业拥有或者控制的资源。资产作为一项资源，应当由企业拥有或者控制，具体是指企业享有某项资源的所有权，或者企业虽然不享有某项资源的所有权，但该资源能被企业所控制。

企业享有资产的所有权，通常表明企业能够排他性地从资产中获取经济利益。通常在判断资产是否存在时，所有权是考虑的首要因素。在有些情况下，资产虽然不为企业所拥有，即企业并不享有其所有权，但企业控制了这些资产，同样表明企业能够从资产中获取经济利益，符合会计上对资产的定义。如果企业既不拥有也不控制资产从中获取经济利益，就不能将其作为企业的资产予以确认。

例如，某企业以融资租赁方式租入一项固定资产，尽管企业并不拥有其所有权，但是如果租赁合同规定的租赁期相当长，接近于该资产的使用寿命，则表明企业掌握了该资产的使用权及其所能带来的经济利益，应当将其作为企业资产予以确认、计量和报告。

（3）资产应当是由企业过去的交易或者事项形成的。过去的交易或者事项包括购买、生产、建造行为或者其他交易或事项。换句话说，只有过去的交易或者事项才能产生资产，企业预期在未来发生的交易或者事项不能形成资产。例如，企业有购买某存货的意愿或者计划，但是购买行为尚未发生，这就不符合资产的定义，不能因此而确认存货资产。

2. 资产的构成

企业的资产按其流动性的不同可以划分为流动资产和非流动资产。

流动资产是指可以在1年或者超过1年的一个营业周期内变现或者耗用的资产，主要包括库存现金、银行存款、应收及预付款项、存货等。具体说明如下：库存现金是指企业持有的现款，也称"现金"，它主要用于支付日常发生的小额、零星的费用或支出；银行存款是指企业存入其开户银行账户的款项，企业的银行存款主要来自投资者投入资本的款项、负债融入的款项、销售商品的货款等；应收及预付款项是指企业在日常生产经营过程中发生的各项债权，包括应收款项（应收票据、应收账款、其他应收款等）和预付账款等；存货是指企业在日常生产经营过程中持有以备出售，或者仍然处在生产过程中将要消耗，或者在生产或提供劳务的过程中将要耗用的各种材料或物料，包括库存商品、半成品、在产品以及各类原材料、低值易耗品、包装物等。

非流动资产是指在1年或者超过1年的一个营业周期以上才能变现或者耗用的资产，主要包括长期股权投资、固定资产、无形资产等。具体说明如下：长期股权投资是指持有时间超过1年（不含1年）、不能变现或不准备随时变现的股票和其他投资，企业进行长期股权投资的目的是获得较为稳定的投资收益，或者对被投资企业实施控制或影响；固定资产是指企业单位价值比较高、使用年限比较长（通常超过1年）的房屋、建筑物、机器设备、运输工具等；无形资产是指企业拥有或者控制的没有实物形态的可辨认非货币性资产，它包括专利权、非专利技术、商标权、著作权、土地使用权等。

（二）负债

1.负债的特征

负债是指企业过去的交易或者事项形成的、预期会导致经济利益流出企业的现时义务。根据负债的定义，负债具有以下特征：

（1）负债是企业承担的现时义务，它是负债的一个基本特征。其中，现时义务是指企业在现行条件下已承担的义务。未来发生的交易或者事项形成的义务，不属于现时义务，不应当确认为负债。

这里所指的义务可以是法定义务，也可以是推定义务。其中法定义务是指具有约束力的合同或者法律法规规定的义务，通常在法律意义上需要强制执行。例如，企业购买原材料形成应付账款；企业向银行贷入款项形成借款；企业按照税法规定应当交纳的税款等，均属于企业承担的法定义务，需要依法予以偿还。推定义务是指企业根据多年来的习惯做法、公开的承诺或者公开宣布的政策而导致企业将承担的责任，这些责任也使有关各方形成了企业将履行义务解脱责任的合理预期。例如，某企业多年来有一项销售政策，对于售出商品提供一定期限内的售后保修服务，预期将为售出商品提供的保修服务就属于推定义务，应当将其确认为一项负债。

（2）负债预期会导致经济利益流出企业，它是负债的一个本质特征。只有会导致经济利益流出企业的现时义务才是负债，如果现时义务不会导致企业经济利益流出，就不是负债。在履行现时义务清偿负债时，导致经济利益流出企业的形式多种多样，例如，用现金偿还或以实物资产形式偿还；以提供劳务形式偿还；以部分转移资产、部分提供劳务形式偿还；将负债转为资本等。

（3）负债是由企业过去的交易或者事项形成的。换句话说，只有过去的交易或者事项才能形成负债，企业将在未来发生的承诺、签订的合同等交易或者事项，不形成负债。例如，某企业向银行借款1 300万元，即属于过去的交易或者事项，从而形成企业的负债；企业还与银行达成了2个月后借入2 500万元的借款意向书，该交易不属于过去的交易或者事项，从而不形成企业的负债。

2.负债的构成

　　负债通常是按照其流动性进行分类的。这样分类的目的在于了解企业流动资产和流动负债的相对比例，大致反映出企业的短期偿债能力，从而向债权人揭示其债权的相对安全程度。负债按照其流动性不同，可以分为流动负债和非流动负债。

　　流动负债是指将在1年（含1年）或者超过1年的一个营业周期内偿还的债务，包括短期借款、应付及预收款项、预提费用等。具体说明如下：短期借款是指企业从银行或其他金融机构借入的期限在1年以下的各种借款，如企业从银行取得的、用来补充流动资金不足的临时性借款；应付及预收款项是指企业在日常生产经营过程中发生的各项债务，包括应付款项（应付票据、应付账款、应付职工薪酬、应交税费、应付股利、其他应付款等）和预收账款等；预提费用是指企业预先提取计入的成本、费用，但尚未实际支付的项目所形成的一种负债。

　　非流动负债是指偿还期在1年或者超过1年的一个营业周期以上的债务，包括长期借款、应付债券、长期应付款等。具体说明如下：长期借款是指企业从银行或其他金融机构借入的期限在1年以上的各项借款，企业借入长期借款主要是为了长期工程项目；应付债券是指企业为筹集长期资金而实际发行的长期债券；长期应付款是指除长期借款和应付债券以外的其他长期应付款项，包括应付引进设备款、融资租入固定资产应付款等。

● （三）所有者权益

1.所有者权益的特征

　　所有者权益是指企业资产扣除负债后，由所有者享有的剩余权益。公司的所有者权益又称为"股东权益"。所有者权益是所有者对企业资产的剩余索取权，它是企业的资产扣除债权人权益后应由所有者享有的部分，既可反映所有者投入资本的保值增值情况，又体现了保护债权人权益的理念。所有者权益有如下特点：

　　（1）所有者权益实质上是所有者在某个企业所享有的一种财产权利，包括所有者对投入资产的所有权、使用权、处置权和收益分配权。但所有者权益是一种剩余权益，只有负债的要求权得到清偿后，所有者权益才能够被清偿。

　　（2）所有者权益是一种权利，但这种权利来自于投资者投入的可供企业长期使用的资源，并不存在确切的、约定的偿付期限。

　　（3）所有者权益是一种"剩余"权利。所有者权益作为剩余权益，其"偿还"须在债权人之后。

　　（4）所有者权益计量的间接性。所有者权益除了投资者投入资本能够直接计量外,在企业存续期内任一时点都不是直接计量的,而是通过计量资产和负债间接计量的结果。

所有者权益和负债虽然同为企业的权益,都体现企业的资金来源,但两者之间却有着本质的不同,具体说明如下:负债是企业对债权人所承担的经济责任,企业负有偿还的义务,而所有者权益则是企业对投资人所承担的经济责任,在一般情况下是不需要归还给投资者的;债权人只享有按期收回利息和债务本金的权利,而无权参与企业的利润分配和经营管理,而投资者既可以参与企业的利润分配,也可以参与企业的经营管理;在企业清算时,负债拥有优先求偿权,而所有者权益则只能在清偿了所有的负债以后,才返还给投资者。

2.所有者权益的构成

所有者权益的来源包括所有者投入的资本、其他综合收益、留存收益等,通常由股本(或实收资本)、资本公积(含股本溢价或资本溢价)、其他综合收益、盈余公积和未分配利润构成。商业银行等金融企业在税后利润中提取的一般风险准备,也构成所有者权益。

所有者投入的资本是指所有者所有投入企业的资本部分,它既包括构成企业注册资本(实收资本)或者股本部分的金额,也包括投入资本超过注册资本或者股本部分的金额,即资本溢价或者股本溢价,这部分投入资本在我国企业会计准则体系中被计入了资本公积,并在资产负债表中的资本公积项目下反映。

其他综合收益,是指企业根据会计准则规定未在当期损益中确认的各项利得和损失。

留存收益是企业历年实现的净利润留存于企业的部分,主要包括累计计提的盈余公积和未分配利润。

(四)收入

1.收入的特征

收入是指企业在日常活动中形成的、会导致所有者权益增加的、与所有者投入资本无关的经济利益的总流入。根据收入的定义,收入具有以下特征:

(1)收入是企业在日常活动中形成的。日常活动是指企业为完成其经营目标所从事的经常性活动以及与之相关的活动。例如,工业企业制造并销售产品、商业企业销售商品、保险公司签发保单、咨询公司提供咨询服务、软件企业为客户开发软件、安装公司提供安装服务、商业银行对外贷款、租赁公司出租资产等,均属于企业的日常活动。明确界定日常活动是为了将收入与利得相区分,因为企业在非日常活动中形成的经济利益的流入不能确认为收入,而应当计入利得。

(2)收入是与所有者投入资本无关的经济利益的总流入。收入应当会导致经济利益的流入,从而导致资产的增加。例如,企业销售商品应当收到现金或者在未来有权收到现金,才表明该交易符合收入的定义。但是在实务中,经济利益的流入有时是所有者投入资本的增加所致,所有者投入资本的增加不应当确认为收入,应当将其直接确认为所有者权益。

（3）收入会导致所有者权益的增加。与收入相关的经济利益的流入应当会导致所有者权益的增加，不会导致所有者权益增加的经济利益的流入不符合收入的定义，不应确认为收入。例如，企业向银行借入款项，尽管也导致企业经济利益的流入，但该流入并不导致所有者权益的增加，反而使企业承担一项现时义务。企业对于因借入款项所导致的经济利益的增加，不应将其确认为收入，应当确认一项负债。

2. 收入的构成

收入可以有不同的分类。按照企业从事日常活动的性质，可将收入分为销售商品收入、提供劳务收入、让渡资产使用权收入、建造合同收入等。其中，销售商品收入是指企业通过销售商品实现的收入，如工业企业制造并销售产品、商业企业销售商品等实现的收入。提供劳务收入是指企业通过提供劳务实现的收入，如咨询公司提供咨询服务、软件开发企业为客户开发软件、安装公司提供安装服务等实现的收入。让渡资产使用权收入是指企业通过让渡资产使用权实现的收入，如商业银行对外贷款、租赁公司出租资产等实现的收入。建造合同收入是指企业通过承担建造合同实现的收入。

按照企业从事日常活动在企业的重要性，可将收入分为主营业务收入、其他业务收入等。其中，主营业务收入是指企业为完成其经营目标所从事的经常性活动实现的收入，如工业企业制造并销售产品、商业企业销售商品、保险公司签发保单、咨询公司提供咨询服务等实现的收入。这些活动形成的经济利益的总流入构成收入，属于企业的主营业务收入，并且根据其性质的不同，分别通过"主营业务收入""利息收入""保费收入"等科目进行核算。其他业务收入是指与企业为完成与其经营目标所从事的经常性活动相关的活动实现的收入，如工业企业对外出售不需用的原材料、对外转让无形资产使用权等。这些活动形成的经济利益的总流入也构成收入，属于企业的其他业务收入，并且根据其性质的不同，分别通过"其他业务收入"等科目核算。

● **（五）费用**

1. 费用的特征

费用是指企业在日常活动中发生的、会导致所有者权益减少的、与向所有者分配利润无关的经济利益的总流出。根据费用的定义，费用具有以下特征：

（1）费用是企业在日常活动中形成的。费用必须是企业在其日常活动中所形成的，这些日常活动的界定与收入定义中涉及的日常活动的界定相一致。因日常活动所产生的费用通常包括销售成本（营业成本）、职工薪酬、折旧费、无形资产摊销费等。将费用界定为日常活动所形成的，目的是为了将其与损失相区分，企业非日常活动所形成的经济利益的流出不能确认为费用，而应当计入损失。

（2）费用是与向所有者分配利润无关的经济利益的总流出。费用的发生应当会导致经济利益的流出，从而导致资产的减少或者负债的增加（最终也会导致资产的减少）。其表现形式包括现金或者现金等价物的流出，存货、固定资产和无形资产等的流出或者消耗等。鉴于企业向所有者分配利润也会导致经济利益的流出，而该经济利益的流出显然属于所有者权益的抵减项目,不应确认为费用,应当将其排除在费用的定义之外。

（3）费用会导致所有者权益的减少。与费用相关的经济利益的流出应当会导致所有者权益的减少,不会导致所有者权益减少的经济利益的流出不符合费用的定义,不应确认为费用。例如,某企业用银行存款900万元购买原材料,该购买行为尽管使企业经济利益流出了900万元,但并不会导致企业所有者权益的减少,它使企业增加了另外一项资产（存货）,在这种情况下,就不应当将该经济利益的流出确认为费用。

2.费用的构成

费用按其用途不同分为生产费用和期间费用。生产费用是指企业为生产产品、提供劳务而发生的各种耗费,包括直接材料费用、直接人工费用和各种间接费用。生产费用按照计入产品成本的方式可分为直接费用和间接费用两种。

直接费用是指企业为生产产品和提供劳务而发生的、能直接计入产品成本的各项费用,包括直接材料、直接人工和其他直接费用等。

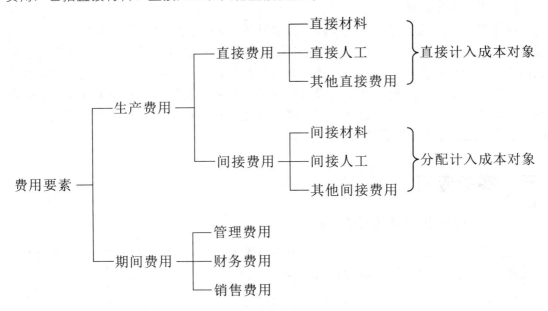

图2-1 费用要素的内容

间接费用是指生产车间为组织和管理生产经营活动而发生的共同费用和不能直接计入产品成本的各项费用。这些费用应按一定标准分配计入产品成本,包括间接材料、间接人工和其他间接费用等。

期间费用是企业当期发生的费用中重要组成部分,是指本期发生的、不能直接或间接归入某种产品成本的、直接计入损益的各项费用,包括管理费用,销售费用和财务费用。其中,管理费用是指企业的行政管理部门为组织和管理整个企业的生产经营活动而发生的各项费用;财务费用是指企业为筹集生产经营所需资金等而发生的筹资费用；销售费用是指企业在销售产品和材料、提供劳务过程中发生的各种费用。

生产费用和期间费用的具体内容在后面将有细致的介绍。

（六）利润

1.利润的特征

利润是指企业在一定会计期间的经营成果。影响企业利润的因素有营业活动和非营业活动，其中营业活动是主要因素。利润既是评价企业管理层业绩的一项重要指标，也是投资者等财务报告使用者进行决策时的重要参考。利润具有以下特点：

（1）利润是企业一定时期的最终财务成果。

（2）利润是按配比性原则计量的，是一定时期的收入与费用相减后的结果。

（3）影响利润的因素较复杂，利润的计算含有较大的主观判断成份，其结果可能因人而异，因此具有可操纵性。

2.利润的来源构成

利润包括收入减去费用后的净额、直接计入当期利润的利得和损失等。其中收入减去费用后的净额反映的是企业日常活动的业绩，直接计入当期利润的利得和损失反映的是企业非日常活动的业绩。直接计入当期利润的利得和损失，是指应当计入当期损益、最终会引起所有者权益发生增减变动的、与所有者投入资本或者向所有者分配利润无关的利得或者损失。企业应当严格区分收入和利得、费用和损失之间的区别，以便全面地反映企业的经营业绩。

三、实务应用

（一）财务状况要素的应用

【例2-1】确定表2-1中各项目归属的会计要素，并分别加计资产、负债及所有者权益金额合计数，验证资产和权益是否相等。

表2-1 会计要素确定表（财务状况要素）

项 目	资　产（元）	权　益（元）	
		负　债	所有者权益
1.库存现金600元	600		
2.存放在银行的货币资金48 000元	48 000		
3.生产车间厂房80 000元	80 000		
4.各种机器设备30 000元	30 000		
5.运输车辆50 000元	50 000		
6.库存产品5 000元	5 000		
7.车间正在加工中的产品6 500元	6 500		
8.库存材料5 000元	5 000		
9.投资人投入的资本80 000元			80 000
10.应付的购料款42 000元		42 000	
11.尚未交纳的税金6 570元		6 570	
12.向银行借入的短期借款72 000元		72 000	
13.应收产品的销货款 15 000元	15 000		
14.采购员出差预借差旅费 2 000元	2 000		
15.商标权50 000元	50 000		
16.发行的企业债券 30 000元		30 000	
17.预付购货款5 000元	5 000		
18.盈余公积结余8 530元			8 530
19.发行股票溢价收入26 000元			26 000
20.未分配利润32 000元			32 000
合　计	297 100	150 570	146 530

● （二）经营成果要素的应用

【例2-2】确定表2-2中各项目归属的会计要素，并分别计算收入、费用及利润总额。

表2-2 会计要素确定表（经营成果要素）

项 目	收入（元）	费用（元）	利润（元）
1.销售A产品货款19 000元	19 000		19 000
2.销售丙材料货款6 200元	6 200		6 200
3.已销A产品生产成本12 000元		12 000	−12 000
4.已销丙材料成本4 500元		4 500	−4 500
5.发生广告费支出1 300元		1 300	−1 300
6.发生银行借款利息支出 1 200元		1 200	−1 200
7.发生行政管理费2 500元		2 500	−2 500
8.应交城市维护建设税、教育费附加合计2 600元		2 600	−2 600
9.盘盈1台设备， 其价值18 000元			18 000
10.发生税收滞纳金3 000元			−3 000
11.公益性捐赠支出6 000元			−6 000
合　计	25 200	24 100	10 100

第二节 会计等式

一、会计等式的概念

会计等式是揭示会计要素之间内在联系的数学表达式,又称为会计方程式或会计恒等式。它是各会计主体设置账户、进行复式记账和编制会计报表的理论依据。

二、会计等式的种类

(一)静态会计等式

就企业而言,企业为进行生产经营活动以获取利润,必须拥有一定数额可供支配的资者提供。既然企业的债权人和所有者为企业提供了全部资产,就应该对企业的资产享有要求权。这种对企业资产的要求权,在会计上总称为"权益",其中属于债权人的部分,称为"债权人权益",通常简称"负债";属于所有者的部分,称为"所有者权益"。

可见,资产表明企业拥有什么经济资源和拥有多少经济资源,权益则表明是谁提供了这些经济资源,谁对这些经济资源拥有要求权。资产与权益,实际上是同一价值运动的两个方面,一个是来龙,另一个是去脉,二者之间存在着不可分割的相互依存关系。从数量上看,有一定数额的资产,就必定有相同数额的对该资产的要求权;反之,有一定数额的权益,则必然存在相等数额的资产与其相对应。没有无资产的权益,也不存在无权益的资产,也就是说,一个企业的资产总额与权益(负债和所有者权益)总额必定彼此相等。这种关系可以用以下数学表达式表示,即:

$$资产=权益$$
$$=债权人权益+所有者权益$$
$$=负债+所有者权益$$

"资产=负债+所有者权益"会计等式体现了企业资金运动过程中某一时点上会计要素之间的数量关系,是资金运动的静态表现形式,又称之为"静态会计等式"。这一等式表明,在某一时点企业所拥有的经济资源的数额与债权人和企业所有者对这些资源所拥有的要求权的数额相等。"资产=负债+所有者权益"是反映企业生产经营的最基本会计等式,它是各会计主体设置账户、进行复式记账、编制财务报告的理论依据,所以这个基本会计等式是会计核算的基石,具有极其重要的意义。

（二）动态会计等式

基本会计等式体现了企业在资金运动过程中的某一时点上会计要素之间的数量关系。但是企业资金不可能始终处于静止状态，企业资金只有运动才能为企业创造利润。随着企业经济活动的进行，企业运用债权人和投资者所提供的资金，经过生产经营获取收入，并以支付费用为代价。企业赚得收入，标志着企业资产的增加；企业发生费用，则标志着企业资产的减少。若收入大于费用，则产生利润；若收入小于费用，则产生亏损。因此，收入的取得、费用的发生和利润的形成，使收入、费用、利润三个会计要素产生以下相互关系：

$$收入-费用=利润（或亏损）$$

这一会计等式是企业资金运动的动态表现形式，又称为"动态会计等式"。

$$期末资产=（期初负债+期初所有者权益）+（收入-费用）$$
$$=（期初负债+期初所有者权益）+利润$$

企业实现的利润要按国家有关规定提取用于积累的盈余公积和向投资者分配利润。企业从利润中提取的盈余公积构成企业所有者权益的新内容；企业按规定向投资者分配的利润在未支付以前又构成企业的新负债。这样，在会计期末，会计要素之间的关系式又回复到会计期初的形式：

$$资产=负债+所有者权益$$

必须指出，上述的期末会计等式与期初会计等式不同的是等号左右两边各会计要素的金额以及总金额都发生了或增或减的变化。

三、实务应用

企业在生产经营过程中，不断地发生各种经济业务。从企业经济业务对企业资产、负债和所有者权益的影响来看，经济业务可概括为九种基本类型，这些类型经济业务的发生虽然会导致会计要素发生增减变化，但是不会破坏基本会计等式的恒等关系。下面举例对会计等式的应用予以说明。

假设铜兴公司2018年7月1日的资产、负债和所有者权益的状况如表2-3所示。

表2-3 资产、负债及所有者权益变动表

单位：元

资产		负债		所有者权益	
库存现金	5 000	短期借款	25 000	实收资本	220 000
银行存款	60 000	应付账款	30 000	盈余公积	25 000
原材料	55 000			利润分配	20 000
固定资产	200 000				
总计	320 000=		55 000	+	265 000

（一）资产类科目等额的一增一减应用

【例2-3】7月9日，公司从银行提取现金10 000元，以备零用。

这笔经济业务发生后，铜兴公司的库存现金增加了10 000元，同时公司的银行存款减少了10 000元，在企业资产项目中出现了相同数字的一增一减，企业的资产总额没有发生变化，如表2-4所示：

表2-4　资产、负债及所有者权益变动表

资　　产		负　　债		所 有 者 权 益	
库存现金	5 000+10 000	短期借款	25 000	实收资本	220 000
银行存款	60 000-10 000	应付账款	30 000	盈余公积	25 000
原材料	55 000			利润分配	20 000
固定资产	200 000				
总计	320 000=		55 000	+	265 000

（二）负债类科目等额的一增一减应用

【例2-4】7月15日，公司开出商业汇票抵付应付账款8 000元。

这笔经济业务发生后，铜兴公司的应付账款减少了8 000元，同时公司的应付票据增加了8 000元，在企业负债项目中出现了相同数字的一增一减，企业的负债总额没有发生变化，如表2-5所示：

表2-5　资产、负债及所有者权益变动表

资　　产		负　　债		所 有 者 权 益	
库存现金	15 000	短期借款	25 000	实收资本	220 000
银行存款	50 000	应付账款	30 000－8 000	盈余公积	25 000
原材料	55 000	应付票据	+8 000	利润分配	20 000
固定资产	200 000				
总计	320 000=		55 000	+	265 000

（三）所有者权益类科目等额的一增一减应用

【例2-5】7月20日，公司经批准将盈余公积10 000元转增实收资本。

这笔经济业务发生后，铜兴公司的盈余公积减少了10 000元，同时公司的实收资本增加了10 000元，在公司所有者权益项目中出现了相同数字的一增一减，企业的所有者权益总额没有发生变化，如表2-6所示：

表2-6　资产、负债及所有者权益变动表

资　　产		负　　债		所 有 者 权 益	
库存现金	15 000	短期借款	25 000	实收资本	220 000+10 000
银行存款	50 000	应付账款	22 000	盈余公积	25 000-10 000
原材料	55 000	应付票据	8 000	利润分配	20 000
固定资产	200 000				
总计	320 000=		55 000	+	265 000

第二章 会计要素与会计等式

●（四）负债与所有者权益等额的一增一减应用

【例2-6】7月20日，公司董事会决定向投资者分配股利15 000元。

这笔经济业务发生后，铜兴公司属于所有者权益的利润减少了15 000元，同时公司的应付利润增加了15 000元，即在公司的所有者权益项目和负债项目中出现了相同数字的一增一减，没有破坏会计等式的平衡关系，如表2-7所示：

表2-7 资产、负债及所有者权益变动表

资产		负债		所有者权益	
库存现金	15 000	短期借款	25 000	实收资本	230 000
银行存款	50 000	应付账款	22 000	盈余公积	15 000
原材料	55 000	应付票据	8 000	利润分配	20 000-15 000
固定资产	200 000	应付利润	15 000		
总计	320 000＝		70 000	＋	250 000

●（五）负债与所有者权益等额的一减一增应用

【例2-7】7月21日，经批准将应付某单位账款10 000元转为对本公司的投资。

这笔经济业务发生后，铜兴公司的应付账款减少了10 000元，同时公司的实收资本增加了10 000元，即在公司的所有者权益项目和负债项目中出现了相同数字的一增一减，没有破坏会计等式的平衡关系，如表2-8所示：

表2-8 资产、负债及所有者权益变动表

资产		负债		所有者权益	
库存现金	15 000	短期借款	25 000	实收资本	230 000+10 000
银行存款	50 000	应付账款	22 000-10 000	盈余公积	15 000
原材料	55 000	应付票据	8 000	利润分配	5 000
固定资产	200 000	应付利润	15 000		
总计	320 000＝		60 000	＋	260 000

●（六）资产与负债同数额增加应用

【例2-8】7月22日，公司购入机器设备一台价值20 000元，款项未付。

这笔经济业务发生后，铜兴公司的固定资产增加了20 000元，同时公司的应付账款也增加了20 000元，即在公司的资产项目和负债项目中出现了相同数字的增加，没有破坏会计等式的平衡关系，如表2-9所示：

表2-9 资产、负债及所有者权益变动表

资产		负债		所有者权益	
库存现金	15 000	短期借款	25 000	实收资本	240 000
银行存款	50 000	应付账款	12 000+20 000	盈余公积	15 000
原材料	55 000	应付票据	8 000	利润分配	5 000
固定资产	200 000+20 000	应付利润	15 000		
总计	340 000＝		80 000	＋	260 000

（七）资产和所有者权益同数额增加

【例2-9】7月25日，公司收到某股东投入的资本50 000元，款项已存入银行。

这笔经济业务发生后，铜兴公司的银行存款增加了50 000元，同时公司的实收资本也增加了50 000元，即在公司的资产项目和所有者权益项目中出现了相同数字的增加，没有破坏会计等式的平衡关系，如表2-10所示：

表2-10　资产、负债及所有者权益变动表

资产		负债		所有者权益	
库存现金	15 000	短期借款	25 000	实收资本	240 000+50 000
银行存款	50 000+50 000	应付账款	32 000	盈余公积	15 000
原材料	55 000	应付票据	8 000	利润分配	5 000
固定资产	220 000	应付利润	15 000		
总计	390 000=		80 000	+	310 000

（八）资产与负债同数额减少应用

【例2-10】7月26日，公司以银行存款归还前欠某单位的货款9 000元。

这笔经济业务发生后，铜兴公司的银行存款减少了9 000元，同时公司的应付账款也减少了9 000元，即在公司的资产项目和负债项目中出现了相同数字的减少，没有破坏会计等式的平衡关系，如表2-11所示：

表2-11　资产、负债及所有者权益变动表

资产		负债		所有者权益	
库存现金	15 000	短期借款	25 000	实收资本	290 000
银行存款	100 000-9 000	应付账款	32 000-9 000	盈余公积	15 000
原材料	55 000	应付票据	8 000	利润分配	5 000
固定资产	220 000	应付利润	15 000		
总计	381 000=		71 000	+	310 000

（九）资产和所有者权益同数额减少应用

【例2-11】7月30日，投资者李某投资期满，收回投资50 000元，公司用银行存款支付。

这笔经济业务发生后，铜兴公司的银行存款减少了50 000元，同时公司的实收资本也减少了50 000元，即在公司的资产项目和所有者权益项目中出现了相同数字的减少，没有破坏会计等式的平衡关系，如表2-12所示：

表2-12　资产、负债及所有者权益变动表

资产		负债		所有者权益	
库存现金	15 000	短期借款	25 000	实收资本	290 000-50 000
银行存款	91 000-50 000	应付账款	23 000	盈余公积	15 000
原材料	55 000	应付票据	8 000	利润分配	5 000
固定资产	220 000	应付利润	15 000		
总计	331 000=		71 000	+	260 000

通过以上各例我们可以看出，企业发生的经济业务尽管纷繁复杂，但归纳起来都无外乎为以下九种类型：

（1）经济业务的发生，导致资产项目此增彼减，但增减金额相等，故等式保持平衡。

（2）经济业务的发生，导致负债项目此增彼减，但增减金额相等，故等式保持平衡。

（3）经济业务的发生，导致所有者权益项目此增彼减，但增减金额相等，故等式保持平衡。

（4）经济业务的发生，导致负债项目增加，而所有者权益项目减少，但增减金额相等，故等式保持平衡。

（5）经济业务的发生，导致所有者权益项目增加，而负债项目减少，但增减金额相等，故等式保持平衡。

（6）经济业务的发生，导致资产项目增加，而同时负债项目亦增加相同金额，故等式保持平衡。

（7）经济业务的发生，导致资产项目增加，而同时所有者权益项目亦增加相等金额，故等式保持平衡。

（8）经济业务的发生，导致资产项目减少，而同时负债项目亦减少相同金额，故等式保持平衡。

（9）经济业务的发生，导致资产项目减少，而同时所有者权益项目亦减少相同金额，故等式保持平衡。

上述九种类型的变化还可以进一步概括为四种类型，即：会计等式两边项目同时等额地增加；会计等式两边项目同时等额地减少；会计等式左边（资产）有关项目等额地一增一减；会计等式右边（负债及所有者权益）有关项目等额地一增一减。

由上所述，可得出如下两点规律性的结论：其一，经济业务引起会计等式中有关项目的变化都是双重性的，或是等式两边等额的增加，或是等式两边等额的减少，或是等式一边内部项目之间等额的一增一减；其二，经济业务引起会计等式的变化是多种多样的，但变化的结果都不会破坏等式两边的总额平衡关系。

思考题

1. 什么是会计要素？六大会计要素各自的概念、基本特征及构成内容是什么？
2. 何谓会计等式？会计等式的表现形式主要有哪几种？
3. "资产＝负债＋所有者权益"与"收入－费用＝利润"这两个会计等式的相互关系如何？为什么？
4. 企业经济业务有哪几种基本类型？各类经济业务的发生对会计等式会产生怎样的影响？

练 习 题

一、单项选择题

1. 下列经济业务发生不会使会计等式两边总额发生变化的是（　　）。
   A. 收到应收账款存入银行　　　　B. 从银行取得借款存入银行
   C. 收到投资者以固定资产所进行的投资　　D. 以银行存款偿还应付账款

2. 下列经济业务发生后，使资产和权益项目同时增加的是（　　）。
   A. 生产产品领用材料　　　　　　B. 以现金发放职工工资
   C. 收到购买单位预付的购货款存入银行　　D. 以资本公积转增资本

3. 下列项目中，属于资产要素项目的是（　　）。
   A. 应收账款及预付款项　　　　　B. 投入资本
   C. 留存收益　　　　　　　　　　D. 营业成本

4. 会计等式的基本表达式是（　　）。
   A. 资产－负债=所有者权益　　　B. 资产=负债－所有者权益
   C. 资产=负债+所有者权益　　　　D. 收入－费用=利润

5. 某企业本期期初资产总额为1 500 000元，本期期末负债总额减少了200 000元，所有者权益比期初增加400 000元，该企业本期期末资产总额是（　　）元。
   A. 1 300 000　　B. 1 700 000　　C. 1 900 000　　D. 1 500 000

6. 某企业资产总额为100万元，当发生下列三笔经济业务后：向银行借款10万元存入银行；用银行存款偿还应付账款5万元；收回应收账款2万元存入银行，其权益总计为（　　）。
   A. 107万元　　B. 105万元　　C. 117万元　　D. 112万元

7. 关于利得，下列说法正确的是（　　）。
   A. 利得是指由企业非日常活动所形成的，会导致所有者权益增加的，与所有者投入资本无关的经济利益的流入
   B. 利得是指由企业日常活动所形成的，会导致所有者权益增加的，与所有者投入资本无关的经济利益的流入
   C. 利得只能计入所有者权益项目，不能计入当期利润
   D. 利得只能计入当期利润，不能计入所有者权益项目

8. 下列引起所有者权益有增有减的经济业务是（　　）。
   A. 收到投资者投入固定资产　　　B. 以银行存款偿还长期借款
   C. 将资本公积转增资本金　　　　D. 以无形资产对外投资

9. 下列不可能出现的经济类型是（　　　）。
   A. 一项资产增加，一项资产的减少
   B. 一项资产增加，一项负债的减少
   C. 一项资产增加，一项负债的增加
   D. 一项负债增加，一项负债的减少

10. 某企业资产总额600万元，若发生以下业务：收到外单位投资40万元存入银行；以银行存款购入材料12万元；以银行存款偿还银行借款10万元；则企业资产总额为（　　　）。
   A. 636万元　　　　B. 628万元　　　　C. 630万元　　　　D. 640万元

二、多项选择题

1. 下列项目中，属于资产要素特征的有（　　　）。
   A. 由过去的交易．事项形成　　　B. 由企业拥有或控制
   C. 本质是一种经济资源　　　　　D. 必须是有形的经济资源
   E. 以上都对

2. 下列资产项目和权益项目之间的变动符合资金运动规律的有（　　　）。
   A. 资产某项目增加与权益某项目减少
   B. 资产某项目减少与权益某项目增加
   C. 资产方某项目增加而另一项目减少
   D. 权益方某一项目增加而另一项目减少
   E. 资产某项目与权益某项目同时增加

3. 下列关于收入表述正确的有（　　　）。
   A. 收入是指企业在日常活动中形成的，会导致所有者权益增加的，与所有者投入资本无关的经济利益的总流入
   B. 收入只有在经济利益很可能流入从而导致企业资产增加或者负债减少，且经济利益的流入额能够可靠计量时才能予以确认
   C. 符合收入定义和收入确认条件的项目，应当列入利润表
   D. 收入是指企业在日常活动中形成的，会导致所有者权益或负债增加的，与所有者投入资本无关的经济利益的总流入
   E. 收入的取得会导致资产增加或负债减少

4. 下列项目中，属于无形资产项目的有（　　　）。
   A. 土地使用权　　　　　　　B. 应收账款
   C. 专利权和商标权　　　　　D. 商誉　　　　　　　E. 专有技术

5. 下列项目中，正确的经济业务类型有（　　）。
   A. 一项资产增加，一项资产减少
   B. 一项资产增加，一项负债减少
   C. 一项资产增加，一项所有者权益增加
   D. 一项所有者权益增加，一项负债的增加
   E. 一项资产减少，一项负债减少

6. 若一项经济业务发生后，引起银行存款减少5 000元，则相应地有可能引起的变动有（　　）。
   A. 固定资产增加5 000元   B. 短期借款增加5 000元
   C. 库存现金增加5 000元   D. 应付账款减少5 000元
   E. 应收账款减少5 000元

7. 下列经济业务中，会引起所有者权益项目一增一减的有（　　）。
   A. 收到投资者投入的资本   B. 收到政府捐赠的设备一台
   C. 经批准，将资本公积转增资本 D. 从税后利润中提取盈余公积
   E. 发放员工工资

8. 下列经济业务中，会引起负债项目一增一减的有（　　）。
   A. 将应付票据转作应付账款
   B. 借入一年期借款直接用以偿还前欠甲公司货款
   C. 以银行存款偿还银行借款
   D. 以银行存款退回A投资者的投资
   E. 确认短期借款利息

9. 期间费用包括（　　）。
   A. 财务费用   B. 管理费用   C. 销售费用
   D. 制造费用   E. 长期待摊费用

10. 反映企业某一点财务状况的会计要素有（　　）。
    A. 资产   B. 利润   C. 负债
    D. 所有者权益   E. 费用

三、判断题

1. 某一财产物资要成为企业的资产，其所有权必须属于企业。（　　）
2. 会计等式揭示了会计要素之间的联系，因而它是设置账户、复式记账和编制会计报表等会计核算方法建立的理论依据。（　　）
3. 企业出售生产设备而获得的经济利益流入，应确认为会计上的收入要素入账。（　　）
4. 预收账款是资产，预付账款是负债。（　　）

5. 凡资产都具有实物形态，凡负债均无实物形态。（   ）
6. 从数量上看，资产总额与权益总额是恒等的，但经济业务发生后会破坏其平衡关系。（   ）
7. 凡收入都会引起资产的增加，凡费用都会引起资产的减少。（   ）
8. 权益就是指的所有者权益。（   ）
9. 负债包括潜在的偿债义务和现实的偿债义务。（   ）
10. "收入－费用＝利润"这一会计等式，是复式记账法的理论基础，也是编制资产负债表的依据。（   ）

四、计算分析题

（一）**目的**：熟悉企业资产、负债、所有者权益的内容及划分

资料：现金、银行存款、实收资本、预收账款、预付账款、应付账款、应收账款、原材料、资本公积、累计折旧、长期借款、无形资产、短期投资、盈余公积、库存商品、应付票据、其他应收款

要求：指出以上项目中，哪些属于资产？哪些属于负债？哪些属于所有者权益？

（二）**目的**：判断经济业务类型

资料：某企业2018年8月份该企业发生以下经济业务

1. 4日，收回应收账款80 000元存入银行。
2. 9日，从银行提取现金50 000元。
3. 9日，以现金50 000元发放工资。
4. 10日，从银行借入期限为3年的贷款100 000元存入银行。
5. 12日，收到投资者投入的投资款200 000元存入银行。
6. 14日，经批准将资本公积50 000元转增资本。
7. 18日，开出应付票据50 000元抵付应付账款。
8. 20日，经批准将长期借款200 000元转为实收资本。
9. 24日，以银行存款购入原材料20 000元。
10. 26日，以银行存款偿还到期的短期借款100 000元。

要求：指出以上经济业务引起的会计要素的变动情况，并判断经济业务类型。

（三）**目的**：判断资产、负债和所有者权益的平衡关系

ABC企业2018年12月31日的资产、负债、所有者权益的状况如下表。

项 目（单位：元）	资 产	权 益	
		负 债	所有者权益
1. 库存现金　　　　　　　　　　600			
2. 存放在银行的货币资金　　95 000			
3. 生产车间厂房　　　　　　280 000			
4. 各种机器设备　　　　　　330 000			
5. 运输车辆　　　　　　　　250 000			
6. 库存产品　　　　　　　　 75 000			
7. 车间正在加工中的产品　　 86 500			
8. 库存材料　　　　　　　　 85 000			
9. 投资人投入的资本　　　　800 000			
10. 应付的购料款　　　　　　142 000			
11. 尚未交纳的税金　　　　　　6 570			
12. 向银行借入的短期借款　　 72 000			
13. 应收产品的销货款　　　　115 000			
14. 采购员出差预借差旅费　　　2 000			
15. 商标权　　　　　　　　　250 000			
16. 发行的企业债券　　　　　317 000			
17. 固定资产大修理支出　　　 95 000			
18. 盈余公积结余　　　　　　 68 530			
19. 资本公积结余　　　　　　126 000			
20. 未分配利润　　　　　　　132 000			
合计			

要求：根据上述资料确定资产、负债及所有者权益项目，并分别加计资产、负债及所有者权益金额和合计数，验证资产和权益是否相等？

第三章

会计科目与会计账户

本章知识结构图

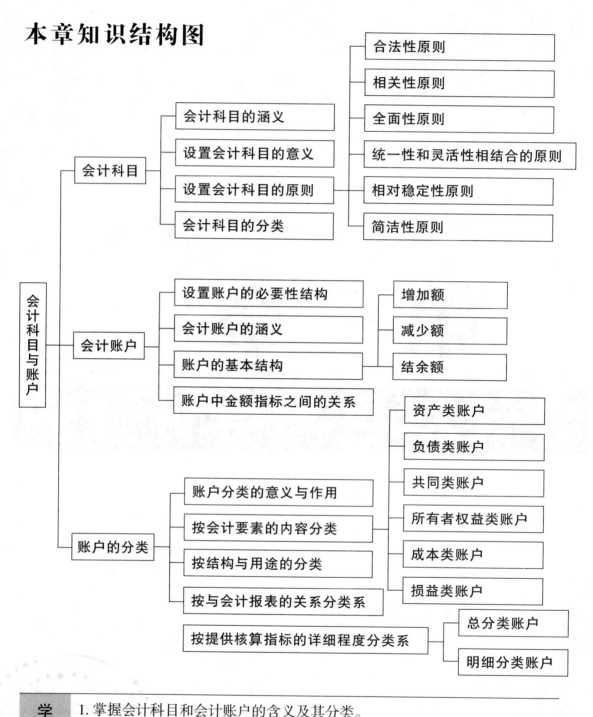

| 学习目标 | 1. 掌握会计科目和会计账户的含义及其分类。
2. 理解账户与会计科目之间的联系与区别。
3. 掌握账户的基本结构及其金额之间的关系。
4. 了解账户按用途和结构的分类。 |

第一节 会计科目

一、会计科目的涵义

会计科目，简称科目，是指按照经济内容对各个会计要素进行分类核算与监督所形成的项目名称，是进行会计核算和提供会计信息的基础。也就是在会计要素的基础上，对会计对象的内容作出进一步的分类，它是设置会计账户的依据。设置会计科目进而在此基础上设置账户是会计核算的一种专门方法。

如前所述，任何企业均有自身的经济活动及其资金运动，会计人员为了核算与监督企业的生产经营活动，向会计信息使用者提供会计信息，需要将会计核算与监督的内容按照一定的标准划分为六项会计要素，这仅仅是对会计核算与监督的内容所作的基本分类。利用这六项会计要素来核算会计主体的生产经营活动、记录各项经济业务及其对企业财务状况、经营成果和现金流量的影响仍显得过于粗糙，难以满足各有关方面对会计信息的需要，为此还必须对会计要素作进一步的分类。这种对会计要素的具体内容进一步分类的具体项目，就是会计科目。例如，对于资产要素来说，企业的银行存款与仓库里存放的原材料都是企业的资产，如果企业出现"用银行存款5 000元购买原材料"的业务，单纯按会计要素的分类，则无法记录银行存款与原材料这两项具体资产的增减变化情况，只能是资产数额没有变化，而事实上银行存款与原材料这两项具体资产的数额已经出现了一增一减的变化。所以，为了分门别类地反映各项具体资产数额的增减变化情况，向会计信息使用者提供更加具体、更加详细的会计信息，就有必要将资产要素按其具体情况，选择一定的标准进行进一步的分类。例如，资产要素可以根据其流动性进一步划分为流动资产、非流动资产等。但是仅仅划分到这个层次仍然比较笼统，不便于在会计上进行核算，因而可以在此分类的基础上再根据其具体组成内容对其进行详细分类。例如，流动资产可以具体分为库存现金、银行存款、应收账款、原材料等。这样，上述"用银行存款5 000元购买原材料"的业务，会计人员就可以作"原材料增加5 000元、银行存款减少5 000元"的详细记录了，这项业务所涉及的"原材料""银行存款"就是会计科目。同样，对于其他会计要素也是如此，也需作进一步的分类，确定其具体的核算项目。

可见，企业在经营过程中发生的各种各样的经济业务，会引起各项会计要素发生增减变化，通过会计要素和会计等式，只能了解企业财务状况、经营成果和现金流量的总括情况。由于企业的经济业务错综复杂，即使某项业务涉及同一种会计要素，也往往具有不同性质和内容。为了实现会计的基本职能，从数量上反映各项会计要素的增减变化，会计工作不但需要取得各项会计要素增减变化及其结果的总括数字，而且还要取得一系列更加具体的分类指标。因此，为了全面、系统地核算与监督各项会计要素增减变动的具体情况，以便分类地核算企业的经济业务并提供更为详细的会计信息，每个企业都必须对会计要素的具体内容进行进一步的分类，直到能够满足会计核算需要为止。企业对于划分出来的每一部分设置相应的名称，即"会计科目"。

现以资产要素中的"流动资产"为例，说明会计科目的设置方法，详情见图3-1。

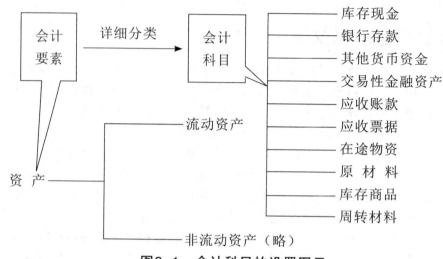

图3-1 会计科目的设置图示

二、设置会计科目的意义

设置并利用会计科目是进行各项会计记录和提供各项会计信息的基础，也是会计主体正确组织会计核算的一个重要条件。设置会计科目在会计核算中具有极其重要的意义。

（一）设置会计科目是为了满足会计信息使用者的需要

会计信息使用者对于会计信息的需求是多样化的，不仅要了解资产、负债、所有者权益、收入、费用和利润等会计要素的总体情况，而且还要了解这些会计要素的具体情况，以利于作出正确的经济决策。虽然会计对象是能够用货币表现的交易或事项，但是企业中能够用货币表现的交易或事项是大量的、各种各样的，会计如果不对其进行分类，由此提供的信息则不能满足使用者的需要。因此，企业有必要对会计要素的具体内容进行进一步的细分，直到能够满足会计信息使用者的需要为止。

（二）设置会计科目是系统反映会计要素内容的需要

按照能够用货币表现交易或事项的特点对会计对象进行分类，分为会计要素，即资产、负债、所有者权益、收入、费用和利润，但每一类会计要素仍然包括较多的内容。如资产类，包括货币资金、存货、应收款项、固定资产、无形资产等，货币资金又由于其存放地点不同，包括存放于出纳人员处的库存现金和存放于银行的银行存款等；负债类包括从银行或其他金融机构取得的借款，由于赊购存货而形成的应付款项，由于应交、应计等形成的应交款项等；收入包括主营业务收入、其他业务收入等；费用包括主营业务成本、其他业务成本、期间费用等。为了将如此复杂的经济信息变成有规律的、易识别的、对投资者决策有用的信息，并为将其转换为会计信息准备条件，企业有必要对纷繁复杂、性质不同的交易或事项进行科学分类，其分类的标志或项目就是会计科目。

（三）设置会计科目是满足经营管理的要求

为了加强对企业的经营活动进行核算和监督，企业就需要根据会计要素各自的特点，分门别类地划分具体项目。由于会计要素反映的经济内容不同，在经营管理中也会有不同的要求，所以在对会计要素进行进一步分类时，除了要考虑会计要素组成内容的特点外，还需要考虑企业经营管理的要求。如货币资金的管理，对库存现金要求按照现金管理的规定进行管理，对存放银行的款项则要求按照银行结算办法进行管理，为此应分别设置"库存现金"和"银行存款"会计科目进行核算。

（四）设置会计科目是设置会计账户、进行会计核算的需要

会计核算最基本方法是设置会计科目和会计账户，有了会计科目和会计账户才能够记录所发生的交易或事项内容，会计账户就是依据会计科目设置的。因此，设置会计科目是设置会计账户的必要前提，也是利用复式记账正确进行会计核算的一个重要条件。

总之，确定会计科目可以对纷繁复杂、性质不同的交易或事项进行科学的分类，将复杂的经济活动变为有规律的、容易识别的经济信息，为其转换成会计信息做好准备；可以为设置会计账户、填制会计凭证和登记会计账簿提供依据，有助于为企业投资者、管理者、债权人以及其他信息使用者提供全面、系统的会计信息。设置会计科目是进行复式记账、登记账簿、编制财务报告的基础，同时为成本计算与财产清查提供了前提条件。

三、设置会计科目的原则

任何一个会计主体都必须依据相关的会计法规设置一套适合自身特点的会计科目。为了提供科学、完整、系统的会计信息，各会计主体在设置会计科目时应遵循下列原则：

（一）合法性原则

为了保证会计信息的可比性，会计科目的设置应当符合国家的会计法规体系的规定。国家的会计法规体系体现了国家对财务会计工作的要求，因此，设计会计科目首先要以此为依据，所设置的会计科目应尽量符合《会计法》以及《企业会计准则》等规定，以便编制会计凭证、登记账簿、查阅账目、实行会计电算化。

（二）相关性原则

会计科目的设置要同时满足国家宏观经济管理的要求和有关各方了解企业财务状况和经营成果的需要。企业内部经营管理与企业外部有关方面对会计信息的要求并不完全相同。一般来说，企业内部经营管理需要会计提供尽可能详尽、具体的数据资料，而国家宏观经济管理和其他有关各方往往要求提供一些概括的数据资料。这就要求企业在设置会计科目时，要同时兼顾企业内部和外部对会计信息的需要，对会计科目进行适当分类，既要设置能够提供总括核算指标的会计科目，以满足企业外部有关方面的需要；又要设置能够提供明细核算指标的明细科目，以满足企业内部经营管理的需要。

（三）全面性原则

会计科目作为对会计要素具体内容进行分类核算的项目，应当能够全面、系统地反映各项会计要素的内容，全面反映会计对象的特点。因此，为了全面地反映企业生产经营活动情况，会计科目的设置要保持会计指标体系的完整，企业所有能用货币表现的经济业务，都要能通过设置具体会计科目进行核算。企业会计科目无论繁简如何，都应是一个完整的体系，这样才能保证企业全面、系统、分类地核算和监督会计对象的全部内容，各会计主体所设置的会计科目应能覆盖该主体所有的会计要素。

（四）统一性和灵活性相结合的原则

为了保持不同企业的会计核算指标的可比性，会计科目应当在一个部门乃至全国范围内具有一定的统一性。凡是交易或事项相同、会计处理方法相同的企业，要求设置的会计科目名称、核算说明及文字表述等尽量统一。为此，各企业原则上应当按照《企业会计准则》规定的会计科目进行核算。在保证提供统一核算的前提下，各企业可以根据自身交易或事项的具体情况和经营管理的要求，对《企业会计准则》统一规定的会计科目进行必要的增补、删减或者调整。例如，制造业可以根据管理要求，使用"生产成本"科目或者将其分为"基本生产成本""辅助生产成本"两个科目。再如，预收、预付账款不多的企业，可以不设置"预收账款""预付账款"科目，将预收、预付账款分别列入在"应收账款""应付账款"科目中核算。当然，会计科目的设置既要防止会计科目设置过多的繁琐倾向，又要防止不顾实际需要随意兼并会计科目的简单化做法。

（五）相对稳定性原则

会计要为经济管理服务，但是不同时期的社会经济环境和经济管理对会计的要求并不完全相同。就特定企业而言，不同时期发生的交易或事项也不尽相同。因此，企业确定的会计科目不可能也不应该一成不变，而是应当随着经济环境和交易或事项的变化及时进行相应的调整，使其适应不断发展的社会经济环境和企业自身交易或事项以及经济管理的变化要求。例如，随着我国金融市场的不断完善，"货币兑换""衍生工具""套期工具"和"被套期项目"等共同类科目已经从无到有建立起来了，有对应业务的企业应当设置相应的科目进行会计核算。所以，会计科目的设置应遵循相对稳定性原则。

（六）简洁性原则

每个会计科目都是对会计要素分类核算的一个具体项目，因而应当有特定的核算内容。会计科目的名称不同，其核算的具体内容就不应当相同。在确定会计科目时，既要对每个会计科目的特定核算内容进行严格、明确的界定，又要力求会计科目的名称含义准确、通俗易懂、便于使用。此外，为了便于记账、查账和适应会计电算化的要求，企业还应当对确定的会计科目进行分类排列并规定相对固定的编号。

四、会计科目的分类

各个会计科目并不是彼此孤立的，而是相互联系、相互补充的，它们组成了一个完整的会计科目体系。这些会计科目可以全面、系统、分类地核算和监督会计要素的增减变动情况及其结果，为经营管理提供一系列核算指标。为了便于会计核算，有必要对会计科目进行一定的分类。

（一）会计科目按其反映的经济内容的不同分类

会计科目按其所反映的经济内容的不同分类，可以划分为资产类科目、负债类科目、共同类科目、所有者权益类科目、成本类科目和损益类科目六大类。每一类会计科目可按一定标准再分为若干具体科目。

1.资产类科目

资产类科目用于反映企业拥有或控制的全部经济资源的状况。按照资产的流动性和变现能力大小，资产类科目可以分为反映流动资产的科目和反映非流动资产的科目两类。其中，反映流动资产类科目主要包括"库存现金""银行存款""交易性金融资产""应收账款""原材料""库存商品"等科目；反映非流动资产类科目主要包括"长期应收款""长期股权投资""固定资产""在建工程""无形资产"等科目。

2.负债类科目

负债类科目用于反映企业承担的并应偿还的全部负债的状况。按照负债偿还期限的长短，负债类科目可以分为反映流动负债的科目和反映非流动负债的科目。反映流动负债的科目主要包括"短期借款""应付职工薪酬""应付账款""应交税费"等科目；反映非流动负债的科目主要包括"长期借款""应付债券""长期应付款""预计负债"等科目。

3.共同类科目

共同类科目又称为资产负债共同科目，是指是在日常核算中资产负债性质不确定，它具有资产和负债双重性质，既有可能反映资产性质、也有可能反映负债性质的科目。主要包括"清算资金往来""货币兑换""衍生工具""套期工具""被套期项目"等科目。

4.所有者权益类科目

所有者权益类科目用于反映企业的所有者对企业的净资产要求权状况的科目,主要包括"实收资本(或股本)""资本公积""其他综合收益""盈余公积""本年利润""利润分配"等科目。

5.成本类科目

成本类科目用于反映企业生产产品和提供劳务的成本状况的科目,主要包括"生产成本""制造费用""劳务成本""研发支出"等科目。

6.损益类科目

损益类科目用于反映企业收入的取得和费用的发生状况的科目。按照对利润影响的方向不同,损益类科目又可以分为反映收入的科目和反映费用的科目两类。其中,反映收入的科目主要包括"主营业务收入""其他业务收入""投资收益""营业外收入"等科目;反映费用的科目一般包括"主营业务成本""其他业务成本""税金及附加""销售费用""管理费用""财务费用""营业外支出""所得税费用"等科目。

●(二)会计科目按其提供的核算指标的详细程度分类

会计科目按其提供的核算指标的详细程度及其统驭关系不同,可以把会计科目分为总分类科目和明细科目。

1.总分类科目

总分类科目又称"总账科目"或"一级科目",它是总括地反映各会计要素的科目,是进行总分类核算、提供总括指标信息的依据。每一个总分类科目均反映某一类特定的交易或事项的总括情况,总分类科目不同,其反映交易或事项的总体情况是不一样的。例如,"银行存款"科目用以反映企业存入银行或其他金融机构的各种款项的总体情况;"短期借款"科目用以反映企业向银行或其他金融机构等借入的期限在1年以内(含1年)的各种借款的总体情况等。

目前,我国实行的是国家统一的会计制度,这种制度的典型特征就是由国家规定统一的会计科目和财务报表格式,以保证会计核算指标的口径一致,并保证可比性。财政部已于2006年2月15日正式发布了《企业会计准则》,其中《企业会计准则——应用指南》规定了具体会计科目的名称。当然,企业可以根据其自身经营管理的特点和需要在统一规定的总分类科目中增、减若干总分类科目。

表3-1 常见会计科目表

编 号	名 称	编 号	名 称
	一、资产类	2201	应付票据
1001	库存现金	2202	应付账款
1002	银行存款	2203	预收账款
1012	其他货币资金	2211	应付职工薪酬
1101	交易性金融资产	2221	应交税费
1121	应收票据	2231	应付利息
1122	应收账款	2232	应付股利

续表

1123	预付账款	2241	其他应付款
1131	应收股利	2501	长期借款
1132	应收利息	2502	应付债券
1221	其他应收款	2701	长期应付款
1231	坏账准备		三、共同类
1401	材料采购	3002	货币兑换
1402	在途物资	3101	衍生工具
1403	原材料	3201	套期工具
1404	材料成本差异	3202	被套期项目
1405	库存商品		四、所有者权益类
1406	发出商品	4001	实收资本（股本）
1407	商品进销差价	4002	资本公积
1408	委托加工物资	4101	盈余公积
1411	周转材料	4103	本年利润
1501	债权投资	4104	利润分配
1503	其他债权投资	4201	库存股
1511	长期股权投资		五、成本类
1512	长期股权投资减值准备	5001	生产成本
1521	投资性房地产	5101	制造费用
1531	长期应收款	5201	劳务成本
1601	固定资产		六、损益类
1602	累计折旧	6001	主营业务收入
1603	固定资产减值准备	6051	其他业务收入
1604	在建工程	6101	公允价值变动损益
1605	工程物资	6111	投资收益
1606	固定资产清理	6301	营业外收入
1701	无形资产	6401	主营业务成本
1702	累计摊销	6402	其他业务成本
1703	无形资产减值准备	6403	税金及附加
1711	商誉	6601	销售费用
1801	长期待摊费用	6602	管理费用
1811	递延所得税资产	6603	财务费用
1901	待处理财产损溢	6701	资产减值损失
	二、负债类	6711	营业外支出
2001	短期借款	6801	所得税费用

从上表可知，会计科目是依据一定的标准排列的，每个科目都被给予一个编号。每个编号的第一位数字表示类别，通常为会计要素的分类，如"1"代表资产类科目，"2"代表负债类科目，"3"代表共同类科目，"4"代表所有者权益类科目，"5"代表成本类科目，"6"代表损益类科目。从第二位数字开始的后续数字则表示会计科目在这一类中的顺序，各科目之间应保留若干空号，以便适应企业将来增添新科目之用。会计科目的编号尤其方便于会计电算化的核算。

2.明细分类科目

明细分类科目又"称明细科目""细目",它是在总账科目的基础上,对总分类科目反映的经济内容进行进一步详细分类的会计科目,是进行明细分类核算、提供明细分类指标和信息的科目。

在实际会计处理过程中,除了"库存现金""累计折旧"和"本年利润"等少数总分类科目不必确定明细分类科目外,其他大部分会计科目如"原材料""应收账款""应付账款"等,不仅要提供总括信息资料,还需设置若干明细分类科目,以进一步了解其详细信息。因此,明细分类科目是在总分类科目基础上,对会计要素的基本内容进行进一步分类所得到的会计科目,用以提供更详细的信息指标。如"应收账款",企业除了需要了解往来单位所欠货款及其收回情况的总括资料外,还必须按照欠款单位的名称对所有的应收款项进一步分类,设立明细分类科目,具体反映是哪个单位拖欠的款项。二者之间的关系如图3-2所示:

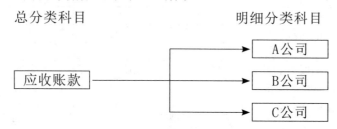

图3-2 总分类科目与明细分类科目关系图示

在实际业务中,有的总分类科目反映的经济内容较多,还可在总分类科目和明细分类科目之间设置子目。子目又称二级科目,是对总分类科目的进一步分类,而明细分类科目是对子目的再分类。明细分类科目又可以称为细目,或称三级科目,往下还可以分成四级科目等。例如,在"原材料"科目下,可以按材料类别开设"原料及主要材料""辅助材料"等二级科目。明细科目的设置,除了要符合财政部的统一规定外,一般应根据经营管理的需要,由企业自行设置。对于明细科目较多的科目,可以在总账科目和明细科目设置二级或多级科目。如在"原料及主要材料"二级科目下,再根据材料规格、型号等开设三级明细科目,如表3-2所示:

表3-2 某企业"原材料"及其明细分类科目设置表

总分类科目	二级科目	明细分类科目
原材料	原料及主要材料	甲材料
		乙材料
		丙材料
	辅助材料	A料
		B料
		C料

在实际工作中,并不是所有的总账科目都需要开设二级和三级明细科目,根据会计信息使用者所需不同信息的详细程度,有些只需要设一级总账科目,有些需要设一级总账科目和二级明细科目,不需要设置三级科目等。

第二节 会计账户

一、设置会计账户的必要性

会计科目是对会计对象的具体内容（会计要素）进行具体分类的项目的名称，它提供的只是会计核算需要运用的内容，但不能反映某一类经济业务的增减变化情况及变动的结果，因此，为了能够分门别类地对各项经济业务的发生所引起的会计要素的增减变动情况及其结果进行全面、连续、系统、准确地核算和监督，以便为会计信息使用者提供所需要的各种会计信息，还必须根据规定的会计科目在账簿中设置相应的账户，通过账户对各项经济业务进行分类、系统、连续的记录。

二、会计账户的含义

会计账户是根据会计科目设置的，具有一定的格式和结构，用来分类、系统、连续地反映会计要素增减变动情况及其变动结果的一种工具。设置会计账户是会计核算的一种专门方法。

会计账户可以根据会计核算的要求，按照会计要素对企业不断发生的交易或事项进行日常归类，从而核算和监督会计要素各个具体类别，并提供各类动态和静态会计指标。设置会计账户可以满足分类记录和反映交易或事项的需要，也可为编制会计报表提供重要依据。每一个账户都应当有一个简明的名称，用以说明该账户所记录的经济业务，各个账户之间既有严格的界限，又有科学的联系。账户的名称就是会计科目，会计账户是根据会计科目设置的。设置账户是会计核算的一种专门方法，运用账户把各项经济业务的发生情况以及由此引起的资产、负债、所有者权益、收入、费用和利润各要素的变化，系统地、分门别类地进行核算，以便为会计信息使用者提供所需要的各项指标。

会计科目与会计账户是两个既有区别又有联系的概念。其共同点在于两者都按会计对象的内容设置，相同名称的会计科目与会计账户反映的经济内容相同，它们都是用来分类地反映会计要素的具体内容。会计科目是设置会计账户的依据，是会计账户的名称；会计账户是会计科目的具体运用，会计科目所要反映的经济内容，就是会计账户所要登记的内容。两者的区别在于以下三点：

一是概念不同。会计科目只是对会计要素具体内容分类的标志；而会计账户是记录由于交易或事项的发生而引起的会计要素具体内容的增减变化情况的空间场所或载体。

二是表现形式不同。会计科目只是一个分类的标志，只表明某类经济内容，本身没有结构，不能记录和反映交易或事项的内容；而会计账户既有名称又有相应的结构，能记录和反映交易或事项的增减变化及其结果。

三是设置的依据不同。会计科目是由企业会计准则统一规定名词及核算内容；而会计账户除规定外，企业还可以根据实际情况自行确定。

但在实际工作中，会计人员往往不加区别地把会计科目与会计账户作为同义语而使用。

三、会计账户的基本结构

会计账户是用来记录经济业务的，必须具有一定的结构和内容。随着经济业务的发生，会计核算对象的具体内容在数量上发生着增减变化，并相应产生变化结果。因此，用来分类记录经济业务的账户必须确定账户的基本结构：增加的数额记在哪里，减少的数额记在哪里，增减变动后的结果记在哪里。会计账户的基本结构是指在账户的全部结构中用来登记增加数、减少数和余额的那部分结构。

我们知道，交易或事项引起的会计要素的变动，从数量上说，只有增加和减少两种情况。账户要用来记录交易或事项、反映会计要素变化情况和结果，在结构上就应该有反映各会计要素的增加数和减少数两个部分。同时，会计账户还要反映各会计要素的增减变动结果，即结余数。这样，反映各会计要素的增加数、减少数和结余数三部分就是账户的基本结构。除了基本结构以外，会计账户还要反映会计账户的名称、登记的日期和凭证号数及摘要等内容，具体如表3-3所示：

表3-3 会计账户的基本结构

账户名称(会计科目)

年		凭 证		摘 要	增 加 额	减 少 额	结 余 额
月	日	种类	号数				

由上表可以看出，任何账户均应当包括如下基本内容：

（1）账户的名称，即会计科目；

（2）日期，即记录交易或事项的时间；

（3）凭证种类和号数，即记录交易或事项的依据；

（4）摘要，即对交易或事项内容的简要说明；

（5）金额，即交易或事项涉及和影响会计要素的金额，具体包括本期期初余额、本期增加发生额、本期减少发生额和本期期末余额。

如上所述，账户的基本结构一般可以划分为左、右两方，一方用来登记交易或事项发生引起的某项会计要素的增加额，另一方用来登记减少额。但哪方用来登记增加额，哪方登记减少额，取决于所采用的记账方法和账户反映的经济内容。记账方法不同，账户的结构就不相同，即使在同一种记账方法下，不同的账户由于反映的经济内容不同，其具体的结构也不完全相同。但是，无论采用何种记账方法，也无论账户反映的经济内容是什么，各项交易或事项的发生对会计要素的影响都不外乎是增加或者减少两种情况，因此，所有账户的基本结构都是相同的，只是登记的方向不同。如在借贷记账法下，"原材料"账户的基本格式如表3-4所示：

表3-4　借贷记账法账户的基本格式

总第　10　页
分第　　　　页
编号　　　　页

"原材料"总分类账

2018		种类	号数	摘要	借方金额	贷方金额	借或贷	余额
月	日							
8	1			期初余额			借	260 000
	6	转	8	从明光工厂购入甲材料	120 000		借	380 000
	10	转	12	生产领用甲材料		280 000	借	100 000
	18	转	22	购入甲、乙材料	250 000		借	350 000
	25	转	38	生产领用乙材料		200 000	借	150 000
	28	转	52	购入乙材料	220 000		借	370 000
	31			本月发生额及期末余额	590 000	480 000	借	370 000

在会计教学中，为了简化格式，往往以"T"形账户作为账户的最基本的格式，因为其形状像英语字母中大写的字母"T"，故称为"T"形账户；又因为像汉字中的"丁"字，又称为"丁"字账。"T"形账户实际上是账户中登记增加额、减少额和余额三个栏次的简化形式，虽然结构简单，但能够清楚地反映账户的本期期初余额、本期增加发生额、本期减少发生额和本期期末余额及其相互之间的关系。"T"形账户结构是在会计教学中普遍使用的一种账户基本结构形式，如图3-3所示：

左方　　　　　账户名称（会计科目）　　　　　右方

图3-3　"T"形账户基本结构图

如在借贷记账法下，上述"原材料""T"形账户如图3-4所示：

借方		原材料	贷方
期初余额：	260 000		
增加额：		减少额：	
（8）	120 000	（12）	280 000
（22）	250 000	（38）	200 000
（52）	220 000		
本期增加发生额	590 000	本期减少发生额	480 000
期末余额：	370 000		

图3-4 "原材料" "T"形账户基本结构图

"T"形账户也是根据会计科目设置的，会计科目就是账户的名称，它是把会计账户的基本结构分为左右两方，其中一方登记增加额，另一方登记减少额，来简要反映所发生的交易或事项。

四、会计账户中金额指标之间的关系

会计账户可以提供一系列的信息指标，包括期初余额、本期增加发生额、本期减少发生额和本期期末余额。其基本关系如下：

期末余额＝期初余额＋本期增加发生额－本期减少发生额

期初余额属于静态指标，是指在一定会计期间开始时从上一会计期间结转而来的数额。例如，在图3-4中，"原材料"账户期初余额260 000元就是该账户7月份的期末余额。期初余额既是上一个会计期间该账户增减变动的结果，又是本会计期间本账户增减变动的起点。

账户中登记本期增加的金额，称为本期增加发生额。本期增加发生额属于动态指标，是指在一定会计期间交易或事项发生以后登记在本账户增加方的金额的合计数。例如，在图3-4中，"原材料"账户本期增加发生额590 000元就是本月发生的第（8）（22）（52）笔业务引起的原材料的增加的合计数。

账户中登记本期减少的金额，称为本期减少发生额。本期减少发生额属于动态指标，是指在一定会计期间交易或事项发生以后登记在本账户减少方的金额的合计数。例如在图3-4中，"原材料"账户本期减少发生额480 000元就是本月发生的第（12）（38）笔业务引起的原材料的减少的合计数。

增减相抵后的差额称为余额，余额按照时间不同，分为期初余额和期末余额。本期期末余额属于静态指标，是指在一定会计期间结束时，将本期的期初余额、本期增加发生额、本期减少发生额进行比较计算后得到的结果。如果将本期的期末余额转入下一期，就是下一期的期初余额。

这四项指标之间的关系可以表达为：

本期期末余额＝本期期初余额＋本期增加发生额－本期减少发生额

例如图3-3中"原材料"账户有以下关系：

本期期初余额＋本期增加发生额－本期减少发生额＝本期期末余额

260 000＋590 000－480 000＝370 000

第三节 会计账户的分类

一、会计账户分类的意义与作用

会计账户的分类，就是按照账户的本质特性，依据一定的标志，将全部账户进行科学的概括和归类，划分为不同类别的方法。

各会计主体为了反映其所发生的交易或事项及提供会计信息，需要设置一系列的账户。每一个账户都有自己的名称、性质、用途和结构。当交易或事项发生时，每一个账户均从不同的方面反映会计要素增减变动和企业资金运动变化的情况及其结果。正是由于每一个账户有不同的核算内容，用途和结构也不完全相同，也就形成了不同账户的特征。但是各个账户之间并不是孤立的。各企事业单位的资金运动是一个有机整体，会计各要素之间虽然互相区别，但又存在着密切的联系，相互之间存在数量上的平衡关系，形成一个完整的账户体系，来反映会计要素的全部内容。会计账户的分类就是按照一定的标准、按照账户之间存在的共性与特性将账户划分为不同的类别的方法。因此，了解每个会计账户的特性、研究账户使用的规律，对于具体地运用各个账户是十分重要的。

（一）账户分类有助于正确设置和运用账户

设置和运用账户是会计核算的重要方法，只有在了解和熟悉各个账户的特征和性质的基础上，掌握各类账户的共性及其联系和区别，才能根据会计核算的要求正确地设置和运用账户，才能有效地运用账户这一会计核算重要工具提供连续、系统、完整的会计信息，才能满足企业管理要求会计提供分门别类以及详略有别的数据资料的需要。

（二）账户分类有助于发挥账户在提供会计信息方面的作用

账户分类有助于从账户体系整体的角度去了解各账户的经济内容及作用，从不同的角度去研究账户设置和运用的规律性，充分发挥账户在提供会计信息方面的作用。把账户按照一定的标准进行分类，将具有不同性质和特征的账户分成若干类别，把具有共性的账户归为一类。这样，可以从账户整体的角度去了解各个账户的性质和作用，研究账户设置和运用的规律性，充分发挥账户在提供会计核算资料方面的作用。

● （三）账户分类有助于财务报表的编制

会计的目标是为使用者提供满足需要的会计信息，这在很大程度上是通过会计报会计的目标是为使用者提供满足需要的会计信息，这在很大程度上是通过财务报表来实现的。编制财务报表是会计核算的一项重要方法。财务报表主要是以账簿记录为依据，通过加工整理而产生的一整套完整信息的书面文件。账簿记录是编制财务报表的前提，是编制财务报表的基础与依据。因此，通过对账户按照与财务报表的关系进行分类，有助于财务报表的编制。

账户分类的标志一般有：以会计要素作为分类的标志，以用途和结构作为分类的标志，以提供核算指标的详细程度作为分类的标志，以账户与财务报表的关系作为分类的标志等。

二、账户按会计要素分类

账户反映的会计要素的具体内容是账户进行分类的基础。账户按其反映的会计要素的具体内容可以归纳为资产、负债、所有者权益、收入、费用和利润六大类。因此，按照账户所反映的会计要素的经济内容分类，企业类会计主体的所有账户可以分为资产类账户、负债类账户、所有者权益类账户、收入类账户、费用类账户和利润类账户六大类。但是在实际业务中，账户在按照会计要素分类时，往往把企业的耗费中的能够予以对象化的那部分费用，称为"成本"，为了反映企业制造成本或劳务成本的发生及增减变动情况而单独设为一类——"成本类"账户；企业在一定时期内的收入要和当期发生的费用进行配合比较，以确定当期收益，因此，在账户按照反映的会计要素的内容进行分类时，将收入类和费用类账户合起来称为损益类账户；再次，企业在一定时期内实现的利润最终会导致所有者权益的增加，在账户按照反映的会计要素的内容进行分类时，往往将利润类账户并入所有者权益类账户；另外，2006年《企业会计准则》将与金融工具有关的若干账户单独设为一类——"共同类"账户。这样，按照账户所反映的会计要素的经济内容分类，企业类会计主体的所有账户可以分为资产类账户、负债类账户、所有者权益类账户、共同类账户、成本类账户和损益类账户六大类。

会计要素内容的不同，体现着账户之间最为本质的区别，因此，账户按其反映的会计要素的内容分类是最基本的分类方法，并为账户按照其他标准进行分类打下基础。

账户按其反映的会计要素的经济内容分类结果如图3-5所示：

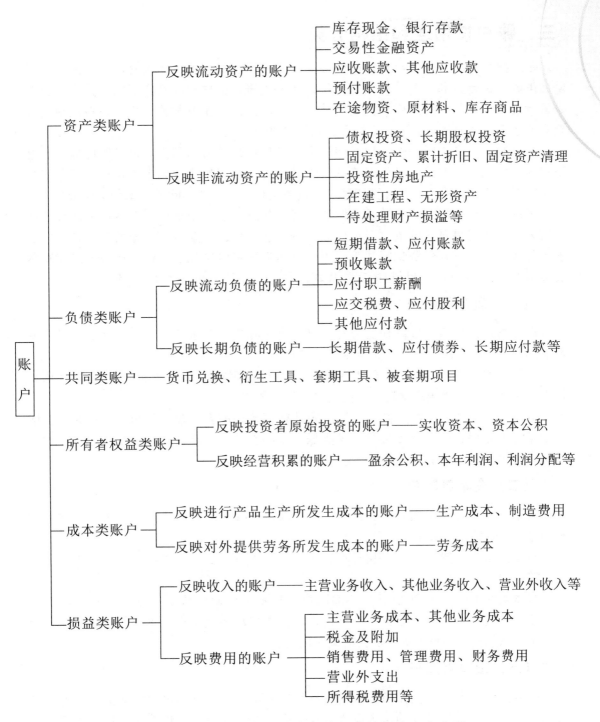

图3-5 账户按照反映的会计要素的经济内容分类

三、账户按用途和结构分类

账户按经济内容分类，可以明确各类账户所反映的各项具体内容，但无法详细说明各类账户的用途和结构，即无法详细说明各类账户的作用以及它们如何提供企业在经营管理和对外报告时所需要的各种核算指标。因此，企业需要对账户在按反映会计要素的经济内容的基础上进一步按用途和结构进行分类。

账户的用途是指账户的作用，即设置、运用账户的目的和账户记录所能提供的经济信息。例如，"在途物资"账户的用途就是确认和归集企业因采购材料物资所发生的材料买价和采购费用，并计算和确定各批各类材料物资的实际总成本和单位成本。

账户的结构是指账户能够登记增加、减少和结余的三个部位以及各自所能反映的经济内容，也就是账户的借方登记什么，贷方登记什么，余额是在借方还是在贷方、表示什么。例如，在借贷记账法下，"原材料"账户的结构是：借方反映入库材料的实际成本，贷方反映发出材料的实际成本，借方余额反映库存材料的实际成本。

（一）盘存类账户

盘存类账户是用以核算和监督各项财产物资和货币资金的增减变动情况及其实有数额的账户。这类账户包括了企业主要的资产账户。

在我国会计实务中，属于盘存类账户的有"库存现金""银行存款""原材料""库存商品""周转材料""固定资产"等账户。

盘存类账户的所有账户都可以通过定期或不定期的实物盘点和核对账目来检查账户记录是否正确、账实是否相符。该类账户余额在借方。反映财产物资的账户在进行明细分类核算时，除了采用货币计量外，还需兼用实物计量。

（二）资本类账户

资本类账户是用来核算和监督企业从外部各种渠道取得的投资以及内部形成的积累的增减变化情况及其实有数额的账户。

资本类账户一般包括"实收资本"（股本）"资本公积""盈余公积""利润分配"等账户。

资本类账户主要反映企业从外部取得的投资或内部形成的积累，账户余额在贷方，不会出现借方余额。该类账户无论是总分类核算还是明细分类核算，都只需用货币计量，以总括说明资本规模及其增减变化情况。

（三）结算类账户

结算类账户是用来核算和监督企业与其他单位和个人之间发生结算关系而产生的应收、应付款项的增减变动情况及其实有数额的账户。它按其性质又可以分为债权类结算账户、债务结算类账户、债权债务结算类账户。

1.债权结算账户

债权结算账户也称"债权类账户"，它是用来核算和监督企业与各个债务单位和个人在经济往来中发生的各种应收款项的增减变化的账户。它一般包括"应收票据""应收账款""其他应收款""预付账款"等账户。

债权结算类账户按建立债权债务关系的单位和个人设置明细分类账进行明细分类核算。该类账户无论是总分类核算还是明细分类核算，都只需用货币计量，期末余额一般在借方，表示债权的实有额，但也有可能出现贷方余额，这时账户就具有了债务类账户的性质。

2.债务结算账户

债务结算账户也称"债务类账户"，它是用来核算和监督企业与各个债权单位或个人在经济往来中发生的各种应付款项增减变化的情况的账户。它一般包括"短期借款""应付票据""应付账款""预收账款""应付职工薪酬""其他应付款""应交税费""应付股利"等账户。

债务结算类账户按具有债务结算关系的单位和个人设置明细分类账进行明细分类核算。该类账户无论是总分类核算还是明细分类核算，均只需提供货币信息，期末余额一般在贷方，表示债务的实有额，但也有可能出现借方余额，这时账户就具有了债权类账户的性质。

3.债权债务结算类账户

债权债务结算类账户也称"债权债务类账户"。在实际工作中，对于某些经常与企业发生业务往来的单位或个人来说，有时是企业的债权人，有时又是企业的债务人。为了集中核算和监督企业与这些单位所发生的债权、债务的往来结算情况，有必要在同一个债权账户或同一个债务账户中反映应收、应付该单位款项的增减变动及其余额。在这类账户中，借方登记债权的增加和负债的减少；贷方登记负债的增加和债权的减少数，余额有时在借方，有时在贷方，若余额在借方，表示债权，若余额在贷方，表示债务。属于这类账户的有"其他往来""内部往来"等账户。在企业不设"预收账款"和"预付账款"时，"应收账款"和"应付账款"也具有债权债务账户的特点。

债权债务结算类账户在编制资产负债表时，必须根据总分类账户所属明细分类账户的有关余额分析计算填列。具体而言，就是将各明细分类账户的借方余额之和以应收款项目列在资产负债表的资产方，将各明细分类账户的贷方余额之和以应付款项目列在资产负债表的负债方，以便正确反映债权、债务的实际情况。

● **（四）待处理财产类账户**

待处理财产类账户是用来核算和监督企业尚未批准核销的盘盈、盘亏和毁损的财产物资的过渡性账户，其特点是盘盈、盘亏和毁损的财产物资尚未批准处理之前，账户有余额；待报经批准转销后，账户不再有余额。"待处理财产损溢"就是典型的待处理财产类账户。

运用待处理财产类账户，既能保证会计资料的相关性和可能性，又能集中暴露矛盾，促使企业迅速解决矛盾。

● **（五）调整类账户**

调整类账户是用于调整某个账户（即被调整账户）的余额，以表明被调整账户的实际余额而设置的账户。

在会计核算中,由于管理上的特殊需要或其他原因,对于某些会计要素的具体项目,有时需要用两种不同的数据来记录和反映,并相应地设置和应用两个账户,一个账户核算和监督会计要素具体项目的原始指标,另一个账户则用来核算和监督原始指标的变化情况,即调整指标,再将原始指标和调整指标相加或相减,就能求得现在的实有指标,从而全面地反映同一会计内容,满足管理上的特殊需要。在会计核算中,我们把核算和监督原始指标的账户称为"被调整账户",把核算和监督调整指标的账户称为调整账户。

调整账户按其与被调整账户的关系和调整方式分为以下几种:

1. 备抵账户

备抵账户又称"抵减账户",它是作为被调整对象原始数额的抵减项目,以确定被调整对象实有数额而设置的账户。

属于该类备抵账户的有:"坏账准备""存货跌价准备""长期投资减值准备""累计折旧""固定资产减值准备""无形资产减值准备"等账户。

2. 附加账户

附加账户也称"补充账户",用以增补被调整对象原始数额,以确定被调整对象的实有数额而设置的调整账户。

被调整账户的余额与附加账户的余额在账户结构和方向上保持一致:若被调整账户的余额在借方,则附加账户的余额也一定在借方;反之,若被调整账户的余额在贷方,则附加账户的余额也一定在贷方。而备抵调整账户正好与之相反。

3. 备抵附加账户

备抵附加账户是以备抵或附加的方式来调整被调整账户的账面余额,以确定被调整账户实有数额的账户。

备抵附加账户兼有备抵账户和附加账户的作用:当备抵附加账户的余额与被调整账户的余额方向相反时,起备抵作用,其调整方式与备抵账户相同;当备抵附加账户的余额与被调整账户的余额在同一方向时,起附加作用,调整方式与附加账户相同。如制造业设置的"材料成本差异"账户就是一个典型的备抵附加账户。

综上所述,调整账户依被调整账户而存在,两者紧密联系,提供了特定的会计信息。即:

被调整账户的账面余额±调整账户的账面余额=被调整账户的实有数额

(六)集合分配类账户

集合分配类账户是用来归集和分配生产经营过程中某一阶段所发生的成本费用,并借以核算和监督该阶段费用预算执行情况和费用分配情况的账户。属于这类账户的有"制造费用"账户。

集合分配类账户的特点是:该类账户只需提供货币信息;账户中归集的成本费用,一般要在月末全部分配到各受益对象中去,分配结转后,该类账户无余额。

(七)成本计算类账户

成本计算类账户是用来核算和监督企业在生产经营过程中某一经营阶段所发生的全部费用,并据以确定该过程各成本计算对象实际总成本和单位成本的账户。属于这类账户的有:"在途物资""生产成本""劳务成本""研发支出"等账户。

成本计算类账户的特点是:其余额表示尚未结束经营过程某一阶段上成本计算对象的实际成本,如在产品、在途物资、在建工程等,因而具有盘存账户的特点,也能起到盘存账户的作用;其明细账户既要提供货币信息,又要提供实物量或劳动量消耗信息。

(八)集合汇转类账户

集合汇转类账户是用来汇集企业在某一期间内从事经营活动或其他活动的某种收入或支出,并如期结转该项收入或支出的账户。该类账户按照其汇集的性质和经济内容,又可划分为收入集合汇转类账户和费用集合汇转类账户两类。

1.收入集合汇转类账户

收入集合汇转类账户是用来汇集和结转企业在某一期间内从事经营活动或其他活动的某种收入的账户。属于这类账户的有"主营业务收入""其他业务收入""投资收益""营业外收入"等账户。

2.费用集合汇转类账户

费用集合汇转类账户是用来汇集和结转企业在某一期间内从事经营活动或其他活动的某种费用或支出的账户。属于这类账户的有"主营业务成本""税金及附加""其他业务成本""销售费用""管理费用""财务费用""营业外支出""所得税费用"等账户。

集合汇转类账户只需提供货币信息,当期应将账户的发生额全额结转至"本年利润"账户,结转后该类账户无余额。

(九)财务成果类账户

财务成果类账户是用来计算并反映一定期间企业全部经营业务活动的最终成果,并确定企业利润或亏损数额的账户。这类账户主要有"本年利润"账户。

该类账户只需提供货币信息,年度内该类账户各期末一般有余额,年度终了,由于企业将当年的净利润或净亏损额全部转入利润分配账户,因此该账户年末无余额。由于财务成果类账户将一定时期内形成或确认的收入和该时期内发生的各项费用支出对比计算,把经营业务活动的最终成果以货币表现,因此,从账户体系中各账户的关系看,财务成果类账户是联结一切收入和费用账户的纽带。

四、账户按与财务报表的关系分类

账户按与财务报表的关系进行分类,可以分为资产负债表账户和利润表账户。

资产负债表是反映企业在某一特定日期的财务状况的财务报表。资产负债表表内各项目反映的是企业在某一特定日期资产、负债和所有者权益实有数额,需根据资产类账户、负债类账户和所有者权益类账户的期末余额直接填列或者分析计算填列。正是由于资产类账户、负债类账户和所有者权益类账户所提供的数据是编制资产负债表的主要依据，因此，会计上把资产类账户、负债类账户和所有者权益类账户称作"资产负债表账户"。

利润表是反映企业在一定期间的经营成果的财务报表。利润表表内各项目反映的是企业在某一期间内取得的收入和发生的费用以及实现的利润情况，需要根据损益类账户的本期发生额分析填列。正是由于损益类账户所提供的数据是编制利润表的主要依据，因此，会计上把损益类账户称作"利润表账户"。

另外，由于资产类账户、负债类账户和所有者权益类账户在会计期末一般有余额，其余额分别反映企业在某一特定日期资产、负债和所有者权益的实有数额，因此，资产类账户、负债类账户和所有者权益类账户又被称为"实账户"；而损益类账户本期发生额一般要在期末结转至"本年利润"账户，期末结转后没有余额，因此，损益类账户又被称为"虚账户"。

五、账户按其提供核算指标的详细程度分类

账户按其提供核算指标的详细程度不同，可以分为总分类账户和明细分类账户。

总分类账户是按照总分类会计科目设置的，是对会计要素进行总括核算的账户，它能提供某一项具体项目的总括核算资料，又被称为"总账账户"或者"一级账户"。总分类账户一般仅以货币计量单位进行登记。

明细分类账户是以总分类账户为基础，按照明细分类会计科目设置的，是对会计要素按照总分类账户进行总括核算的基础上做进一步明细核算的账户，它能提供某一具体项目的详细具体的数据资料，又被称为"明细账账户"或者"二级账户""三级账户"。有的明细分类账户只以货币计量单位进行登记，如"债权债务类"账户的明细分类账户；也有的明细分类账户既以货币计量单位进行登记，也以实物计量单位进行登记，如"盘存类"账户的明细分类账户。

总分类账户和其所属的明细分类账户核算的具体经济内容是相同的，只是提供数据资料的详细程度不同。总分类账户提供的是总括的核算资料，对所属明细分类账户起着控制作用；明细分类账户提供详细具体的数据资料，对总分类账户起着补充说明的作用，是某一总分类账户的从属账户，受其所隶属的总分类账户的控制。二者只有有机结合起来，才能既总括又详细地反映同一核算内容。

思考题

1. 什么是会计科目？设置会计科目一般应遵循哪些原则？
2. 什么是会计账户？会计账户的基本结构包括哪些内容？
3. 账户分类的标志一般有哪几种？
4. 账户按会计要素分类可以分为哪几类？
5. 总分类账户和明细分类账户的关系是怎样的？

练习题

一、单项选择题

1. 会计科目是在会计要素的基础上,对( )作的进一步分类。
   A. 会计要素   B. 会计对象
   C. 会计账簿   D. 会计主体

2. 下列各项中( )一般在同一方向。
   A. 减少额和贷方发生额   B. 增加额和贷方发生额
   C. 增加额和余额   D. 贷方发生额和余额

3. 下列各项中,体现会计科目与会计账户关系的是( )。
   A. 会计要素的名称   B. 报表的项目
   C. 账簿的名称   D. 账户的名称

4. 下列各项中,作为开设账户依据的是( )。
   A. 会计要素   B. 会计科目
   C. 会计对象   D. 会计准则

5. 下列各项中,属于反映企业所有者权益类账户的是( )。
   A. 资本公积   B. 固定资产
   C. 短期借款   D. 生产成本

6. 下列各项中,不属于资产类账户的是( )。
   A. 银行存款   B. 原材料
   C. 实收资本   D. 应收账款

7. 预收账款业务不多的企业,可以不设置"预收账款"科目,而将预收账款业务列入"应收账款"科目中核算,这体现了会计科目设置的( )。
   A. 统一性和灵活性相结合的原则   B. 有用性原则
   C. 相对稳定性原则   D. 简洁性原则

8. 下列各项中,属于负债类账户的是( )。
   A. 银行存款   B. 预收账款
   C. 实收资本   D. 应收账款

9. 下列账户中,期末一般有余额的是( )。
   A. 原材料   B. 管理费用
   C. 销售费用 D. 主营业务收入

10. 下列账户中,不属于损益类账户的是( )。
    A. 管理费用   B. 制造费用
    C. 财务费用   D. 销售费用

二、多项选择题

1. 下列会计科目中，属于成本类的会计科目有（　　）。
   A. 其他业务成本　　　B. 主营业务成本
   C. 生产成本　　　　　D. 制造费用　　　　E. 劳务成本

2. 下列各项中，属于账户基本结构内容的有（　　）。
   A. 账户名称　　　　　B. 凭证的种类和号数
   C. 余额　　　　　　　D. 增加的金额　　　E. 减少的金额

3. "投资者对企业追加货币投资"，涉及下列项目中的（　　）。
   A. 实收资本　　　　　B. 固定资产
   C. 银行存款　　　　　D. 利润分配　　　　E. 应收账款

4. 在"取得银行短期借款存入银行"业务中，涉及的会计账户有（　　）。
   A. 库存现金　　　　　B. 短期借款
   C. 银行存款　　　　　D. 营业外收入　　　E. 实收资本

5. 下列账户中，属于资产类账户的有（　　）。
   A. 应收账款　　　　　B. 预收账款
   C. 在途物资　　　　　D. 应付账款　　　　E. 预付账款

6. 下列各项中，属于反映企业所有者权益类账户的有（　　）。
   A. 资本公积　　　　　B. 实收资本
   C. 利润分配　　　　　D. 本年利润　　　　E. 盈余公积

7. 下列账户中，属于负债类账户的有（　　）。
   A. 应收账款　　　　　B. 应付账款
   C. 应交税费　　　　　D. 预付账款　　　　E. 预收账款

8. 在"以存款支付前欠货款"业务中，涉及的会计账户有（　　）。
   A. 库存现金　　　　　B. 短期借款
   C. 银行存款　　　　　D. 应付账款　　　　E. 预付账款

9. 在"购买材料15 000元，其中以存款支付10 000元，其余款项暂欠"的业务中，涉及的会计账户有（　　）。
   A. 原材料　　　　　　B. 短期借款
   C. 银行存款　　　　　D. 应付账款　　　　E. 预付账款

10. 下列账户中，不属于损益类账户的有（　　）。
    A. 管理费用　　　　　B. 制造费用
    C. 财务费用　　　　　D. 销售费用　　　　E. 生产成本

三、判断题

1. 账户的左右两方是按相反方向来记录经济业务的增加额和减少额的。（　）
2. 所有的总分类科目均要设置明细分类科目。（　）
3. 会计科目和会计账户均是对会计要素进行分类所形成的具体项目。（　）
4. 会计科目是依据账户设置的，因而它们反映的经济业务是相同的。（　）
5. 账户的基本结构分为左、右两个方向，左方登记增加，右方登记减少。（　）
6. 会计科目既有名称又有相应的结构，能记录交易或事项的增减变化及其结果。（　）
7. 账户的名称就是会计科目的名称，因为会计科目是根据账户开设的。（　）
8. 会计账户只表明某类经济内容，本身没有结构，不能记录和反映经济业务。（　）
9. 对会计要素进行分类所形成具体项目的名称称为"会计对象"。（　）
10. 一般说来，各类账户的期末余额与记录增加额的一方在同一方向。（　）

四、业务题

某企业有关项目如下：
1. 房屋及建筑物。
2. 机器设备。
3. 运输工具。
4. 预付给供应单位的货款。
5. 库存在仓库里的材料。
6. 存放于生产车间的未完工品。
7. 由出纳人员保管的现金。
8. 销售产品的收入。
9. 应收甲公司的货款。
10. 库存的A产品。
11. 从银行借入的半年期的款项。
12. 应付乙公司的货款。
13. 应交未交的税金。
14. 企业拥有的专利权。
15. 投资者投入的资本。
16. 预收的购货单位货款。
17. 支付的办公费。
18. 发生的广告费。
19. 应支付给职工的工资。
20. 从利润中提取的公积金。

要求：根据以上项目说明其应归属的会计科目名称及其所属的会计要素。

序号	会计科目	资产类	负债类	所有者权益类	成本类	损益类

第四章

复式记账

第四章 复式记账

本章知识结构图

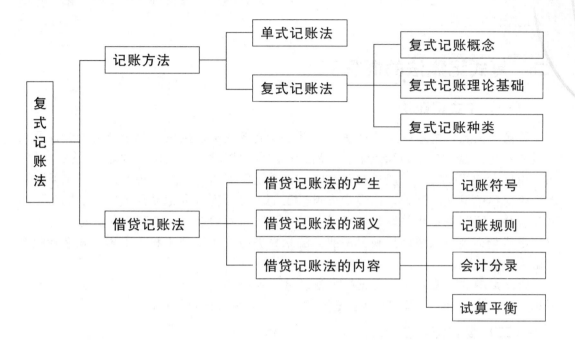

| 学习目标 | 1. 掌握复式记账的概念。
2. 掌握复式记账的特点。
3. 掌握一般会计事项的会计分录编制。
4. 学会进行简单的试算平衡。 |

第一节 复式记账原理

一、记账方法

会计科目是在会计要素的基础上，对会计对象作出进一步的分类，设置会计账户为会计核算和会计监督各项具体经济业务提供了工具。但是，如何利用账户相互联系的记录反映经济活动的变化及其结果，这就涉及记账方法的问题。只有科学的记账方法，才能将每一项经济业务的来龙去脉完整地记录到账户中，通过对账户记录的加工整理，产生出有关方面所需要的会计信息。

所谓记账方法，是指在经济业务发生以后，运用特定的记账符号和记账规则，在有关的账户中加以记录的一种会计工作方法。会计的记账方法经历了由单式记账法到复式记账法的过程。

二、复式记账法的概念

（一）单式记账法

最初的记账方法是单式记账法，它是指在经济业务发生后，对所涉及的会计要素增减的变化只在一个账户加以记录，而且在记录时以记录"钱款"数额增减为主。例如，用现金购买物资，一般只在现金账户记录因购买材料而减少现金，并不相互联系地记录材料的增加。又如，以现金支付员工的工资，同样只记录因支付员工的工资而减少现金，不记录费用的增加。可见，单式记账法对经济业务增减变化的记录并不完整，不能全面地、系统地反映经济业务的来龙去脉，也不便于利用平衡公式来检验账户记录的正确性。

所以，单式记账法是会计记账方法发展过程中的一段历史，现代企业会计中已几乎见不到它的踪影，只是在有些备查账的记录中似乎有它的影子。

（二）复式记账法

复式记账法是在单式记账法的基础上演化而来的。经过漫长的会计实践，复式记账法（借贷记账法）已发展成为一种科学的、完整的记账方法，几乎所有的会计主体都以它作为记账方法。

复式记账法是指在每一项经济业务发生后，都要以相等的金额，同时在相互联系的两个或两个以上的账户中进行登记，全面、系统地反映会计要素增减变化的一种记账方法。它在记账过程中强调反映资金运动的来龙去脉。例如，用现金购买材料，一方面记录现金的减少，另一方面记录材料的增加；若以现金支付员工的工资，则一方面记录现金的减少，另一方面记录费用的增加。

与单式记账法相比，复式记账法有下列基本特征：对于每一项经济业务都要在相互联系的两个或两个以上的账户中加以记录，并据此了解经济业务发生的来龙去脉；由于复式记账法要求以相等金额在两个或两个以上的账户同时记录，所以可以对账户记录的结果进行试算平衡，以检验账户记录是否正确；复式记账法要求对每一项经济业务都要在相互联系的账户间进行记录，强调了账户间的对应关系，为建立完整的账户体系、分析经济业务提供了依据。所以，复式记账法的产生是会计发展史上的一个重要里程碑，也标志着科学的记账方法的形成。

三、复式记账法的理论基础和种类

(一)复式记账法的理论基础

复式记账法之所以成为科学的记账方法而被广泛使用,是因为它是建立在资金运动理论和会计基本等式的理论基础上的。

首先,会计核算和监督的对象是能够用货币表现的资金运动(价值运动)。任何一项经济业务的发生,都会有其相应的资金来源和资金去向,这就为复式记账法在两个或两个以上的账户中同时进行记录提供了依据;其次,依据会计基本等式,任何一项经济业务所引起的资金来源和资金去向的变化,在价值量上永远都是相等的,这也是复式记账法可以用平衡原理检验账户记录是否正确的依据。例如,在企业用现金购买材料的业务中,现金转化为材料是资金运动的过程,"现金"和"材料"两个账户分别发生一减一增的变化,并且在数量上相等;用现金支付员工的工资也是资金运动的过程,表现为"现金"和"费用"账户的一减一增,且数量相等。

(二)复式记账法的种类

复式记账法按采用的记账符号的不同,可以分为借贷记账法、收付记账法和增减记账法。

1.借贷记账法

借贷记账法是以"借"和"贷"作为记账符号的一种复式记账法。它是最早出现的复式记账法,也是目前最科学、最完善的复式记账法,世界上几乎所有国家均采用此法作为记账方法。借贷记账法已成为一种国际商业语言。我国会计准则规定,企业、行政单位和事业单位会计核算采用借贷记账法。

2.收付记账法

收付记账法是以"收"和"付"作为记账符号的一种复式记账法。它是由我国会计工作者在借贷记账法的基础上,结合传统中式会计的特点所创造的记账方法。它又可以分为"资金收付记账法""财产收付记账法"和"现金收付记账法",尤其是"资金收付记账法",曾经在我国行政、事业单位和银行系统广泛使用。

3.增减记账法

增减记账法是以"增"和"减"作为记账符号的一种复式记账法。它也是我国会计工作者在借贷记账法的基础上,改进创造的一种记账方法。它用"增"和"减"代替"借"和"贷"作为记账符号更符合我国语言文化,曾经在我国商业部门广泛使用。当然,由于改革开放的需要,中国经济已融入国际经济,会计信息已成为公共的社会资源,会计信息不能因为记账方法的不同而导致信息无法比较、使用。所以,"增减记账法"也被"借贷记账法"所取代。

4-1

第二节 借贷记账法

一、借贷记账法的产生

借贷记账法产生于12-13世纪的意大利。当时，意大利的商品经济比较发达，一些沿海城市的海上贸易繁荣，这些都促进了当时银行业（高利贷）的发展。最初，意大利佛罗伦萨的"借贷资本家"从贷主处借入款项，并计入贷主（creditor）名下；将款项贷出时，计入借主（debtor）名下。贷主名下所记内容表示的是"借贷资本家"的债务，借主名下所记内容表示的是"借贷资本家"的债权，这时"借"和"贷"分别表示"放贷业务"（债权）和"存款业务"（债务），并不是记账符号。在以后的几百年里，借贷记账法又经过热那亚阶段和威尼斯阶段，"借"和"贷"逐步脱离其原意，演化为单纯的记账符号，记录的也不再是货币资金的借贷业务，而是逐渐扩展到财产物资、经营损益和经营资本的增减变化，并广泛应用于许多行业。1494年，意大利数学家卢卡·巴基阿勒出版了《算术、几何、比及比例概要》一书，其中有关章节系统地介绍了借贷记账法，这标志着科学的复式记账法的形成。

之后，借贷记账法传入欧洲大陆，形成大陆式会计；传入英国和美国，形成英美式会计；日本自"明治维新"后，从英国学习借贷记账法，20世纪初期，借贷记账法由日本传入我国。

二、借贷记账法的内容

借贷记账法是以"借"（英文简写为Dr）和"贷"（英文简写为Cr）作为记账符号，以"有借必有贷，借贷必相等"作为记账规则的一种复式记账法。它主要包括以下三方面内容：

（一）记账符号

借贷记账法是以"借"和"贷"作为记账符号来记录经济业务增减变化的，但是，"借"和"贷"本身并不表示"增加"和"减少"，只是表明记账方向。前面我们说过，在T形账户下，账户的基本结构可以分为左右两方面，一般将左边规定为"借方"，右边规定为"贷方"。对一个账户来说，如果规定左边"借方"记录增加额，则右边"贷方"只能记录减少额；如果规定左边"借方"记录减少额，则右边"贷方"只能记录增加额，左右两边只能记录方向相反的内容。账户究竟用"借方"表示增加，还是用"贷方"表示增加，主要是看账户的性质。对于不同性质的账户，记录的方法和内容是不同的。

1. 资产类账户

资产类账户的结构特点是：账户的借方登记资产的增加额，贷方登记资产的减少额，在一定会计期间借方记录合计数称为"本期增加发生额"，贷方记录合计数称为"本期减少发生额"，借贷方发生额相抵差额称为"余额"。资产类账户期末余额一般在借方，本期期末余额转至下期就成为下期期初余额。用公式可以表示如下：

资产类账户期末借方余额＝期初借方余额＋本期借方发生额－本期贷方发生额

若用"T"形账户来表示，可见图4-1：

借方		资产类账户	贷方	
期初余额	×××			
本期增加额	×××	本期减少额	×××	
⋮		⋮		
本期发生额合计	×××	本期发生额合计	×××	
期末余额	×××			

（注：成本类账户结构与特点与资产类账户相同。）

图4-1

2. 负债类和所有者权益类账户

负债类和所有者权益类账户的结构特点相同，账户的借方登记负债和所有者权益的减少额，贷方登记负债和所有者权益的增加额，在一定会计期间借方记录合计数称为"本期减少发生额"，贷方记录合计数称为"本期增加发生额"，借贷方发生额相抵差额称为"余额"。负债类和所有者权益类账户的期末余额一般在贷方，本期期末余额转至下期就成为下期期初余额。用公式可以表示如下：

负债类和所有者权益类账户的期末贷方余额＝期初贷方余额＋本期贷方发生额－本期借方发生额

若用"T"形账户来表示，可见图4-2：

借方		负债类和所有者权益类账户	贷方	
		期初余额	×××	
本期减少额	×××	本期增加额	×××	
⋮		⋮		
本期发生额合计	×××	本期发生额合计	×××	
		期末余额	×××	

图4-2

3. 费用类账户

费用类账户用来反映企业在生产经营过程中所发生的各项费用。该账户的借方登记增加发生额，贷方登记转出额（减少发生额），期末结转后一般无余额。若用"T"形账户表示，可见图4-3：

借方		费用类账户	贷方	
本期增加额	×××	本期转出额	×××	
⋮		⋮		
本期发生额合计	×××	本期发生额合计	×××	
期末余额	0			

图4-3

4.收入类账户。

收入的取得意味着所有者权益的增加,所以收入类账户的结构与所有者权益账户结构相同,即账户的贷方记录收入的增加额,借方记录转出额(减少额),期末结转后无余额。若用"T"形账户表示,可见图4-4:

借方		收入类账户	贷方	
本期转出额	×××	本期增加额	×××	
⋮		⋮		
本期发生额合计	×××	本期发生额合计	×××	
		期末余额	0	

图4-4

综上所述,"借"和"贷"二字作为记账符号表示的经济内容是不一样的,在特定的情况下都可以表示"增加"或"减少"。

如何掌握这一特点,正确使用"借"和"贷"来记录经济业务,这是学习借贷记账法的一个关键。这要求我们,首先必须掌握每一账户的性质,分清其所属种类;其次利用会计等式进行记忆。在企业生产经营期间,会计等式可以表示为:

$$资产=负债+所有者权益+(收入-费用)$$

移项后等式变为:

$$资产+费用=负债+所有者权益+收入$$

等式左边"资产"和"费用"类账户的借方表示"增加额",贷方表示"减少额"(转出额);等式右边"负债""所有者权益"和"收入"类账户的借方表示"减少额"(转出额),贷方表示"增加额"。

若用"T"形账户来归纳借方和贷方的记录内容,可见图4-5:

借方	账户名称	贷方
资产增加、费用成本增加 负债减少、所有者权益减少 收入转出		负债增加、所有者权益增加 收入增加 资产减少 费用成本转出
期末余额:资产余额		期末余额:负债、所有者权益余额

图4-5

(二)记账规则

记账规则是一种记账方法内在的本质特征,是在记录经济业务时应当遵循的规律。不同的记账方法有不同的记账规则。借贷记账法的记账规则可以简单地用一句话来概括:有借必有贷,借贷必相等。这一记账规则主要有两个方面的含义:

第一,对于发生的任何一笔经济业务,借贷记账法都要求在某个账户的借方进行记录,同时在另一个账户的贷方进行记录,所谓"有借必有贷"。

第二,借贷记账法要求对每一笔经济业务,账户的借方记录金额要等于账户的贷方记录金额,所谓"借贷必相等"。要注意的是,一笔经济业务所涉及的账户可能不止一个借方一个贷方,有时是多个借方,有时是多个贷方。但是,借方账户记录金额合计一定要等于贷方账户记录金额合计。

下面通过举例来说明借贷记账法的记账规则。

【例4-1】方圆公司接受鸿达集团公司的追加投资200万元,款项已存入银行。

这笔经济业务使得方圆公司的资产和所有者权益都发生了增加,一方面款项存入银行要在资产类账户"银行存款"的借方登记200万元,另一方面接受投资者的投资要在所有者权益类账户"实收资本"的贷方登记200万元。账户记录结果如图4-6:

借	银行存款	贷		借	实收资本	贷
2 000 000						2 000 000

图4-6

【例4-2】方圆公司从银行取得三年期借款100万元,款项已存入银行。

这笔经济业务使得方圆公司的资产和负债都发生了增加,一方面资产的增加要在"银行存款"账户的借方登记100万元,另一方面负债的增加要在"长期借款"账户的贷方登记100万元。账户记录结果如图4-7:

借	银行存款	贷		借	长期借款	贷
1 000 000						1 000 000

图4-7

【例4-3】方圆公司用银行存款10万元购入一台机器设备,该设备已投入使用。

这笔经济业务使得方圆公司的资产内部发生一增一减的变化,一方面银行存款的减少要在"银行存款"账户的贷方登记10万元,另一方面固定资产的增加要在"固定资产"账户的借方登记10万元。账户记录结果如图4-8:

借	固定资产	贷		借	银行存款	贷
100 000						100 000

图4-8

【例4-4】方圆公司用银行存款归还前欠伟达公司的货款8万元。

这笔经济业务使得方圆公司的资产和负债都发生了减少,一方面银行存款的减少要在"银行存款"账户的贷方登记8万元,另一方面负债的减少要在"应付账款"账户的借方登记8万元。账户记录结果如图4-9:

借	应付账款	贷		借	银行存款	贷
80 000						80 000

图4-9

【例4-5】方圆公司用现金支付销货运杂费1 000元。

这笔经济业务使得方圆公司资产和费用发生了一减一增的变化，一方面现金的减少要在"库存现金"账户的贷方登记1 000元，另一方面因支付了运杂费要在"销售费用"账户的借方登记1 000元。账户记录结果如图4-10：

借	销售费用	贷		借	库存现金	贷
1 000						1 000

图4-10

【例4-6】方圆公司销售产品取得销售收入25万元，款项已存入银行。

这笔经济业务使得方圆公司资产和营业收入都发生了增加，一方面实现销售收入要在"主营业务收入"账户的贷方登记25万元，另一方面销售款已存入银行要在"银行存款"账户的借方登记25万元。账户记录结果如图4-11：

借	银行存款	贷		借	主营业务收入	贷
250 000						250 000

图4-11

【例4-7】方圆公司向正宏贸易公司购入材料12万元，材料已验收入库，用银行存款支付10万元，其余货款暂欠。

这笔经济业务使得方圆公司资产发生了一增一减的变化，同时负债也发生了增加。一方面材料验收入库要在"原材料"账户的借方登记12万元，另一方面支付货款要在"银行存款"账户的贷方登记10万元，同时因部分货款尚未支付要在"应付账款"账户的贷方登记2万元。账户记录结果如图4-12：

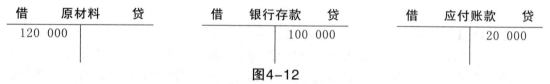

图4-12

【例4-8】方圆公司销售产品20万元，收到销货款15万元，其余货款尚未收回。

这笔经济业务使得方圆公司的资产和营业收入都发生了增加，一方面实现了营业收入要在"主营业务收入"账户的贷方登记20万元，另一方面收到销货款要在"银行存款"账户的借方登记15万元，未收到的部分销货款要在"应收账款"账户的借方登记5万元。账户记录结果如图4-13：

图4-13

【例4-9】方圆公司结转已售产品成本，共计36万元。

这笔经济业务使得方圆公司的营业成本和资产发生了一增一减的变化，一方面销售发出库存商品，使得资产减少要在"库存商品"账户的贷方登记36万元，另一方面

"库存商品"的价值转作营业成本要在"主营业务成本"账户的借方登记36万元。账户记录结果如图4-14：

借	主营业务成本	贷		借	库存商品	贷
360 000						360 000

图4-14

【例4-10】方圆公司期末结转营业收入45万元、营业成本36万元和销售费用0.1万元。

营业收入的结转使得方圆公司的利润增加，要在"本年利润"账户的贷方登记45万元，同时要在"主营业务收入"账户的借方登记45万元；营业成本和销售费用的结转使得方圆公司的利润减少，要在"本年利润"账户的借方登记36.1万元，同时分别要在"主营业务成本"账户的贷方登记36万元，"销售费用"账户的贷方登记0.1万元。账户记录结果如图4-15：

借	主营业务收入	贷		借	本年利润	贷
450 000						450 000

借	本年利润	贷		借	主营业务成本	贷		借	销售费用	贷
361 000						360 000				1 000

图4-15

通过上述例题分析，我们可以得出结论，任何一项经济业务的发生都会引起会计主体会计要素发生增减变化，并在有关账户中加以记录，记录的结果都体现出借贷记账法的记账规则：有借必有贷，借贷必相等。

在借贷记账法下，一笔经济业务至少要在两个或两个以上的账户中进行记录，这样这两个或者这几个账户间就存在应借、应贷关系。账户之间的应借、应贷关系称为"账户的对应关系"，有着对应关系的账户称为"对应账户"。例如，用银行存款10万元购买生产用的机器设备，这笔业务要在"固定资产"账户的借方和"银行存款"账户的贷方分别登记10万元，这样"固定资产"与"银行存款"账户之间就发生了对应关系，两个账户也就成了对应账户。不是所有账户之间都存在对应关系。通过账户的对应关系可以了解经济业务的内容，分析检查经济业务是否合理合法，会计处理是否正确。

经济业务发生后，并不是根据有关原始单据直接登记账簿，而是由会计人员先在记账凭证或分录簿上编制会计分录，再依据记账凭证或分录簿登记账簿。会计分录就是依据复式记账法的原理，指明一项经济业务所涉及的账户、账户记录的方向以及在账户中应记录的金额。按照所涉及的账户的多少，会计分录分为简单会计分录和复合会计分录。如果只涉及一个借方账户和一个贷方账户（简称"一借一贷"），则为简单会计分录。如果涉及一个借方账户和多个贷方账户（简称"一借多贷"），或者涉及一个贷方账户和多个借方账户（简称"一贷多借"），某些特殊业务可能同时涉及多个借方账户和多个贷方账户（简称"多借多贷"），这些会计分录则为复合会计分录。

我们前面所列举的经济业务，依据借贷记账法可以编制会计分录如下：

【例4-1】　　借：银行存款　　　　　　　　2 000 000
　　　　　　　　贷：实收资本　　　　　　　　　　2 000 000
【例4-2】　　借：银行存款　　　　　　　　1 000 000
　　　　　　　　贷：长期借款　　　　　　　　　　1 000 000
【例4-3】借：固定资产　　　　　　　　　100 000
　　　　　　贷：银行存款　　　　　　　　　　　100 000
【例4-4】　　借：应付账款　　　　　　　　　80 000
　　　　　　　　贷：银行存款　　　　　　　　　　　80 000
【例4-5】　　借：销售费用　　　　　　　　　 1 000
　　　　　　　　贷：库存现金　　　　　　　　　　　 1 000
【例4-6】　　借：银行存款　　　　　　　　 250 000
　　　　　　　　贷：主营业务收入　　　　　　　　 250 000
【例4-7】　　借：原材料　　　　　　　　　 120 000
　　　　　　　　贷：银行存款　　　　　　　　　　 100 000
　　　　　　　　　　应付账款　　　　　　　　　　　20 000
【例4-8】　　借：银行存款　　　　　　　　 150 000
　　　　　　　　　　应收账款　　　　　　　　　　　50 000
　　　　　　　　贷：主营业务收入　　　　　　　　 200 000
【例4-9】　　借：主营业务成本　　　　　　 360 000
　　　　　　　　贷：库成商品　　　　　　　　　　 360 000
【例4-10】　　（1）借：主营业务收入　　　　 450 000
　　　　　　　　　　贷：本年利润　　　　　　　　 450 000
　　　　　　　（2）借：本年利润　　　　　　 361 000
　　　　　　　　　　贷：主营业务成本　　　　　　 360 000
　　　　　　　　　　　　销售费用　　　　　　　　　 1 000

以上会计分录中，【例4-1】至【例4-6】和【例4-9】以及【例4-10】中的（1）为简单会计分录，【例4-7】和【例4-8】以及【例4-10】中的（2）为复合会计分录。实际上复合会计分录可以看作由若干个简单会计分录组合而成，只是编制复合会计分录可以相互联系地、集中地反映某项经济业务的整体情况，并简化会计工作。但是，编制复合会计分录的前提必须是一项经济业务本身引起多个借方账户或多个贷方账户发生增减变化，不能人为地将多笔经济业务合并在一起，编制所谓"多借多贷"的复合会计分录，这样账户间的对应关系就将被破坏，无法分析了解有关经济业务。

（三）试算平衡

试算平衡就是依据会计等式"资产＝负债＋所有者权益"的平衡关系，根据借贷记账法的记账规则，对本期各账户的记录结果进行汇总计算，以检验账户记录是否正确和完整的一种方法。

在借贷记账法中，根据"有借必有贷，借贷必相等"的记账规则，每一笔经济业务都要在两个或两个以上的相互联系的账户的借方或贷方加以登记，借方和贷方登记的金额必然相等。所以，某一会计期间发生的经济业务在全部登记账户后，所有账户的借方发生额合计一定等于所有账户的贷方发生额合计。用公式可以表示为：

全部账户本期借方发生额合计＝全部账户本期贷方发生额合计

对前面10个例题进行账务处理后，编制发生额试算平衡表，如表4-1所示：

表4-1 本期发生额试算平衡表

年　月　　　　　　　　　　　　　　单位：元

会计科目	借方发生额	贷方发生额
库存现金		1 000
银行存款	3 400 000	280 000
应收账款	50 000	
原材料	120 000	
库存商品		360 000
固定资产	100 000	
应付账款	80 000	20 000
长期借款		1 000 000
实收资本		2 000 000
主营业务收入	450 000	450 000
主营业务成本	360 000	360 000
销售费用	1 000	1 000
本年利润	361 000	450 000
合计	4 922 000	4 922 000

根据"资产＝负债＋所有者权益"的原理，所有账户的借方余额合计与所有账户贷方余额合计也存在恒等关系。按时间的不同，又分为期初余额平衡和期末余额平衡。用公式可表示为：

所有账户的借方期初余额合计＝所有账户的贷方期初余额合计

所有账户的借方期末余额合计＝所有账户的贷方期末余额合计

在实际工作中，很多单位通过编制试算平衡表来检验本期发生额和期初、期末余额记录是否正确。编制试算平衡表，如表4-2所示：

表4-2 试算平衡表

年　月　　　　　　　　　　　　　　单位：元

会计科目	期初余额		本期发生额		期末余额	
	借方	贷方	借方	贷方	借方	贷方
合　计						

编制试算平衡表是检验账簿记录是否正确的一种有效手段，也是期末结账的前期准备工作之一。如果试算不平衡，就可以肯定账户的记录有问题；而如果试算平衡，也不能确保账簿记录没有问题，因为在某些情况下，虽然借贷相等，但是仍有错误存在。例如：漏记某项经济业务；重记某项经济业务；某项经济业务记录方向正确，但账户用错；某项经济业务账户使用正确，但方向颠倒；借方或贷方发生额中，偶然发生多记少记并互相抵消等。

因此，在编制试算平衡表的同时，还应采取其他对账、财产清查等方法，来确保账簿记录的正确性，以提高会计信息质量。

思考题

1. 什么是复式记账法？我国曾经有过几种复式记账法？
2. 对于不同性质的账户，"借"和"贷"是如何分别表示"增加"和"减少"的？
3. 什么是会计分录？有几种类型？
4. 为什么要进行试算平衡？一般由哪几种试算平衡关系？
5. 简述借贷记账法的特点。

练 习 题

一、单项选择题

1. 在单式记账法下，对每项经济业务都在（　　）账户中进行登记。
   A. 一个　　　　B. 两个　　　　C. 两个或更多　　　　D. 有关

2. 我国会计准则规定，各单位应选择（　　）作为记账方法。
   A. 借贷记账法　　　　　　B. 增减记账法
   C. 收付记账法　　　　　　D. 以上三者

3. 账户余额一般与（　　）在同一方向。
   A. 减少额　　　　　　　　B. 增加额
   C. 借方发生额　　　　　　D. 贷方发生额

4. 下面有关借贷记账法的说法错误的是（　　）。
   A. "借"和"贷"仅仅是记账符号
   B. 借贷记账法是一种复式记账法
   C. "借"表示增加，"贷"表示减少
   D. 最初"借方"记录放贷业务，"贷方"记录存款业务

第四章 复式记账

5. 在借贷记账法中，账户哪方记增加数，哪方记减少数是由（　　）决定的。
   A. 账户的结构　　　　　　　B. 账户的内容
   C. 账户的用途　　　　　　　D. 账户的性质

6. 资产账户贷方记减少数，借方记增加数，其结果必须是（　　）。
   A. 每个资产账户借方数大于或等于贷方
   B. 每个资产账户贷方数大于或等于借方
   C. 所有资产账户的借方数大于负债账户的贷方数
   D. 所有资产账户的借方数大于所有者权益账户的贷方数

7. 下列各账户中，期末可能有余额在借方的是（　　）。
   A. 管理费用　　　　　　　　B. 生产成本
   C. 财务费用　　　　　　　　D. 销售费用

8. 复式记账法下，对于每一项经济业务都要以相等的金额，同时在（　　）。
   A. 不同的账户中进行登记　　B. 两个账户中登记
   C. 两个或两个以上账户中登记　D. 总账和明细账进行登记

9. 复式记账法下，账户间存在着（　　）。
   A. 从属关系　　　　　　　　B. 对应关系
   C. 平行登记关系　　　　　　D. 对立关系

10. 下列账簿记录导致试算不平衡的是（　　）。
    A. 漏记一笔业务　　　　　　B. 重记一笔业务
    C. 账户用错　　　　　　　　D. 某一账户方向记错

二、多项选择题

1. 在借贷记账法下，账户借方登记的内容有（　　）。
   A. 资产的增加　　B. 负债的增加
   C. 收入的增加　　D. 费用的增加　　E. 所有者权益的增加

2. 在借贷记账法下，账户贷方登记的内容有（　　）。
   A. 所有者权益的增加　　B. 资产的减少
   C. 收入的减少　　　　　D. 费用的减少　　E. 负债的增加

3. "借方"在与（　　）类账户结合时表示减少。
   A. 资产　　　　　B. 负债
   C. 费用　　　　　D. 收入　　　　　E. 所有者权益

4. 复合会计分录包括（　　）。
   A. 一借一贷　　　B. 一借多贷
   C. 一贷多借　　　D. 多借多贷　　　E. 以上都对

5. 借贷记账法的特点有（　　　）。
   A. 以"借"和"贷"作为记账符号
   B. 以"有借必有贷，借贷必相等"为记账规则
   C. 以货币为主要计量单位　　　D. 保持广泛的平衡关系
   E. 必须在两个或两个以上账户中进行记录

6. 下列各账户中，期末余额可能在借方也可能在贷方的有（　　　）。
   A. 预收账款　　　　　　　B. 预付账款
   C. 短期借款　　　　　　　D. 管理费用　　　　E. 应收账款

7. 下列账户中，期末一般有贷方余额的账户有（　　　）。
   A. 主营业务收入　　　　　B. 短期借款
   C. 利润分配　　　　　　　D. 营业外收入　　　E. 资本公积

8. 对于复式记账，下列的表述方法是恰当的有（　　　）。
   A. 通过复式记账，可以了解每一经济业务的来龙去脉
   B. 对每一笔经济业务，必须在两个以上的账户中进行登记
   C. 对每一笔经济业务，以相等的金额在两个或两个以上的账户中相互联系的进行登记
   D. 利用账户记录进行试算平衡，检查账簿记录是否正确
   E. 都遵循"有借必有贷，借贷必相等"的记账规则

9. 企业在生产经营过程中，销售商品取得的收入，可能（　　　）。
   A. 增加资产　　　　　　　B. 增加负债
   C. 减少负债　　　　　　　D. 增加资产或减少负债　　E. 费用减少

10. 下列错误中，不能通过试算平衡发现的有（　　　）。
    A. 某项经济业务未登计入账　　　　B. 借贷双方同时多记了相等的金额
    C. 只登记了借方金额，未登记贷方金额
    D. 应借应贷的账户中错记了借贷方向　　E. 重记一笔业务

三、判断题

1. 资产类账户有时也会出现贷方余额。（　　）
2. 损益类账户的借方登记减少数，贷方登记增加数。（　　）
3. 期末余额＝期初余额＋借方发生额－贷方发生额。（　　）
4. 账簿记录试算平衡之后，则表明账簿记录正确无误。（　　）
5. "借"表示资产和负债及所有者权益增加，"贷"表示资产和负债及所有者权益减少。（　　）
6. 凡是余额在借方的都是资产类账户。（　　）
7. 一般说来，各类账户的期末余额与记录增加额的一方在同一方向。（　　）

8. 费用类账户一般没有余额，如有应在借方。（   ）

9. 成本类账户的"借方"表示"增加"，"贷方"表示"减少"，期末余额一般在"借方"。（   ）

10. 现代借贷记账法下的"借""贷"二字，其本身的含义是没有意义的。（   ）

四、业务题

资料一：方圆公司本月发生下列经济业务

1. 收到投资人追加的投资款3 000 000元，已存入银行。
2. 从银行取得半年期贷款200 000元，存入银行。
3. 收到西南公司归还的货款350 000元，存入银行。
4. 从方正公司购入甲材料200 000元，材料已入库，货款已转账支付。
5. 从北方公司购入乙材料150 000元，材料已入库，货款尚未支付。
6. 从银行提取现金1 000元备用。
7. 生产车间制造产品领用甲材料150 000元。
8. 销售A产品200件，货款250 000元尚未收回。
9. 结转已售A产品成本200 000元，A产品已发出。
10. 公司购买办公用品600元，现金支付。

要求：

1. 根据上述业务编制会计分录。
2. 根据上述业务开设有关的T形账户，并将所发生的经济业务登计入账。

资料二：接上题，方圆公司月初有关账户余额如下

账　户	借　方	账　户	贷　方
库存现金	2 000	累计折旧	350 000
银行存款	416 000	短期借款	80 000
应收账款	450 000	应付账款	220 000
原材料	360 000	长期借款	2 000 000
生产成本	340 000	实收资本	4 000 000
库存商品	300 000	盈余公积	618 000
固定资产	5 400 000		

要求：编制方圆公司本月试算平衡表。（三段平衡）

资料三：天宇公司2016年6月有关账户资料如下

账户名称	期初余额	本期借方发生额	本期贷方发生额	期末余额
库存现金	4 000	2 000		4 750
银行存款	75 000	50 000	91 000	
应收账款		52 300	43 000	17 000
原材料		6 450	8 670	7 410
固定资产	67 000	5 400		56 500
短期借款	50 000		25 000	45 000
应付账款	2 000		1 500	2 100
实收资本	150 000	0	100 000	

要求：根据各类账户的结构关系，计算并填写上列表格的空格。

五、案例分析

美达公司本期发生相关会计事项账簿记录如下：（"T"形账代替）

借 库存现金 贷	借 银行存款 贷
① 5 000	5 000 ①
	② 500 000
	80 000 ④
	100 000 ⑤
	⑥ 600 000
	⑧ 30 000

借 应收账款 贷	借 原材料 贷
30 000 ⑧	③ 160 000
	⑦ 50 000

借 固定资产 贷	借 短期借款 贷
④ 80 000	⑤ 100 000

借 应付账款 贷	借 长期借款 贷
50 000 ⑦	500 000 ②

借 实收资本 贷	借 主营业务收入 贷
160 000 ③	600 000 ⑥

要求：请你根据上述账簿记录，分析与之相对应的原始交易或事项是什么。

第五章
借贷记账法的实际应用

本章知识结构图

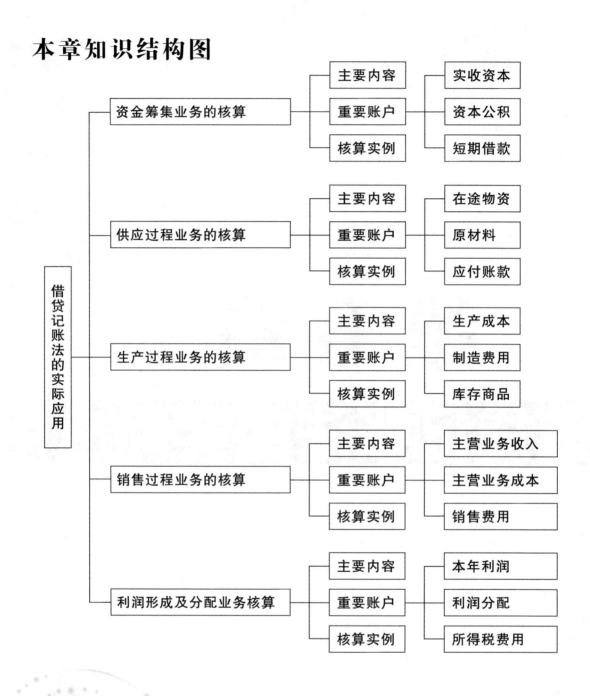

| 学习目标 | 1. 了解制造业企业生产经营活动过程中各阶段的主要交易或事项的内容。
2. 理解制造业企业生产经营各阶段的会计账户设置。
3. 掌握制造业企业生产经营过程中各项费用的归集方式及其分配方法。
4. 掌握制造业企业生产经营各阶段的主要交易或事项的会计处理。 |

第五章 借贷记账法的实际应用

制造业企业是以产品生产为主的经济实体，其生产经营活动过程是供应过程、生产过程和销售过程的统一。为进行生产经营活动，企业必须首先拥有一定数量的经营资金，并在生产经营过程中有效地运用这些资金。在运用这些资金的过程中，涉及生产经营过程的业务主要包括资金的筹集、材料的供应、固定资产的购建、产品的加工和销售、利润的形成及利润分配等。资金筹集过程的主要内容是取得生产经营所需的资金，企业可以通过吸收所有者的投资、向债权人（如银行）借款等方式来筹集资金。供应过程的主要内容是材料的采购及其账款的结算；企业将购进的材料投入生产进行加工，生产出来的产品又通过销售转化为货币资金，形成企业的销售收入；收入补偿各项费用、支出后，如果形成利润应进行分配，如果发生亏损应进行弥补。这些构成了制造业的主要交易或事项。按其业务流程，我们将制造企业生产经营业务分为资金筹集业务、材料等采购业务、产品生产业务、产品销售业务、利润形成及利润分配业务等。本章将逐一进行分析。

第一节 资金筹集业务的核算

一、资金筹集业务的主要内容

为了有效地进行生产经营活动，制造业企业必须拥有一定数量的财产、物资，其货币表现称为资金，资金是企业从事生产经营活动的基础。任何企业的生产经营活动都离不开资金筹集（简称筹资），企业的筹资都有一定的渠道。在现代企业制度下，企业筹集资金的方式主要有两种：

一种是投资者的投入资本，形成投资人的权益，这部分业务称为"所有者资金筹集业务"。企业吸收投资者投资筹集到的资金形成了企业的资本金，它是企业所有者权益的重要组成部分。除了投资者投入资本外，构成企业所有者权益的还包括在经营过程中形成的留存收益。留存收益又包括两部分：一是从税后利润中提取的盈余公积；二是未分配利润。

另一种是负债，包括从银行或其他金融机构等借入借款、向社会发行企业债券等，形成了债权人的权益，这部分业务称为"负债资金筹集业务"。企业在生产经营过程中为了弥补资金的不足，解决临时资金的需要，除了通过吸收投资者投资增加资本金外，往往还需要筹集负债资金，因此负债也是企业筹集资金的一条重要渠道。企业从银行或其他金融机构等借入的借款，按其借款期限的长短不同，可分为短期借款和长期借款两种。

二、资金筹集业务核算应设置的主要账户

企业在核算资金筹集业务时主要设置和运用"实收资本(或股本)""资本公积""短期借款""财务费用""应付利息"等账户。

(一) "实收资本"(或"股本")账户

"实收资本"(或"股本")账户用来核算企业接受投资者(或所有者,下同)投入的资本("股本"账户适用于股份有限公司),它属于所有者权益类账户。该账户的借方登记归还所有者的投资额,贷方登记所有者投入的资本额,余额在贷方,表示所有者投资的实际余额,如图5-1所示。

借方	实收资本	贷方
归还所有者的投资额		所有者投入的资本额
		余额:所有者投资的实际余额

图5-1

由于实收资本是企业的一种永久性资本,所以在一般情况下,该账户的借方没有发生额。

除独资企业以外,投资人一般不是单一的,因此"实收资本"账户应按不同的投资者设置明细账,进行明细分类核算。

(二) "资本公积"账户

"资本公积"账户主要用来核算企业收到的投资者的出资额超出其在注册资本或股本中所占份额的部分,它属于所有者权益类账户。该账户的借方登记减少的资本公积,贷方登记增加的资本公积,余额在贷方,表示资本公积的实际余额,如图5-2所示。

借方	资本公积	贷方
减少的资本公积		增加的资本公积
		余额:资本公积的实际余额

图5-2

该账户可按资本公积的种类设置明细账,进行明细分类核算。

(三) "短期借款"账户

"短期借款"账户用来核算企业向银行等金融机构借入的期限在1年以下(含1年)的各种借款,它属于负债类账户。该账户的借方登记企业偿还的短期借款,贷方登记企业借入的短期借款,余额在贷方,表示企业尚未偿还的短期借款,如图5-3所示。

借方	短期借款	贷方
偿还的短期借款		借入的短期借款
		余额：尚未偿还的短期借款

图5-3

该账户可按借款的种类、贷款人和币种等设置明细账，进行明细分类核算。

（四）"长期借款"账户

"长期借款"账户用来核算企业向银行等金融机构借入的期限在1年以上（不含1年）的各种借款，它属于负债类账户。该账户的借方登记企业偿还的长期借款，贷方登记企业借入的长期借款，余额在贷方，表示企业尚未偿还的长期借款，如图5-4所示。

借方	长期借款	贷方
偿还的长期借款		借入的长期借款
		余额：尚未偿还的长期借款

图5-4

该账户可按借款的种类、贷款人等设置明细账，进行明细分类核算。

（五）"应付利息"账户

"应付利息"账户用来核算企业按照合同约定应支付的利息，它属于负债类账户。该账户的借方登记企业实际支付的利息，贷方登记企业应支付的利息，余额在贷方，表示企业应付未付的利息，如图5-5所示。

借方	应付利息	贷方
实际支付的利息		应支付的利息
		余额：应付未付的利息

图5-5

该账户可按不同的债权人设置明细账，进行明细分类核算。

（六）"财务费用"账户

"财务费用"账户用来核算企业为筹集生产经营所需资金等而发生的筹资费用，它属于损益类账户中的费用类账户。该账户的借方登记企业发生的财务费用，贷方登记结转的财务费用，期末结转后该账户无余额，如图5-6所示。

借方	财务费用	贷方
发生的各项财务费用		结转的财务费用

图5-6

该账户可按费用项目设置明细账，进行明细分类核算。

为了反映出资者不同的出资方式，在会计核算上还会涉及"库存现金""银行存款""固定资产""无形资产"等账户。

三、筹资过程主要业务实例

(一) 投入资本的核算

投入资本是指企业的投资者在企业注册资本的范围内，按照企业章程或合同协议的约定实际投入的资本，是投资者作为资本实际投入企业的资本金。资本金在不同类型的企业中有不同的表现形式，在股份公司称为股本，除股份公司之外的一般企业称为实收资本。投资者按其拥有的资本金份额，行使对企业重大政策的表决权，分享企业的利润，分担企业的亏损。实收资本的构成比例（即投资者的出资比例或股东的股份比例）是企业据以向投资者进行利润分配或股利分配等的主要依据。

企业接受投资的表现方式有多种多样，可以是货币资产投资，也可以是非货币资产投资；可以是有形资产投资，也可以是无形资产投资。当企业收到投资者以货币资产、实物资产、无形资产投资时，相应地应借记"银行存款""固定资产""无形资产"账户，贷记"实收资本"账户。企业按规定返还投资者的投资时，应作相反的会计分录。

【例5-1】 2018年12月1日，方圆公司收到甲企业投入资本6 000 000元，款项已存银行。

分析：该项交易或事项的发生，一方面使得方圆公司的银行存款增加了6 000 000元，应将其计入"银行存款"账户的借方；另一方面反映投资者对方圆公司投入的资本金增加了6 000 000元，应将其计入"实收资本"账户的贷方。该交易或事项的会计分录如下：

借：银行存款　　　　6 000 000
　　贷：实收资本　　　　　6 000 000

【例5-2】 2018年12月2日，方圆公司收到乙投资者投入的、不需安装的生产设备一台，投资合同约定该机器设备的价值为800 000元。

分析：该项交易或事项的发生，一方面使方圆公司的固定资产增加了800 000元，应计入"固定资产"账户的借方；另一方面投资者投入方圆公司的资本增加800 000元，应计入"实收资本"账户的贷方。该交易或事项的会计分录如下：

借：固定资产　　　　800 000
　　贷：实收资本　　　　　800 000

【例5-3】 2018年12月5日，方圆公司收到投资者丙单位投入的专利权一项，双方确认其价值为100 000元。

分析：该项交易或事项的发生，一方面使方圆公司的无形资产增加了100 000元，应将其计入"无形资产"账户的借方；另一方面投资者投入方圆公司的资本增加100 000元，应将其计入"实收资本"账户的贷方。该交易或事项的会计分录如下：

借：无形资产　　　　100 000
　　贷：实收资本　　　　　100 000

【例5-4】

(1) 2018年12月8日,方圆公司返还投资者丁某的投资500 000元,款项已用银行存款支付。

分析:该项交易或事项的发生,一方面使方圆公司的资本减少500 000元,应将其计入"实收资本"账户的借方;另一方面方圆公司的银行存款减少500 000元,应将其计入"银行存款"账户的贷方。该交易或事项的会计分录如下:

借:实收资本　　　　　500 000
　　贷:银行存款　　　　　500 000

若企业不是有限责任公司,而是股份有限公司时,其会计处理如下:

(2) 2018年12月3日,正大股份有限公司按面值发行普通股5 000 000股筹集资本,每股面值1元,发行收入款已存入银行。(假定不考虑相关费用)

分析:该交易或事项的发生,一方面使正大股份有限公司的银行存款增加了5 000 000元,应将其计入"银行存款"账户的借方;另一方面使正大股份有限公司的股本增加了5 000 000元,应将其计入"股本"账户的贷方。该交易或事项的会计分录如下:

借:银行存款　　　　　5 000 000
　　贷:股本　　　　　　　5 000 000

(二) 资本公积的核算

资本公积主要是反映企业实际收到投资者的出资金额超出其在企业注册资本(或股本)中所占份额的那部分投资额,表现为资本溢价(或股本溢价)。从其形成来源看,它不是由企业的税后利润形成的,实质上它属于投资者投入资本的范畴,是企业的储备资本金。在我国,资本公积主要用于转增资本金。

【例5-5】2018年12月3日,方圆公司收到投资者汪某投入的资本金400 000元,款项已存入银行。按照有关投资协议的规定,该投资者汪某在方圆公司注册资本中享有的份额为300 000元。

分析:投资者的投入资本金超过其在企业注册资本中份额的部分投资额100 000元,属于资本公积。所以,该交易或事项的发生,一方面使方圆公司的银行存款增加了400 000元,应将其计入"银行存款"账户的借方;另一方面方圆公司的实收资本和资本公积分别增加了300 000元和100 000元,应分别将其计入"实收资本"和"资本公积"账户的贷方。该交易或事项的会计分录如下:

借:银行存款　　　　　400 000
　　贷:实收资本　　　　　300 000
　　　　资本公积　　　　　100 000

若企业不属于有限责任公司,而是股份有限公司时,其会计处理如下例:

例:2018年12月3日,正大股份有限公司溢价发行普通股5 000 000股筹集资本,每股面值1元,发行价为5元,发行收入款25 000 000元已收存银行。

分析:该交易或事项的发生,一方面使正大股份有限公司的银行存款增加了25 000 000元,应将其计入"银行存款"账户的借方;另一方面不仅使正大股份有限公司的股本增加了5 000 000元，应将其计入"股本"账户的贷方，也使正大股份有限公司的资本公积增加了20 000 000元，应将其计入"资本公积"账户的贷方。该交易或事项的会计分录如下：

借：银行存款　　　　　25 000 000
　　贷：股　本　　　　　　5 000 000
　　　　资本公积　　　　　20 000 000

【例5-6】2018年12月8日，经股东大会研究决定，方圆公司将700 000元的资本公积转增资本。

分析： 该交易或事项的发生，一方面使方圆公司的资本公积减少700 000元，应将其计入"资本公积"账户的借方；另一方面使方圆公司的实收资本增加700 000元，应将其计入"实收资本"账户的贷方。该交易或事项的会计分录如下：

借：资本公积　　　　　700 000
　　贷：实收资本　　　　　700 000

（三）借款业务的核算

借款业务分为短期借款业务和长期借款业务。

短期借款是指企业为了满足正常生产经营的需要，向银行或其他金融机构等借入的期限在1年以下（含1年）的各种借款。对于借款，企业均需要向债权人按期偿还借款的本金和利息，其核算内容主要包括取得短期借款的核算、借款利息的核算和归还借款的核算三个部分。取得短期借款时，借记"银行存款"，贷记"短期借款"；按月计算所承担的利息费用时，借记"财务费用"，贷记"应付利息"；支付利息时，借记"应付利息"，贷记"银行存款"；归还本金时，借记"短期借款"，贷记"银行存款"。

在实际工作中，银行一般按季结计利息并收取利息，企业应按照权责发生制的要求，按月预计当期利息，借记"财务费用"，贷记"应付利息"。当然，如果利息数额较小，也可以于实际支付时直接计入当期损益，借记"财务费用"，贷记"银行存款"。

长期借款是指企业向银行或其他金融机构借入的期限在1年以上（不含1年）的各项借款。企业借入的长期借款一般用于固定资产的购建、改扩建工程、大修理工程、对外投资和保持长期经营能力等业务。

企业应通过"长期借款"账户，核算长期借款的借入、归还等情况。企业借入长期借款时，应按实际收到的金额，借记"银行存款"账户，贷记"长期借款——本金"账户。企业归还长期借款本金时，应按实际支付的金额，借记"长期借款——本金"账户，贷记"银行存款"账户。

【例5-7】2018年12月1日，方圆公司向银行借入期限为6个月的借款500 000元，款项已存入银行。该借款的年利率为6%，每月支付利息，到期一次还本。

分析： 该交易或事项的发生，一方面使方圆公司的银行存款增加了500 000元，应计入"银行存款"账户的借方；另一方面使方圆公司的短期债务增加了500 000元，应

计入"短期借款"账户的贷方。该交易或事项的会计分录如下:

　　借:银行存款　　　　500 000
　　　贷:短期借款　　　　　500 000

【例5-8】 2018年12月31日,方圆公司计算本月应向银行支付的上述短期借款利息2 500元(2 500＝500 000×6%÷12)。

分析: 该项交易或事项的发生,一方面使方圆公司的应付利息增加了2 500元,应计入"应付利息"账户的贷方;另一方面使方圆公司的利息费用增加了2 500元,应计入"财务费用"账户的借方。该交易或事项的会计分录如下:

　　借:财务费用　　　　2 500
　　　贷:应付利息　　　　　2 500

【例5-9】 2019年1月1日,方圆公司用银行存款2500元支付上述利息。

分析: 该交易或事项的发生,一方面使方圆公司的应付利息这项债务减少了2 500元,应计入"应付利息"账户的借方;另一方面使方圆公司的银行存款减少了2 500元,应计入"银行存款"账户的贷方。该交易或事项的会计分录如下:

　　借:应付利息　　　　2 500
　　　贷:银行存款　　　　　2 500

【例5-10】 2019年5月2日,上述【例5-7】中的借款到期,方圆公司用银行存款502 500元偿还此项借款的本金并支付最后一个月的利息。

分析: 该交易或事项的发生,一方面使方圆公司的短期借款和应付利息分别减少了500 000元和2 500元,应将其分别计入"短期借款"和"应付利息"账户的借方;另一方面使方圆公司的银行存款减少了502 500元,应计入"银行存款"账户的贷方。该交易或事项的会计分录如下:

　　借:短期借款　　　　500 000
　　　应付利息　　　　　2 500
　　　贷:银行存款　　　　　502 500

【例5-11】 2018年12月1日,方圆公司向银行借入期限为2年的长期借款3 000 000元,款项已存入银行。

分析: 该交易或事项的发生,一方面使方圆公司的银行存款增加了3 000 000元,应计入"银行存款"账户的借方;另一方面使方圆公司的长期借款增加了3 000 000元,应将其计入"长期借款"账户的贷方。该交易或事项的会计分录如下:

　　借:银行存款　　　　　　　3 000 000
　　　贷:长期借款——本金　　　　3 000 000

【例5-12】 2年后,上述长期借款到期,方圆公司用银行存款偿还借款本金3 000 000元。

分析: 该项交易或事项的发生,一方面使方圆公司的长期借款减少了3 000 000元,应计入"长期借款"账户的借方;另一方面使方圆公司的银行存款减少了3 000 000元,应计入"银行存款"账户的贷方。该交易或事项的会计分录如下:

　　借:长期借款——本金　　　　3 000 000
　　　贷:银行存款　　　　　　　　3 000 000

注意： 长期借款计息方式较为复杂，这里仅以"分期付息，到期一次还本"借款为例，介绍长期借款利息的确认方法。长期借款利息应根据其用途或相关规定，分别予以资本化或费用化，分别计入"在建工程"或"财务费用"账户。会计分录如下：

1. 期末确认利息费用时

借：在建工程（或财务费用）　　×××
　　贷：应付利息　　　　　　　　　　×××

2. 实际支付时

借：应付利息　　　　×××
　　贷：银行存款　　　　×××

第二节 供应过程业务核算

企业筹集的资金应按规定投放到企业的生产经营过程中，如购买原材料、固定资产、无形资产等。本节只介绍资金投放到供应过程中用于采购原材料、为企业的生产过程做准备的业务。

一、供应过程业务的主要内容

供应过程是制造业企业生产经营活动的第一阶段。企业供应过程的业务主要是指材料采购业务。在采购材料时，企业要与供应单位或其他单位办理款项的结算，支付采购材料的货款和运输费、装卸费、保险费等各种采购费用，还会涉及增值税进项税额的计算与会计处理问题。材料运达企业后应由仓库验收并保管，以备生产车间或管理部门领用。供应过程中支付给供应单位的材料货款和发生的各项采购费用，构成了材料的采购成本。

因此，供应过程中主要交易或事项有：结算支付材料款、增值税款和采购费用；计算材料采购成本；材料验收入库等。

二、供应过程业务核算应设置的主要账户

为了系统地核算和监督供应过程的业务，企业主要设置"在途物资""原材料""应付账款""预付账款""应付票据"和"应交税费"等账户。

● **（一）"在途物资"账户**

"在途物资"账户用来核算企业外购材料的货款（买价）和采购费用，计算确定材料的采购成本。该账户属于资产类账户，因为外购材料是企业的资产；该账户也是

成本计算类账户,因为它是用来计算材料采购成本的。该账户的借方用于归集材料的采购成本(包括买价和采购费用),贷方用于结转(或转出,下同)已验收入库材料的采购成本,余额在借方,表示已购进但尚未验收入库的在途物资的采购成本,如图5-7所示。

借方	在途物资	贷方
(1)货款(买价) (2)采购费用	转出已入库材料的采购成本	
余额:在途物资的采购成本		

图5-7

该账户可按材料品种设置明细账,进行明细分类核算。

● **(二)"原材料"账户**

"原材料"账户用来核算企业库存材料的收入、发出和结存情况,它属于资产类账户。该账户的借方登记已验收入库材料的成本,贷方登记领用或发出材料的成本,余额在借方,表示结存材料的成本,如图5-8所示。

借方	原材料	贷方
验收入库材料的成本		领用或发出材料的成本
余额:结存材料的成本		

图5-8

该账户可按照材料的保管地点、材料的类别、材料的品种和规格等设置明细账,进行明细分类核算。

● **(三)"应交税费"账户**

"应交税费"账户用来核算企业按税法规定应交纳的各种税费的计算与实际交纳情况,包括增值税、消费税、教育费附加、企业所得税和城市维护建设税等,企业交纳的印花税、耕地占用税等不需要预计应交数的税金,不通过"应交税费"科目核算。"应交税费"属于负债类账户。在企业未交纳税款之前,这些应交税费构成了企业的一项负债。该账户的借方登记企业实际交纳的各种税费金额,贷方登记企业计算出的各种应交而未交税费的金额,余额一般在贷方,表示企业应交而未交的税费金额。如果期末余额在借方,则表示企业多交或尚未抵扣的税费金额,如图5-9所示。

5-2

借方	应交税费	贷方
企业实际交纳的各种税费金额		企业计算的应交而未交的各种税费金额
		余额:应交而未交的税费金额

图5-9

该账户应按税种设置明细账，进行明细分类核算。为了核算企业增值税的交纳情况，根据相关规定，企业应设置"应交税费——应交增值税"明细账户。

"应交税费——应交增值税"明细账户用来核算企业按照税法规定应交纳的增值税。该账户的借方登记企业购进材料等货物时所负担的增值税进项税额和实际交纳的增值税额等，贷方登记企业销售货物时所收取的增值税销项税额等，其期末贷方余额表示应交未交的增值税。该明细账户的借方应分别设"进项税额""转出未交增值税""减免税款""已交税金""出口抵减内销产品应纳税额"五个专栏，贷方应分别设"销项税额""出口退税""进项税额转出""转出多交增值税"四个专栏，进行明细分类核算。

（四）"应付账款"账户

"应付账款"账户用来核算企业因购买材料等应支付的款项，它属于负债类账户。该账户的借方登记偿还供应单位的款项，贷方登记企业因购买材料等而应支付给供应单位的款项，余额有可能在借方，也有可能在贷方，贷方余额表示应付未付的款项，借方余额表示预付或多付的款项，如图5-10所示。

借方	应付账款	贷方
偿还供应单位的款项		应支付给供应单位的款项
余额：预付或多付的款项		余额：应付未付的款项

图5-10

该账户可按债权人（供应商）设置明细账，进行明细分类核算。

（五）"预付账款"账户

"预付账款"账户用来核算企业因购买材料等而预付给供应单位的款项及其结算情况，它属于资产类账户。该账户的借方登记企业预付给供应单位的款项以及补付的款项，贷方登记收到供应单位提供的材料时冲销的预付款项以及对方退还的多付款项，余额有可能在借方，也有可能在贷方，借方余额表示企业预付或多付的款项，贷方余额表示应付未付的款项，如图5-11所示。

借方	预付账款	贷方
（1）预付给供应单位的款项 （2）补付的款项		（1）收到材料时，冲销的预付款项 （2）对方退还的多付款项
余额：预付或多付的款项		余额：应付未付的款项

图5-11

该账户可按供应单位设置明细账，进行明细分类核算。

预付款项业务不多的企业，也可以不设"预付账款"账户，而将预付的款项通过"应付账款"账户核算。

（六）"应付票据"账户

"应付票据"账户用来核算企业因采购材料、物资和接受劳务供应等而签发的商业汇票，它属于负债类账户。该账户的贷方登记签发给供应单位的商业汇票的票面金额，借方登记已经支付的应付票据的金额，期末贷方余额表示尚未到期的应付票据的票面金额。企业应当设置"应付票据备查簿"，用来记录应付票据的种类、日期、交易合同、收款人及金额等信息，应付票据到期结清时，应在备查簿上予以注销。该账户结构与"应付账款"基本相同，不再赘述。

由于供应过程中的经济活动较多，其交易或事项除了材料采购业务外，还有其他方面的业务，因此，在会计核算上还会涉及"库存现金""银行存款""其他应收款""管理费用""财务费用"等账户。

三、供应过程主要业务核算实例

（一）材料采购成本的构成

如前所述，供应过程中支付给供应单位的材料货款和发生的各项采购费用，构成材料的采购成本，其中采购费用包括运输费、装卸费、保险费等。材料采购过程中，如果一次购买单一品种的材料，发生的采购费用可以直接计入这种材料的总成本；如果一次购买两种或两种以上材料的情况下，发生的共同性的采购费用，应选择一定的分配标准在所采购的各种材料之间进行分配。常见的分配标准有：材料的重量、体积、价值大小等。共同发生的材料采购费用的一般分配过程如下：

首先，计算材料采购费用分配率。

材料采购费用分配率＝共同发生的材料采购费用÷各种材料的分配标准之和

其次，计算各种材料应分配的材料采购费用。

某种材料应分配的材料采购费用＝该种材料的分配标准×材料采购费用分配率

另外，为了简化核算，对于材料采购过程中发生的市内零星运杂费和采购人员的差旅费，一般不计入外购材料的实际成本，而是直接计入当期损益，通过"管理费用"账户核算。

（二）材料采购成本的核算与结转

一般情况下，企业购入材料时应根据有关凭证，借记"在途物资"账户和"应交税费—应交增值税（进项税额）"账户，贷记"银行存款"账户、"应付票据"科目或"应付账款"账户等进行核算。

同时，企业将购入的材料按规定手续办理验收入库，并结转入库材料的实际采购成本。验收入库时，仓库保管员应填写"材料入库单"，会计人员应根据"材料入库单"等相关凭证，作借记"原材料"账户，贷记"在途材料"账户进行核算。在会计实务工作中，结转入库材料的实际采购成本的方式有两种：分散结转与集中结转。本节采用分散结转方式。

● **（三）供应过程主要业务的核算实例**

【例5-13】2018年12月4日，方圆公司购入甲材料2 000千克，单价100元，增值税专用发票上注明买价200 000元，增值税进项税额32 000元（32 000＝200 000×16%），另外发生运杂费2 000元，全部款项均已通过银行存款支付，材料尚未验收入库（假设不考虑运费的增值税抵扣）。

分析： 该交易或事项的发生，一方面使方圆公司的材料采购成本增加了202 000元（＝200 000＋2 000），且材料尚未入库，应计入"在途物资"账户的借方，32 000元的增值税进项税额应计入"应交税费——应交增值税"账户借方的"进项税额"栏目；另一方面使方圆公司的银行存款减少了234 000元，应计入"银行存款"账户的贷方。该交易或事项的会计分录如下：

借：在途物资——甲材料　　　　　　　　202 000
　　应交税费——应交增值税（进项税额）　32 000
　　贷：银行存款　　　　　　　　　　　　234 000

【例5-14】续【例5-13】，2018年12月5日，购入的上述甲材料验收入库，结转其成本。

分析： 该事项的发生，一方面使方圆公司的库存材料增加了202 000元，应计入"原材料"账户的借方；另一方面使该项材料在途阶段结束，应将其从"在途物资"账户的贷方转出，以减少在途物资。该交易或事项的会计分录如下：

借：原材料——甲材料　　　　202 000
　　贷：在途物资——甲材料　　　202 000

【例5-15】2018年12月6日，方圆公司购入甲材料4 000千克，单价为100元，增值税专用发票上注明买价为400 000元，增值税进项税额为64 000元，全部款项均未支付，材料尚未验收入库。

分析： 该项交易或事项的发生，一方面使方圆公司的材料采购成本增加了400 000元，应计入"在途物资"账户的借方，64 000元的增值税进项税额应计入"应交税费——应交增值税"账户借方的"进项税额"栏目；另一方面使方圆公司的应付账款增加468 000元，应计入"应付账款"账户的贷方。该交易或事项的会计分录如下：

借：在途物资——甲材料　　　　　　　　400 000
　　应交税费——应交增值税（进项税额）　64 000
　　贷：应付账款　　　　　　　　　　　　464 000

【例5-16】续【例5-15】，2018年12月7日，购入的上述甲材料验收入库，结转其成本。

分析： 该项交易或事项的发生，一方面使方圆公司的库存材料增加了400 000元，应计入"原材料"账户的借方；另一方面使该项材料在途阶段结束，应将其从"在途物资"账户的贷方转出。该交易或事项的会计分录如下：

借：原材料——甲材料　　　　400 000
　　贷：在途物资——甲材料　　　　400 000

【例5-17】续【例5-15】，2018年12月18日，方圆公司用银行存款464 000元偿还所欠购料款。

分析：该交易或事项的发生，一方面使方圆公司的应付账款减少了464 000元，应计入"应付账款"账户的借方；另一方面使方圆公司的银行存款减少464 000元，应计入"银行存款"账户的贷方。该交易或事项的会计分录如下：

借：应付账款　　　　464 000
　　贷：银行存款　　　　464 000

【例5-18】2018年12月7日，方圆公司用银行存款预付给供货单位30 000元货款，用于购买甲材料。

分析：该交易或事项的发生，一方面使方圆公司的预付账款增加了30 000元，应计入"预付账款"账户的借方；另一方面使方圆公司的银行存款减少30 000元，应计入"银行存款"账户的贷方。该交易或事项的会计分录如下：

借：预付账款　　　　30 000
　　贷：银行存款　　　　30 000

【例5-19】续【例5-18】，2018年12月20日，方圆公司收到购买的上述已预付款的甲材料200千克，单价100元，增值税专用发票上注明买价为20 000元，增值税进项税额3 200元，对方代垫运杂费600元，金额合计23 800元，不考虑运费的增值税抵扣。

分析：该交易或事项的发生，一方面使方圆公司的材料采购成本增加了20 600元（20 600＝20 000＋600），应计入"在途物资"账户的借方，3 200元的增值税进项税额应计入"应交税费—应交增值税"账户借方的"进项税额"栏目；另一方面方圆公司应冲销已预付的账款23 800元，计入"预付账款"账户的贷方。该交易或事项的会计分录如下：

借：在途物资——甲材料　　　　20 600
　　应交税费——应交增值税（进项税额）3 200
　　贷：预付账款　　　　23 800

材料验收入库，结转其成本时，

借：原材料——甲材料　　　　20 600
　　贷：在途物资——甲材料　　　　20 600

【例5-20】2018年12月20日，方圆公司业务员王方平预借差旅费2 000元，财务部门用现金支付。

分析：该交易或事项的发生，一方面使方圆公司确立了与业务员王方平的债权债务关系，导致公司应收款增加了2 000元，应计入"其他应收款"账户的借方；另一方面使方圆公司的现金减少2 000元，应计入"库存现金"账户的贷方。该项交易或事项的会计分录如下：

借：其他应收款——王方平　　　　　2 000
　　贷：库存现金　　　　　　　　　　　　2 000

【例5-21】续【例5-19】，2018年12月22日，方圆公司收到供货单位退还的多余款项6 200元，存入银行。

分析： 该交易或事项的发生，一方面使方圆公司的银行存款增加了6 200元，应计入"银行存款"账户的借方；另一方面方圆公司应将收到的对方退还的多余款项计入"预付账款"账户的贷方。该交易或事项的会计分录如下：

借：银行存款　　　　　　　　　　　6 200
　　贷：预付账款　　　　　　　　　　　　6 200

【例5-22】2018年12月22日，方圆公司购买乙材料1 000千克，单价10元，价款合计10 000元；丙材料2 000千克，单价15元，价款合计30 000元；增值税专用发票上注明的增值税进项税额为6 400元，全部款项均以银行存款支付，材料已验收入库。为购买乙、丙两种材料，该企业还用库存现金支付了1200元的运费及120元的增值税，合计金额1 320元。假定运费以材料的重量为标准在乙、丙两种材料之间进行分摊。

分析： 该交易或事项的发生，一方面使方圆公司的材料实际采购成本增加了41200元（=10 000+30 000+1200），应计入"在途物资"账户的借方；6 400元的增值税进项税额应计入"应交税费—应交增值税"账户借方的"进项税额"栏目；另一方面使方圆公司的银行存款和现金分别减少46 400元和1 320元，应计入"银行存款"账户和"库存现金"账户的贷方。另外，本例中的运费是因购买乙、丙两种材料而共同发生的，因此需要在乙、丙两种材料之间进行分摊，以便确定这两种材料各自的采购成本。

运费分配率＝1200/（1000+2000）＝0.4

乙材料应分摊的运费＝1 000×0.4＝400（元）

丙材料应分摊的运费＝2 000×0.4＝800（元）

所以：乙材料的采购成本＝10 000+400＝10 400（元）

　　　丙材料的采购成本＝30 000+800＝30800（元）

该交易或事项的会计分录如下：

用银行存款支付价税款时，应作会计分录：

借：在途物资——乙材料　　　　　　10 000
　　　　　　——丙材料　　　　　　30 000
　　应交税费——应交增值税（进项税额）　6 400
　　贷：银行存款　　　　　　　　　　　46 400

用库存现金支付1 320元的运费及增值税时，应作会计分录：

借：在途物资——乙材料　　　　　　　400
　　　　　　——丙材料　　　　　　　800
　　应交税费——应交增值税（进项税额）　120
　　贷：库存现金　　　　　　　　　　　1 320

材料验收入库结转材料成本时，应作会计分录：

借：原材料——乙材料　　　　　10 400
　　　　　　——丙材料　　　　　30 800
　　贷：在途物资——乙材料　　　　　10 400
　　　　　　　　——丙材料　　　　　30 800

【例5-23】续【例5-20】，2018年12月23日，方圆公司业务员王方平出差归来，报销差旅费1800元，并退回现金200元。

分析：该交易或事项的发生，一方面使方圆公司的费用增加了1 800元，应计入"管理费用"账户的借方，现金增加了200元，应计入"库存现金"账户的借方；另一方面使方圆公司解除了与业务员王方平的债权债务关系，并通过报销票据、收回现金的方式收回了应收款，应计入"其他应收款"账户的贷方。该交易或事项的会计分录如下：

借：管理费用　　　　　　　　　1 800
　　库存现金　　　　　　　　　　 200
　　贷：其他应收款——王方平　　　　　2 000

第三节　生产过程业务核算

一、生产过程业务的主要内容

生产过程是产品制造企业生产经营活动的中心环节。制造业企业从材料投入生产时起，到产品完工验收入库为止的过程为其生产过程。这个过程既是产品的制造过程，也是生产的耗费过程。在产品生产过程中，企业会发生各种耗费，如消耗材料、消耗人工劳动以及固定资产耗费等。企业为生产产品而发生的各项耗费，即为生产费用。生产费用是因生产产品而发生的，一般应计入产品成本。企业为生产一定种类和数量的产品而发生的生产费用的总和，称为"产品的生产成本"。产品生产成本的构成按其经济用途不同，可分为直接材料、直接人工和制造费用。

直接材料是指企业在生产产品和提供劳务过程中所消耗的、直接用于产品生产、构成产品实体的各种原料及主要材料、外购半成品以及有助于产品形成的辅助材料等。

直接人工是指企业在生产产品和提供劳务过程中，直接从事产品生产的生产工人的工资、奖金、津贴、补贴、保险等。

制造费用是指企业的生产车间（或生产部门）为生产产品和提供劳务而发生的各项间接费用，包括生产车间的管理人员薪酬、办公费、水电费、保险费、固定资产折旧费、机物料消耗等。

上述三项通常被称为产品成本项目，简称料、工、费。

企业在生产经营过程中，除发生上述三项计入成本的费用外，还会发生管理费用、财务费用和销售费用。这些费用与产品生产没有直接关系，不需计入产品成本，而是直接计入各个会计期间，称为"期间费用"。

管理费用是指企业的行政管理部门为组织和管理整个企业的生产经营活动而发生的各项费用，包括企业筹建期间发生的开办费、董事会和行政管理部门在企业的经营管理中发生的或者应由企业统一负担的公司经费（包括行政管理部门职工工资及福利费、物料消耗、低值易耗品摊销、办公费和差旅费等）、工会经费、董事会费（包括董事会成员津贴、会议费和差旅费等）、聘请中介机构费、咨询费（含顾问费）、诉讼费、业务招待费、技术转让费、矿产资源补偿费、研究费用、排污费等。

财务费用是指企业为筹集生产经营所需资金等而发生的筹资费用，包括利息支出（减利息收入）、汇兑损益以及相关的手续费等。

销售费用是指企业在销售产品和材料、提供劳务过程中发生的各种费用，包括途中保险费、包装费、展览费和广告费、商品维修费、预计产品质量保证损失费、运输费、装卸费等以及为销售本企业产品而专设的销售机构的职工薪酬、业务费、折旧费等经营费用。

因此，制造业企业生产过程业务的主要内容有：各种耗费的发生、归集、分配和结转；产品生产成本的计算；完工产品成本的结转等。

二、生产过程业务核算应设置的主要账户

为了系统地核算和监督生产过程的业务，制造业企业主要设置"生产成本""制造费用""应付职工薪酬""库存商品""管理费用"和"累计折旧"等账户。

（一）"生产成本"账户

"生产成本"账户用来核算企业生产产品的生产费用，计算产品生产成本，它既属于成本类账户，也属于资产类账户，因为企业生产的产品（这里是指未完工的在产品）也是企业的资产。该账户的借方用来归集企业为生产产品而发生的各项生产费用，贷方用来记录结转已验收入库的完工产品的生产成本，余额在借方，表示尚未完工的在产品的生产成本，如图5-12所示。

借方	生产成本	贷方
为生产产品而发生的各项生产费用： （1）直接材料 （2）直接人工 （3）转入的制造费用		转出已验收入库的完工产品的生产成本
余额：尚未完工的在产品生产成本		

图5-12

该账户可按成本计算对象和生产车间设置明细账，进行明细分类核算。

（二）"制造费用"账户

"制造费用"账户用来核算企业的生产车间（部门）为生产产品和提供劳务而发生的各项间接费用，它属于成本类账户，因为制造费用属于产品生产成本。该账户的借方用于归集生产车间发生的制造费用，贷方登记分配转出的制造费用，该账户期末一般无余额，如图5-13所示。

借方	制造费用	贷方
生产车间发生的制造费用		分配转出的制造费用

图5-13

该账户可按不同的生产车间、部门和制造费用项目设置明细账，进行明细分类核算。

（三）"管理费用"账户

"管理费用"账户用来核算企业行政管理部门为组织和管理整个企业的生产经营活动而发生的各项管理费用，它属于损益类账户中的费用类账户。该账户的借方用于归集企业发生的各项管理费用，贷方登记转出的管理费用，期末结转后该账户无余额，如图5-14所示。

借方	管理费用	贷方
企业发生的各项管理费用		结转的管理费用

图5-14

该账户可按管理费用项目设置明细账，进行明细分类核算。

（四）"固定资产"账户

"固定资产"账户用来核算企业持有的固定资产原价（原始成本），它属于资产类账户。该账户的借方登记企业增加的固定资产原价，贷方登记减少的固定资产的原价，余额在借方，表示企业现有固定资产的原价，如图5-15所示。

借方	固定资产	贷方
购建等增加的固定资产的原价		转销等减少的固定资产的原价
余额：现有固定资产的原价		

图5-15

该账户可按固定资产的类别和项目设置明细账，进行明细分类核算。

（五）"累计折旧"账户

"累计折旧"账户用来核算企业固定资产的累计折旧（累计损耗价值），它按用途分类属于固定资产抵减账户,即仍属于资产类账户。该账户的贷方登记企业按一定的折旧方法计提的固定资产折旧,借方登记因企业固定资产减少而应冲销的累计折旧,余额在贷方,表示企业现有固定资产的累计折旧,如图5-16所示。

借方	累计折旧	贷方
因减少固定资产而冲销的累计折旧		企业计提的固定资产折旧
		余额:现有固定资产的累计折旧

图5-16

固定资产的使用期限较长,并在较长的使用期限内始终保持原有的实物形态,但是其价值随着固定资产的损耗(包括有形损耗和无形损耗)而逐渐减少。这种固定资产由于损耗而减少的价值就是固定资产的折旧,在会计上作为折旧费计入产品成本或期间费用。固定资产在其使用期限内计算列示的折旧费总额称为累计折旧,通过"固定资产"和"累计折旧"账户可以了解固定资产的原始价值和净值。期末固定资产净值等于"固定资产"账户的余额减去"累计折旧"账户的余额。

(六)"应付职工薪酬"账户

"应付职工薪酬"账户用来核算企业应支付给职工的各种薪酬,如工资、职工福利(包括货币性福利与非货币性福利)、社会保险费、住房公积金、辞退福利、股份支付等,它属于负债类账户。该账户的贷方登记企业应支付给职工的薪酬,借方登记企业支付给职工的薪酬,期末可能有借方余额,也可能有贷方余额,贷方余额表示企业尚未支付的职工薪酬,借方余额表示企业预付或多付的职工薪酬,如图5-17所示。

借方	应付职工薪酬	贷方
企业支付给职工的薪酬		企业应支付给职工的薪酬
余额:预付或多付的职工薪酬		余额:尚未支付的职工薪酬

图5-17

该账户可按货币性职工薪酬和非货币性职工薪酬以及工资、职工福利、社会保险费等职工薪酬项目设置明细账,进行明细分类核算。

工资等职工薪酬的核算分为两个方面:一是工资等职工薪酬的确认(或分配),二是工资等职工薪酬的发放或支付。以职工薪酬中的工资为例,工资既是企业对其职工的一项负债,又是产品制造过程中对人工的一种耗费。工资费用的确认(或分配),就是将一定期间内企业应支付给职工的工资,按其经济用途归类:车间生产工人的工资,应计入产品生产成本;车间其他人员的工资,应计入制造费用;企业行政管理人员的工资,应计入管理费用;专设销售机构人员的工资,应计入销售费用等。工资的发放或支付就是企业将其应支付给职工的工资,以货币或非货币的形式,发放或支付给其职工。

会计实务工作中,企业对货币性职工薪酬的发放直接通过银行转账支付。

（七）"库存商品"账户

"库存商品"账户用来核算企业库存的各种商品的成本，它属于资产类账户。该账户的借方登记验收入库商品的成本，贷方登记发出商品的成本，余额在借方，表示库存商品的成本，如图5-18所示。

借方	库存商品	贷方
验收入库商品的成本		发出商品的成本
余额：库存商品的成本		

图5-18

该账户可按库存商品的种类、品种和规格等设置明细账，进行明细分类核算。

由于生产过程中的经济活动较多，其交易或事项除了产品生产业务外，还有其他方面的业务，因此，在会计核算上还会涉及"长期待摊费用""库存现金""银行存款""其他应收款""财务费用"等账户。

三、生产过程主要业务核算实例

（一）材料费用的核算

企业购入材料后通过材料仓库，转交给生产部门（如生产车间）进行加工，生产出可供销售的产品。企业在加工产品过程中耗用的材料，应将其价值按照材料的具体用途或受益部门计入有关成本费用中，其中：生产产品直接耗用的材料，其价值应计入"生产成本"账户的借方；生产车间一般耗用（没有特定产品消耗对象）的材料，其价值应计入"制造费用"账户的借方；企业行政管理部门一般耗用的材料，其价值应计入"管理费用"账户的借方等。同时，按照本期耗用的材料成本金额，贷记"原材料"账户。

【例5-24】2018年12月31日，方圆公司本月仓库发出材料情况的汇总表如下：

表5-1　方圆公司仓库发出材料情况汇总表

2018年12月31日

项目	甲材料 数量（千克）	甲材料 金额（元）	乙材料 数量（千克）	乙材料 金额（元）	合计 金额（元）
制造产品耗用	1 000	120 000	800	8 800	128 800
其中：A产品耗用	800	96 000	500	5 500	101 500
B产品耗用	200	24 000	300	3 300	27 300
车间一般耗用	120	14 400			14 400
行政管理部门耗用			50	550	550
合计	1 120	134 400	850	9 350	143 750

分析：该交易或事项的发生，一方面使方圆公司的产品（包括A产品和B产品）生

产成本中的直接材料费增加了128 800元,应计入"生产成本"账户的借方,生产车间的制造费用增加了14 400元,应计入"制造费用"账户的借方,行政管理部门为组织和管理产品生产的耗费增加了550元,应计入"管理费用"账户的借方;另一方面方圆公司存放在仓库里的库存材料也减少了143 750元,应计入"原材料"账户的贷方。该交易或事项的会计分录如下:

借:生产成本——A产品　　　　101 500
　　　　　——B产品　　　　　27 300
　　制造费用　　　　　　　　　14 400
　　管理费用　　　　　　　　　　550
　　贷:原材料——甲材料　　　　　　134 400
　　　　　——乙材料　　　　　　　　9 350

(二)人工费用的核算

企业的职工为企业提供了劳动服务,按规定应从企业获得一定的劳动报酬。对于企业来说,耗用了人工的劳动,形成了企业的一项耗费。因此,职工薪酬对于职工个人来说,属于劳动收入,但对于企业来说,则属于一项费用支出。在职工薪酬尚未支付之前,也构成了企业的一项负债,企业应根据职工提供劳动服务的实际情况向职工支付一定的薪酬。职工薪酬的主要内容包括基本工资、奖金、津贴和补贴、医疗保险、失业保险、养老保险、工伤保险、生育保险以及住房公积金等。会计实务工作中,本月职工薪酬一般是根据上月考勤记录来预发的,在期末再将本月已发放的职工薪酬分配转入当期成本或费用。

当企业从银行存款中转出款项发放工资或支付各种保险费时,应计入"应付职工薪酬"账户的借方,同时计入"银行存款"账户的贷方。对于职工薪酬这项费用支出,在其实际发生时企业应根据职工提供劳动服务的受益对象(或服务部门)不同,分别计入产品成本或当期损益。因此,企业在确定本月应付职工薪酬总额时,就应按其不同受益对象进行薪酬费用的分配,其中:生产车间直接从事产品生产的生产工人的职工薪酬应分配计入"生产成本"账户的借方,生产车间的管理人员的职工薪酬应分配计入"制造费用"账户的借方、企业行政管理部门人员的职工薪酬应分配计入"管理费用"账户的借方等。同时,按照应付职工薪酬的总额计入"应付职工薪酬"账户的贷方。会计实务工作中,本月实发职工薪酬=应付职工薪酬-由职工个人承担的各种扣款,该内容的具体核算将在《中级财务会计》中介绍。本章在介绍职工薪酬时,不考虑职工个人承担的各种扣款。

【例5-25】2018年12月6日,方圆公司用银行存款420 000元支付职工工资420 000元。

分析:该交易或事项的发生,一方面使方圆公司应支付的职工工资420 000元已经支付,减少了企业的债务,应计入"应付职工薪酬"账户的借方;另一方面使方圆公司的银行存款减少420 000元，应计入"银行存款"账户的贷方。该交易或事项的会计分录如下：

  借：应付职工薪酬　　　　420 000
    贷：银行存款　　　　　　420 000

【例5-26】2018年12月31日，方圆公司计算出本月职工工资总额420 000元，其中：生产车间生产A产品工人工资180 000元、生产车间生产B产品工人工资120 000元，车间管理人员工资50 000元，企业行政管理人员工资70 000元。

分析： 车间生产人员的工资薪酬费用归属于生产成本，车间其他人员的工资薪酬费用归属于制造费用，企业行政管理人员的工资薪酬费用归属于管理费用。因此，该交易或事项的发生，一方面使方圆公司的生产成本增加了300 000元，应计入"生产成本"账户的借方，制造费用增加50 000元，应计入"制造费用"账户的借方，管理费用增加70 000元，应计入"管理费用"账户的借方；另一方面使方圆公司应支付给职工的工资增加了420 000元，应计入"应付职工薪酬"账户的贷方。该交易或事项的会计分录如下：

  借：生产成本——A产品　　　180 000
      ——B产品　　　120 000
    制造费用　　　　　　　　50 000
    管理费用　　　　　　　　70 000
    贷：应付职工薪酬——工资　　　420 000

【例5-27】续【例5-26】，2018年12月31日，方圆公司按照本月职工工资总额的一定比例计提养老保险费等"五险一金"，见下表5-2。

表5-2　方圆公司计提"五险一金"计算表

单位：元

项目	工资总额	养老保险20%	失业保险1%	工伤保险2%	生育保险1%	医疗保险10%	住房公积金12%	合计
生产A产品工人工资	180 000	36 000	1 800	3 600	1 800	18 000	21 600	82 800
生产B产品工人工资	120 000	24 000	1 200	2 400	1 200	12 000	14 400	55 200
车间管理人员工资	50 000	10 000	500	1 000	500	5 000	6 000	23 000
行政管理人员工资	70 000	14 000	700	1 400	700	7 000	8 400	32 200
合　计	420 000	84 000	4 200	8 400	4 200	42 000	50 400	193200

分析： 车间生产人员的保险费等归属于生产成本，车间管理人员的保险费等归属于制造费用，企业行政管理人员的保险费等归属于管理费用。因此，该交易或事项的发生，一方面使方圆公司的生产成本增加了138 000元（138 000＝82 800＋55 200），应计入"生产成本"账户的借方；制造费用增加23 000元，应计入"制造费用"账户的借方；管理费用增加32200元，应计入"管理费用"账户的借方。另一方面使方圆公司应为其职工交纳而尚未缴纳的各种保险费总额增加了193 200元，应计入"应付职工薪酬"账户的贷方。该交易或事项的会计分录如下：

  借：生产成本——A产品　　　　82 800

```
                ——B产品              55 200
        制造费用                      23 000
        管理费用                      32 200
            贷：应付职工薪酬——养老保险    84 000
                            ——失业保险     4 200
                            ——工伤保险     8 400
                            ——生育保险     4 200
                            ——医疗保险    42 000
                            ——住房公积金  50 400
```

【例5-28】续【例5-27】，2018年12月31日，方圆公司通过银行转账支付了上述各种保险费，共计193 200元。

分析：该项交易或事项的发生，一方面使方圆公司的负债减少了193 200元，应计入"应付职工薪酬"账户的借方；另一方面使方圆公司的存款减少了193 200元，应计入"银行存款"账户的贷方。该项交易或事项的会计分录如下：

```
        借：应付职工薪酬——养老保险    84 000
                       ——失业保险     4 200
                       ——工伤保险     8 400
                       ——生育保险     4 200
                       ——医疗保险    42 000
                       ——住房公积金  50 400
            贷：银行存款                        193 200
```

（三）制造费用的归集与分配

如前所述，制造费用是指产品制造企业的生产部门（生产车间）为生产产品和提供劳务而发生的各项间接费用，主要包括车间管理人员薪酬、办公费、水电费、邮电费、固定资产折旧费、机物料消耗、劳动保护费等。

在同一生产车间如果只生产单一产品时，生产车间为组织和管理生产活动或为其服务而发生的各项费用应全部计入这种产品的成本。但在实际生产过程中，同一生产车间生产的产品不仅仅只有一种，往往是多种产品同时生产，因而在这种情况下，各项费用（制造费用）在发生时一般很难判断其应归属的成本计算对象（如某种产品），从而不能直接计入所生产的产品成本中。通常的做法是：在同一生产车间生产多种产品时，必须将这些间接费用按不同的生产车间分别进行归集汇总，首先列入"制造费用"账户，会计处理为借记"制造费用"账户，贷记"原材料""银行存款""应付职工薪酬"等账户，然后选用一定的标准（如生产工人的工资、生产工时等）将各车间当期所归集的制造费用在期末分配转入各种产品的成本，以便准确地计量各种产品应负担的制造费用和产品的生产成本，会计处理为借记"生产成本"账户，贷记"制造费用"账户。

第五章 借贷记账法的实际应用

在产品生产过程中,除了要耗用材料、耗用人工外,还有固定资产(如设备、房屋等)的消耗等。固定资产在使用过程中,其自身价值随着固定资产的使用而逐渐消耗和减少,这部分损耗和减少的价值在会计上称为"固定资产折旧"。固定资产折旧是使固定资产重置的一种保证,折旧(即固定资产损耗)形成了企业的折旧费用,这种折旧费用应按一定的标准(如使用年限、工作量等)进行计算,一方面按期计提折旧,另一方面按其受益对象或不同用途分别计入产品成本或当期费用。通常,将生产车间使用的固定资产所提取的折旧费计入"制造费用"账户,将企业行政管理部门使用固定资产的折旧费计入"管理费用"账户。其会计处理为借记"管理费用""制造费用"等账户,贷记"累计折旧"账户。

【例5-29】 2018年12月10日,方圆公司的本月发生水电费2 000元,其中,生产车间水电费1 500元,企业行政管理部门耗用水电费500元,款项已通过银行转账支付。

分析: 企业耗用的水电费应按受益部门进行归集,属于生产车间耗用的水电费应先通过"制造费用"账户进行归集,期末分配后转入产品成本;属于企业行政管理部门耗用的水电费应先通过"管理费用"账户进行归集,期末转入当期损益(本年利润)。该交易或事项的发生,一方面使方圆公司的制造费用增加了1 500元,应计入"制造费用"账户的借方,同时使方圆公司的管理费用增加了500元,应计入"管理费用"账户的借方;另一方面使方圆公司的银行存款减少了2 000元,应计入"银行存款"账户的贷方。该交易或事项的会计分录如下:

借:制造费用　　　1 500
　　管理费用　　　　500
　贷:银行存款　　　2 000

【例5-30】 2018年12月25日,方圆公司以库存现金1 450元购买办公用品一批,其中,生产车间耗用办公用品价值1 100元,企业行政管理部门耗用办公用品价值350元。

分析: 该项交易或事项的发生,一方面使方圆公司的制造费用增加了1 100元,应计入"制造费用"账户的借方,同时使方圆公司的管理费用增加了350元,应计入"管理费用"账户的借方;另一方面使方圆公司的库存现金减少1 450元,应将其计入"库存现金"账户的贷方。该交易或事项的会计分录如下:

借:制造费用　　　1 100
　　管理费用　　　　350
　贷:库存现金　　　1 450

【例5-31】 2018年12月26日,方圆公司用银行存款购买了一台生产用设备,价款10 000元,增值税进项税额1 600元。该设备不需安装,已交付使用。

分析: 该交易或事项的发生,一方面使方圆公司的固定资产增加了10 000元,应计入"固定资产"账户的借方,1 600元的增值税进项税额应计入"应交税费——应交增值税"账户借方的"进项税额"栏目;另一方面使方圆公司的银行存款减少了11 600元,应将其计入"银行存款"账户的贷方。该交易或事项的会计分录如下:

```
借：固定资产                    10 000
    应交税费——应交增值税（进项税额）   1 600
  贷：银行存款                         11 600
```

【例5-32】2018年12月31日，方圆公司计提本月固定资产折旧费共计15 000元，其中：生产车间所用固定资产折旧费10 000元，行政管理部门所用固定资产折旧费5 000元。

分析：生产车间所用固定资产的折旧费属于生产产品过程中的耗费，在会计核算中这种耗费应归属于制造费用，行政管理部门所用固定资产的折旧费归属于行政管理部门为组织和管理生产经营活动所发生的耗费，在会计核算中这种耗费应归属于管理费用，因此，该交易或事项的发生，一方面使方圆公司的制造费用增加了10 000元，应将其计入"制造费用"账户的借方，同时使管理费用增加了5 000元，应计入"管理费用"账户的借方；另一方面使方圆公司固定资产的累计折旧（固定资产的损耗）增加了15 000元，应计入"累计折旧"账户的贷方。该交易或事项的会计分录如下：

```
借：制造费用              10 000
    管理费用               5 000
  贷：累计折旧                  15 000
```

【例5-33】2018年12月31日，方圆公司"制造费用"账户归集了本月发生制造费用共计100 000元。方圆公司按照生产工时比例将本月发生的制造费用在A、B两种产品之间进行分配。根据车间统计，本月份A、B两种产品的生产工时分别为3 000小时和2 000小时。

分析：制造费用属于生产费用，应计入产品成本。在生产车间同时生产两种或两种以上产品的情况下，制造费用应按照一定的标准在这些产品之间进行分配。本例中，制造费用的分配标准为A、B两种产品的生产工时。制造费用分配的一般过程如下：

制造费用分配率＝100 000÷（3 000＋2 000）＝20（元/小时）

A产品应分配的制造费用＝3 000×20＝60 000（元）

B产品应分配的制造费用＝2 000×20＝40 000（元）

该事项的会计分录如下：

```
借：生产成本——A产品          60 000
           ——B产品          40 000
  贷：制造费用                      100 000
```

（四）完工验收入库产品生产成本的计算与结转

将生产过程中发生的制造费用分配转入各种产品成本后，产品制造过程中所发生的直接材料、直接人工和制造费用就全部归集在"生产成本"账户的借方，并形成了这些产品全部的生产成本。在此基础上就可以将"生产成本"账户的借方归集的金额按照一定的方法在完工产品和在产品之间进行分配，对于已完工并验收入库的产成品，应将其实际制造成本由"生产成本"账户转入"库存商品"账户，会计处理为借记"库存商品"账户，贷记"生产成本"账户；对于未完工的产品成本则不予结转。结转后"生产成本"账户的借方如有余额，则表示期末在产品的实际生产成本。

在月初有在产品的情况下，完工产品成本的计算必须利用以下关系式：

月初在产品成本＋本月生产费用＝本月完工产品成本＋月末在产品成本

上式中的左边两项是已知的，我们可以称之为本期累计生产费用，也是本期须分配的生产费用。要计算出完工产品成本，可以有以下两种方法：第一种方法是先计算出月末在产品成本，然后利用上式倒算出本月完工产品成本；第二种方法是将左边两项的和（即全部生产费用），在本月完工产品和月末在产品之间采用适当的方法进行分配，据以计算出完工产品成本。

【例5-34】2018年12月初，方圆公司有A产品的在产品400件，制造该批在产品发生的费用总额5 700元。本月投产A产品1 600件，投入生产费用424 300元。12月底，A产品2 000件全部完工，并已验收入库。假设B产品为当月投产，月末未完工。

分析： 本例中，有完工产品验收入库，因此，首先要计算出完工产品的生产成本。

根据关系式：月初在产品成本＋本月生产费用＝本月完工产品成本＋月末在产品成本

故有：本月完工A产品总成本＝5 700＋424 300-0＝430 000元（即：本次入库A产品的总成本为430 000元，其单位成本为215元）。

该交易或事项的发生，一方面使方圆公司产成品仓库中库存的A商品数量增加了2 000件，库存商品的总成本增加430 000元，应将其成本计入"库存商品"账户的借方；另一方面已验收入库完工A产品的生产成本应从"生产成本"账户的贷方转出，因为该批A产品生产过程已经结束进入待销售阶段。该事项的会计分录如下：

借：库存商品——A产品　　　430 000
　　贷：生产成本——A产品　　　430 000

此外，由于B产品月末未完工，不予结转。因此，"生产成本——B产品"明细账户余额为242 500元（27 300+120 000+55 200+40 000）。

第四节 销售过程业务核算

一、销售过程业务的主要内容

制造业企业加工完毕后的商品，就应对外销售。制造业企业从完工产品验收入库时起，到销售给购买方为止的过程称为销售过程。在销售过程中，企业一方面要按产品的销售价格向购买方办理款项结算，收回销货款和增值税销项税款，同时确认销售收入的实现和计算确定应交纳的相关税费，另一方面，企业为取得产品的销售收入，必须按合同的规定向购货单位发送商品，并计算结转已销售的产品成本。企业为制造这些已销产品所耗费的材料、人工等费用称为已销产品的销售成本,也就是已销产品的生产成本。企业在销售过程中除了发生销售产品、销售自制半成品以及提供工业性劳务等主营业务外,还会发生一些其他业务(即附营业务),如销售材料、出租固定资产、出租无形资产等。在销售过程中,企业为了推销产品还会发生包装费、运输费、广告费、装卸费、保险费等费用,这些称为销售费用。这些耗费与销售产品有关,应抵减当期的销售利润。企业在取得产品销售收入后,还应按国家税法规定计算缴纳销售税金。

企业的主营业务、附营业务的生产与经营构成了企业日常的生产经营活动,其日常生产活动的收入构成了企业的营业收入(也称营业内收入),为获取营业收入而发生的相关费用支出构成其营业成本。因此,制造业销售过程业务的主要内容包括:营业收入的确认与货款的结算;营业成本的计算与结转;销售费用的确认和销售税金的核算等。

二、销售业务核算应设置的主要账户

(一)"主营业务收入"账户

"主营业务收入"账户用来核算企业因销售商品、提供劳务等主营业务而取得的收入,它属于损益类账户中的收入类账户。该账户的贷方登记企业取得的主营业务收入,借方登记期末转入"本年利润"账户贷方的主营业务收入数额,期末结转后,该账户无余额,如图5-19所示。

借方	主营业务收入	贷方
期末转入"本年利润"账户的数额		企业取得的主营业务收入

图5-19

该账户可按主营业务的种类设置明细账,进行明细分类核算。

(二)"主营业务成本"账户

"主营业务成本"账户用来核算企业销售产品等主营业务发生的成本,它属于损益类账户中的费用类账户。该账户的借方登记企业发生的已售产品的销售成本等主营业务成本,贷方登记期末转入"本年利润"账户借方的主营业务成本额,期末结转后,该账户无余额,如图5-20所示。

借方	主营业务成本	贷方
企业发生的主营业务成本等		期末转入"本年利润"账户的数额

图5-20

该账户可按主营业务的种类设置明细账,进行明细分类核算。

(三)"其他业务收入"账户

"其他业务收入"账户用来核算企业除主营业务以外的其他经营活动取得的收入,包括出租固定资产、出租无形资产、出租包装物和商品、销售材料等取得的收入,它属于损益类账户中的收入类账户。该账户的贷方登记企业从上述活动中取得的各项其他业务收入,借方登记期末转入"本年利润"账户贷方的其他业务收入数额,期末结转后,该账户无余额,如图5-21所示。

借方	其他业务收入	贷方
期末转入"本年利润"账户的数额		企业取得的各项其他业务收入

图5-21

该账户可按其他业务的种类设置明细账,进行明细分类核算。

(四)"其他业务成本"账户

"其他业务成本"账户用来核算企业除主营业务以外的其他经营活动所发生的支出,包括出租固定资产的折旧额、出租无形资产的摊销额、出租包装物的成本或摊销额和销售材料的成本等,它属于损益类账户中的费用类账户。该账户的借方登记企业发生的上述各项其他业务成本,贷方登记期末转入"本年利润"账户借方的其他业务成本数额,期末结转后,该账户无余额,如图5-22所示。

借方	其他业务成本	贷方
企业发生的各项其他业务成本		期末转入"本年利润"账户的数额

图5-22

该账户可按其他业务的种类设置明细账,进行明细分类核算。

(五)"应收账款"账户

"应收账款"账户用来核算企业因销售商品、提供劳务等经营活动而应收取的款项及其结算情况,它属于资产类账户。该账户的借方登记企业因销售商品、提供劳务等而应收取的款项,贷方登记收回的应收账款,期末一般有借方余额,也可能有贷方余额,其借方余额表示企业应收未收的款项,其贷方余额表示企业预收或多收的款项,如图5-23所示。

借方	应收账款	贷方
因销售商品等而应收取的款项		收回的应收账款
余额:应收未收的款项		余额:预收或多收的款项

图5-23

该账户可按购货单位（客户）设置明细账，进行明细分类核算。

(六)"预收账款"账户

"预收账款"账户用来核算企业因销售产品、提供劳务等而预收的款项及其结算情况，它属于负债类账户，因为企业预收了购买方的款项，就产生了向购买方提供产品或劳务的义务。该账户的贷方登记预收的款项和购买方补付的款项，借方登记因向购买方销售产品而冲销的预收账款和销售方退还的多收款项，余额一般在贷方，表示企业预收或多收的款项，若余额在借方，则表示企业应收而未收的款项，如图5-24所示。

借方	预收账款	贷方
（1）发出商品冲销的预收账款 （2）销售方退还的多收款项		（1）预收的款项 （2）购买方补付的款项
余额：应收未收的款项		余额：预收或多收的款项

图5-24

该账户可按购货单位（客户）设置明细账，进行明细分类核算。

预收账款业务不多的企业，也可以不设置"预收账款"账户，而将预收的款项直接计入"应收账款"账户。

(七)"销售费用"账户

"销售费用"账户用来核算企业在销售商品和材料、提供劳务过程中发生的各种费用，如保险费、包装费、广告费、运输费、装卸费等以及专设销售机构经费，它属于损益类账户中的费用类账户。该账户的借方登记企业发生的销售费用，贷方登记结转的销售费用，期末结转后该账户无余额，如图5-25所示。

借方	销售费用	贷方
因销售商品等发生的销售费用		结转的销售费用

图5-25

该账户可按销售费用的种类或项目设置明细账，进行明细分类核算。

(八)"税金及附加"账户

"税金及附加"账户用来核算企业经营活动发生的消费税、城市维护建设税、资源税和教育费附加等税金及附加。全面试行营业税改征增值税后，该账户核算企业经营活动发生的消费税、城市维护建设税、资源税、教育费附加及房产税、土地使用税、车船使用税、印花税等相关税费。该账户属于损益类账户中的费用类账户。该账户的借方登记企业经营活动发生的税金及附加费，贷方登记期末结转的税金及附加费，期末结转后，该账户无余额，如图5-26所示。

借方	税金及附加	贷方
企业经营活动发生的消费税、资源税、城市维护建设税教育费附加等相关税费的金额	期末结转的税金及附加费	

图5-26

该账户可按税金及附加的种类设置明细账，进行明细分类核算。

（九）"应收票据"账户

"应收票据"账户用来核算企业因销售商品或提供劳务而收到的商业汇票，包括银行承兑汇票和商业承兑汇票。"应收票据"是指"应收票据款"，表明应收取商业汇票上列示的款项。该账户属于资产类账户，账户的借方登记企业因销售商品或提供劳务而收到商业汇票，是应收款项的增加，贷方登记应收票据到期而收回的货款或转出的款项，是应收款项的减少，账户余额一般在借方，表明企业期末持有的尚未到期的应收票据款。企业应当设置"应收票据备查簿"，用来记录应收票据的种类、日期、交易合同、付款人、承兑人及金额等信息。应收票据到期结清时，应在备查簿上予以注销。该账户结构与"应收账款"账户相同。

三、销售过程主要业务核算实例

如前所述，企业的日常经营活动包括主营业务和附营业务，因此，其营业收入包括主营业务收入与其他业务收入（附营业务收入），其营业成本包括主营业务成本和其他业务成本（附营业务成本），在会计核算上应分开进行，以分别考核其构成比例以及相关指标的完成情况。

（一）主营业务收入的核算

制造业企业的主营业务收入主要包括销售商品产品、销售自制半成品、提供工业性劳务等主营业务取得的收入。当企业销售商品产品或销售自制半成品、提供工业性劳务，达到销售确认条件时，应及时确认营业收入，并结转相关的销售成本等。在会计上，按收取的商品销售价款、增值税税款等金额，借记"银行存款""应收账款""应收票据"等账户，按应确认的营业收入金额，贷记"主营业务收入"账户，按应收取增值税税款额，贷记"应交税费——应交增值税（销项税额）"账户。由于产品的销售方式不同、货款的结算方式不同，其账务处理也有区别。以下列举实例加以说明。

【例5-35】2018年12月11日，方圆公司销售A产品2 000件，每件售价300元，增值税专用发票上注明的价款为600 000元，增值税销项税额为96 000元，价税款项均已收到，并存入银行。

分析：该交易的发生，一方面使方圆公司的产品销售收入增加了600 000元，应计入"主营业务收入"账户的贷方,已收取并应上交的增值税销项税额增加了96 000元,应计入"应交税费——应交增值税"账户贷方的"销项税额"专栏;另一方面使方圆公司的银行存款增加了696 000元,应计入"银行存款"账户的借方。该交易或事项的会计分录如下:

借:银行存款　　　　　　　　　　　　　696 000
　　贷:主营业务收入　　　　　　　　　　600 000
　　　　应交税费——应交增值税(销项税额)　96 000

【例5-36】2018年12月12日,方圆公司向外地正华公司销售A产品1 500件,每件售价300元,增值税专用发票上注明的价款为450 000元,增值税销项税额72 000元,产品已发出,并以银行存款代垫运杂费300元(假设不考虑增值税),所有款项均未收到。

分析:该交易或事项的发生,一方面使得方圆公司的产品销售收入增加了450 000元,应计入"主营业务收入"账户的贷方,已收取并应上交的增值税销项税额(负债)增加了72 000元,应计入"应交税费——应交增值税"账户贷方的"销项税额"栏目,银行存款减少了300元,应计入"银行存款"账户的贷方;另一方面使方圆公司的应收账款增加了522 300元,应计入"应收账款"账户的借方。该交易或事项的会计分录如下:

借:应收账款　　　　　　　　　　　　　522 300
　　贷:主营业务收入　　　　　　　　　　450 000
　　　　应交税费——应交增值税(销项税额)　72 000
　　　　银行存款　　　　　　　　　　　　300

【例5-37】2018年12月14日,方圆公司向外地正联公司销售B产品一批,共计500件,每件售价800元,增值税专用发票上注明的价款为400 000元,增值税销项税额64 000元,并以银行存款代垫运杂费200元(假设不考虑增值税),产品已发出,收到经外地正联公司承兑的期限为3个月、面值为464 200元的商业汇票一张。

分析:该交易或事项的发生,一方面使方圆公司的产品销售收入增加了400 000元,应计入"主营业务收入"账户的贷方,已收取并应上交的增值税销项税额(负债)增加了64 000元,应计入"应交税费——应交增值税"账户贷方的"销项税额"栏目,银行存款减少了200元,应计入"银行存款"账户的贷方;另一方面使方圆公司的应收票据款项增加了464 200元,应计入"应收票据"账户的借方。该交易或事项的会计分录如下:

借:应收票据　　　　　　　　　　　　　464 200
　　贷:主营业务收入　　　　　　　　　　400 000
　　　　应交税费——应交增值税(销项税额)　64 000
　　　　银行存款　　　　　　　　　　　　200

在产品销售过程中,除了上述现销或赊销方式外,有时会以预收货款方式进行销售。预收货款方式是指企业在销售商品或提供劳务前根据购销合同的规定,向购

第五章 借贷记账法的实际应用

货方或接受劳务方预先收取部分货款，再发出商品或提供劳务的一种销售方式。企业在收到款项后，应在合同规定的期限内给购货方或接受劳务方发出商品或提供劳务，否则，必须退还预收的款项。因此，在会计上，将预收账款作为流动负债处理。但预收账款这项负债的偿还一般不需要支出货币资金，而是以发出商品或提供劳务的方式进行。

按照权责发生制核算基础的要求，收入的实现不是以收到货款为标准。在采用预收货款结算方式下，企业是在商品发出或劳务提供时，才能作为营业收入实现，因此在会计上其账务处理一般应分步进行：第一，企业在收到预收款时，按照实际预收的款项数额，借记"银行存款"账户，贷记"预收账款"账户；第二，企业按购销合同的要求发出货物、实现销售时，按照有关销售票据，借记"预收账款"账户，贷记"主营业务收入"账户和"应交税费——应交增值税（销项税额）"账户；第三，如果预收的款项小于应收的账款，则在企业补收款项时，借记"银行存款"账户，贷记"预收账款"账户；如果已预收的款项大于应收的账款，则在企业退还余款时，借记"预收账款"账户，贷记"银行存款"账户。

【例5-38】2018年12月16日，方圆公司预收购货方正大公司购买A产品的预付款1 100 000元，已存入银行。

分析：该项交易或事项的发生，一方面使方圆公司的银行存款增加了1 100 000元，应计入"银行存款"账户的借方；另一方面使方圆公司的预收账款增加了1 100 000元，应将其计入"预收账款"账户的贷方。该交易或事项的会计分录如下：

　　借：银行存款　　　　　　　　　1 100 000
　　　　贷：预收账款　　　　　　　　　1 100 000

【例5-39】续【例5-38】，2018年12月18日，方圆公司向正大公司销售A产品3 000件，每件售价300元，增值税专用发票上注明的价款900 000元，增值税销项税额144 000元。商品已发出。

分析：该交易或事项发生，一方面使方圆公司的产品销售收入增加了900 000元，应计入"主营业务收入"账户的贷方，已收取并应上交的增值税销项税额（负债）增加了144 000元，应计入"应交税费——应交增值税"账户贷方的"销项税额"栏目；另一方面方圆公司因销售A产品而应向正大公司收取的款项为1 044 000元，这1 044 000元应冲销已预收的款项，计入"预收账款"账户的借方。该交易或事项的会计分录如下：

　　借：预收账款　　　　　　　　　1 044 000
　　　　贷：主营业务收入　　　　　　　　900 000
　　　　　　应交税费——应交增值税（销项税额）　144 000

【例5-40】续【例5-39】2018年12月30日，方圆公司退还多收正大公司的款项56 000元，已通过银行转账支付。

分析：该交易或事项的发生，一方面使方圆公司的银行存款减少了56 000元，应计入"银行存款"账户的贷方；另一方面使方圆公司的预收款减少56 000元，应计入

"预收账款"账户的借方。该交易或事项的会计分录如下：

借：预收账款　　　　　　56 000
　　贷：银行存款　　　　　56 000

● （二）主营业务成本的核算

主营业务成本的核算一般是指结转已售产品的制造成本的核算。

企业销售商品产品意味着资金运动由成品资金进入销售阶段。产品销售一方面表明减少了企业库存的商品产品，另一方面表明为了取得主营业务收入企业发生了相关费用（即垫支的资金），这项费用称为主营业务成本。结转已售产品的制造成本就是将已销售发出的商品成本转为主营业务成本。在结转主营业务成本时应遵循配比性信息质量的要求，主营业务成本的结转不仅应与主营业务收入在同一会计期间加以确认，而且应与取得的主营业务收入在商品销售数量上保持一致。结转已售产品的实际生产成本应同时减少库存商品的账面价值，在会计上，借记"主营业务成本"账户，贷记"库存商品"账户。

在实务工作中，已售产品制造成本的结转方式有两种：集中结转与分散结转。集中结转通常是指在月份内不结转已售产品的制造成本，而是在月末一次性地合计结转本月已售产品的制造成本；分散结转通常是指在月份内根据产品的实际销售情况及时结转已售产品的制造成本。本节只介绍集中结转的方式。

【例5-41】2018年12月31日，方圆公司结转本月已销售产品成本，共计1 700 000元。其中：A产品共售6 500件，每件单位成本为215元；B产品共售500件，每件单位成本为605元。

分析：该交易或事项的发生，一方面使方圆公司的产品销售成本增加了1 700 000元，应计入"主营业务成本"账户的借方；另一方面使方圆公司的库存商品减少了1 700 000元，应计入"库存商品"账户的贷方。该交易或事项的会计分录如下：

借：主营业务成本　　　　　1 700 000
　　贷：库存商品——A产品　1 397 500
　　　　　　——B产品　　　302 500

● （三）其他业务收入与其他业务成本的核算

其他业务收入是指企业日常经营过程中除主营业务以外的其他业务所取得的收入。在制造业企业中，其他业务主要包括销售材料收入、出租固定资产收入、出租包装物收入以及提供非工业性劳务收入等。取得有关收入时，按实际收到或应收的款项借记"银行存款"或"应收账款"账户，按确定的收入金额和应收取的增值税（销项税额）分别贷记"其他业务收入""应交税费——应交增值税（销项税额）"等账户；对开展其他业务活动所发生的相关成本费用，应借记"其他业务成本"账户，贷记"原材料""累计折旧"等账户。

【例5-42】2018年12月15日，方圆公司销售甲材料一批，售价20 000元，增值税销项税额3 200元，价税合计23 200元，款项已收到并存入银行。

第五章 借贷记账法的实际应用

分析：制造业企业销售材料属于企业日常经营过程中产品销售业务之外的其他业务，因此，该项业务的发生一方面使方圆公司的其他业务收入增加了20 000元，应计入"其他业务收入"账户的贷方，已收取并应上交的增值税销项税额增加了3 200元，应计入"应交税费——应交增值税"账户贷方的"销项税额"专栏；另一方面使方圆公司的银行存款增加了23 200元，应计入"银行存款"账户的借方。该交易或事项的会计分录如下：

  借：银行存款　　　　　　　　　　　23 200
   贷：其他业务收入　　　　　　　　　　20 000
    应交税费——应交增值税（销项税额）　3 200

【例5-43】续【例5-42】，2018年12月30日，方圆公司结转上述所售甲材料的库存成本共计15 000元。

分析：材料的销售属于方圆公司主营业务之外的其他业务，因此，该项业务的发生一方面使方圆公司的库存材料减少15 000元，应计入"原材料"账户的贷方；另一方面使方圆公司的其他业务成本增加了15 000元，应计入"其他业务成本"账户的借方。该交易或事项的会计分录如下：

  借：其他业务成本　　　　　　15 000
   贷：原材料——甲材料　　　　15 000

【例5-44】2018年12月18日，方圆公司对外出租固定资产仓库一间，收取本月租金收入10 000元，增值税销项税额为1 600元，价税合计11 600元，价税款项已收到并存入银行。

分析：制造业企业对外出租仓库收取租金业务属于产品销售业务之外的其他业务，因此，该项业务的发生一方面使方圆公司的其他业务收入增加了10 000元，应计入"其他业务收入"账户的贷方，已收取并应上交的增值税销项税额增加了1 600元，应计入"应交税费——应交增值税"账户贷方的"销项税额"专栏；另一方面使方圆公司的银行存款也增加了11 600元，应计入"银行存款"账户的借方。该交易或事项的会计分录如下：

  借：银行存款　　　　　　　　　　　11 600
   贷：其他业务收入　　　　　　　　　　10 000
    应交税费——应交增值税（销项税额）　1 600

【例5-45】续【例5-44】，2018年12月30日，方圆公司计提对外出租的上述固定资产（仓库）本月的折旧费800元。

分析：制造业企业对外出租仓库收取租金业务属于产品销售业务之外的其他业务，因此，该项业务的发生一方面使方圆公司的其他业务成本增加了800元，应计入"其他业务成本"账户的借方；另一方面使方圆公司的固定资产价值减少（即累计损耗增加）了800元，应计入"累计折旧"账户的贷方。该项交易或事项的会计分录如下：

  借：其他业务成本　　　　800
   贷：累计折旧　　　　　　800

(四)税金及附加的核算

企业在一定时期内销售商品产品、销售自制半成品、提供工业性劳务、销售原材料等所取得的营业收入,应按照规定向国家税务机关缴纳各种税金及附加,包括消费税、城市维护建设税、资源税以及教育费附加及房产税、土地使用税、车船使用税、印花税等相关税费等。这些税金及附加费用一般是根据当月销售额或者计税基数或其他有关规定按照规定的税率计算得出,并交纳的。

这些税费在上交国库之前暂时滞留在本企业,形成了企业的一项负债。因此,在计算并结转应交销售税金及附加时,应将其作为企业本期发生的一项费用支出,计入"税金及附加"账户的借方,同时作为企业流动负债的增加,计入"应交税费"账户的贷方。企业在实际交纳税费款项时,应借记"应交税费"账户,贷记"银行存款"等账户。

【例5-46】 2018年12月31日,按税法规定,方圆公司按本期计税价格及有关税率计算本月应交消费税额为119 000元。

分析: 该项交易或事项的发生,一方面使方圆公司的税金及附加(费用)增加了119 000元,应将其计入"税金及附加"账户的借方;另一方面使方圆公司应纳未交的税费(负债)增加了119 000元,应将其计入"应交税费"账户的贷方。该交易或事项的会计分录如下:

  借:税金及附加   119 000
    贷:应交税费——应交消费税   119 000

【例5-47】 2018年12月31日,方圆公司按税法规定计算出本月应交城市维护建设税7 000元、教育费附加4 000元。

分析: 该项交易或事项的发生,一方面使方圆公司的税金及附加这项费用增加了11 000元,应计入"税金及附加"账户的借方;另一方面使方圆公司应交未交的税费(负债)增加了11 000元,应计入"应交税费"账户的贷方。该交易或事项的会计分录如下:

  借:税金及附加   11 000
    贷:应交税费——应交城市维护建设税 7 000
        ——应交教育费附加   4 000

(五)销售费用的核算

销售费用是企业在销售过程中发生的由本企业负担的,如产品包装费、运输费、广告费、装卸费、保险费、展览费以及为销售本企业商品而专设的销售机构的经营费用等。企业在发生这些费用时应通过"销售费用"账户进行归集。当企业发生这些费用时,应根据有关发票单据上所确定的费用金额,借记"销售费用"账户,贷记"银行存款"等账户;月末将归集的销售费用全部转入"本年利润"账户,应借记"本年利润"账户,贷记"销售费用"账户,以确定当期利润额。

【例5-48】 2018年12月31日,方圆公司计算本月应付专设销售机构人员工资10 000元。

分析：企业发生的专设销售机构人员的工资属于销售费用，因此，该交易或事项的发生，一方面使方圆公司的销售费用增加了10 000元，应计入"销售费用"账户的借方；另一方面使方圆公司应付未付的职工工资增加了10 000元，应计入"应付职工薪酬"账户的贷方。该项交易或事项的会计分录如下：

借：销售费用　　　　　　10 000
　　贷：应付职工薪酬　　　　10 000

【例5-49】 2018年12月31日，方圆公司计算出专设销售机构所使用固定资产的本月折旧费为1 000元。

分析：企业专设销售机构的固定资产折旧费属于销售环节的耗费，因此，该交易或事项的发生，一方面使方圆公司的销售费用增加了1 000元，应计入"销售费用"账户的借方；另一方面使方圆公司的的固定资产折旧费增加了1 000元，应计入"累计折旧"账户的贷方。该交易或事项的会计分录如下：

借：销售费用　　　　　　1 000
　　贷：累计折旧　　　　　　1 000

【例5-50】 2018年12月14日，方圆公司用银行存款支付本月销售产品的广告费9 000元。

分析：销售产品的广告费属于企业的销售费用，因此，该交易或事项的发生，一方面使方圆公司的销售费用增加了9 000元，应计入"销售费用"账户的借方；另一方面使方圆公司的银行存款减少了9 000元，应计入"银行存款"账户的贷方。该交易或事项的会计分录如下：

借：销售费用　　　　　　9 000
　　贷：银行存款　　　　　　9 000

第五节　利润形成及分配业务核算

一、利润形成及分配业务的主要内容

利润是企业一定期间内所取得的经营成果，也是企业一定期间内所取得的财务成果。它是将企业一定期间的各项收入与各项费用、支出相抵后的差额，当收入大于费用支出时，差额部分即为利润，反之则为亏损。

（一）利润的构成

利润是一个综合指标，它综合反映了企业在生产经营过程中的所费和所得，是企业会计核算的重要组成部分。从其构成内容来看，利润既有通过生产经营活动而获得

的，也有通过投资活动而获得的，还有那些与企业日常生产经营活动没有直接关系，但要直接计入利润的相关利得和损失等内容。因此，利润通常分为营业利润、利润总额和净利润三个层次，其中营业利润是企业从事其日常生产经营活动所获得的成果，是利润最主要的内容。

有关利润指标各个层次的计算公式表达如下：

营业利润＝营业收入－营业成本－税金及附加－销售费用－管理费用－财务费用－资产减值损失－信用减值损失＋其他收益＋投资收益（－投资损失）＋公允价值变动收益（－公允价值变动损失）＋资产处置收益（－资产处置损失）（1）

其中：营业收入是指企业日常生产经营业务所确认的收入总额，包括主营业务收入和其他业务收入；营业成本是指企业生产经营业务所发生的实际成本总额，包括主营业务成本和其他业务成本；税金及附加是指企业在当月按照有关规定计算并按权责发生制核算要求确定的本期应计费用。

资产减值损失是指企业因资产减值而计提的相关资产减值准备所形成的损失。

公允价值变动损益（或损失）是指企业交易性金融资产、公允价值计量模式的投资性房地产等公允价值变动形成的应计入当期损益的利得（或损失）。

销售费用、管理费用、财务费用通常称为"期间费用"。期间费用是指企业本期发生的直接计入当期损益的各项费用。这些费用是企业生产经营过程中随着时间的推移而不断发生的，与日常生产经营活动的管理和销售有一定关系，但与产品的制造过程没有直接关系，因而不能直接计入或者间接归入某种产品成本，而是在它们实际发生时确认为当期费用，并按其实际发生额从当期损益中予以扣除。

其他收益主要是指与企业日常活动相关，除冲减相关成本费用以外的政府补助。

投资收益（或损失）是指企业以各种方式对外投资所取得的收益（或发生的损失）。

利润总额＝营业利润＋营业外收入－营业外支出（2）

营业外收入是指企业确认的与其日常经营活动无直接关系的各项利得。营业外收入主要包括债务重组利得、与企业日常活动无关的政府补助、盘盈利得、捐赠利得等。

营业外支出是指企业发生的与日常生产经营活动没有直接关系的各项损失，主要包括债务重组损失、公益性捐赠支出、非常损失、盘亏损失、非流动资产毁损报废损失等。

营业外收入减去营业外支出后的差额也称为营业外收支净额，它反映了企业非日常活动的损益。

企业的利润总额包含了企业日常活动损益与非日常活动损益，也称为企业的税前利润。

利润总额扣除所得税费用后的余额，就是企业的净利润，企业的净利润也称为企业的税后利润。即：

净利润＝利润总额－所得税费用（3）

其中，所得税费用是指企业应从当期利润总额中扣除的所得税额。按照税法的有关规定，企业应根据其经营所得向国家交纳一定的税款，即所得税。企业只要有所得就必须按照税法的规定交纳所得税，所得税的缴纳具有一定的强制性、无偿性。

（二）企业计算确定本期利润的具体方法

按照我国企业会计准则的要求，企业一般应当按月核算利润，如果按月核算利润有困难的，经批准也可以按季或是按年核算利润。企业计算确定本期利润总额、净利润和本年累计利润总额、累计净利润的具体计算方法有两种：账结法和表结法。

账结法通常是在每个会计期末（一般是指月末）将各损益类账户净发生额全部转入"本年利润"账户，通过"本年利润"账户的借贷方的记录结计出本期损益总额和本年累计损益额，在这种方法下需要在每个会计期末通过编制结账分录，结清各损益类账户的数额。在账结法下，各损益类账户月末结转后无余额。

表结法通常是在每个会计期末（一般是指月末）对各损益类账户余额不结转到"本年利润"账户，而是将其直接过入利润表，通过编制当期利润表进行本期利润的结算，即根据损益类项目的本期净发生额、本年累计数额填报利润表，在利润表中直接计算确定营业利润、利润总额以及净利润。年终，在年度会计决算时再采用账结法，将各损益类账户全年累计发生额通过编制结账分录转入"本年利润"账户，这样，"本年利润"账户集中反映了全年累计净利润的实现或累计净亏损的发生情况。在表结法下，各损益类账户月末有余额，但在年终结账时，应将损益类账户的净额全部结转至"本年利润"账户，结转后，损益类账户均无余额。

（三）利润的分配

企业实现的净利润，应按照国家的有关规定以及企业权力机构的决议进行合理分配。根据《公司法》等有关法规的规定，企业当年实现的净利润，首先应弥补以前年度未弥补的亏损，对剩余部分，应按照下列顺序分配：

1.提取法定盈余公积

法定盈余公积应按企业当年实现净利润的一定比例提取。《公司法》规定公司制企业按净利润的10%提取，其他企业可以根据需要确定提取比例，但不得低于10%。企业提取的法定盈余公积累计金额超过注册资本50%及以上的，可以不再提取。

2.提取任意盈余公积

任意盈余公积是企业按照股东大会或类似权力机构决议从当年实现的净利润中提取的盈余公积，其提取比例由企业决定。

3.向投资者分配股利或利润

企业实现的净利润在扣除已计提的法定盈余公积和任意盈余公积后，加上年初未分配利润，构成了企业当年可供投资者分配的利润，企业的权力机构可以据此向投资者分配现金股利或利润。

可供投资者分配的利润经过上述分配后,剩下部分形成了企业的未分配利润。未分配利润是企业准备留待以后年度进行分配的利润或待分配的利润,它是企业所有者权益的一个重要组成部分。

因此,制造业企业利润的形成与利润分配业务的相关内容还包括:投资收益以及营业外收支净额的确认、损益类账户的结转、利润总额以及净利润的计算、利润的分配业务等。

二、利润形成及分配业务核算应设置的相关账户

(一)"营业外收入"账户

"营业外收入"账户属于损益类账户中的收入类账户,用来核算企业发生的、与企业日常生产经营活动没有直接关系的各项营业外收入。该账户的贷方登记企业取得的各项营业外收入,借方登记期末转入"本年利润"账户贷方的营业外收入净额,期末结转后,该账户无余额,如图5-27所示。

借方	营业外收入	贷方
期末转入"本年利润"账户的净额		企业取得的营业外收入

图5-27

该账户可按营业外收入项目设置明细账,进行明细分类核算。

(二)"营业外支出"账户

"营业外支出"账户属于损益类账户中的费用类账户,用来核算企业发生的各项营业外支出。该账户的借方登记企业发生的各项营业外支出,贷方登记期末转入"本年利润"账户贷方的营业外支出净额,期末结转后,该账户无余额,如图5-28所示。

借方	营业外支出	贷方
企业发生的营业外支出		期末转入"本年利润"账户的净额

图5-28

该账户可按营业外支出项目设置明细账,进行明细分类核算。

(三)"所得税费用"账户

"所得税费用"账户属于损益类账户中的费用类账户,用来核算企业应从当期利润总额中扣除的所得税费用。该账户的借方登记企业发生的所得税费用,贷方登记期末转入"本年利润"账户的所得税费用数额,期末结转后,该账户无余额,如图5-29所示。

借方	所得税费用	贷方
企业本期发生的所得税费用		期末结转的所得税费用

图5-29

(四) "本年利润"账户

"本年利润"账户属于所有者权益类账户，用来核算企业实现的净利润（或发生的净亏损）。如果企业实现了净利润，将增加企业的所有者权益；如果发生净亏损，将减少企业的所有者权益。在各月末，该账户的借方登记期末从损益类账户转入的主营业务成本、其他业务成本、税金及附加、管理费用、财务费用、销售费用、营业外支出、所得税费用等费用或损失，贷方登记期末从损益类账户转入的主营业务收入、其他业务收入、投资净收益、营业外收入等收入或利得。该账户的期末贷方余额表示企业自本年初开始累计实现的净利润，期末借方余额则表示企业自本年初开始累计发生的净亏损，如图5-30所示。

借方	本年利润	贷方
转入的主营业务成本、其他业务成本、税金及附加、管理费用、财务费用、销售费用、营业外支出、所得税费用等费用或损失		转入的主营业务收入、其他业务收入、投资净收益、营业外收入等收入或利得
余额：本年累计发生的净亏损		余额：本年累计实现的净利润

图5-30

年度终了，企业应将该账户的余额转入"利润分配——未分配利润"账户，结转后，该账户年末无余额。该账户可按损益的构成项目设置专栏，进行明细核算。

(五) "利润分配"账户

"利润分配"账户属于所有者权益类账户，用来核算企业利润的分配（或亏损的弥补）和历年结存的未分配利润（或未弥补亏损）情况。该账户的借方登记本年度实际分配的净利润，包括提取的盈余公积金、分配给投资者的利润以及年末自"本年利润"账户转入的全年累计亏损额，贷方登记年末自"本年利润"账户转入的全年实现的净利润额和其他转入额。该账户的余额可能在贷方，表示企业期末未分配的利润；余额也可能在借方，表示企业期末未弥补的亏损，如图5-31所示。

借方	利润分配	贷方
因提取盈余公积、向投资者分配利润等而分配转出的利润		由"本年利润"等账户转入的净利润额和其他转入额
余额：累计未弥补亏损		余额：累计未分配利润

图5-31

该账户应当分别设置"提取法定盈余公积""提取任意盈余公积""应付股利（或利润）""转作资本（或股本）的普通股股利"和"未分配利润"等明细分类账户，进行明细分类核算。

这里需要注意的是：在年度终了，"利润分配"账户所属的"未分配利润"明细账户与其他明细账户要进行结转，即应将其他各个明细账户的余额在年度终了时全部转入"未分配利润"明细账户中，经过结转之后，其他明细账户均没有余额，只有"未分配利润"明细账户有余额。这个余额如果在贷方，表示企业历年积存的未分配利润，如果在借方，则表示企业历年形成的未弥补亏损。

（六）"盈余公积"账户

"盈余公积"账户属于所有者权益类账户，用来核算企业盈余公积的提取和使用情况。该账户的贷方登记企业从净利润中提取的盈余公积，借方登记企业因弥补亏损、转增资本等使用的盈余公积，期末余额在贷方，表示企业已提取尚未使用的盈余公积，如图5-32所示。

借方	盈余公积	贷方
因弥补亏损、转增资本等使用的盈余公积		企业提取的盈余公积
		余额：已提取尚未使用的盈余公积

图5-32

该账户应按不同的盈余公积项目设置明细账，进行明细核算。

（七）"应付股利"（或"应付利润"）账户

"应付股利"（或"应付利润"）账户属于负债类账户，用来核算企业分配给股东的现金股利。该账户的贷方登记企业应支付的现金股利，借方登记实际支付的现金股利，期末余额在贷方，表示企业期末应付未付的现金股利，如图5-33所示。

借方	应付股利	贷方
实际支付的现金股利		企业应支付的现金股利
		余额：应付未付的现金股利

图5-33

该账户可按不同的投资者设置明细账，进行明细核算。

（八）"投资收益"账户

"投资收益"账户属于损益类账户，用来核算企业对外投资所取得的收益或发生的损失。该账户的贷方登记企业对外投资所取得的收益，借方登记企业对外投资所发生的损失，期末应将该账户的余额转入"本年利润"账户，结转后该账户无余额，如图5-34所示。

借方	投资收益	贷方
企业对外投资所发生的损失		企业对外投资所取得的收益

图5-34

该账户应按投资收益种类设置明细账，进行明细核算。

三、利润形成及利润分配过程相关业务核算实例

（一）投资收益的核算

为了获取更多的经济利益以及更加合理有效地使用好企业的生产经营资金，制造业企业除了进行正常的生产经营活动之外，还可以将暂时闲置资金对外进行日常投资，如购买债、股票、基金等，以获取投资收益。投资收益就是指企业对外投资所获得的收益或发生的损失。在会计处理上，获取投资收益时，借记"银行存款"等账户，贷记"投资收益"等账户；发生投资损失时，则借记"投资收益"账户，贷记有关账户。

【例5-51】2018年12月15日，方圆公司将本月3日购入的股票全部出售，获取净价款收入1 160 000元，购买该批股票的投资成本为1 000 000元（购入后尚未发生公允价值变动的处理），款项已收存银行。

分析：这交易或事项的发生，一方面使方圆公司的"银行存款"增加了1 160 000元；另一方面使方圆公司的"交易性金融资产"账户减少了1 000 000元，"投资收益"账户增加了160 000元。其会计分录如下：

借：银行存款　　　　　　　　1 160 000
　　贷：交易性金融资产——成本　　1 000 000
　　　　投资收益　　　　　　　　　160 000

（二）营业外收支的核算

如前所述，营业外收支是指与企业正常的生产经营活动没有直接关系的各项的收支，包括营业外收入和营业外支出。营业外收入和营业外支出属于企业偶发性业务，两者之间没有因果关系，每项收入、支出往往是彼此独立的，收入没有相应的成本、费用，支出没有相应的收入。因此，营业外收入和营业外支出应当分别核算，不能以营业外支出直接冲减营业外收入。虽然营业外收支与企业正常生产经营活动没有直接关系，但从企业主体考虑，它同样能够增加或减少企业的利润。在会计核算过程中，一般应按照其具体项目发生的时间，将营业外收支的实际数额在当期作为利润的加项或减项分别予以确认和计量。

营业外收入是指与企业日常生产经营活动没有直接关系的各种收入，其核算内容

主要包括债务重组利得、与企业日常活动无关的政府补助、盘盈利得、捐赠利得等。营业外收入并不是由企业经营资金耗费所产生的,也不需要企业付出代价,实际上是一种纯收入,不可能也不需要与有关费用进行配比。因此,在会计核算上,应当严格区分营业外收入与营业收入的界限。企业对于取得的营业外收入,应借记"银行存款"等有关账户,贷记"营业外收入"账户。期末,企业应将"营业外收入"账户净额转入"本年利润"账户,会计分录为借记"营业外收入"账户,贷记"本年利润"账户。

营业外支出是指与日常活动无直接关系的各项损失,核算内容主要包括债务重组损失、公益性捐赠支出、非常损失、盘亏损失、非流动资产毁损报废损失等。在会计核算上,这些支出应从企业实现的利润总额中予以扣除。企业发生营业外支出时,借记"营业外支出"账户,贷记"银行存款"等账户。期末,企业应将"营业外支出"账户余额转入"本年利润"账户,会计分录为借记"本年利润"账户,贷记"营业外支出"账户。

【例5-52】2018年12月15日,方圆公司收到某项与日常经营活动无关的政府补助50 000元,存入企业账户。

分析:该交易或事项的发生,一方面使方圆公司的银行存款增加了50 000元,应计入"银行存款"账户的借方;另一方面使方圆公司的营业外收入增加50 000元,应计入"营业外收入"账户的贷方。该交易或事项的会计分录如下:

  借:银行存款   50 000
    贷:营业外收入   50 000

【例5-53】2018年12月16日,方圆公司用银行存款20 000元对外向希望工程捐款。

分析:该交易或事项的发生,一方面使方圆公司的营业外支出增加了20 000元,应计入"营业外支出"账户的借方;另一方面使方圆公司的银行存款减少了20 000元,应计入"银行存款"账户的贷方。该交易或事项的会计分录如下:

  借:营业外支出   20 000
    贷:银行存款   20 000

●(三)利润总额形成的核算

利润是企业在日常生产经营过程中逐渐形成的,在会计上是通过如主营业务收入、主营业务成本、其他业务收入、管理费用等损益账户来归集和反映的,也就是说,利润总额是分散记录在这些损益类账户中。为了便于会计信息使用者更加直观地了解企业的收入、费用以及利润总额情况,在会计期末,企业的会计人员应将分散记录在当期损益类账户中的各项收入和费用转入"本年利润"账户,通过"本年利润"账户来反映当期的利润总额(或亏损总额)。因此,采用账结法的企业,在每个会计期末(如月末)应将当期损益类账户中的各收入、收益类账户的净发生额转入"本年利润"账户的贷方,同时将当期损益类账户中的各费用、支出类账户的净发生额转入"本年利润"账户的借方,然后以"本年利润"账户的借、贷方本期发生额相抵来确定当期的利润总额。当贷方发生额大于借方发生额时，其差额即为本期实现的利润总额，反之则为本期发生的亏损总额。采用表结法的企业，在会计期末（如年末）将当期损益类账户中的净发生额转入"本年利润"账户。

【例5-54】2018年12月31日，方圆公司月末结账时，根据本章例题资料，有关损益类账户的本期发生额如表5-3所示：

表5-3 损益类账户的本期发生额汇总表

单位：元

损益类账户	借方发生额的净额	贷方发生额的净额
主营业务收入		2 350 000
其他业务收入		30 000
投资收益		160 000
营业外收入		50 000
主营业务成本	1 700 000	
税金及附加	130 000	
其他业务成本	15 800	
销售费用	20 000	
管理费用	110 400	
财务费用	2 500	
营业外支出	20 000	

分析：会计期末，企业需要确定当期损益，因此应将所有损益类账户的余额结转至"本年利润"账户。本例中，根据表5—3中的数额，在年末，应编制两笔会计分录，分别结转各项收入和费用。

1.结转各项收入、收益

期末，方圆公司将当期损益类账户中的各收入、收益类账户的净发生额转入"本年利润"账户的贷方。该笔结转事项一方面使方圆公司的损益类账户中所记录的"主营业务收入""其他业务收入""营业外收入""投资收益"账户的净发生额减少，计入这些账户的借方；另一方面使方圆公司的"本年利润"账户的数额增加，计入"本年利润"账户的贷方。其会计分录如下：

  借：主营业务收入 2 350 000
    其他业务收入   30 000
    营业外收入   50 000
    投资收益   160 000
    贷：本年利润   2 590 000

2.结转各项费用、支出

期末，方圆公司将当期损益类账户中的各费用、支出类账户的净发生额转入"本年利润"账户的借方。该笔结转事项一方面使方圆公司的损益类账户中所记录的"主营业务成本""其他业务成本""营业外支出""管理费用""财务费用""销售费用""税金及附加"账户的净发生额减少，计入这些账户的贷方；另一方面使方圆公司的"本年利润"账户的数额减少，计入"本年利润"账户的借方。其会计分录如下：

```
借：本年利润              1 998 700
    贷：主营业务成本        1 700 000
        其他业务成本           15 800
        税金及附加           130 000
        销售费用              20 000
        管理费用             110 400
        财务费用               2 500
        营业外支出            20 000
```

按上述方法结转后，方圆公司2018年12月份各损益类账户期末无余额，同时可根据"本年利润"账户借方和贷方记录，计算出方圆公司2016年12月份实现的利润总额（或税前会计利润）为591 300元（591 300＝2 590 000－1 998 700）。即"本年利润"账户借、贷方相抵后的贷方差额591 300元就是方圆公司2018年12月份实现的利润总额。

利润总额（或税前会计利润）计算出来后，说明方圆公司当期经营有所得，对于企业的经营所得按照国家税法的规定应按一定的税率计算缴纳所得税。

●（四）所得税费用以及净利润的核算

企业的利润总额减去所得税费用后的差额就是企业的净利润（税后利润）。所得税是国家对企业（或个人）的经营所得和其他所得征收的一种税。取得了经营收益而向国家财政缴纳一定的所得税是每个企业（或个人）应尽的法定义务，因为这些企业（或个人）在从事生产经营活动中使用或享有政府所提供的各种服务。对于这些企业（或个人）来说，缴纳所得税意味着当期费用的增加、资源的流出、经济利益减少，应计入当期损益，通过"所得税费用"账户核算。

企业所得税的计征实行按年计算，按月或按季预缴，年终汇总清算，多退少补的方式。

当期应交所得税额＝当期应纳税所得额×所得税税率

在当期无纳税调整事项的情况下：

当期应纳税所得额＝当期税前会计利润

因此，当期应交所得税额可以依据下列公式计算：

当期应交所得税额＝当期税前会计利润×所得税税率

对发生的所得税费用，企业应通过设置的"所得税费用"账户进行核算。当每期按规定计算出缴纳的所得税费用时，借记"所得税费用"账户，贷记"应交税费——应交所得税"账户；上交所得税款项时，借记"应交税费——应交所得税"账户，贷记"银行存款"等账户。由于所得税的缴纳会减少企业的利润额，因此，企业在会计期末应结转所得税费用，会计处理上的会计分录为：借记"本年利润"账户，贷记"所得税费用"账户。

【例5-55】续【例5-54】，2018年12月31日，方圆公司计算本月应交所得税额，假定方圆公司所得税税率为25%，假设当期方圆公司没有纳税调整项目。

分析： 由于当期没有纳税调整项目，所以方圆公司应纳税所得额等于税前会计利润。方圆公司一方面确认本期的所得税费用为147 825元（591 300×25%＝147 825），应计入"所得税费用"账户的借方；另一方面使方圆公司的应交所得税增加了147 825元，应计入"应交税费——应交所得税"账户的贷方，因为在此只是计算出了当期的所得税费用额，一般在当期并不实际缴纳，到下月初缴纳，因此形成了本期的一项负债，计入"应交税费——应交所得税"账户。该交易或事项的会计分录如下：

借：所得税费用　　　　　　　　　　147 825
　　贷：应交税费——应交所得税　　　147 825

日后，方圆公司按规定上缴所得税款时，应编制如下会计分录：

借：应交税费——应交所得税　　　147 825
　　贷：银行存款　　　　　　　　　147 825

【例5-56】 续上例，2018年12月31日，方圆公司结转当月的所得税费用147 825元。

分析： 该笔结转事项一方面使方圆公司的"所得税费用"账户减少了147 825元，计入"所得税费用"账户的贷方；另一方面使方圆公司的"本年利润"账户的数额减少了147 825元，计入该账户的借方。其会计分录如下：

借：本年利润　　　147 825
　　贷：所得税费用　　147 825

本期所得税费用147 825元转入"本年利润"账户后，根据"本年利润"账户的借、贷方记录的各项收入与费用可以计算出方圆公司本月的净利润额。

方圆公司本月的净利润＝591 300－147 825＝443 475（元）

假定方圆公司2018年1-11月份实现的净利润额为3 556 525元（即"本年利润"账户12月期初余额为3 556 525元），加上本月实现的净利润443 475元，则方圆公司全年实现的净利润额共计为4 000 000元。

●（五）利润分配业务的核算

如前所述，企业实现的净利润，应按照国家的有关规定以及企业权力机构的决议进行合理分配。根据《公司法》等有关规定，企业当年实现的净利润，首先应弥补以前年度尚未弥补完的亏损，然后按一定的比例提取法定盈余公积、提取任意盈余公积等。企业实现的净利润在扣除法定盈余公积、任意盈余公积等项目后，再加上年初未分配利润，即为当年可供投资者分配的利润额，然后向投资者进行分配。

为了核算利润分配业务，企业应在"利润分配"一级账户下设置"提取法定盈余公积""提取任意盈余公积""应付股东股利（或利润）""转作股本的股利"等二级明细账户。

对于利润分配业务，一般按以下顺序进行核算：

第一，企业在年度终了应将当年实现的净利润作为可供分配的利润转入"利润分配——未分配利润"账户。会计核算方面，应借记"本年利润"账户，贷记"利润分配——未分配利润"账户。如果当年发生亏损，应作相反的会计分录。

第二，企业应按规定从当年实现的净利润中按一定比例（通常为10%）提取法定盈余公积。会计核算方面，应借记"利润分配——提取法定盈余公积"账户，贷记"盈余公积——法定盈余公积"账户。

第三，企业应按规定从当年实现的净利润中按一定比例提取任意盈余公积。会计核算方面，应借记"利润分配——提取任意盈余公积"账户，贷记"盈余公积——任意盈余公积"账户。

第四，企业应按规定将当年可供分配的利润按一定比例（由企业自行确定）向投资者进行分配。会计核算方面，应借记"利润分配——应付股利（或利润）"账户，贷记"应付股利（或应付利润）"账户。

如有其他方面的分配，也按此方式进行会计处理。

第五，利润分配之后的年度终了，企业应结清"利润分配"总账账户所属的有关明细账户（"利润分配——未分配利润"明细账户除外），将已经分配的利润转入"利润分配——未分配利润"账户的借方，以确定当期未分配利润的结余额。会计核算方面，只需在"利润分配"总账账户所属的明细账之间进行结转，即作借记"利润分配——未分配利润"账户，贷记"利润分配——提取法定盈余公积""利润分配——提取任意盈余公积""利润分配——应付股利（或利润）"等账户。结转后，"利润分配"总账账户所属的明细分类账中除"利润分配——未分配利润"明细账户外，"利润分配"账户所属的其他明细账户余额均为零。

【例5-57】续【例5-56】，2018年12月31日，方圆公司将"本年利润"账户的余额转入"利润分配"账户，即方圆公司年末发生结转"本年利润"账户的会计事项。

分析：结转本年实现的净利润事项，一方面使方圆公司的所有者权益类账户"本年利润"减少4 000 000元，应计入"本年利润"账户的借方，结转后该账户无余额；另一方面使方圆公司的所有者权益类账户"利润分配——未分配利润"增加4 000 000元，应计入"利润分配——未分配利润"账户的贷方。该结转事项的会计分录如下：

借：本年利润　　　　　　　　　　　　　4 000 000
　　贷：利润分配——未分配利润　　　　　　4 000 000

如果企业发生亏损，应做相反的会计分录。

【例5-58】2018年12月31日，方圆公司经董事会决议，决定按当年实现的净利润的10%提取法定盈余公积400 000元。

分析：该事项的发生，一方面使方圆公司的盈余公积增加了400 000元，应计入"盈余公积"账户的贷方；另一方面使方圆公司的已分配利润增加了400 000元，因为提取法定盈余公积属于利润分配，会导致未分配利润的减少，应将其计入"利润分配"账户的借方。该事项的会计分录如下：

借：利润分配——提取法定盈余公积　　400 000
　　贷：盈余公积——法定盈余公积　　　　400 000

【例5-59】2018年12月31日，方圆公司按当年实现的净利润的5%从净利润中提取任意盈余公积200 000元。

分析：该事项的发生，一方面使方圆公司的盈余公积增加了200 000元，应计入

"盈余公积"账户的贷方；另一方面使方圆公司的已分配利润增加了200 000元，因为提取任意盈余公积属于利润分配，会导致未分配利润的减少，应将其计入"利润分配"账户的借方。该事项的会计分录如下：

　　借：利润分配——提取任意盈余公积　　200 000
　　　　贷：盈余公积——任意盈余公积　　　　200 000

【例5-60】2018年12月31日，经股东大会批准，方圆公司按当年实现的净利润的50%向投资者分配现金股利2 000 000元。

分析：该项交易或事项的发生，一方面使方圆公司已分配的利润增加了2 000 000元，应计入"利润分配"账户的借方；另一方面使方圆公司本期应付未付的现金股利增加了2 000 000元，应计入"应付股利"账户的贷方。该事项的会计分录如下：

　　借：利润分配——应付股利　　2 000 000
　　　　贷：应付股利　　　　　　　　2 000 000

后期，方圆公司用银行存款向投资者支付上述现金股利2 000 000元。

分析：该项交易或事项的发生，一方面使方圆公司支付给投资者的现金股利增加了2 000 000元，应计入"应付股利"账户的借方；另一方面使方圆公司的银行存款减少2 000 000元，应计入"银行存款"账户的贷方。该交易或事项的会计分录如下：

　　借：应付股利　　　　2 000 000
　　　　贷：银行存款　　　　2 000 000

【例5-61】续前例，2018年12月31日，方圆公司结转"利润分配"账户所属的有关明细账户。结转后，除"利润分配——未分配利润"明细账户外，"利润分配"账户所属的其他明细账户均无余额。

分析：结转（或结清）"利润分配"账户所属的有关明细账户，就是将本年已分配的利润2 600 000元，其明细账分别为：提取法定盈余公积400 000元、提取任意盈余公积200 000元、应付股东利润2 000 000元，全部由其相应明细账贷方转入"利润分配——未分配利润"账户借方。结转后，"利润分配"账户下的明细账户除"未分配利润"明细账户外，其他明细账余额均结转为零。其会计分录如下：

　　借：利润分配——未分配利润　　2 600 000
　　　　贷：利润分配——提取法定盈余公积　　400 000
　　　　　　　　　　——提取任意盈余公积　　200 000
　　　　　　　　　　——应付股利　　　　　2 000 000

假设方圆公司2018年初未分配利润为100 000元，则经过以上结转后，"利润分配——未分配利润"账户的年末贷方余额为1 500 000元。即：

年初未分配利润100 000元＋本年净利润4 000 000元－提取法定盈余公积400 000元－提取任意盈余公积200 000元－分配给股东的现金股利2 000 000元＝年末未分配利润1 500 000元

该数额即为该企业本年年末的未分配利润，且在"利润分配－未分配利润"总账账户和其明细账户上会直接反映出这个数字。

思考题

1. 材料采购成本的构成内容有哪些？
2. 如何归集和分配制造费用？
3. 产品成本项目有哪些？
4. 如何对利润分配业务进行会计处理？
5. 如何计算企业的营业利润、利润总额、净利润？

练 习 题

一、单项选择题

1. 企业计提短期借款利息时，应借记（　　　）账户。
   A. 银行存款　　　　　　　B. 应付利息
   C. 库存现金　　　　　　　D. 财务费用

2. 预付给供应单位材料款时，应借记（　　　）账户。
   A. 预付账款　　　　　　　B. 预收账款
   C. 银行存款　　　　　　　D. 库存现金

3. 购入材料支付的运杂费，一般应计入（　　　）。
   A. 材料采购成本　　　　　B. 产品生产成本
   C. 制造费用　　　　　　　D. 管理费用

4. "在途物资"账户的期末借方余额表示（　　　）。
   A. 尚未入库材料的成本　　B. 在产品成本
   C. 本月采购费用　　　　　D. 库存材料的成本

5. "生产成本"账户的期末借方余额表示（　　　）。
   A. 完工产品成本　　　　　B. 在产品成本
   C. 本月生产费用　　　　　D. 库存产品成本

6. 产品完工入库后，应将其生产成本转为（　　　）。
   A. 主营业务成本　　　　　B. 本年利润
   C. 库存商品　　　　　　　D. 营业外支出

7. 期末结转已销产品的生产成本时，应借记主营业务成本，贷记（　　　）。
   A. 营业收入　　　　　　　B. 库存商品
   C. 本年利润　　　　　　　D. 生产成本

8. 企业预收销售产品的货款时，应贷记（　　　）账户。
   A. 主营业务收入　　　　　B. 预收账款
   C. 预付账款　　　　　　　D. 银行存款

9. 期末，企业计提固定资产折旧时，应贷记（　　）账户。
    A. 固定资产　　　　　　　　B. 累计折旧
    C. 制造费用　　　　　　　　D. 管理费用

10. 下列费用中，不构成产品制造成本，而应直接计入当期损益的是（　　）。
    A. 直接材料费　　　　　　　B. 直接人工费
    C. 销售费用　　　　　　　　D. 制造费用

11. 年末结转后，"利润分配"账户的贷方余额表示（　　）。
    A. 实现的净利润　　　　　　B. 未弥补亏损
    C. 未分配利润　　　　　　　D. 利润分配总额

12. 下列项目中，不属于营业利润构成要素的有（　　）。
    A. 投资收益　　　　　　　　B. 营业外收入
    C. 销售费用　　　　　　　　D. 营业成本

13. 下列各项中，不属于企业利润分配的是（　　）。
    A. 交纳企业所得税　　　　　B. 向投资者分配现金股利
    C. 提取盈余公积　　　　　　D. 向投资者分配股票股利

14. 年度终了，应将损益类账户的数额转入（　　）账户。
    A. 利润分配　　　　　　　　B. 本年利润
    C. 未分配利润　　　　　　　D. 资本公积

15. 预付账款业务不多的企业，可不设"预付账款"账户，应将预付货款计入（　　）。
    A. "应付账款"账户借方　　　B. "应收账款"账户借方
    C. "应付账款"账户贷方　　　D. "应收账款"账户贷方

16. 某企业为增值税一般纳税人。本期外购材料一批，买价40 000元，增值税6 400元，以银行存款支付外地运费2 000元（不考虑增值税），则该批原材料的实际采购成本为（　　）。
    A. 40 000元　　　　　　　　B. 42 000元
    C. 46 400元　　　　　　　　D. 48 400元

17. 对于材料采购人员的差旅费和为采购材料而支付的市内零星运杂费，一般应计入（　　）账户。
    A. 制造费用　　　　　　　　B. 营业外支出
    C. 管理费用　　　　　　　　D. 材料采购成本

18. 下列账户中，属于损益类账户的是（　　）。
    A. 制造费用　　　　　　　　B. 财务费用
    C. 长期待摊费用　　　　　　D. 生产成本

19. 某企业"本年利润"账户5月末账面贷方余额为850 000元,表示( )。
   A. 5月份实现的净利润 B. 1-5月份累计实现的营业利润
   C. 1-5月份累计实现的净利润 D. 企业开业以来累计实现的利润

20. 下列项目中,属于制造费用的是( )。
   A. 车间管理人员工资 B. 企业行政管理人员工资
   C. 企业销售人员工资 D. 车间生产人员工资

二、多项选择题

1. 下列各项中,应计入材料采购成本的有( )。
   A. 材料货款 B. 购买材料的采购费用
   C. 材料入库后的保管费用 D. 材料入库前的挑选整理费用
   E. 运输途中合理损耗

2. 股份有限公司发行面值为1元的股票筹集股本,发行价为每股10元。对于此项业务,公司应贷记( )账户。
   A. 股本 B. 资本公积 C. 实收资本
   D. 银行存款 E. 盈余公积

3. 期末,"应交税费"账户( )。
   A. 有可能无余额 B. 有可能是借方余额
   C. 有可能是贷方余额 D. 一定无余额 E. 一定有余额

4. 企业预付材料款时,应( )。
   A. 借记"预付账款" B. 借记"银行存款"
   C. 贷记"预付账款" D. 贷记"银行存款"
   E. 借记"原材料"

5. 下列各项中,属于制造费用的有( )。
   A. 车间管理人员工资 B. 车间用固定资产折旧
   C. 车间生产工人工资 D. 厂部管理人员工资
   E. 车间机物料消耗

6. 企业计提固定资产折旧时,借记的账户可能有( )。
   A. 制造费用 B. 管理费用
   C. 累计折旧 D. 销售费用 E. 财务费用

7. 在企业赊购材料时,下列项目中,应通过"应付账款"账户核算的有( )
   A. 材料的买价 B. 进项税额
   C. 供货方代垫的运杂费 D. 销项税额
   E. 企业支付的市内运杂费

8. 确认工资费用时，借记的账户可能有（　　）。
   A. 生产成本　　　　　　　B. 制造费用
   C. 管理费用　　　　　　　D. 销售费用　　　　　E. 在建工程

9. 企业销售产品时，与"主营业务收入"账户可能发生对应关系的账户有（　　）。
   A. 银行存款　　　　　　　B. 应收账款
   C. 预付账款　　　　　　　D. 预收账款　　　　　E. 应收票据

10. 企业结转已销产品成本时，应（　　）。
    A. 借记"主营业务成本"　　B. 贷记"库存商品"　　C. 借记"本年利润"
    D. 贷记"主营业务成本"　　E. 贷记"生产成本"

11. 下列各项中，属于销售费用的有（　　）。
    A. 广告费　　　　　　　　B. 专设销售机构经费
    C. 产品展销费　　　　　　D. 行政管理人员工资
    E. 销售产品的运杂费

12. 下列项目中，应计入营业利润的有（　　）。
    A. 营业收入　　　　　　　B. 营业成本　　　　　C. 管理费用
    D. 营业外支出　　　　　　E. 所得税费用

13. 下列项目中，可以计入营业外收入的有（　　）。
    A. 非流动资产处置利得　　B. 现金盘盈利得
    C. 捐赠利得　　　　　　　D. 销售材料收入　　　E. 罚款收入

14. 下列项目中，可以计入营业外支出的是（　　）。
    A. 非流动资产处置损失　　B. 固定资产盘亏损失
    C. 罚款支出　　　　　　　D. 非常损失　　　　　E. 销售材料的损失

15. 期末，应结转到"本年利润"账户借方的有（　　）。
    A. 其他业务成本　　　　　B. 主营业务成本
    C. 所得税费用　　　　　　D. 财务费用　　　　　E. 营业外支出

16. 下列各项中，属于销售费用的有（　　）。
    A. 销售产品的包装费　　　B. 广告宣传费
    C. 采购材料的运杂费　　　D. 销售产品的运杂费
    E. 专设销售机构办公费

17. 下列支出中，属于管理费用的有（　　）。
    A. 报销的差旅费　　　　　B. 支付业务招待费
    C. 公司行政部门发生的折旧费
    D. 罚款支出　　　　　　　E. 缴纳所得税

18. 下列各项中，属于企业利润分配的有（　　　）。
    A. 交纳企业所得税　　　　　B. 向投资者分配现金股利
    C. 提取盈余公积　　　　　　D. 向投资者分配股票股利
    E. 计提保险金

19. 下列项目中，属于财务费用的有（　　　）。
    A. 会计部门人员工资　　　　B. 存款利息收入
    C. 短期借款利息支出　　　　D. 在银行办理业务支付的手续费
    E. 退休人员的工资

20. 期末，应结转到"本年利润"账户贷方的有（　　　）。
    A. 主营业务收入　　　　　　B. 其他业务收入
    C. 营业外收入　　　　　　　D. 营业外支出　　　　　　E. 投资净收益

三、判断题

1. "短期借款"账户的贷方余额，表示企业尚未偿还的短期借款本金。（　　）
2. "原材料"账户的借方用于登记企业已验收入库材料的成本，贷方用于登记领用或发出材料的成本，余额在借方，表示企业库存材料的成本。（　　）
3. "应付账款"账户的期末余额，一定在贷方。（　　）
4. "预付账款"账户用来反映企业因购买材料等而预付给供应单位的款项及其结算情况。该账户属于资产类账户，因此，该账户的期末余额一定在借方。（　　）
5. 企业为生产一定种类和数量的产品而发生的生产费用的总和，称为产品的生产成本。（　　）
6. 管理费用、制造费用和财务费用，均属于期间费用。（　　）
7. "制造费用"账户的借方登记生产车间发生的制造费用，贷方登记分配转出的制造费用，该账户期末一般无余额。（　　）
8. "财务费用"账户是用来反映企业为筹集生产经营所需资金等而发生的筹资费用。（　　）
9. "应付职工薪酬"账户的贷方登记企业应支付给职工的薪酬，借方登记企业实际支付给职工的薪酬，余额一定在贷方。（　　）
10. "管理费用"账户的借方发生额在期末时采用一定的方法分配计入产品成本。（　　）
11. 销售费用包括企业销售产品、提供劳务过程中发生的保险费、包装费、广告费、运输费、装卸费等，但不包括企业专设销售机构的经费。（　　）
12. 企业的经营成果也可能表现为亏损。（　　）
13. 所得税是企业的一种费用。（　　）

14. "应交税费——应交所得税"账户的贷方登记企业应交纳的所得税,借方登记企业实际交纳的所得税。该账户的余额可能在贷方,也可能在借方。（   ）

15. "利润分配"账户属于所有者权益类账户。该账户的借方登记分配出去的利润,贷方登记转入的净利润。该账户的余额可能在贷方,也可能在借方。（   ）

16. 实收资本是一种永久性的资本,一般情况下,"实收资本"账户借方没有发生额。（   ）

17. "预收账款"账户是用来核算企业因销售产品、提供劳务等而预收的款项及其结算情况的,该账户属于负债类账户,因此,该账户的余额一定在贷方。（   ）

18. 期末,应将"管理费用"账户的余额转入"本年利润"账户的贷方,结转后,"管理费用"账户无余额。（   ）

19. "累计折旧"账户的期末余额在贷方,因此,该账户属于负债类账户。（   ）

20. 营业利润是企业从事其日常生产经营活动所取得的成果,它不包括投资收益。（   ）

四、业务题

（一）甲制造业企业2018年10月发生如下有关业务

1. 企业收到所有者的投资2 000 000元,款已存入银行。
2. 企业收到所有者的投资6 000 000元,款已存入银行。该出资人按其在企业注册资本中的份额计算确认的资本额为5 000 000元。
3. 企业发行普通股10 000 000股筹集股本,每股面值1元,发行价为3元,款已收存银行。
4. 企业从银行借入期限为半年的短期借款500 000元,款已存入银行。
5. 期末,企业应付上述短期借款利息10 000元,应予计提。
6. 企业用银行存款60 000元,支付短期借款利息（已计提50 000元）。
7. 前述短期借款到期,企业用银行存款偿还其本金500 000元。
8. 从银行借入期限为3年的分期付息、到期一次还本长期借款800 000元,款已收存。
9. 年末,企业应付上述长期借款利息15 000元,应予计提。
10. 上述长期借款到期,企业用银行存款偿还其本金800 000元。
11. 投资者投入机器一台,原价40万元,已提折旧20万元,投资双方确认的价值15万元。
12. 公司购入一台不需要安装的生产设备,发票价款50 000元,增值税额8 000元,包装费1 000元,运输费500元,保险费300元,款项均以银行存款付讫。
13. 公司购进一项专利技术,买价和有关费用合计300 000元,以银行存款支付。
14. 收到股东黄海投资款300 000元存入银行。

要求：编制上述业务的会计分录。

（二）甲制造业企业2018年10月发生如下有关业务

1. 向东华工厂购进A材料100吨，单价200元。货款20 000元，增值税进项税额3 200元，全部款项均已通过银行支付。材料尚未验收入库。

2. 以银行存款2 000元支付购买上述A材料的运杂费。材料验收入库。

3. 向西京工厂购进B材料500千克，单价10元。货款5 000元和增值税进项税额800均未支付。

4. 用银行存款向光明工厂预付购买A材料的货款80 000元。

5. 向光明工厂购进已预付货款的A材料500吨，单价200元。材料验收入库，货款100 000元，增值税进项税额16 000元，其中80 000元冲销原预付的货款，不足部分以存款支付。

6. 以银行存款偿还前欠西京工厂的5 800元购料款。

7. 结转上述入库材料的成本。

要求： 根据以上业务，编制会计分录。

（三）甲制造业企业2018年10月发生如下有关业务

1. 车间、厂部从仓库领用的各种材料汇总列表如下。

（单位：元）

用途	A材料		B材料		合计
	数量（吨）	金额	数量（吨）	金额	
生产甲产品领用	100	20 000	200	2 000	22 000
生产乙产品领用	50	10 000	100	1 000	11 000
车间管理部门领用	—	—	50	500	500
厂部管理部门领用	—	—	50	500	500
合计	150	30 000	400	4 000	34 000

2. 计算本月应付职工工资如下：

  甲产品生产工人工资 12 000元

  乙产品生产工人工资   6 000元

  车间管理人员工资   1 400元

  厂部管理人员工资   2 000元

  合计   21 400元

3. 用银行存款发放职工工资21 400元。

4. 以银行存款支付本月电费如下：

  生产甲产品用电 1 000元

  生产乙产品用电   600元

  车间照明用电   600元

  厂部照明用电   400元

  合计   2 600元

5. 以库存现金支付厂部办公费700元，车间办公费500元。

6. 计提本月固定资产折旧费8 000元，其中生产车间固定资产折旧费为6 000元，厂部固定资产折旧费为2 000元。

7. 归集并按甲、乙产品生产工人工资比例分配制造费用。

8. 甲产品本月投产500件，月末全部完工验收入库，予以结转。乙产品本月投产300件，月末全部未完工。

要求： 根据以上交易或事项编制会计分录。

（四）甲股份有限公司（一般纳税企业）2018年12月损益类账户发生额如下

账　户	贷方净发生额	账　户	借方净发生额
主营业务收入	235 000	主营业务成本	156 000
其他业务收入	3 100	税金及附加	3 350
营业外收入	1 125	其他业务成本	2 530
投资收益	14 450	管理费用	19 895
		财务费用	1 800
		销售费用	4 500
		营业外支出	7 500

假设无其他纳税调整项目。该企业的所得税税率为25％。

要求： 1. 编制月末结转损益的会计分录。
   2. 分别列式计算营业利润、利润总额。
   3. 列式计算当月应交所得税额，确定所得税费用，编制相应会计分录。
   4. 列式计算净利润。

（五）甲制造业企业2018年12月份发生有关交易或事项如下

1. 销售甲产品300件，单位售价200元，货款计60 000元，增值税销项税额9600元，款已收存银行。

2. 以库存现金支付销售甲产品的运杂费1 000元（不考虑增值税）。

3. 预收西京公司购买乙产品的货款40 000元。

4. 销售给H公司乙产品50件，单位售价1 000元，货款计50 000元，增值税销项税额8 000元；原预收货款40 000元，其余款项尚未收回。

5. 按照合同向M公司发出乙产品20件，单位售价1 000元，货款共计20 000元，增值税销项税额3 200元，用银行存款代对方垫付运杂费1 000元（运杂费不考虑增值税），全部款项均未收到。

6. 结转本月已销甲、乙产品的生产成本（单位成本：甲产品120元、乙产品600元）。

7. 按规定的税率（销售收入的10％）计算应交纳的消费税。

要求： 根据以上交易或事项，编制会计分录。

（六）甲企业2018年12月份发生有关交易或事项如下

1. 由于对方违约，收取罚款3 000元存入银行，将其作为企业的营业外收入。
2. 以库存现金6 000元支付罚金。
3. 结转本月主营业务收入和营业外收入。"主营业务收入"账户结账前的净额为227 000元。
4. 结转本月的主营业务成本、税金及附加、销售费用、管理费用和营业外支出。"主营业务成本"账户期末结账前的净额为120 000元，"税金及附加"账户为13 000元，"销售费用"账户为3 000元，"管理费用"账户为20 000元。
5. 假设按照税法的规定计算，企业应交纳17 000元的所得税。
6. 结转所得税费用，并向国库解缴所得税。
7. 年末结转本年净利润102 000元。
8. 年末，经股东大会决定，提取10 200元的法定盈余公积金。
9. 按照股东大会决定，应向投资者分配36 000元的利润。
10. 结转已分配利润。

要求：根据以上交易或事项，编制会计分录。

（七）2018年12月份，甲公司发生下列经济业务

1. 2日，从建设银行取得为期3个月的短期借款400 000元，年利率6%，款项存入银行。
2. 3日，从M公司购入下列材料：甲材料4 000千克，单价42元；乙材料 6 000千克，单价45元，增值税率为16%，货款已由银行支付，材料已验收入库。
3. 4日采购员刘文明因公出差，借差旅费2 000元，以现金支付。
4. 6日销售给E公司 A产品1 500件，单价110元，价款165 000元，应交增值税26400元，共计191400元。产品已由买方提运，货款未收。
5. 7日通过银行交纳上月应交增值税12 000元、城市维护建设税840元、教育费附加360元、企业所得税14 000元。
6. 9日用现金700元购买管理部门用办公用品。
7. 11日根据统计，生产领用材料如下：制造A产品耗用甲材料1 000千克，耗用乙材料1 400千克；制造B产品耗用甲材料1 500千克，耗用乙材料1 800千克；车间一般耗用甲材料400千克，耗用乙材料540千克；管理部门耗用甲材料600千克，耗用乙材料280千克。（甲材料每千克42元，乙材料每千克45元）
8. 17日刘文明出差归来，报销差旅费1 800元，余款退回，结清原预借款。
9. 20日接银行通知，E公司归还前欠的购货款191 400元，已存入公司存款户。
10. 21日根据"工资结算汇总表"以存款发放本月职工工资200 000元。
11. 28日销售T公司A产品4 000件，单价110元；销售B产品2 500件，单价80元。货款640 000元。增值税率16%，收到金额742 400元的转账支票一张，送存银行。

12. 29日计提本月生产车间及厂部管理部门固定资产的折旧额18 100元：生产车间13 100元，厂部行政管理部门5 000元。

13. 31日分配结转本月应付职工工资200 000元。其中：制造A产品工人工资80 000元，制造乙产品工人工资50 000元，车间管理人员工资20 000元，厂部管理人员工资50 000元。

14. 31日按职工工资总额的20%计提养老保险、6%计提失业保险、2%计提工伤保险、1%计提生育保险、8%计提基本医疗保险、12%计提住房公积金，共计98 000元。

15. 31日开出转账支票98 000元，向市社会劳动保险局交纳各项保险费用。

16. 31日预提应由本月负担的短期借款利息4 800元。

17. 31日开出转账支票支付前欠市铜兴公司货税款44 200元。

18. 31日本月共发生制造费用84 000元。按A、B产品的生产工时比例分配（其中：A产品生产工时为3 000工时，B产品生产工时为2 000工时）。

19. 31日结转本月完工产品成本。其中A产品投产6 000件，完工4 200件，单位成本60元；B产品投产9 000件，完工4 000件，单位成本38元。

20. 31日结转本月已售产品销售成本425 000元。

21. 31日计提本月应交的城建税7 400元、教育费附加费2 000元。

22. 31日将本月主营业务收入、主营业务成本、税金及附加、管理费用、财务费用转入本年利润。

23. 31日计算结转本月应交的所得税（所得税率为25%）。

24. 31日计算结转"本年利润"账户。

要求：根据以上交易或事项，编制有关会计分录。

第六章

成本计算

第六章 成本计算

本章知识结构图

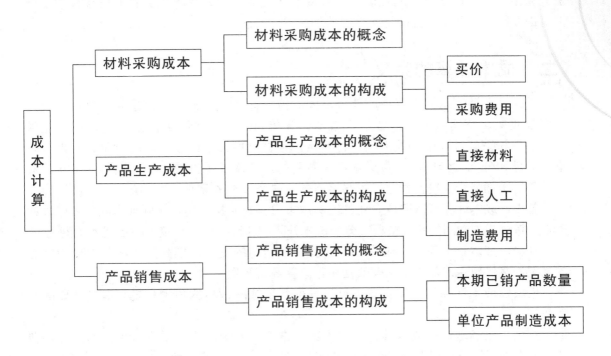

学习目标

1. 掌握企业不同生产经营阶段的成本计算方法。
2. 掌握企业不同生产阶段成本的计算对象和成本项目。
3. 熟练计算材料采购成本的总成本和单位成本。
4. 熟练计算产品制造的总成本和单位成本。
5. 熟练计算产品销售的总成本和单位成本。

第一节 成本计算概述

一、成本计算的概念

成本计算是指企业在生产经营过程中,按照一定对象归集和分配发生的各项费用,以确定各个成本计算对象的总成本和单位成本的专门方法,它是会计核算中十分重要的环节。企业在进行采购业务、生产业务和销售业务核算时,应计算结转材料采购成本、产品生产成本和产品销售成本,而这些成本就是运用成本计算这一专门方法计算出来的。成本计算的正确性,直接影响企业供应、生产、销售业务核算的正确性,进而影响到企业经营损益计算的准确性。

二、成本计算的意义

成本是会计信息的重要组成部分,同其他会计信息一样,它也是通过对相关原始数据的收集、整理和加工形成的。成本计算就是采用一系列专门的方法,把企业供应、生产和销售过程中所发生的各种费用,根据收益关系,在不同的对象之间进行归集、计算和分配,借以确定各成本计算对象的总成本和单位成本的一项会计工作。成本计算对于加强企业经营管理,提高经济效益具有重要的意义。

首先,成本计算可以取得企业的实际成本资料,并据以确定实际成本同计划成本的差异,考核成本计划的完成情况,分析成本升降的原因,进一步挖掘降低成本的潜力。

其次,成本计算可以反映和监督企业各项费用的支出,揭露企业经营管理中存在的问题,奖优罚劣,及时采取有效措施,改善经营管理。

最后,成本计算可以为企业进行下一期各项成本指标的预测和规划提供必要的参考数据。

总之,正确地进行成本计算,对不断改进成本管理工作、争取以更少的资源耗费获取更大的经济效益以及为社会增加更多的财富,具有重要的意义。

三、成本计算的基本要求

(一)严格执行国家相关法律规章中对成本开支范围与费用开支标准的规定

成本开支范围是国家根据企业生产经营活动中所发生费用的不同性质,依据成本的内容和加强成本核算的要求统一制定的,是指哪些费用开支可以列入成本、哪些费用开支不能列入成本的规定。一切与生产经营活动有关的支出,都应计入企业的成本和费用之中。就制造业企业来说,材料采购过程中支付的价款及采购费用都应计入材料采购成本;经营过程中发生的直接材料、直接人工、其他直接支出、制造费用、管理费用、财务费用等都是构成企业成本、费用的内容。其中,直接材料、直接人工和制造费用等构成产品的制造成本(亦称为生产成本),已销产品的制造成本应计入产品销售成本。管理费用、财务费用和销售费用则由于和产品的受益关系不太明细,分配的客观标准不易确定,不能计入产品制造成本,全部作为该会计期间的费用,冲减当期收益。费用开支标准是指对某些费用支出的金额和比例作出一些限制性的规定,如允许在税前列支的职工薪酬金额、坏账提取比例和交际应酬费的提取比例等。

企业应严格遵守成本开支范围和费用开支标准,在合法的前提下开展经营活动,既能保证成本、费用的真实性，内容的一致性，具有分析对比的可能性，又能正确地计算企业的损益，真实地反映企业的财务成果，提供真实、正确、有用的会计信息。

（二）划清支出、费用和成本的界限

1.分清收益性支出和资本性支出的界限

收益性支出，是指凡支出所带来的效益仅与一个会计年度相关，应计入该会计年度的费用；资本性支出，是指凡支出能在几个会计年度带来收益，应计入相关资产的成本中，并随着相关资产的消耗，合理分摊入相关会计年度中的费用，如购建固定资产的支出，应计入固定资产的成本，在固定资产的使用期间分摊到相关会计年度的成本、费用中。

2.分清成本与费用的界限

费用是经营活动中发生的各种各样经济利益流出的总称，而成本是指归集到收益计算对象上去的费用。如前所述，企业经营活动中发生的费用，并非全部计入成本，有一部分是作为期间费用，列作当期损益的。因此，为保证成本资料的真实性以及相应会计信息的相关有用性，在成本计算时，要划清成本与费用的界限。

3.分清本期成本费用与非本期成本费用的界限

凡应由本期相关资产负担的费用，应计入本期相关资产的成本；凡不应由本期相关资产负担的费用，则不能计入本期相关资产的成本。

4.分清不同资产的成本界限

属于哪种资产的费用，应由该种资产负担，计入该种资产的成本，不能将由其他资产的费用，计入不相关资产的成本。

5.分清在产品与产成品成本的界限

制造企业对于应计入本期产品成本的费用，如应由在产品和产成品共同承担，就要采用适当的方法，将生产费用在产成品和在产品之间进行分配，分清哪些是在产品应承担的费用，哪些是产成品应承担的费用。

（三）做好成本核算的各项基础工作

要正确、及时地计算成本，做好各项基础工作是很重要的，如果基础工作做得不好，就会影响成本计算的正确性和及时性。成本核算的基础工作主要有：定额管理工作；建立健全财产物资的计量、收发、领退制度；建立健全各种原始记录以及收集整理制度；制定厂内内部结算价格等。

（四）选择适当的成本计算方法

企业应结合自身的具体情况，选择适合本企业经营特点的成本计算方法进行成本计算。方法一经确定，在会计环境没有新的变化之前，一般不应经常变动。计算方法的选择应同时考虑企业经营类型的特点和管理的要求两个方面。

第二节 材料采购成本的计算

一、材料采购成本计算的概念

材料采购成本计算，就是将企业采购材料所支付的买价和采购费用，按照购入材料的品种、类别加以归集，计算其总成本和单位成本。材料的买价应当直接计入各种材料的采购成本；采购费用凡能分清成本计算对象的，可以直接计入各种材料的采购成本，凡不能分清成本对象的，应按一定的比例（如材料的重量、体积或买价等）分配计入各种材料的采购成本。

二、材料采购成本的构成

材料采购成本是由材料的买价和材料的采购费用组成的，包括以下内容。

（一）材料的买价

材料的买价即企业采购材料时按发票价格支付的货款。

（二）材料的采购费用

采购费用包括下列项目：运杂费（包括运输费、装卸费、保险费、包装费、仓储费等），运输途中的合理损耗，入库前的挑选整理费用（包括挑选整理中发生的工费支出和必要的损耗，并减去回收的下脚废料价值），购入材料负担的税金（如关税等）和其他费用等。

小规模纳税人和购入材料不能取得增值税专用发票的企业，购入材料支付的不可抵扣的增值税进项税额，计入所购材料的成本。

下面通过举例来说明材料采购成本的计算。

【例6-1】方圆公司分两批购入甲、乙两种材料，第一批购进甲材料200吨，单价200元，乙材料800吨，单价150元，将甲、乙两种材料运回企业共支付运杂费7000元（暂不考虑运费中涉及的增值税问题，下同）。第二批购进乙材料200吨，单价140元，将乙材料运回企业共支付运杂费2 000元。各项支出如表6-1所示。

表6-1 材料采购支出表

单位：元／吨

材料名称	重量	单价	买价	运费 直接	运费 间接
甲材料	200	200	40 000		7 000
乙材料	800	150	120 000	2 000	
	200	140	28 000		

第六章 成本计算

根据上述资料，材料的采购成本计算如下：

第一步：将采购甲、乙两种材料所发生的直接费用，分别计入甲、乙两种材料的在途物资明细分类账中，如表6-2、6-3所示。

表6-2 在途物资明细分类账

材料名称：甲材料　　　　　　　　　　　　　　　　　　　　　　　单位：元

××年		凭证号数	摘要	借方			贷方
月	日			买价	采购费用	合计	
略	略	略	材料买价	40 000		40 000	

表6-3 在途物资明细分类账

材料名称：乙材料　　　　　　　　　　　　　　　　　　　　　　　单位：元

××年		凭证号数	摘要	借方			贷方
月	日			买价	采购费用	合计	
略	略	略	材料买价	120 000		120 000	
		略	材料买价	28 000		28 000	
		略	运杂费		2 000	2 000	

第二步：把甲、乙两种材料共同发生的运杂费7 000元按适当的方法，分配计入甲、乙两种材料的采购成本（假定按材料的采购重量比率分配）。

分配率＝7 000÷（200＋800）＝7（元/吨）

甲材料应承担的运费＝200×7＝1 400（元）

乙材料应承担的运费＝800×7＝5 600（元）

这里亦可假定按材料的买价比率分配，甲、乙两种材料应承担的运费会出现和上述不同的结果，但影响并不大，在实际操作中，企业可根据以往的规定或经验选择不同的方法。

分配率＝7 000÷（40 000＋120 000）＝0.043 75

甲材料应承担的运费＝40 000×0.043 75＝1 750（元）

乙材料应承担的运费＝120 000×0.043 75＝5 250（元）

第三步：根据上述按材料的采购重量为标准进行分配的结果，分别将1 400元、5 600元计入甲、乙材料在途物资明细分类账中，如表6-4、6-5所示。

表6-4 在途物资明细分类账

材料名称：甲材料　　　　　　　　　　　　　　　　　　　　　　　单位：元

××年		凭证号数	摘要	借方			贷方
月	日			买价	采购费用	合计	
略	略	略	材料买价	40 000		40 000	
		略	运杂费		1 400	1 400	
		略	材料验收入库				41 400
			本期发生额	40 000	1 400	41 400	41 400

153

表6-5　在途物资明细分类账

材料名称：乙材料　　　　　　　　　　　　　　　　　　　　　　　　　　　单位：元

××年		凭证号数	摘要	借方			贷方
月	日			买价	采购费用	合计	
略	略	略	材料买价	120 000		120 000	
		略	材料买价	28 000		28 000	
		略	运杂费		2 000	2 000	
		略	运杂费		5 600	5 600	
		略	材料验收入库				155 600
			本期发生额	148 000	7 600	155 600	155 600

第四步：根据在途物资明细分类账户所归集的费用资料，编制材料采购成本计算表，计算甲、乙材料总成本和单位成本，如表6-6所示。

表6-6　材料采购成本计算表

　　　　　　　　　　　　　　　　　　　　　　　　　　　　　　　　　　　单位：元

成本项目	甲材料（200吨）		乙材料（1000吨）		成本总计
	总成本	单位成本	总成本	单位成本	
买价	40 000	200	148 000	148	188 000
采购费用	1 400	7	7 600	7.6	9 000
成本合计	41 400	207	155 600	155.6	197 000

第三节　产品生产成本的计算

一、产品生产成本计算的概念

产品生产成本的计算，就是把企业在产品制造过程中发生的各项生产费用，按照产品的品种或种类设置明细账分别归集和分配，然后根据这些账户资料，编制各种产品或种类的生产成本计算表，计算出各产品或种类的实际生产总成本和单位成本。

二、产品生产成本计算的内容

产品生产成本一般由直接材料、直接人工和制造费用构成。

直接材料是指直接形成产品的材料耗费，如原材料、辅助材料、自制半成品、燃料、动力、包装物等。

直接人工是指直接从事产品生产的生产人员的人工费用，如薪酬、社会保险费、住房公积金等。

第六章 成本计算

制造费用是指企业的分厂或车间为组织和管理生产活动所发生的各项间接费用，如车间管理人员的工资和福利费、折旧费、修理费、办公费、水电费、差旅费、劳动保护费、机物料消耗、季节性及修理期间的停工损失等。

上述三项成本，由于直接材料、直接人工与相应产品的生产关系较为密切，一般可以直接确定应该计入哪一种产品，因此应将其作为直接费用直接计入产品生产成本。制造费用一般为制造多种产品发生的共同性费用，不能直接计入产品生产成本，而应当选择一定的标准，合理分配计入各种产品生产成本。

三、产品生产成本计算的程序

（一）确定产品成本计算对象

所谓产品成本计算对象，是指承担和归集费用的对象，即费用的受益对象。对于制造企业来讲，产品成本计算对象可以包括若干种不同产品或不同的经济活动，也可以只包括一种产品或一种经济活动；可以是一个单独的产品或项目，也可以是一批相同的项目或一组相似的产品；可以是最终产品，也可以是加工到一定程度的半成品。

（二）确定产品成本计算期

产品成本计算期是指在什么时候计算产品成本，多长时间计算一次产品成本。以制造企业为例，产品生产完工之时，就是产品成本完全形成之日。因此，企业应当在产品生产完工之时计算产品生产成本，这样产品生产周期就是成本计算期。但是，由于有的产品生产周期过长，完全按产品生产周期来计算成本将影响会计信息的使用者及时取得相关的会计信息，所以，产品成本计算期并不一定能与产品生产周期一致。至于如何确定产品成本计算期，则取决于企业生产组织的特点和管理要求。为了及时取得成本指标，加强成本计划管理，一般以会计分期作为产品成本计算期，即在每个月的月末计算一次产品生产成本。

（三）归集分配完工产品和在产品的生产成本

归集和分配各种费用是正确进行产品成本计算的前提，它一方面要求根据真实的原始数据来归集和分配各种费用，另一方面要求在费用的归集和分配中遵循相关性要求，遵守国家的相关法律及规章制度。比如遵循权责发生制要求，正确地确定费用的受益期限；遵守相关法律规章规定的成本开支范围和费用开支标准，不能随意扩大成本开支范围，也不得随意提高费用开支标准；划清相关支出、成本和费用的界限等。

（四）设置和登记生产成本总账和明细分类账，编制产品成本计算表

在产品生产成本的计算过程中，企业应设置"生产成本"总账，系统地归集、分配各种应计入成本计算对象的费用，然后按产品品种、批别或类别分别设置和登记生产成本明细分类账户，账页的格式则按成本项目设置专栏。然后，根据这些账户记录

资料，编制各种产品成本计算表，借以计算确定各种产品的总成本和单位成本。

产品生产成本的计算可在生产成本明细账中进行。生产成本明细账应按成本计算对象及其成本项目设置，分别归集所发生的费用，并将归集的费用分别在各种产品之间、各产品的完工产品和在产品之间进行分配。下面通过举例来说明产品生产成本的计算。

【例6-2】 方圆公司在产品生产过程中发生的相关费用，它们构成产品生产成本的内容，相关资料归纳如下：

表6-7 期初在产品资料

单位：元

产品名称	直接材料	直接人工	制造费用	合计
丙产品	1 300	700	500	2 500
丁产品	150	70	80	300
合计	1 450	770	580	2 800

表6-8 各项生产费用资料

单位：元

产品名称	直接材料	直接人工	制造费用
丙产品	3 000	1 500	3 500
丁产品	4 500	2 000	
合计	7 500	3 500	3 500

丙产品100件已全部完工；丁产品150件，其中完工产品100件，在产品50件按定额成本标准计算。丁产品月末在产品单位定额成本为：直接材料20元、直接人工10元、制造费用7元。

根据上述资料，产品生产成本的计算方法如下：

第一步：根据期初在产品资料和本月发生的各项费用资料，分别登记丙、丁产品的生产成本明细分类账中的相应成本项目，见表6-9、表6-10所示。

表6-9 生产成本明细分类账

产品名称：丙产品

单位：元

××年		摘要	借方				贷方
月	日		直接材料	直接人工	制造费用	合计	
略	略	期初在产品成本	1 300	700	500	2 500	
		生产领用材料	3 000			3 000	
		生产职工薪酬		1 500		1 500	
		分配制造费用			1 500	1 500	
		本期发生额	3 000	1 500	1 500	6 000	
		合计	4 300	2 200	2 000	8 500	
		结转完工产品成本					8 500

表6-10　生产成本明细分类账

产品名称：丁产品　　　　　　　　　　　　　　　　　　　　　　　　单位：元

××年		摘　要	借　方				贷方
			直接材料	直接人工	制造费用	合计	
略	略	期初在产品成本	150	70	80	300	
		生产领用材料	4 500			4 500	
		生产职工薪酬		2 000		2 000	
		分配制造费用			2 000	2 000	
		本期发生额	4 500	2 000	2 000	8 500	
		合计	4 650	2 070	2 080	8 800	
		结转完工产品成本					6 950
		期末在产品成本	1 000	500	350	1 850	

第二步： 根据本月发生的制造费用，采用一定的分配方法，分别计入丙、丁两种产品成本，假定按本月生产职工薪酬作为分配标准。分配计算过程如下：

分配率＝3 500÷（1 500＋2 000）＝1

丙产品应承担的制造费用＝1 500×1＝1 500（元）

丁产品应承担的制造费用＝2 000×1＝2 000（元）

根据上述计算结果，分别登记丙、丁两种产品的生产成本明细账中相应项目，如表6-9、表6-10所示。

第三步： 计算完工产品和期末在产品成本。完工产品的生产成本计算公式如下：

完工产品生产成本＝期初在产品成本＋本月发生的生产费用－月末在产品成本

（1）计算丙产品的完工生产成本。根据期末产量资料可知，由于丙产品全部完工，没有在产品，于是其总成本就是月初在产品成本与本月发生的生产费用之和，按成本项目计算如下：

直接材料＝1 300＋3 000＝4 300（元）

直接人工＝700＋1 500＝2 200（元）

制造费用＝500＋1 500＝2 000（元）

合计＝8 500（元）

（2）计算丁产品的月末在产品成本和完工产品生产成本。根据期末产量资料可知，由于150件丁产品尚有50件未完工，这样应将月初在产品成本与本期发生的生产费用的合计数，按一定的方法在完工产品和在产品之间进行分配。按本例所给出的条件，丁产品月末在产品按定额成本计算，其计算方法和结果如下：

①丁产品的月末在产品成本

直接材料＝50×20＝1 000（元）

直接人工＝50×10＝500（元）

制造费用＝50×7＝350（元）

合计＝1 850（元）

②丁产品的完工产品成本

直接材料＝150＋4500－1000＝3 650（元）

直接人工＝70＋2000－500＝1 570（元）

制造费用＝80＋2000－350＝1 730（元）

合计＝6 950（元）

根据以上计算结果，登记丙、丁产品的生产成本明细账，如表6-9、表6-10所示。

第四步：根据丙、丁产品的生产成本明细账中的各成本项目记录和在产品资料，即可编制完工产品生产成本计算表，计算丙、丁两种产品总成本和单位成本，如表6-11所示。

表6-11　完工产品生产成本计算表

单位：元

成本项目	丙产品（100件）		丁产品（100件）	
	总成本	单位成本	总成本	单位成本
直接材料	4 300	43	3 650	36.5
直接人工	2 200	22	1 570	15.7
制造费用	2 000	20	1 730	17.3
合计	8 500	85	6 950	69.5

第四节　产品销售成本的计算

一、产品销售成本计算的概念

企业的产品销售成本即主营业务成本，是指已销产品的生产成本，它是由已销产品的销售数量乘以已销产品的单位生产成本计算出来的。根据会计核算的配比原则，企业的收入与其相关的成本、费用应当相互配比，同一会计期间的各项收入和与其相关的成本、费用应当在该会计期间内确认。但由于本月销售的产品不一定就是本月完工入库的产品，很可能包括前几个月完工入库的产品，而不同月份完工的产品的单位成本可能不一样，这样就存在销售出去的产品成本计价方法选择问题。因此，企业在计算产品销售成本时，只有选择恰当的发出产品成本计价方法，才能向利益相关的会计信息使用者提供真实、客观的会计信息。

二、产品销售成本计算的内容

企业销售商品，一方面表明库存商品减少，另一方面表明为取得主营业务收入而垫支了资金（表现为企业发生的费用），即主营业务成本。将销售发出的商品成本转为主营业务成本，应当遵循配比原则的要求，换句话说，就是不仅主营业务成本的结转应与主营业务收入在同一会计期间加以确认，而且应与主营业务收入在数量上保持一致。产品销售成本的计算公式如下：

$$本期产品销售成本 = 本期已销产品数量 \times 单位产品制造成本$$

上式中，单位产品制造成本应考虑期初库存商品成本和本期完工入库商品成本情况，分别采用加权平均法、先进先出法和个别计价法等计价方法确定，方法一经确定，不得随意变动。

三、产品销售成本计算的程序

（一）收集、整理产品销售成本计算资料

企业对销售过程中发出的各种各样的产品，必须及时地填制相关的原始凭证，为计算产品销售成本提供第一手原始资料。

（二）确定产品销售成本计算对象

企业应按出售的产品品种、类别或批次，确定产品销售成本对象，其成本计算对象可以参照产品制造成本计算对象，即生产什么产品就销售什么产品，二者确定的成本计算对象一般是一致的。

（三）确定产品成本计算期

如果企业采用单件、小批量的生产销售模式时，可以在出售完成时计算产品销售成本；如果企业经常反复不断地大量生产销售同一种或几种产品，一般以会计分期作为产品销售成本计算期，也就是在每个月的月末计算一次产品销售成本。

（四）正确归集产品销售成本

一般来说，产品的制造成本即为产品的销售成本。但由于选择产品发出的计价方法不同，计算出来的销售产品成本存在较大的差异，因此企业应当选择恰当的产品发出计价方法。计价方法一经确定不得随意改变，且要使生成的产品销售成本资料具有可比性与相关性。

（五）设置和登记库存商品总账与明细分类账

在销售商品过程中，企业应设置"库存商品""主营业务成本"总账，系统地归集各种商品的销售成本，还应按出售的产品品种、类别或批次，分别设置和登记"库存商品""主营业务成本"明细分类账户，用以核算企业不同商品或类别或批次主营业务发生的实际成本及其结转情况。

（六）编制产品销售成本计算表

现仍以上例资料说明产品销售成本的计算方法。根据对上述方圆公司销售过程业务的整理，相关资料如下：

【例6-3】本月已销出丙产品80件、丁产品120件。丙、丁两种产品的成本资料如表6-12、表6-13所示。（该企业已售产品成本按加权平均法计算）

表6-12 库存商品明细分类账

产品名称：丙产品　　　　　　　　　　　　　　　　　　　　　　　单位：元／件

××年		摘要	收入			发出			结存		
月	日		数量	单价	金额	数量	单价	金额	数量	单价	金额
×	1	期初余额							100	90	9 000
		本月完工入库	100	85	8 500						
		本月销售				80	87.5	7 000			
	30	期末余额							120	87.5	10 500

表6-13 库存商品明细分类账

产品名称：丁产品　　　　　　　　　　　　　　　　　　　　　　　单位：元／件

××年		摘要	收入			发出			结存		
月	日		数量	单价	金额	数量	单价	金额	数量	单价	金额
×	1	期初余额							100	70.5	7 050
		本月完工入库	100	69.5	6 950						
		本月销售				120	70	8 400			
	30	期末余额							80	70	5 600
		期末余额									

根据库存商品明细账资料，说明产品销售成本的计算方法。

第一步：采用加权平均法计算丙、丁产品的平均单位成本。

丙产品平均单位成本＝（9 000＋8 500）÷（100＋100）＝87.5（元／件）

丁产品平均单位成本＝（7 050＋6 950）÷（100＋100）＝70（元／件）

第二步：根据上述丙、丁产品的平均单位成本和已销丙、丁两种产品的数量，计算丙、丁产品的销售成本。

丙产品销售成本＝80×87.5＝7 000（元）

丁产品销售成本＝120×70＝8 400（元）

第三步：编制产品销售成本计算表，如表6-14所示。

表6-14 产品销售成本计算表

产品名称	平均单位成本（元／件）	产品销售数量（件）	产品销售成本（元）
丙产品	87.5	80	7 000
丁产品	70	120	8 400
合计	—	—	15 400

思考题

1. 如何分别计算材料采购成本、产品生产成本和产品销售成本？
2. 如何将制造成本在完工产品和在产品之间进行分配？

第六章 成本计算

练 习 题

一、单项选择题

1. 下列内容不属于材料采购成本构成项目的是（　　）。
   A. 材料的买价　　　　　　　　B. 外地运杂费
   C. 运输途中的合理损耗　　　　D. 采购机构经费

2. 产品制造成本的成本项目中不包括（　　）。
   A. 直接材料　　　　　　　　　B. 直接人工
   C. 制造费用　　　　　　　　　D. 销售费用

3. 在企业经营过程中，当可以直接确定某种费用是为某项经营活动发生时，我们把这种费用称为该成本计算对象的（　　）。
   A. 生产费用　　　　　　　　　B. 直接费用
   C. 间接费用　　　　　　　　　D. 期间费用

4. 甲公司购进材料100吨，单价1 000元，货款计100 000元，以银行存款支付该材料的货款100 000元，外地运杂费5 000元，装卸费1 000元，增值税进项税16 000元。则该材料的采购成本为（　　）元（运杂费、装卸费等不考虑增值税）。
   A. 106 000　　　　　　　　　　B. 100 000
   C. 105 000　　　　　　　　　　D. 122 000

5. 已售产品成本的结转，即是从"（　　）"账户转入"主营业务成本"账户。
   A. 制造费用　　　　　　　　　B. 生产成本
   C. 物资采购　　　　　　　　　D. 库存商品

6. 主营业务成本是指（　　）。
   A. 全部产品的制造成本　　　　B. 已售产品的制造成本
   C. 已售产品的售价　　　　　　D. 产品的售价减产品的制造成本

7. 用来归集记录材料的买价和采购费用，计算材料采购成本的账户是（　　）。
   A. "原材料"　　　　　　　　　B. "在途物资"
   C. "管理费用"　　　　　　　　D. "制造费用"

8. 应计入产品生产成本的费用是（　　）。
   A. 销售费用　　　　　　　　　B. 财务费用
   C. 制造费用　　　　　　　　　D. 管理费用

9. 某企业本期已销产品1 000件，该产品的单位生产成本为50元，销售费用为5 000元，税金及附加6 000元，该产品销售成本为（　　）。
   A. 56 000元　　　　　　　　　B. 50 000元
   C. 61 000元　　　　　　　　　D. 55 000元

10. 企业基本生产车间主任和技术人员的工资费用，应计入（　　）。
    A. 生产成本　　　　　　　　B. 制造费用
    C. 销售费用　　　　　　　　D. 管理费用

二、多项选择题

1. 下列费用中，属于期间费用的有（　　）。
   A. 制造费用　　　　　　　　B. 财务费用
   C. 管理费用　　　　　　　　D. 销售费用　　　　E. 折旧费用

2. 下列各项中，计入材料采购成本的有（　　）。
   A. 材料买价　　　　　　　　B. 材料的运输费
   C. 入库后的挑选整理费　　　D. 运输途中的合理损耗
   E. 入库前的挑选整理费

3. 下列项目中，可以用来作为材料采购费用分配标准的有（　　）。
   A. 材料买价　　　　　　　　B. 材料体积
   C. 材料容积　　　　　　　　D. 材料种类　　　　E. 材料重量

4. 财务费用是指企业为筹集生产经营所需资金而发生的费用，包括（　　）。
   A. 利息支出　　　　　　　　B. 利息收入
   C. 广告费　　　　　　　　　D. 办公费　　　　　E. 金融机构手续费

5. 企业分配工资费用时，应贷记"应付职工薪酬"科目，借记下列账户的有（　　）。
   A. 生产成本　　　　　　　　B. 销售费用
   C. 管理费用　　　　　　　　D. 财务费用　　　　E. 制造费用

6. 在下列各项内容中，应计入制造费用的有（　　）。
   A. 车间管理人员工资　　　　B. 厂部管理人员工资
   C. 厂部办公费　　　　　　　D. 生产车间办公费
   E. 生产产品领用的原材料

7. 关于"制造费用"账户，下列说法正确的有（　　）。
   A. 借方登记发生的各项制造费用　　B. 贷方登记分配转出的产品成本
   C. 期末有余额　　　　　　　　　　D. 期末一般无余额
   E. 厂部设备折旧费

8. 制造业企业采购业务核算应设置的主要账户有（　　）。
   A. 在途物资　　　　　　　　B. 原材料
   C. 应付票据　　　　　　　　D. 应付账款　　　　E. 应收账款

9. 与"原材料"发生对应关系的账户可能有（　　　）。
    A. 应付账款　　　　　B. 预付账款
    C. 应付票据　　　　　D. 在途物资　　　　E. 银行存款
10. 下列期末结账后一般无余额的有（　　　）。
    A. 主营业务成本　　　B. 其他业务收入
    C. 管理费用　　　　　D. 财务费用　　　　E. 累计折旧

三、判断题

1. "制造费用"账户属于成本费用类账户，故期末没有余额。（　　）
2. 期末结转完工入库产品的生产成本后，生产成本总账及所属明细分类账应均无余额。（　　）
3. 生产车间工人的工资薪酬应计入"制造费用"中。（　　）
4. 产品的生产成本也即产品的制造成本。（　　）
5. 制造企业发生的工资费用一定都是生产费用。（　　）
6. 成本计算对象可以是完工产品，也可以是加工到一定程度的半成品。（　　）
7. 产品成本计算期必须与产品的生产周期一致。（　　）
8. 产品成本计算方法一经选定，一般不得随意变动。（　　）
9. 管理费用金额的大小，直接关系到当期产品成本的高低与利润总额的多少。（　　）
10. 外购材料的单位成本一般为供货单位发票单价。（　　）

四、业务题

资料：方圆公司4月份有关账户如下

1. 期初余额。库存商品—A产品100台，单价1 800元，共计18万元；库存商品—B产品200台，单价1 450元，共计290 000元。
2. 14日，销售A产品40台，单位售价2 000元，销售B产品110台，单位售价1 600元，货款已存入银行。（假设不考虑增值税）
3. 20日，销售A产品60台，单位售价2 000元，销售B产品90台，单位售价1 600元，货款尚未收到。（假设不考虑增值税）
4. 30日，结转本月销售100台A产品、200台B产品实际成本。（本月完工入库A产品100台，单位成本1 790元，B产品完工入库200台，单位成本1 432元）（按加权平均法计算至小数点后两位数）

要求：
1. 根据上述资料，作出有关会计分录。
2. 编制商品销售成本计算表。

第七章

会计凭证

第七章 会计凭证

本章知识结构图

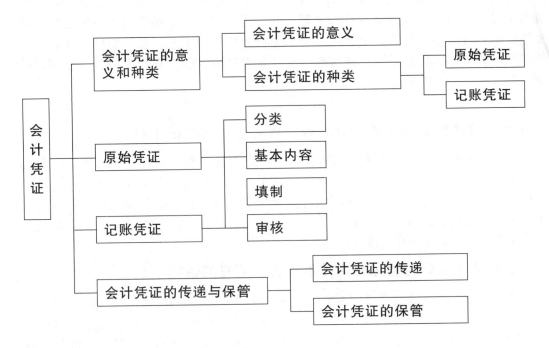

> 学习目标
> 1. 掌握会计凭证的概念、分类。
> 2. 了解会计凭证的作用。
> 3. 学会根据经济业务类型熟练地选择、填写和编制相应的会计凭证。
> 4. 掌握原始凭证和记账凭证的审核。
> 5. 了解会计凭证保管与传递的方法。

第一节 会计凭证的意义和种类

一、会计凭证的作用

一切会计记录都要有真凭实据，会计核算资料要具有客观性，这是会计核算必须遵循的一条基本原则，也是会计核算的一个重要特点。

会计凭证，简称"凭证"，是记录交易或事项、明确经济责任和据以登记账簿的一种具有法律效力的书面证明。会计主体办理任何一项交易或事项，都必须办理凭证手续，由执行和完成该项交易或事项的有关人员取得或填制会计凭证，记录交易或事项的发生日期、具体内容以及数量和金额，并在凭证上签名或盖章，对交易或事项的合法性、真实性和正确性负完全责任。所有会计凭证都要由会计部门审核无误后才能作为记账的依据。因此，填制和审核会计凭证是会计核算的重要的专门方法之一，也是整个会计核算工作的起始阶段和基础环节。

一般说来，会计凭证具有以下几个方面的作用：

（一）会计凭证是反映经济业务、传导经济信息的工具

会计信息是经济信息的重要组成部分，它一般是通过数据，以凭证、账簿、报表等形式反映出来的。任何一项交易或事项的发生，经办业务的有关人员都必须按规定的程序和要求，认真办理凭证手续，做好会计凭证的填制和审核工作，即将经济业务发生的内容、时间、地点等填写在会计凭证上，如实反映经济业务，传导经济信息，确保会计核算资料真实性和正确性。

（二）会计凭证为登记账簿提供真实、可靠的依据

任何单位每发生一项交易或事项，如现金的收付、商品的进出以及往来款项的结算等，都必须通过填制会计凭证，如实记录交易或事项的内容、数量和金额，经过审核无误后才能登记入账。如果没有合法的凭证作依据，任何交易或事项都不能登记到账簿中去。因此，做好会计凭证的填制和审核工作，是保证会计账簿资料真实性、正确性的重要条件。

（三）会计凭证是明确经济责任制、加强内部管理的手段

由于会计凭证记录了每项交易或事项的内容，并要由有关部门和经办人员签章，这就要求有关部门和有关人员对经济活动的真实性、正确性、合法性负责。这样，无疑会增强有关部门和有关人员的责任感，促使他们严格按照有关政策、法令、制度、计划或预算办事。如有发生违法乱纪或经济纠纷事件，可借助于会计凭证确定各经办部门和人员所负的经济责任，并据以进行正确的裁决和处理，从而加强经营管理的岗位责任制。

（四）会计凭证是实行会计监督、控制经济活动的条件

企业通过会计凭证的审核，可以查明各项交易或事项是否符合法规、制度的规定，有无贪污盗窃、铺张浪费和损公肥私行为，从而发挥会计的控制、监督作用，保护各会计主体所拥有资产的安全和完整，维护投资者、债权人和有关各方的合法权益。

二、会计凭证的种类

会计凭证种类繁多，形式多样，为了正确认识和运用会计凭证，必须按照不同的

标准对其进行分类。其中,最基本的是按会计凭证填制程序和用途的不同,分为原始凭证和记账凭证两大类。

● (一) 原始凭证

原始凭证俗称"单据",是在交易或事项发生或完成时,由业务经办人员直接填制或取得,载明交易或事项具体内容和完成情况,具有法律效力的书面证明文件,它是进行会计核算的原始资料和主要依据。

1.原始凭证按其来源不同,可分为自制原始凭证和外来原始凭证两种

外来原始凭证是在经济业务发生时从外单位取得的,如购货时取得的发票,付款时取得的收据,供货单位开来的发货票,运输部门开来的运费收据,银行开来的收款或付款通知等;自制原始凭证是由本单位经办人员填制的,如货物验收入库的收货单、销售货物时的发货单等。

2.原始凭证按其填制手续的不同,还可分为一次凭证、累计凭证和汇总原始凭证

(1) 一次凭证,亦称"一次有效凭证",是指只记载一项交易或事项或同时记载若干项同类交易或事项,填制手续一次完成的凭证。例如,收料单(见表7-1)、增值税专用发票(见表7-2)等都是一次凭证。一次凭证只能反映一笔业务的内容,使用方便灵活,但数量较多,会计处理较麻烦。外来原始凭证一般是一次凭证。

需要注意的是:这些原始凭证往往都是一式多联,每一联都有不同的用途,如增值税专用发票有四个联次和七个联次两种:第一联为存根联(用于留存备查),第二联为发票联(用于购买方记账),第三联为抵扣联(用作购买方扣税凭证),第四联为记账联(用于销售方记账),七联次的其他三联为备用联,分别作为企业出门证、检查和仓库留存用;普通发票则只有三联:第一联为存根联,第二联为发票联,第三联为记账联。这些不同联次的凭证只能在不同单位、不同部门一次性使用,切不可将同一笔业务不同联次的凭证改变其原有用途或重复使用。

表7-1 收料单

供货单位:_____
发票号码:_____　　　　年　月　日　　　收货仓库:_____

材料类别	名称及规格	计量单位	数量		金　额			
			应收	实收	单价	买价	运费	合计

验收:　　　　保管:　　　　记账:　　　　制单:

表7-2 增值税专用发票

增 值 税 专 用 发 票
发 票 联　　　　　No

开票日期：　　年　月　日

购货单位	名　　称：		密码区		第二联：发票联 购货方记账凭证
	纳税人识别号：				
	地　址、电话：				
	开户行及账号：				

货物或应税劳务名称	规格型号	单位	数量	单价	金额	税率	税额
合计							

价税合计（大写）　　　　　　　　　　　　　（小写）¥

销货单位	名　　称：		备注
	纳税人识别号：		
	地　址、电话：		
	开户行及账号：		

收款人：　　　复核：　　　开票人：　　　销货单位：（章）

　　（2）累计凭证，亦称"多次有效凭证"，是指连续记载一定时期内不断重复发生的同类交易或事项，且填制手续是在一张凭证中多次进行才能完成的凭证。例如，限额领料单（见表 7-3）就是一种累计凭证。由于使用累计凭证可以在平时随时登记发生的交易或事项，并计算累计数，期末计算总数后即可作为记账的依据，所以它能减少凭证数量，简化凭证填制手续。

表7-3　限额领料单

领用车间：　　　　　　　名称规格：　　　　　　　计划产量：
用途：　　　　　　　　　计量单位：　　　　　　　单位消耗定额：
材料类别编号：　　　　　领用定额：　　　　　　　单价：

日期	请领数量	实发数量	领料人签章	发料人签章	累计实发数量

供应部门负责人：　　　生产计划部门负责人：　　　仓库管理员：

　　（3）汇总原始凭证，亦称"原始凭证汇总表"，是根据许多同类交易或事项的原始凭证定期加以汇总而重新编制的凭证。例如，月末根据月份内所有领料单汇总编制的领料单汇总表（亦称"发料汇总表"，格式见表7-4），就是汇总原始凭证。汇总原始凭证可以简化编制记账凭证的手续，但它本身不具备法律效力。

表7-4 发料汇总表

××年×月×日

会计科目	领料部门	A材料	B材料	合计
生产成本	一车间产品消耗			
	二车间产品消耗			
制造费用	一车间一般消耗			
	二车间一般消耗			
管理费用	厂部一般消耗			
合　　计				

会计主管：　　　　　　审核：　　　　　　制表：

原始凭证具体分类情况如表7-5所示。

表7-5 原始凭证分类情况表

项目	按来源分	按填制手续分
原始凭证	外来原始凭证	一次凭证
		累计凭证
	自制原始凭证	汇总原始凭证

● **（二）记账凭证**

记账凭证是会计人员对审核无误的原始凭证或原始凭证汇总表进行归类、整理后编制的会计分录凭证，是登记账簿的直接依据。由于原始凭证种类繁多、格式不一，不便于在原始凭证上编制会计分录，据以记账，所以会计人员有必要将各种原始凭证反映的经济内容加以归类整理，确认为某一会计要素后，编制记账凭证，再根据记账凭证登记账簿。从原始凭证到记账凭证是经济信息转换成会计信息的过程，是会计的初始确认阶段。原始凭证作为记账凭证的重要附件和依据，一般附于记账凭证的背面，这样既有利于记账工作的顺利进行，又可通过两证之间的相互制约，避免差错，并保证账簿记录的正确无误。

1.记账凭证按其用途不同，可分为专用记账凭证和通用记账凭证

（1）专用记账凭证，是指专门用来反映某类经济业务的记账凭证，具体可分为收款凭证、付款凭证和转账凭证。收款凭证是用来反映收入货币资金的记账凭证，适用于库存现金和银行存款的收款业务；付款凭证是用来反映付出货币资金的记账凭证，适用于库存现金和银行存款的付款业务；转账凭证适用于不涉及货币资金的经济业务。在实际工作中，为了区分各种记账凭证，减少记账凭证的使用错误，一般将各种记账凭证用不同颜色表示。收款凭证一般用红色，付款凭证一般用蓝色，转账凭证一般用黑色。在会计实务中，根据具体收、付款业务不同，收款凭证又可分为库存现金收款凭证和银行存款收款凭证；付款凭证又可分为库存现金付款凭证和银行存款付款凭证。

专用记账凭证的一般格式见表7-6 、表7-7、表7-8。

表7-6 收款凭证

收 款 凭 证

借方科目： 　　　　　　　　　　年 月 日　　　　　　　　　　字第 号

摘要	贷方科目		贷方金额										账页或 √	
	总账科目	明细科目	千	百	十	万	千	百	十	元	角	分		附件 张
合　计														

会计主管：　　　审核：　　　记账：　　　出纳：　　　制单：

表7-7 付款凭证

付 款 凭 证

贷方科目：　　　　　　　　　　年 月 日　　　　　　　　　　字第 号

摘要	借方科目		借方金额										账页或 √	
	总账科目	明细科目	千	百	十	万	千	百	十	元	角	分		附件 张
合　计														

会计主管：　　　审核：　　　记账：　　　出纳：　　　制单：

表7-8 转账凭证

转 账 凭 证

　　　　　　　　　　　　　　　年 月 日　　　　　　　　　　字第 号

摘要	会计科目		借方金额										贷方金额										账页或 √	
	总账科目	明细科目	千	百	十	万	千	百	十	元	角	分	千	百	十	万	千	百	十	元	角	分		附件 张
合　计																								

会计主管：　　　审核：　　　记账：　　　制单：

（2）通用记账凭证，是指反映各类经济业务共同使用的统一格式的记账凭证。其格式与表7-8相同，只是将"转"字改为"记"字，并增加"出纳"岗位签字项。

2.记账凭证按其填列会计科目的数目不同，可分为单式记账凭证和复式记账凭证

（1）单式记账凭证，是指按一项经济业务所涉及的每个会计账户单独填制一张记账凭证,每一张记账凭证中只填写一个会计账户。为单独反映每项经济业务涉及的会计账户及对应关系,单式记账凭证又分为"借项记账凭证"和"贷项记账凭证"。

设置单式记账凭证的目的:一是便于汇总,即每张凭证只汇总一次,可减少差错;二是实行会计部门内部的岗位责任制,即每个岗位人员都应对与其有关的账户负责;三是有利于贯彻内部控制制度,防止差错和舞弊。但由于凭证张数多,不易保管,填制凭证的工作量较大,故使用的单位较少。单式记账凭证的一般格式见表7-9、表7-10。

表7-9 借项记账凭证

对应科目: 年 月 日 字号 号 附件 张

摘 要	一级科目	二级或明细科目	金 额	记账

会计主管: 记账: 出纳: 审核: 填制:

表7-10 贷项记账凭证

对应科目: 年 月 日 字号 号 附件 张

摘 要	一级科目	二级或明细科目	金 额	记账

会计主管: 记账: 出纳: 审核: 填制:

(2)复式记账凭证,是指在一张凭证上完整地列出每笔会计分录所涉及的全部科目,按反映经济业务的全貌要求而编制的一种记账凭证。上述专用记账凭证和通用记账凭证均为复式记账凭证。复式记账凭证的主要优点:一是能完整地反映每一笔经济业务的全貌;二是填写方便,附件集中,便于凭证的分析和审核。复式记账凭证的缺点是不便于分工记账,也不便于账户汇总。在实际工作中,企业一般使用复式记账凭证。

3.记账凭证按其包括的内容不同,还可分为单一记账凭证、汇总记账凭证、科目汇总表及联合凭证

(1)单一记账凭证,也叫"分录凭证",是指直接根据审核无误的原始凭证一次填制完成的记账凭证。前面介绍的收款凭证、付款凭证、转账凭证及通用记账凭证,均属于单一记账凭证,该凭证上载明经济业务所涉及的会计账户、记账方向和金额。

(2)汇总记账凭证与科目汇总表,是指根据分录凭证按照不同的方法加以汇总,据以登记总分类账的一种记账凭证。汇总记账凭证是指根据一定时期内同类单一记账凭证定期加以汇总而重新编制的记账凭证,其目的是简化总分类账的登记手续。汇总记账凭证又可进一步分为汇总收款凭证、汇总付款凭证和汇总转账凭证,其一般格式见表7-11、表7-12、表7-13。科目汇总表是指根据一定时期内所有的记账凭证按照相同会计科目加以汇总而重新编制的记账凭证,其目的也是简化总分类账的登记手续。科目汇总表的一般格式见表7-14。

(3)联合凭证,是指既有原始凭证或原始凭证汇总表的内容,又有记账凭证内容的一种凭证。例如，在自制的原始凭证上同时印上对应科目，用来代替记账凭证，这样就形成了联合凭证，它可以作为记账的依据。

表7-11　汇总收款凭证

借方账户：　　　　　　　　　　　　年　月　日　　　　　　　　　　　　第　号

贷方账户	金　额				记　账	
	上旬	中旬	下旬	合计	借方	贷方
合　计						

表7-12　汇总付款凭证

贷方账户：　　　　　　　　　　　　年　月　日　　　　　　　　　　　　第　号

借方账户	金　额				记　账	
	上旬	中旬	下旬	合计	借方	贷方
合　计						

表7-13　汇总转账凭证

贷方账户：　　　　　　　　　　　　年　月　日　　　　　　　　　　　　第　号

借方账户	金　额				记　账	
	上旬	中旬	下旬	合计	借方	贷方
合　计						

表7-14　科目汇总表

年　月　日至　日

会计科目	总账页数	本期发生额		记账凭证起讫号数
		借方	贷方	
合　计				

上述记账凭证的分类归纳情况如表7-15所示。

表7-15 记账凭证分类情况表

项目	按用途分	按填列科目的数目分	按包括的内容分
记账凭证	专用记账凭证	单式记账凭证	单一记账凭证
			汇总记账凭证和科目汇总表
	通用记账凭证	复式记账凭证	联合凭证

综上所述,可将会计凭证的分类归纳如图7-1所示。

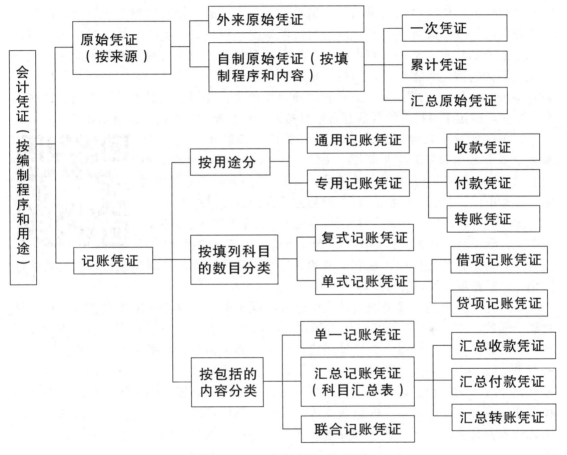

图7—1 会计凭证的分类

原始凭证和记账凭证同属于会计凭证,但其性质却截然不同。前者记录的是经济信息,是编制记账凭证的依据和会计核算的基础;后者记录的则是会计信息,是会计核算的起点。

第二节 原始凭证

一、原始凭证的基本内容

原始凭证也称为"原始单据",是经济业务发生时取得或填制的会计凭证,它是用来载明经济业务实际发生和完成情况、明确经济责任、具有法律效力的书面证明,是记账的原始依据。交易或事项的内容是多种多样的,记录交易或事项的原始凭证所包括的具体内容也各不相同,但每一种原始凭证都必须客观地、真实地记录和反映交易或事项的发生、完成情况,都必须明确有关单位、部门及人员的经济责任。这些共同的要求,决定了每种原始凭证都必须具备以下几方面的基本内容或基本要素:

（1）原始凭证名称;（2）填制凭证的日期和编号;（3）填制凭证单位名称或者填制人姓名;（4）对外凭证要有接受凭证单位的名称;（5）经济业务的内容摘要;（6）经济业务所涉及的数量、计量单位、单价和金额;（7）经办业务部门或人员的签章。

此外,有些原始凭证为了满足计划、统计等经营管理的需要,还要在凭证中列入有关的计划任务、合同号码等内容,使原始凭证发挥多方面的作用。例如,在有些原始凭证上,还要注明与该笔交易或事项有关的计划指标、预算项目和经济合同等。

原始凭证的上述内容是通过其具体格式体现出来的。各会计主体根据会计核算和管理的需要,按照原始凭证应具备的基本内容和补充内容,可设计和印制适合本主体需要的各种原始凭证。但是,为了加强宏观管理,强化监督,堵塞偷税、漏税的漏洞,各有关主管部门应当为同类交易或事项设计统一的原始凭证格式。例如,由中国人民银行设计统一的银行汇票、本票、支票;由交通部门设计统一的客运、货运单据;由税务部门设计统一的发票、收款收据等。这样,不但可以使反映同类交易或事项的原始凭证内容在全国统一,便于加强监督管理,而且可以节省各会计主体的设计、印刷费用。

二、原始凭证的填制

填制或取得原始凭证是会计工作的起点,也是会计核算的基础环节。正确填制原始凭证,是保证会计核算工作与会计信息质量的关键。

自制原始凭证的填制一般有三种形式:一是根据实际发生或完成的交易或事项,由经办人员直接填制,如"入库单""领料单"等;二是根据账簿记录对有关交易或事项加以归类、整理填制,如月末编制的制造费用分配表、折旧费计算表等;三是根据若干张反映同类交易或事项的原始凭证定期汇总填制,如各种汇总原始凭证等。

外来原始凭证虽然是由其他单位或个人填制的，但它同自制原始凭证一样，也必须具备为证明交易或事项完成情况和明确经济责任所必需的内容。

尽管各种原始凭证的具体填制依据和方法不尽一致，但就原始凭证应反映交易或事项、明确经济责任而言，原始凭证在填制时必须做到形式上要规范、技术上要统一。

(一) 原始凭证填制的规范要求

为了保证原始凭证能够正确、及时、清晰地反映各项经济业务活动的真实情况，提高会计核算的质量，原始凭证的填制必须符合下列规范要求：

1. 记录真实

凭证上填制的日期、经济业务内容和数量金额要真实可靠，要按照经济业务实际发生的情况进行填制，要严格遵守客观性原则，不得以估算和匡算的数字填制。

2. 内容完整

凭证规定的项目必须要填制齐全，不得遗漏和简略，以全面反映经济业务的完整情况。

3. 书写清楚、规范

凭证数字和文字的书写，应严格按照会计基础工作达标的要求认真书写。

4. 填制及时

经济业务发生后，会计人员应按有关要求，在规定的时间内填制或取得原始凭证，以便及时反映经济业务的完成及处理情况。

5. 手续完备

在填制原始凭证时，有关经办人员都要在原始凭证上签名或盖章，以示负责。

6. 编号连续、顺序使用

各种凭证应连续编号，以便查考，填制时要按照编号顺序使用。

7. 不得随意涂改、刮擦、挖补

原始凭证有错误的，开出单位应当重开或者更正，更正处应当加盖开出单位的公章。

8. 统一格式

一般情况下，诸如增值税专用发票之类的原始凭证由税务机关统一印制或监制，一般收据由财政部门统一印制或监制。总而言之，在不影响会计核算质量和速度的前提下，单位应尽可能采用统一标准格式的原始凭证，以便提高工作效率和会计电算化的开展。

(二) 原始凭证填制的技术要求

经办经济业务的人员在填制原始凭证时，应当符合下列技术要求：

1. 墨水使用要求

各种原始凭证的书写，只能用蓝黑墨水填写，一式几联的发票和收据，必须用双面复写纸套写，套写时可使用圆珠笔填写。

2.凭证签章要求

从外单位取得的原始凭证,必须盖有填制单位的公章;从个人取得的原始凭证,必须有填制人员的签名或者盖章。自制原始凭证必须有经办单位领导人或者其指定的人员签名或者盖章。对外开出的原始凭证,必须加盖本单位公章。

3.凭证附件要求

购买实物的原始凭证,必须有验收证明。支付款项的原始凭证,必须有收款单位和收款人的收款证明。只有这样才能保证原始凭证的真实性。

4.金额书写要求。大小金额数字要按规定的要求填写。具体来说,阿拉伯数字要逐个填写,不得连写;小写合计金额前面要冠以人民币符号"¥",中间不留空位;所有以"元"为单位的阿拉伯数字,除表示单价等情况外,一律填写到角分,无角分的要以"0"补位。凡阿拉伯数字前写有币种符号的,数字后面不再写货币单位,例如人民币500元应表示为"¥500.00",而"¥500.00元"是错误的。大写金额数字前未印有货币名称的,应当加填货币名称,如注明"人民币"字样,货币名称与金额数字之间不得留有空白。大写金额到元或角的,后面应写"整"字或"正"字断尾,有分的,不写"整"或"正"字,如"¥500.00"写成大写时应写为"人民币伍佰元整"。

阿拉伯金额数字中间有"0"时,汉字大写金额要写"零"字,如"¥1 409.50",汉字大写金额应写成"人民币壹仟肆佰零玖元伍角"。阿拉伯金额数字中间连续有几个"0"时,汉字大写金额中可以只写一个"零"字,如"¥6 007.14",汉字大写金额应写成"人民币陆仟零柒元壹角肆分"。阿拉伯金额数字万位或元位是"0",或者数字中间连续有几个"0",元位也是"0",但千位、角位不是"0"时,汉字大写金额中可以只写一个"零"字,也可以不写"零"字,如"¥1 580.32",应写成"人民币壹仟伍佰捌拾元零叁角贰分",或者写成"人民币壹仟伍佰捌拾元叁角贰分";又如"¥509 000.45",应写成"人民币伍拾万玖仟元零肆角伍分",或者写成"人民币伍拾万零玖仟元肆角伍分"。阿拉伯金额数字角位是"0",而分位不是"0"时,汉字大写金额"元"后面应写"零"字,如"¥164 009.02",应写成"人民币壹拾陆万肆仟零玖元零贰分"。

5.汉字大写数字及币值单位一律用正楷字或行书字书写

"壹、贰、叁、肆、伍、陆、柒、捌、玖、拾、佰、仟、万、亿、元、角、分、零、整"等字,不得用"0、一、二、三、四、五、六、七、八、九、十"等字代替,不得任意自造简化字。

6.多联凭证要求

一式几联的原始凭证,应当注明各联的用途,只能以一联作为报销凭证。一式几联的发票和收据,必须用双面复写纸(发票和收据本身具备复写纸功能的除外)套写,并连续编号。作废时应当加盖"作废"戳记,连同存根一起保存,不得撕毁。

7.退货退款要求

发生销货退回的,除填制退货发票外,还必须有退货验收证明;退款时,必须取得对方的收款收据或者汇款银行的凭证,不得以退货发票代替收据。

8.临时借款凭证

职工因公出差的借款凭据，必须附在记账凭证之后；收回借款时，应当另开收据或者退还借据副本，不得退还原借款收据。

9.批件处理要求

经上级有关部门批准的经济业务，应当将批准文件作为原始凭证附件；如果批准文件需要单独归档的，应当在凭证上注明批准机关名称、日期和文件字号。

三、原始凭证的审核

根据《会计法》第14条规定，会计机构、会计人员必须按照国家统一会计制度的规定对原始凭证进行审核，对不真实、不合法的原始凭证有权不予接纳，并向单位负责人报告。由此可见，审核原始凭证是发挥会计监督职能的重要手段，是会计部门一项极为重要的工作。对原始凭证的审核，可以为会计信息的真实性提供保障。

●（一）原始凭证审核的主要内容

1.合法性审核

合法性审核即审核原始凭证是否符合有关政策、法令、财经制度、计划、预算及合同的规定等。例如在审核中注意检查是否存在下列情况：多计或少计收入、支出、费用、成本；擅自扩大开支范围，提高开支标准；巧立名目，虚报冒领，违反规定公款私借；套取现金，签发空头支票；不按国家规定的方法、标准、比例提取费用等。凡是存在上述情形的，其原始凭证都不能作为合法的原始凭证。

2.真实性审核

真实性审核即审核原始凭证所反映的内容是否符合所发生的实际经济业务的情况，数据、文字有无伪造、涂改、重复使用情况，各联之间数额有无不符情况等。例如，在审核中要注意下列情况：一是经济业务的双方当事单位和当事人必须真实、合法；二是经济业务发生的时间地点和填制的日期必须真实；三是经济业务的内容和所计量的数量必须真实。

3.正确性审核

正确性审核即审核原始凭证记载的各项内容是否正确，包括：（1）接受原始凭证单位的名称是否正确。（2）金额的填写和计算是否正确。阿拉伯数字分位填写，不得连写。小写合计金额前要标明"¥"字样，中间不能留有空位。大写金额前要加"人民币"字样，大写金额与小写金额要相符。（3）更正是否正确。原始凭证记载的各项内容均不得涂改。原始凭证金额有错误的，应当由出具单位重开，不得在原始凭证上更正。原始凭证有其他错误的，应当由出具单位重开或者更正，更正处应当加盖出具单位公章或财务专用章。

4.完整性审核

完整性审核即审核原始凭证的手续是否完备，各个项目内容是否填写齐全，有关经办人员是否都已签章，是否经过有关主管人员审批等。

5.合理性审核

合理性审核即审核原始凭证是否符合审批权限和手续，是否符合提高经济效益的要求，是否符合规定的开支标准，是否符合厉行节约的原则等。例如，对陈旧的设备进行大修理，就不符合合理性原则。

综上所述，会计部门和财会人员对原始凭证完整性和正确性审核，就是对原始凭证外观和形式上的审核；对原始凭证真实性、合法性和合理性审核，则是从实质上对原始凭证进行审核。

原始凭证审核是会计监督职能的重要体现，也是保证会计信息质量的重要环节。要保证审核的质量，一方面要求财会人员具备较高的业务素质，精通业务，熟悉国家的有关政策、法规和制度；另一方面要求财会人员要具有较高的职业道德，严格遵守国家法规，坚持原则和制度，认真履行岗位职责。

●（二）原始凭证审核结果的处理

对于内容合法、合理、完整和正确的原始凭证，财会人员应按制度规定及时办理会计手续，据以填制记账凭证，并将原始凭证作为附件附于记账凭证后面，以备查核。

对于内容合法但不够完整、手续不齐全、书写不清晰、计算有错误的原始凭证，财会人员应将原始凭证退回业务经办单位或人员，责成其及时补办手续或更正凭证记录的错误。财会人员对更正后的原始凭证进行复审，确定无误后才能准予办理会计手续。

对于内容不合法、不真实、不合理的原始凭证，财会人员应按规定拒绝办理会计手续；对违法乱纪、伪造凭证、涂改单据及虚报冒领等犯罪行为，应立即报告领导或有关方面。

综上所述，加强对原始凭证的审核，有利于保证会计核算的质量，而且有助于防止发生贪污和舞弊等违法乱纪行为。

四、实务应用

原始凭证的实务应用，主要是要求掌握外来原始凭证和自制原始凭证的填制方法。在此分别介绍如下。

●（一）外来原始凭证的填制方法

外来原始凭证是指从会计主体外部取得的原始凭证，如供货单位开出的购货发票、出差乘坐的车船票等。这些原始凭证的格式，一般由税务机关统一印制或经税务部门批准，由经营单位印制，由经办单位或经办人填制后加盖开出单位公章方才有效。如果你是提供原始凭证的单位，就必须涉及填制方法了。下面举例说明填制方法。

【例7-1】方圆公司于5月8日从马鞍山市大发有限责任公司购入钢材500公斤，每公斤单价100元。购入材料时取得马鞍山市大发有限责任公司开具的增值税专用发票，如表7—16所示。

表7-16 增值税专用发票

安徽省增值税专用发票

发 票 联　　　　　　　No12268796

开票日期：××年05月08日

购货单位	名　　　称	方圆公司						密码区		第二联：发票联 购货方记账凭证
	纳税人识别号	12345678								
	地　址、电　话	安徽铜陵开发区18号　5880000								
	开户行及账号	工商银行铜陵市开发区支行　　　　　　　　　1122345688								
货物或应税劳务名称	规格型号	单位	数量	单价	金额		税率	税额		
钢材		千克	500	100	50 000.00		17%	8 500.00		
合计					¥50 000.00			¥8 500.00		
价税合计（大写）		⊗伍万捌仟伍佰元整				（小写）¥58 500.00				
销货单位	名　　　称	马鞍山市大发有限责任公司						备注		
	纳税人识别号	76775690								
	地　址、电　话	马鞍山市开发区36号　6678256								
	开户行及账号	工商银行马鞍山市分行3765700046								

收款人：　　　　复核：　　　　开票人：李海　　　　销货单位：（章）

（二）自制原始凭证的填制方法

自制原始凭证是由会计主体内部经办业务的人员，在执行或完成某项经济业务时所填制的原始凭证。自制原始凭证产生于企业内部，按其填制的手续不同，又分为一次凭证、累计凭证和汇总原始凭证。

1.一次凭证的填制方法

一次凭证是在经济业务发生或完成时一次性填制完成的原始凭证。绝大部分的原始凭证都属于一次凭证，如支票、收料单、领料单等。下面以转账支票和领料单为例说明其填制方法。

（1）转账支票的填制方法。

支票由会计部门出纳人员负责填制，分为转账支票和现金支票两种。转账支票不能提取现金，企业到银行提取现金必须填制现金支票。支票上要加盖预留银行的印鉴方才有效，不允许开"空头"支票，支票中"收款人"一项必须填写。支票的正联（虚线的右边部分）交给银行，作为银行的记账依据，企业以支票的存根联（虚线的左边部分）作为企业记账的原始依据。

【例7-2】10月9日方圆公司出纳李红开出转账支票2 000元,支付购办公用品款项。转账支票格式如表7—17所示。

表7-17 转账支票

中国光大银行 转账支票存根 VI V000000021	中国光大银行 转账支票 VI V000000021
科　目＿＿＿＿＿ 对方科目＿＿＿＿＿ 出票日期××年10月9日 收款人：李红 金额：￥2 000.00 用途：购办公用品 单位主管：王林 会计：卢凡	出票日期(大写)：贰零壹陆年壹拾月零玖日　付款行名称：光行北湖支行 收款人：李红　　　　　　　　　　　　出票人账号：2300056 人民币(大写)捌仟元整　￥2 000 00 用途　购办公用品 上列款项请从 我账户内支付 （财务专用章 方圆公司） 票付款期限十天 科目（借）＿＿＿ 对方科目（贷）＿＿＿ （杨娜） 转账日期　年　月　日 复核　　记账 出票人盖章

(2) 领料单的填制方法。

"领料单"一般是由领料部门的经办人填制后,持单到仓库领取材料,单上要领料人和发料人双方签名或盖章后生效。"领料单"一般一式三联:一联留领料部门备查;一联留仓库,据以登记材料物资明细账和材料卡片;一联转会计部门或月末经汇总后转会计部门,据以进行总分类核算。

【例7-3】10月20日,方圆公司一车间生产A产品需领用10mm圆钢800千克,每千克单价10元。由经办人员填制"领料单",经车间有关领导批准后到1号仓库领料,仓库保管员据"领料单"发料。"领料单"格式如表7-18所示。

表7-18 领料单

领　料　单

领料单位：一车间　　　　　　　　　　　　　　　　　　　　No.0236
用　途：A产品　　　　××年10月20日　　　发料仓库：1号仓库

材料编号	材料名称	规格	计量单位	数量		价格		
				请领	实领	单价	金额	
1036	圆钢	10mm	千克	800	800	10.00	8 000	第①联存根
备注			合计：人民币捌仟元整				￥8 000.00	

记账　　　　　发料：张涛　　　　领料：黄峰

2.累计凭证的填制方法

企业常用的累计凭证是"限额领料单",它规定了一段时期内领取材料的最高限额，用料部门可以根据需要持"限额领料单"到仓库分次领取材料。下面举例说明其填制方法。

【例7-4】 11月，方圆公司二车间生产A产品，本月计划生产4 000台，每台A产品需消耗20mm圆钢1千克，根据生产任务全月的领用限额为4 000千克,每千克单价为5元。由生产部门下达"限额领料单"，车间在规定的限额内可分次领用圆钢，其格式如表7-19所示。

表7-19　限额领料单

限额领料单

××年11月　　　　　　　　　编　号：2100

领料单位：二车间　　　名称规格：20 mm圆钢　　　计划产量：4 000台

材料编号：1032　　　消耗定额：1千克/台　　　计量单位：千克

单　价：5.00元　　　用　途：A产品　　　领用限额：4 000

2016年		请领数量	实　发				限额结余数量
月	日		数量	累计	发料人	领料人	
11	2	1 000	1 000	1 000	刘浩	刘红	3 000
	7	500	500	1 500	刘浩	李海	2 500
	12	500	500	2 000	刘浩	刘红	2 000
	15	600	600	2 600	刘浩	李海	1 400
	22	400	400	3 000	刘浩	刘红	1 000
	28	800	800	3 800	刘浩	李海	200
累计实发金额（大写）：壹万玖仟元整							￥19 000.00

供应部门主管（签章）：　　　生产计划部门（签章）：　　　仓库主管（签章）：黎毅

从"限额领料单"的记录可知，二车间在当月完成生产任务的条件下，于2日、7日、12日、15日、22日和28日6次领用20 mm圆钢，累计达3 800千克，与领用限额4 000千克对比节约200千克，节约材料费用1 000元。由此可见，"限额领料单"不仅起到事先控制材料消耗的作用，而且可以减少原始凭证的数量和简化填制凭证的手续。

3.汇总原始凭证的填制方法

汇总原始凭证按资料来源又可分为两种：一种是根据一定时期记载同类经济业务的若干张原始凭证，按照一定的管理要求汇总编制而成，如收料凭证汇总表、发料凭证汇总表（见表7-20），其作用是为了简化编制记账凭证及登账的工作量，提高核算工作效率；另一种是由会计工作人员根据一定时期内有关账户的记录结果，对某一特定事项进行归类、整理而编制的汇总凭证，如制造费用分配表、工资结算汇总表（见表7-21）等。这种凭证能够使核算资料更为系统化，使核算过程更为条理化，并能提供某些综合指标满足会计核算和经济管理的要求。

表7-20 发料凭证汇总表
××年11月
单位：元

领料部门	用途	A材料	B材料	C材料	合计
一车间	生产甲产品	15 000	2 000	5 000	22 000
一车间	生产乙产品	10 000	2 700	2 000	14 700
一车间	维护设备	4 000		1 000	5 000
行政管理部门	修理办公设备	1 000	300		1 300
合计		30 000	5 000	8 000	43 000

表7-21 工资结算汇总表
单位：元

应借科目	基本工资	奖金	应付工资	代扣款项		实发金额
				房租	个人所得税	
生产工人	60 000	20 000	80 000	500	340	79 160
车间管理人员	3 000	1 500	4 500	150	85	4 165
企业管理人员	9 850	4 850	14 700	260	210	14 230
销售部门人员	1 900	1 400	3 300	80	90	3 130
基建部门人员	4 780	1 720	6 500	110	75	6 315
合　计	79 530	29 470	109 000	1 100	900	107 000

主管：　　　　　　　　　审核：瞿东　　　　　　　　　制表：王灵

第三节 记账凭证

一、记账凭证的基本内容

记账凭证是指财会部门根据审核无误的原始凭证或原始凭证汇总表编制，记载经济业务的简要内容，确定会计分录，作为记账直接依据的一种会计凭证。记账凭证需要摘要说明经济业务的内容，确定应借、应贷账户的名称和金额，既便于记账，又可防止差错，保证了账簿记录的正确性。会计人员要根据审核无误的原始凭证填制记账凭证。为了保证账簿记录的正确性，记账凭证必须具备以下基本内容：（1）填制凭证的日期；（2）凭证编号；（3）经济业务摘要；（4）会计科目；（5）金额；（6）所附原始凭证张数；（7）填制凭证人员、稽核人员、记账人员、会计机构负责人、会计主管人员签名或盖章。收款和付款记账凭证还应当由出纳人员签名或盖章。

二、记账凭证的填制要求

在填制记账凭证时，除了要做到"真实可靠、内容完整、填写及时和书写清楚"

外，还必须注意下列几点：

填制记账凭证时，必须以审核无误的原始凭证为依据。除了期末转账和更正错误等会计事项所编制的记账凭证可以没有原始凭证作为附件外，其他经济业务所编制的记账凭证，一律要有原始凭证作为附件，并注明原始凭证的张数。

记账凭证内容摘要的填写，要求做到言简意明，既要防止简而不明，又要避免啰嗦和繁琐。

在记账凭证上，根据经济业务编制会计分录时，必须按照会计制度统一规定的会计科目填写，不得任意简化或更改会计科目名称，不得只写会计科目的编号而不写科目的名称，不得随意改变会计科目的核算内容，同时还应注意记账方向。会计分录要保持清晰和正确的对应关系，使其能够正确反映经济业务的内容，也可编制简单分录或复合分录，但不允许将不同性质的经济业务合并填列在一张记账凭证上。

记账凭证应连续编号。凭证应由主管该项业务的会计人员，按业务发生的顺序并按不同种类的记账凭证采用"字号编号法"连续编号，如银收字1号、现收字2号等。如果一笔经纪业务需要填制两张（含两张）记账凭证的，可以采用"分数编号法"编号。为便于监督，反映付款业务的会计凭证不得由出纳人员编号。

在记账凭证上，必须有填制人员、审核人员、记账人员和会计主管签名或盖章。对于发生的收款和付款业务必须坚持先审核后办理的原则，出纳员要在有关收款凭证和付款凭证上签章，以明确经济责任。对已办妥的收款凭证或付款凭证及所附的原始凭证，出纳员要当即加盖"收讫"或"付讫"戳记，以避免重收重付或漏收漏付发生。

对于记账凭证的错误，凡是没有据以登记账簿的，应由填制凭证的人员重新填制一张正确的凭证；对已经据以登记账簿的记账凭证，应正确使用错账更正法进行更正，具体更正方法见本教材第八章。

三、记账凭证的审核

记账凭证是登记账簿的直接依据，为了保证账簿记录的正确性以及整个会计信息的质量，记账前必须由专人对已编制的记账凭证进行认真、严格的审核。审核的内容主要有以下几方面：

一是记账凭证是否附有原始凭证，所附的原始凭证张数是否与记账凭证上所标注的原始凭证张数相符，记账凭证的内容与所附的原始凭证的内容是否相符，金额是否一致。

二是记账凭证中会计科目的使用是否正确，二级或明细科目是否齐全，账户对应关系是否清晰，金额计算是否准确无误。

三是记账凭证中的有关项目是否填列完备，有关人员签章是否齐全。

在审核中如果发现记账凭证存在记录不全或错误，应及时查明原因，予以重填或按规定方法及时更正。只有经审核无误的记账凭证，才能据以登记账簿。

四、记账凭证的具体填制

（一）记账凭证的填制方法

填制记账凭证是会计核算工作的重要基础环节。编制记账凭证能使记账条理化，保证记账工作的质量，并且简化记账工作。下面介绍记账凭证的填制方法：

1.选择记账凭证

财会人员首先应根据经济业务的性质，选择应当填制的记账凭证（如果单位使用通用记账凭证，则不用选择记账凭证类型）。凡是经济业务内容涉及货币资金收付时，应选择收款凭证或付款凭证；凡是发生库存现金与银行存款相互划转的收付款业务，如将现金存入银行，或从银行提取现金，都只需编制付款凭证，以避免重复记账；凡是经济业务内容不涉及货币资金收付时，则填制转账凭证。

2.填制记账凭证日期

记账凭证的填写日期一般是填财会人员填制记账凭证的当天日期，也可以根据管理需要，填写经济业务发生的日期或月末日期。

如报销差旅费的记账凭证填写报销当日的日期；现金收、付款记账凭证填写办理收、付现金的日期；银行收款业务的记账凭证一般按财会部门收到银行进账单或银行回执的戳记日期填写；当实际收到的进账单日期与银行戳记日期相隔较远，或次月初收到上月的银行收、付款凭证，可按财会部门实际办理转账业务的日期填写；银行付款业务的记账凭证，一般以财会部门开出银行存款付出单据的日期或承付的日期填写；转账凭证应按经济业务发生或完成日期填写；每一报告期终了，有关调整账目、成本计算、财产清查、结账等事项，均按月末（或年终）日期填写；记账凭证应按日期顺序编制，前后日期不可颠倒。

3.填制记账凭证编号

记账凭证的编号，在采用通用格式时，应统一连续编号；在采用专用格式时，应分收款凭证、付款凭证和转账凭证分别连续编号，并分别写明凭证的"字"和"号"。"字"表示凭证的种类，收款凭证、付款凭证和转账凭证的"字"，可分别简写为"收字""付字""转字"。"号"表示各类记账凭证从月初起至月末止的连续编号，如×月×日收到一笔现金，是该月第25笔收款业务，记录该笔经济业务的记账凭证的编号为"收字第25号"。如果一笔经济业务需要填制一张以上的记账凭证时，记账凭证的编号可采用分数编号法。例如，某企业×月×日发生一笔转账业务，这笔转账业务为本月的第20笔，但需要编制三张转账凭证，则这三记账凭证的编号分别写为："转字第$20\frac{1}{3}$号"（第一张）、"转字第$20\frac{2}{3}$号"（第二张）、"转字第$20\frac{3}{3}$号"（第三张）。上述编号中，分数中的分母表示该经济业务填制的记账凭证的总张数，分子表示第几张凭证，分数前的整数表示该笔业务编号为20号。记账凭证通常每月重新编号一次，但应在月末最后一张记账凭证编号的旁边加注"全"字，以免凭证丢失后难以发现。

4.填写内容摘要

内容摘要就是简明扼要地摘录经济业务的要点,其文字应该能概括会计分录所体现的经济内容。如果属于收款、付款业务,摘要中还应写明所涉及的对方单位或人名。此外,摘要中还要写明重要单据(例如发票或结算凭证)的号码,以便查考。

5.填写会计分录

会计分录是记账凭证中的一个重要内容,需要正确规范地填写。会计科目、子目按会计制度规定的全称填写,不得简化,不得用科目编号代替;填写会计分录时先填写借方科目,并填写相应的金额,然后填写贷方科目及其金额。记账凭证科目及金额填写完毕后,空行应将金额栏划斜线注销,即从最后一行数字的右下角,划至最底一行(合计行上方)的左下角。

6.填写记账标记

通常记账凭证中设置有"记账"或"账页"栏,作为已过账的标记。标记的一般方法是在"记账"或"账页"栏内填写已过入账簿的页码,或在"记账"或"账页"栏内标注"√"。后一种方法,虽然手续简便,但不利于根据记账凭证去查找账簿中的记录。

7.填写附件张数

根据原始凭证的张数填写附件张数。如果发生根据同一原始凭证需要填制几张记账凭证的情况时,则应在未附原始凭证附件的记账凭证上,注明"附件见×字第×号记账凭证"的字样。记账凭证的所有附件都应整理整齐,以左上角为标准,用大头针、回形针钉住,或用胶水粘贴,使之不至于脱落。

8.有关人员签章

记账凭证应在填制和传递过程中,分别由填制(又称"制单")、审核、记账、会计主管等人员分别签章。若为收款凭证和付款凭证,出纳员还应在执行收款和付款业务后加盖"收讫"或"付讫"戳记和出纳员签章。

● **(二)记账凭证的填制方法举例**

1.通用记账凭证的填制方法

【例7-5】10月1日,采购员王军预借差旅费2 000元,以现金支付。其通用记账凭证的填制方法介绍如下:

(1)编制会计分录。

借:其他应收款——王军　　2 000
　　贷:库存现金　　　　　　　　　2 000

(2)填制通用记账凭证。

通用记账凭证反映的会计分录是在凭证格式当中,经济业务所涉及的会计科目都集中反映在同一栏内,而借贷方向是通过金额来反映的,凭证的合计行必须体现"借方金额=贷方金额"的平衡关系。如把上例的会计分录搬入通用记账凭证中,其结果如表7-22所示。

表7-22 记账凭证

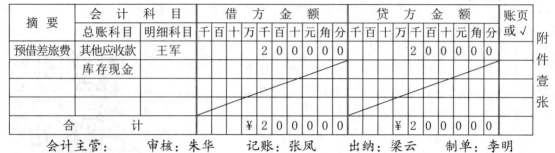

2.专用记账凭证的填制方法

专用记账凭证包括收款凭证、付款凭证和转账凭证三种,下面分别介绍其填制方法。

(1)收款凭证的填制方法。

在会计核算中,凡是涉及库存现金和银行存款收入(增加)的经济业务,应当填制收款凭证。其填制方法是:将库存现金或银行存款科目填入凭证的左上方,将所涉及的贷方科目填入凭证格式内的会计科目栏,将贷方科目的金额填入本科目同一行的贷方金额栏内,然后把所有贷方科目的金额加总后填入凭证的合计行内,这个合计金额表明是库存现金或银行存款科目的借方金额。

【例7-6】9月2日从银行借入6个月的短期借款200 000元,存入存款账户。根据该笔经济业务编制银行存款收款凭证,如表7-23所示。

表7-23 收款凭证

收 款 凭 证

借方科目:银行存款　　　　　　　××年9月2日　　　　　　　银收字第1号

摘要	贷方科目		贷方金额										账页或√	附件壹张
	总账科目	明细科目	千	百	十	万	千	百	十	元	角	分		
向银行借款	短期借款			2	0	0	0	0	0	0	0			
合　　　计			¥	2	0	0	0	0	0	0	0			

会计主管:　　　审核:朱华　　　记账:张凤　　　出纳:梁云　　　制单:李明

(2)付款凭证的填制方法。

对于会计主体涉及库存现金和银行存款支出(减少)的经济业务,应当填制付款凭证。其填制方法是:将库存现金或银行存款科目填入凭证的左上方,将所涉及的借方科目填入凭证格式内的会计科目栏,将借方科目的金额填入本科目同一行的借方金额栏内,然后把所有借方科目的金额加总后填入凭证的合计行内,这个合计金额表明是库存现金或银行存款科目的贷方金额。

【例7-7】 9月10企业把现金5 000元存入银行。

根据该笔经济业务编制库存现金付款凭证，如表7-24所示。

表7-24 付款凭证

付 款 凭 证

贷方科目：库存现金　　　　　　　　××年9月10日　　　　　　　现付字第 1 号

摘 要	借方科目		借方金额									账页或√
	总账科目	明细科目	千	百	十	万	千	百	十	元	角	分	
现金存入银行	银行存款						5	0	0	0	0	0	
合　　　计							¥	5	0	0	0	0	0	

附件壹张

会计主管：　　　审核：朱华　　　记账：张凤　　　出纳：梁云　　　制单：李明

对于库存现金和银行存款相互划转的经济业务，为了防止出现重复记账的情况，一般只以贷方为主填制付款凭证。

（3）转账凭证的填制方法。

企业对于不涉及库存现金和银行存款科目的经济业务，应当填制转账凭证。转账凭证的格式与填制方法与通用记账凭证的填制方法相同，因此这里不再重述。

【例7-8】 9月末，结转本月发生的管理费用50 000元。

根据该笔经济业务编制的转账凭证，如表7-25所示：

表7-25 转账凭证

转 账 凭 证

××年9月30日　　　　　　　　　　　　　转字第 1 号

摘 要	会计科目		借方金额										贷方金额										账页或√
	总账科目	明细科目	千	百	十	万	千	百	十	元	角	分	千	百	十	万	千	百	十	元	角	分	
结转管理费用	本年利润					5	0	0	0	0	0	0											
	管理费用															5	0	0	0	0	0	0	
合　　　计			¥	5	0	0	0	0	0	0			¥	5	0	0	0	0	0	0			

附件张

4.记账凭证的汇总方法

对于同类经济业务比较多的会计主体，为了减少登记总分类账的工作量往往可以将记账凭证进行汇总，编制出"科目汇总表"和"汇总记账凭证（汇总收款凭证、汇总付款凭证、汇总转账凭证）"。对于"科目汇总表"的编制方法将在第十一章第三节加以介绍，"汇总记账凭证"的编制方法将在第十一章第四节加以介绍。在此只是把它们的格式进行展现，"科目汇总表"的格式如表7-26所示，"汇总记账凭证"的格式如表7-27、表7-28和表7-29所示。

表7-26 科目汇总表

科目汇总表

××年9月1日至9月5日

记账凭证第1号至20号　　　　　　　　　　　　　　金额单位：元

账户	借方发生额	贷方发生额
生产成本	60 000	
制造费用	20 000	
管理费用	3 000	
应收账款	20 000	3 000
库存现金	9 000	5 500
银行存款	80 000	90 000
应付账款		40 500
短期借款		50 000
其他应收款		3 000
……	……	……
合计	192 000	192 000

表7-27 汇总收款凭证

汇总收款凭证

××年3月　　　　　　　　　　　　　　汇收字第　号

借方科目：银行存款

| 贷方科目 | 金额 | | | 合计 | 借方 | | 贷方 | |
	1日至10日 收字第　号至第　号	11日至20日 收字第　号至第　号	21日至月末 收字第　号至第　号		总账页	过账	总账页	过账
合　计								

表7-28 汇总付款凭证

汇总付款凭证

××年3月　　　　　　　　　　　　　　汇付字第　号

贷方科目：库存现金

| 借方科目 | 金额 | | | 合计 | 借方 | | 贷方 | |
	1日至10日 收字第　号至第　号	11日至20日 收字第　号至第　号	21日至月末 收字第　号至第　号		总账页	过账	总账页	过账
合　计								

表7-29 汇总转账凭证

汇总转账凭证

××年3月　　　　　　　　　　　　　　　　　汇转字第　号

贷方科目：原材料

借方科目	金额			合计	借方		贷方	
	1日至10日 收字第　号至第　号	11日至20日 收字第　号至第　号	21日至月末 收字第　号至第　号		总账页	过账	总账页	过账
合　计								

第四节 会计凭证的传递与保管

会计凭证是会计核算工作的重要文件，填制完成后要进行合理的传递，传递终结和使用完毕后必须进行妥善保管。

一、会计凭证的传递

会计凭证的传递是指会计凭证从取得或填制时起，经过审核、记账、装订到归档保管时止，在单位内部各有关部门和人员之间按照规定的时间、路线办理业务手续和进行传递的程序或环节。

（一）科学、合理地组织会计凭证传递程序的意义

科学、合理地组织会计凭证的传递，能使会计凭证沿着最短途径、以最快速度流转，有利于各部门和有关人员及时处理和登记交易或事项，有利于协调单位内部各部门、人员的工作，从而缩短业务处理的进程，提高会计工作效率。

科学、合理地组织会计凭证的传递，有利于加强经济责任制，进行有效的会计控制。会计凭证的传递程序，一方面体现了单位内部有关部门、人员之间的分工与协作关系，另一方面形成了各个环节自我监督和相互督促的制约机制。因此，任何一个环节出现梗阻，都将影响凭证的正常流转，乃至影响经济活动的顺利进行。例如，对材料收入业务的凭证传递，就应明确规定：在材料运达企业后，需多长时间验收入库，由谁负责填制收料单，又由谁在何时将收料单送交会计及其他有关部门；会计部门由谁负责审核收料单，由谁在何时编制记账凭证和登记账簿，又由谁负责整理或保管凭

证等。这样,既可以把材料收入业务从验收入库到登记入账的全部工作在本单位内部进行分工,并通过各部门的协作来共同完成,也便于考核经办业务的有关部门和人员是否按照规定的会计手续办事。

科学、合理地组织会计凭证的传递,有利于合理地组织经济活动,改善经营管理。会计凭证客观地反映了交易或事项的发生与完成情况,会计凭证的传递程序则相应地显示了经济活动的走向与轨迹,如果凭证发生滞留或积压,一定程度上可以反映经济活动的异常,这对及时发现问题、改善经营管理、更好地组织经济活动具有极为现实的意义。

(二) 科学、合理地制定会计凭证传递的内容

会计凭证的传递主要包括凭证的传递路线、传递时间和传递手续三个方面的内容。

1. 制定会计凭证的传递路线

各种会计凭证记载着不同的交易或事项,它们所涉及的部门和人员各不相同,需要办理的手续也有差别。为了能够及时利用会计凭证所反映的交易或事项的情况,各单位应根据交易或事项的特点、经营管理的需要、组织机构与人员分工情况,为各种会计凭证制定科学、合理的传递程序与环节,明确规定会计凭证的联次及流程,作为各业务部门和会计机构处理会计凭证的工作规范;既要使会计凭证经过必要的环节进行审核和处理,又要避免会计凭证在不必要的环节停留,从而保证会计凭证沿着最简捷、最合理的路线传递。

2. 规定会计凭证的传递时间

会计凭证的传递时间是指各种凭证在各经办部门、环节所停留的最长时间,它应根据各部门和有关人员在正常情况下办理交易或事项所需时间来合理确定。明确会计凭证的传递时间可以使各环节的工作环环相扣、相互制约,防止拖延处理和积压凭证,保证会计工作的正常秩序,提高工作效率。一切会计凭证的传递和处理,都应在报告期内完成,否则将会影响会计核算的及时性。

3. 严格会计凭证的传递手续

会计凭证的传递手续是指凭证在传递过程中的衔接手续。会计凭证的传递应该做到既完备严密,又简便易行。凭证的收发、交接都应按一定的手续制度办理,以保证会计凭证的安全和完整。

总之,会计凭证的传递事实上是企事业单位的一项管理制度,涉及面广,尤其是原始凭证,涉及的部门与人员较多。因此,会计凭证的传递路线、传递时间和传递手续的制订,要以会计机构为主,在调查研究的基础上,会同有关部门与人员多方协商、共同确定。此外,会计凭证还应根据实际情况的变化及时加以修改,以确保传递的科学化、制度化。

二、会计凭证的保管

会计凭证保管是指将办理完毕的会计凭证进行整理、归档和保存的整个工作，它是保证会计资料完整与安全的重要环节。我国《会计法》第五十五条规定："会计机构、会计人员要妥善保管会计凭证。"

在平时，装订成册的会计凭证应交专人负责保管，年终决算后，则须将全年凭证移交档案室造册登记，归档集中保管。

查阅档案室保管的凭证，应履行一定的审批手续，详细登记调阅凭证的名称、调阅日期、调阅人员的姓名、工作单位及调阅理由等，一般就地查阅。

原始凭证不得外借，其他单位如因特殊原因需要使用原始凭证时，经本单位会计机构负责人、会计主管人员批准，可以复制。向外单位提供的原始凭证复制件，应当在专设的登记簿上登记，并由提供人员和收取人员共同签名或者盖章。

会计凭证的保管期限应按会计制度规定执行，分为永久和定期保管两种。除年度会计报表及某些涉外的会计凭证、会计账簿属于永久保管外，其他属于定期保管，期限分为10年和30年。

会计凭证保管期满销毁时，必须严格按制度规定执行，造具清册，报单位领导审批后，方可销毁。

三、装订与保管具体应用

会计凭证是单位重要的经济资料和档案，会计凭证登记完毕后，应当按照分类和编号顺序保管，不得散乱丢失。记账凭证应当连同所附的原始凭证或者原始凭证汇总表，按照编号顺序，折叠整齐，按期装订成册，并加具封面，注明单位名称、年度、月份和起讫日期、凭证种类、起讫号码，由装订人在装订线封签外签名或者盖章。因此，会计凭证登记入账后，必须按规定及时装订成册，以便于保证会计凭证的完整与安全。

（一）对原始凭证进行定期整理

原始凭证的定期整理是指对原始凭证进行排序、粘贴和折叠。

如果原始凭证纸张面积大于记账凭证，可按略小于记账凭证面积的尺寸，先自右向左，再自下而上两次折叠。对于纸张面积小无法进行装订的原始凭证，可按一定的顺序和类别粘贴在"原始凭证粘贴单"上。粘贴时对小票分别排列，适当重叠，但要露出数字和编号。对于纸张面积略小于记账凭证的原始凭证，可用大头针或回形针直接别在记账凭证之后，装订时抽去大头针或回形针即可。

（二）对会计凭证定期装订成册

会计凭证用毕后，必须将其装订成册，以便于归档保管。在装订时应当按下列要求分别进行：

会计部门在记账之后，要将本月的各种记账凭证连同所附原始凭证或原始凭证汇总表，进行分类并按顺序编号，定期（每天、或每旬、或每月）装订成册，加具封面、封底等。为防止任意拆装，还应该在装订处贴上封签，并由经办人员在封签处加盖骑缝章。会计凭证的具体装订方法通常有"角订法"和"侧订法"等。封面上应填写单位名称、年度和月份、记账凭证种类、起讫日期，起讫号数以及凭证张数、保管人员及会计人员的签章。书脊要注明本册所属年月、册数，以便查找。会计凭证装订成册后的样式如图7—2所示。

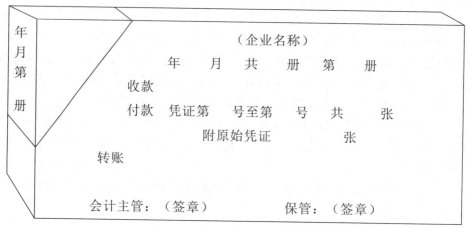

图7—2　会计凭证装订成册图

对某些性质相同且数量很多，或随时需要查阅的原始凭证，如收料单、发料单等可以单独装订保管，在封面上既要注明记账凭证的日期、编号及种类，还要在记账凭证上注明"附件另订"和原始凭证的名称及编号。

对于各种经济合同，存出保证金收据、契约、提货单及重要的涉外文件等凭证，应另编目录，单独登记保管，并在有关记账凭证和原始凭证上面相互注明日期和编号。

思考题

1. 什么是会计凭证？它在会计工作中的地位与作用如何？
2. 什么是原始凭证和记账凭证？原始凭证和记账凭证如何进行分类？
3. 原始凭证和记账凭证应具备哪些基本内容？其填制要求包括哪些？
4. 如何审核原始凭证和记账凭证？
5. 收款凭证、付款凭证、转账凭证各填制何种交易或事项？
6. 科学、合理地组织会计凭证的传递有什么实际意义？
7. 会计凭证保管的一般要求是怎样的？

第七章 会计凭证

练习题

一、单项选择题

1. "限额领料单"属于（　　）。
   A. 一次凭证　　B. 编制记账凭证　　C. 汇兑原始凭证　　D. 累计凭证

2. 不能作为记账依据的是（　　）。
   A. 发货票　　B. 经济合同　　C. 入库单　　D. 收料单

3. 自制原始凭证按其填制方法，可以分为（　　）。
   A. 原始凭证和记账凭证　　B. 收款凭证和付款凭证
   C. 单项凭证和多项凭证　　D. 一次凭证和累计凭证

4. 从银行提取现金，按规定应编制（　　）。
   A. 现金收款凭证　　B. 银行存款付款凭证
   C. 转账凭证　　D. 银行存款收款凭证

5. 材料领用单是（　　）。
   A. 一次凭证　　B. 二次凭证　　C. 累计凭证　　D. 汇总原始凭证

6. 需要查阅已入档的会计凭证时必须办理借阅手续。其他单位因特殊原因需要使用原始凭证时，经本单位的（　　）批准，可以复制。
   A. 财务部负责人　　B. 总会计师　　C. 总经理　　D. 单位负责人

7. 下列项目中属于外来原始凭证的是（　　）。
   A. 收料单　　B. 销货发票　　C. 购货发票　　D. 订货合同

8. 会计凭证按其填制的程序和用途的不同，可分为（　　）。
   A. 单式凭证和复式凭证　　B. 原始凭证和记账凭证
   C. 一次凭证和累计凭证　　D. 收款凭证和付款凭证

9. 下列科目中，能填列在收款凭证左上角"借方科目"栏的是（　　）。
   A. 银行存款　　B. 在途物资　　C. 主营业务收入　　D. 应收账款

10. 如果企业取得的原始凭证出现金额错误，应采取（　　）。
    A. 由本企业在错误处更改　　B. 由出具单位更正并加盖出具单位印章
    C. 必须由出具单位重开　　D. 由本企业在错误处更改，但必须盖章

11. 记账凭证是根据（　　）填制的。
    A. 经济业务　　B. 原始凭证　　C. 账簿记录　　D. 审核无误的原始凭证

12. 按照记账凭证的审核要求，下列内容中不属于记账凭证审核内容的是（　　）。
    A. 凭证使用是否正确　　B. 凭证所列事项是否符合有关的计划和预算
    C. 凭证的金额与所附原始凭证的金额是否一致　　D. 凭证项目是否填写齐全

二、多项选择题

1. 原始凭证的内容有（　　）。
   A. 凭证的名称、日期　　B. 凭证编号　　C. 会计分录
   D. 接受凭证的单位名称　　E. 经济业务内容

2. 记账凭证的内容包括（　　）。
   A. 经济业务摘要　　B. 会计科目　　C. 借贷方向
   D. 金额　　E. 日期

3. 专用凭证包括（　　）。
   A. 收款凭证　　B. 转账凭证　　C. 一次凭证
   D. 累计凭证　　E. 付款凭证

4. 下列（　　）属于原始凭证。
   A. 工资单　　B. 银行转账凭证　　C. 购货合同
   D. 产量登记簿　　E. 产品入库单

5. 通过会计凭证的填制和审核，可以（　　）。
   A. 检查经济业务的合法性、合规性　　B. 检查经济业务的连续性、系统性
   C. 加强岗位责任制　　D. 如实、及时地反映经济业务的发生和完成情况
   E. 检查全部业务是否借贷平衡

6. 下列记账凭证中可以不附原始凭证的有（　　）。
   A. 收款凭证　　B. 更正错账的记账凭证　　C. 转账凭证
   D. 复式记账凭证　　E. 结账的记账凭证

7. 记账凭证编制的依据可以有（　　）。
   A. 收付款凭证　　B. 一次凭证　　C. 累计凭证
   D. 汇总原始凭证　　E. 转账凭证

8. 企业购入材料一批，货款已付，材料也已验收入库。该笔业务的发生应编制的全部会计凭证有（　　）。
   A. 领料单　　B. 收料单　　C. 付款凭证
   D. 银行存款支付凭证　　E. 收款凭证

9. 审核原始凭证主要包括（　　）。
   A. 凭证所记录的经济业务是否合法　　B. 项目是否填列齐全
   C. 有关人员是否签名盖章　　D. 数字计算是否正确
   E. 会计科目运用是否正确

10. 记账凭证的编号方法有（　　）。
    A. 顺序编号法　　B. 分类编号法　　C. 奇偶数编号法
    D. 随机编号法　　E. 分数编号法

第七章 会计凭证

三、判断题

1. 原始凭证是由会计部门填制的，是登记账簿的直接依据。（   ）
2. 转账凭证不能反映库存现金、银行存款的增减变动。（   ）
3. 记账凭证是根据原始凭证填制的，用以记录经济业务、明确经济责任、具有法律效力的书面证明，是记账的依据。（   ）
4. 将库存现金存入银行的业务，可以既编制现金付款凭证，又编制银行存款收款凭证，然后分别据以登记入账。（   ）
5. 用来更正错账和结账的记账凭证，可以不附原始凭证。（   ）
6. 外来原始凭证都是一次凭证。（   ）
7. 发料凭证汇总表属于累计凭证。（   ）
8. 各种原始凭证都应由会计人员填制。（   ）
9. 将会计凭证划分为原始凭证和记账凭证两大类的主要依据是凭证填制的人员。（   ）
10. 银行对账单是会计核算的重要原始凭证。（   ）
11. 一次凭证是经济业务发生或完成时一次填制完成的原始凭证，如"领料单"。（   ）
12. 汇总记账凭证可以明确反映账户之间的对应关系。（   ）

四、业务题

目的： 练习记账凭证的填制

资料： 京西公司2018年3月份发生下列经济业务

1. 从银行取得一年期借款300 000元存入企业存款账户。
2. 甲产品200件完工入库，单位成本58元。
3. 以银行存款1 000元支付罚款。
4. 以银行存款支付银行贷款手续费200元。
5. 以转账支票支付前欠A公司材料采购款32 000元。
6. 计算分配公司本月职工工资，其中生产工人工资60 000元，车间管理人员工资5 000元，厂部管理人员工资30 000元，专设销售机构人员工资4 000元。
7. 从银行提取现金100 000元，然后将其中99 000元用于发放职工工资。
8. 采购员王伟预借差旅费2 000元，开出现金支票。
9. 以转账支票预付下半年财产保险费1 200元。
10. 企业财务室购买办公用品260元，以现金付讫。
11. 预提本月银行借款利息3 200元。
12. 以银行存款偿还银行短期借款本金100 000元。
13. 以现金支付业务招待费380元。
14. 以银行存款35 000元购入生产设备一台，直接交付使用。

15. 以银行存款缴纳企业所得税8 000元。

要求：
1. 根据上述经济业务，填制收款凭证、付款凭证和转账凭证。
2. 指出编制上述记账凭证时，一般要附哪些原始凭证。

五、案例分析

周涛2018年7月刚从某财经院校毕业，现担任铜材公司财务处出纳会计。该公司当年12月发生下列经济业务：

1. 2018年12月3日铜材公司收到银行收账通知，收到东方公司上月欠款150 000元。

2. 12月6日，业务员王庆出差预借差旅费8 000元，周涛审核"借款单"后，以现金付讫。

3. 12月8日，周涛根据"工资结算表"，以现金98 768元发放工资。

4. 12月10日，公司李经理持一张面额为1500元的发票前来报销，经审核，发票上所填内容齐全。

5. 12月12日，公司何副董事长持一张金额为980元，开票日期为当年1月份的发票来报销，并称这是当时出差回来后遗失现在找到的发票。经周涛审核，发票应填内容齐全，但发票日期恰为春节期间。

6. 12月20日，公司财务处处长和总账会计要一同外出开会，公司领导决定由周涛临时监管总账会计。

7. 12月25日，公司下属某业务部门经理来财务处领取现金支票78 065元一张。周涛在填写支票时，将支票上的大写金额写成：柒万捌仟陆拾伍元。

8. 由于周涛是外地人，想利用元旦回家探亲，于是在12月29日就将手中所有的账结清，并将有关收据、银行对账单等装订成册，移交会计档案室。

请分析：
1. 经济业务发生后分别涉及哪些原始凭证？哪些属于外来或自制凭证？
2. 李经理和何副董事长的发票能否报销？为什么？
3. 按照会计工作规范的要求，周涛能否兼任总账会计？
4. 填写的支票金额是否正确？如何正确填写？
5. 为了探亲能否提前结账，并装订成册，移交会计档案室？

第八章

会计账簿

本章知识结构图

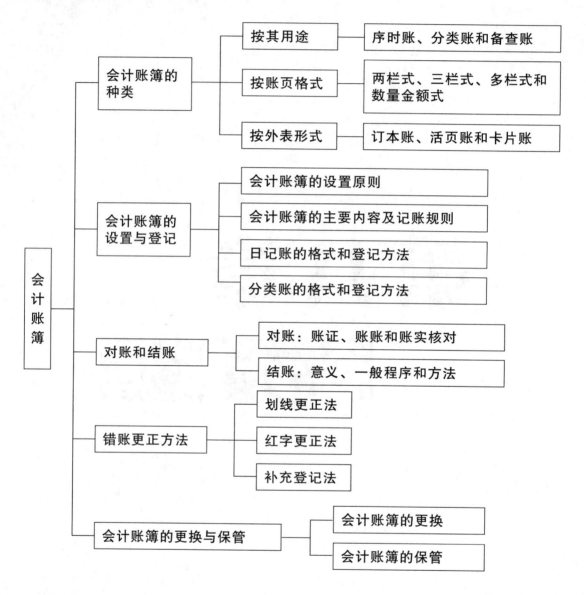

| 学习目标 | 1. 了解设置账簿的意义及其在会计核算工作中的作用。
2. 理解账簿的概念和种类，了解各种会计账簿的基本格式。
3. 能够熟练设置和登记日记账、总分类账和明细分类账。
4. 掌握对账和结账的方法。
5. 熟练运用错账更正方法更正错误。 |

第八章 会计账簿

第一节 会计账簿的意义和种类

一、会计账簿的意义

在会计核算工作中，任何一个单位发生交易或事项之后，必须要取得原始凭证，并且根据审核无误的原始凭证填制记账凭证，只有这样才能证明该项交易或事项的发生和完成情况。但由于会计凭证数量多，格式不一，又很分散，每张凭证只能反映个别交易或事项的内容，不能全面、连续、系统的核算和监督一个单位在某一类或全部交易或事项增减变动情况，并且不便于查阅。因此，各单位必须在会计凭证的基础上设置和登记有关账簿。

会计账簿又称"账簿"或"账册"，是由具有专门格式而又相互联系的账页组成，以会计凭证为依据，用以连续、系统、全面地记录和反映各项交易或事项的簿籍。设置和登记账簿是会计核算的方法之一。登记账簿可以把会计凭证上所反映的大量、分散的交易或事项内容，加以集中和归类整理，记录到账簿中去。通过账簿记录，能全面的反映企业经济活动状况，为经营管理提供系统、完整的核算资料。

二、会计账簿的作用

（一）可以为经营管理提供全面、连续、系统的会计信息

设置和登记账簿可以为经营管理提供比较系统、完整的会计核算资料。会计账簿是按照交易或事项发生的时间顺序毫无遗漏地登记各账户的资料，因此能全面而系统地反映和监督各项交易或事项的发生和完成情况，所提供的会计信息具有连续性、全面性；有关账户之间相互联系地进行登记，所提供的会计信息具有系统性。连续、系统、全面的会计信息有利于加强单位内部经济管理，有助于正确的进行经营决策。

（二）便于检查、监督会计信息，保证财产物资的安全完整

设置和登记账簿可以全面深入地了解企业各项财产物资、货币资金，负债及所有者权益等的增减变动情况，并借助于财产清查、账目核对等方法，反映财产物资的具体情况，发现问题并及时解决。利用会计账簿可以监督各项财产物资的保管情况，防止损失浪费，保护财产的安全完整。

（三）有利于及时结算对账，促使企业加速资金周转

账簿记录有利于同有关单位及时结算对账，及时清理应收、应付等往来款项，加

速企业资金周转,提高企业资金使用效率。企业通过定期将银行存款日记账和银行对账单核对,可以保证银行存款记录的正确性;通过应收、应付往来款项的明细核算,可以了解人欠、欠人的情况,便于及时同对方对账、结算,积极催收应收款项,按时支付应付款项,认真清理账目,促使企业加速资金的周转,减少坏账损失。

(四)提供经营成果的详细资料,为考核经营绩效提供依据

账簿记录可以把经济活动过程中所发生的各种费用,按照经济内容和用途加以归集,正确地计算成本、费用以及确定最终经营成果和分配情况,并通过与企业制定的计划成本、目标利润相比较,考核计划成本、目标利润的完成情况,评价企业经营成果和财务状况的好坏,从而有利于企业发现生产经营中存在的问题,总结经验教训,挖掘降低成本的潜力,提高经济效益。

(五)为定期编制财务报表提供数据资料

企业定期编制的资产负债表、利润表和现金流量表等财务报表的主要依据来自账簿记录。账簿记录是否真实,决定财务报表的内容是否真实;账簿记录是否及时,决定财务报表编制是否及时;账簿记录是否完整,决定财务报表的指标是否完整。另外,报表附注对生产经营情况、利润实现及分配情况、税金交纳情况等的说明也要借助于账簿记录才能完成,所以账簿设置的科学性、账簿记录的正确性与及时性,直接影响企业财务报表的质量。

需要指出的是,账簿与账户有着十分密切的联系。账户是根据会计科目开设的,账户存在于账簿之中,账簿的每一个账页就是账户的存在形式和载体,没有账簿,账户就无法存在,然而账簿只是一个外在形式,账户才是它的真实内容。账簿序时、分类地记载交易或事项,是在个别账户中完成的,也可以说,账簿是由若干账页组成的一个整体,开设于账页上的账户则是这个整体中的个别部分。账簿与账户是形式和内容的关系。

三、会计账簿的种类

为了满足经营管理的需要,每一账簿体系中包含的账簿是多种多样的,这些会计账簿可以按其用途、外表形式和账页格式等不同标准进行分类。

(一)账簿按用途分类

账簿按用途可以分为序时账簿、分类账簿和备查账簿三类。

1. 序时账簿

序时账簿也称"日记账",是按照交易或事项发生或完成时间的先后顺序逐日逐笔进行连续登记的账簿。序时账簿可以用来反映和监督某一类型交易或事项或全部交易或事项的发生或完成情况,它有两种:一种用来登记全部交易或事项,即对发生的所有交易或事项都要在该账簿中确定应借、应贷账户名称及金额,并予以全面连续的

登记,称为"普通日记账";另一种用来登记某一类交易或事项,通常把某一类比较重要的交易或事项,按照业务发生的先后顺序计入账簿中,也称"特种日记账",如库存现金日记账和银行存款日记账。在我国会计实务中,为了简化记账的手续,大多数企业一般只设库存现金日记账和银行存款日记账,而不设普通日记账。库存现金和银行存款日记账的格式见表8-1、表8-2。

表8-1 库存现金日记账

第 2 页

| 年 | | 凭证字号 | 摘要 | 对应账户 | 收入 | 支出 | 结余 |
月	日						

表8-2 银行存款日记账

第 10 页

| 年 | | 凭证字号 | 摘要 | 结算凭证 | | 对应账户 | 收入 | 支出 | 结余 |
月	日			种类	编号				

2.分类账簿

分类账簿是对全部交易或事项按照账户进行分类登记的账簿,按照反映内容的详细情况的不同,可分为总分类账和明细分类账两类。

总分类账(简称"总账")是根据一级科目设置的,总括反映全部交易或事项增减变化及其结果的账簿。明细分类账(简称"明细账")是根据二级或明细科目设置的,详细记录某一种交易或事项增减变化及其结果的账簿。明细账提供详细的会计信息,是对总账的补充和具体化,并受总账的控制和统驭。

分类账簿可以分别反映和监督各项资产、负债、所有者权益、收入、费用和利润的增减变动情况及其结果,它所提供的核算信息是编制财务报表的主要依据。总分类账的格式见表8-3。

表8-3　总分类账

账户名称：　　　　　　　　　　　　　　　　　　　　　　　　　　　总页
　　　　　　　　　　　　　　　　　　　　　　　　　　　　　　　　分页

年		凭证字号	摘要	借方	贷方	借或贷	余额
月	日						

序时账簿和分类账簿的作用不同。序时账簿能提供连续系统的信息，反映企业资金运动的全貌；分类账簿则是按照经营与决策的需要而设置的账户，归集并汇总各类信息，反映资金运动的各种状态、形式及其构成。在账簿组织中，分类账簿占有特别重要的地位，因为只有通过分类账簿，才能把数据按账户形成不同信息，满足编制财务报表的需要。

在实际工作中，小型经济单位业务简单，总分类账户不多，为简化工作，可以把序时账簿和分类账簿结合起来，即在一本账簿中既序时又分类地登记，这种账簿称为"联合账簿"。日记总账就是兼有日记账和总分类账作用的典型的联合账簿。

3.备查账簿

备查账簿也称"辅助登记簿"，是为备忘备查而设置的，是对某些在序时账和分类账等主要账簿中不便记载的或者记载不全的交易或事项进行补充登记，便于对特定对象进行管理和检查的账簿。备查账簿可以为某些交易或事项提供必要的参考资料，如租入固定资产登记簿、受托加工材料登记簿等。备查簿没有固定的格式，可由企业根据管理的需要自行设计。

企业应设置哪些账簿、设置多少账簿，主要取决于各企业的实际情况和具体条件，但企业必须设置特种日记账和总账以及必要的明细账。

● **（二）账簿按其外表形式分类**

账簿按其外表形式分类，可以分为订本式账簿、活页式账簿和卡片式账簿。

1.订本式账簿

订本式账簿简称"订本账"，是在未启用之前就把编有序号的若干账页固定装订成册的账簿。订本式账簿最大的优点就是可以避免账页散失和防止抽换账页，其安全性最佳。但同一本账簿在同一时间内只能由一人登记，不便于分工记账，而且订本式账簿不能根据需要进行增减，必须为每一账户预留空白账页，留页过多会造成浪费，留页过少不够用，会影响账户记录的连续性登记。在实际工作中，总账、库存现金日记账和银行存款日记账一般采用订本式账簿。

2.活页式账簿

活页式账簿简称"活页账",是在启用和使用过程中,把一定数量的账页置于活页账夹内,根据实际需要随时加入或抽出账页。它不会造成浪费,使用起来比较灵活,也便于分工记账、分类计算和汇总。但是账页容易散失和被抽换,不安全,因此在使用时对空白账页进行编号,由有关人员在账页上盖章,也能起到防止散失或抽换的作用。年度终了时,更换新账后应将活页式账簿装订成册。活页式账簿一般用于各种明细账的登记。

3.卡片式账簿

卡片式账簿简称"卡片账",是由许多分散的、具有一定格式的卡片式的账页组成,存放在专设的卡片箱中保管的账簿。它的优缺点与活页账优缺点相同,也可以根据需要随时增添,便于随时查阅,但也存在账页易散失和被抽换的问题。在实际工作中,卡片式账页也应连续编号,卡片箱应由专人保管。卡片账可以跨年度使用,更换新账后也应装订保管。卡片式账簿一般适用于固定资产、低值易耗品等使用时间较长或保管较久的资产明细分类账。

(三)账簿按其账页格式分类

账簿按其账页格式可分为两栏式账簿、三栏式账簿、多栏式账簿和数量金额式账簿。

1.两栏式账簿

两栏式账簿是指由借方和贷方两个基本金额栏目的账簿。普通日记账一般采用两栏式。

2.三栏式账簿

三栏式账簿是指由设置借方、贷方和余额三个金额栏的账页组成的账簿。特种日记账、总账的账页格式多是三栏式。

3.数量金额式账簿

数量金额式账簿是指在收入、发出、结存三大栏内又设置包含数量、单价、金额等小栏目的账页组成的账簿。存货明细账的格式多是数量金额式。

4.多栏式账簿

多栏式账簿是指在账簿的两个基本栏目借方和贷方内按需要分设若干专栏的账簿。但是,专栏设在借方还是设在贷方,或是两方同时设置专栏,则根据需要确定。一些收入、成本、费用明细账簿多采用此种形式。

上述账簿格式详见本章第二节。

第二节 会计账簿的设置与登记

一、会计账簿设置的原则

任何一个企业单位，不论其规模大小，为了提供经营管理所需要的信息，都应设置账簿。但企业的账簿并非千篇一律，一个企业应设置哪些账簿，要结合生产的规模、性质等具体条件结合实际加以考虑。企业规模决定设置账簿的多少，企业的生产性质决定设置账簿的格式，企业的生产经营管理水平决定账簿设置的繁简。任何一个企业单位的账簿设置都要包括账簿的种类、内容和登记方法等。企业会计账簿设置应遵循下列原则：

（一）统一性原则

各单位应当按照国家统一会计制度的规定和会计业务的需要设置账簿，设置的账簿应能够全面反映经济活动和财务收支情况，满足经营管理的需要，有利于企业记账、算账、报账和用账。

（二）科学性原则

账簿组织要严密，既要避免重复设账，又要避免设账过简，还要防止重记和漏记。账簿之间既要有统驭的制约关系，又要有平行的有机联系。只有这样，才有利于全面、系统、正确、及时地提供会计信息，满足日常管理和经营决策的需要。

（三）实用性原则

根据单位经济规模的大小、交易或事项的繁简、会计人员的多少，在保证会计记录完整的前提下，账簿格式要简单明了，账册不要过多，账页不宜过长，要便于日常使用和保管。企业设置账簿应力求精简，节约人力、物力，提高工作效率，但不能为了简便，以单代账或以表代账。

（四）合理和合法相结合原则

在设置账簿过程中，企业应考虑到会计账簿能否全面、系统地核算和监督经济活动情况；会计账簿的设置要有利于会计工作分工和加强岗位责任制；要能为经营管理提供所需的各项指标。同时，根据《会计法》的要求，各单位发生的各项交易或事项应当在依法设置的会计账簿上统一登记、核算，不得违反规定私设会计账簿。

二、会计账簿的主要内容及记账规则

（一）会计账簿的主要内容

由于交易或事项各不相同，账簿的格式及种类虽然很多，但各类账簿的主要内容

是基本相同的，都应具备以下基本内容：

1.封面

封面主要标明账簿名称及记账单位名称，如××企业总账、日记账、债权债务明细账等。

2.扉页

扉页主要填列账簿启用日期和截止日期；页数、册次；经管账簿人员一览表和签章；账户目录；会计主管人员签章等。其格式如表8-4和表8-5所示。

表8-4　账簿启用及经管人员一览表

单位名称：_____　账簿名称：_____

账簿编号：_____　账簿册数：_____

启用日期____年__月__日　账簿页数_____记账人员_____

会计主管：　　　　　　　单位公章：

移交日期			移交人		接管日期			接管人		会计主管	
年	月	日	姓名	盖章	年	月	日	姓名	盖章	姓名	盖章

表8-5　账户目录

账　户　目　录

账户名称	页数	账户名称	页数	账户名称	页数

3.账页

账页是账簿的主要内容，因反映交易或事项内容的不同，其格式也不相同，但应包括账户的名称（会计科目、二级或明细科目）、登记日期栏、凭证种类和号数栏、摘要栏（记录交易或事项内容的简要说明）、余额的方向及金额栏（记录交易或事项的增减变动）、页次等。

4.封底

封底一般没有具体内容，但它与封面共同起着保护整个账簿记录完整的重要作用。

账簿是重要的会计档案。为了确保账簿记录的合规和完整，明确记账责任，在登记账簿之前，企业应在账簿封面上写明单位名称和账簿名称，在账簿扉页上填写"账簿启用及经管人员一览表"或"账簿使用登记表"（活页账和卡片账应在装订成册后填列），账页主要内容有启用日期、账簿页数、记账人员和会计主管人员姓名，并加盖有关人员名章和单位公章。记账人员调换工作时，应注明交接日期、接办人员和监交人员姓名，由交接双方人员签名或盖章。

启用订本式账簿,应当从第一页到最后一页顺序填写页数,不得跳页、缺号。活页式账簿应按账户顺序编号,装订成册后再按实际使用的账页顺序编定页码,另加目录,记明每个账户的名称和页次。

以上内容填写完毕之后,应在该页上贴印花税票,并划线注销,表明该账簿的合法性。

(二)会计账簿的记账规则

为了保证账簿记录的正确性,会计人员必须根据审核无误的会计凭证登记账簿。利用会计账簿记账一般应遵循以下规则,以保证账簿提供信息的质量。

1. 会计账簿必须准确完整

登记账簿时,会计人员应当将会计凭证日期、编号、业务内容摘要、金额和其他有关资料逐项记入账内,做到数字准确、摘要清楚、登记及时、字迹工整。每一项会计事项,一方面要记入有关的总账,另一方面要记入该总账所属的明细账。账簿记录中的日期应填写记账凭证上的日期;以自制原始凭证作为记账依据的,账簿记录中的日期应按有关自制凭证上的日期填列。登记账簿要及时,但对各种账簿的登记间隔时间应该多长,一般说来,由本单位所采用的具体账务处理程序而定。

2. 会计账簿必须注明记账符号

账簿登记完毕,会计人员应在记账凭证上签名或盖章,并在记账凭证的"过账"栏内注明账簿页数或划"√"符号,表示已经记账,防止漏记和重记,便于核对。

3. 会计账簿必须用钢笔及蓝黑墨水记账

登记账簿时,会计人员应用蓝色或黑色墨水书写,不得使用铅笔或圆珠笔。各种账簿的归档保管年限,国家规定一般在30年,有些重要经济资料的账簿还要长期保管,所以,账簿记录要清晰、耐久、防止涂改。另外,不得刮擦、挖补、涂抹或用退字药水更改账簿。

4. 特殊记账使用红色墨水

在账簿记录中,红字表示对蓝色或黑色数字的冲销、减少或者表示负数。下列几种情况可以用红色墨水记账:

(1)按照红字冲账的记账凭证,冲销错误记录。

(2)在不设借或贷等栏的多栏式账页中,登记减少数。

(3)在三栏式账户的余额栏前,如未印明余额方向的,在余额栏内登记负数余额。

(4)根据国家统一会计制度的规定可以用红字登记的其他会计记录。

5. 会计账簿必须序时连续登记。

登账簿时,会计人员应根据账页项目要求和账页、行次顺序连续登记,不得发生跳行、隔页。如果发生跳行、隔页,应将空行、空页用红色墨水划对角线注销,注明"此行空白""此页空白"字样,并由记账人员和会计机构负责人(会计主管人员)签名或盖章。

6.文字和数字的书写必须规范

账簿中书写的文字和数字应紧靠每行底线书写,仅占全格的1/2或2/3的位置,上面要留有适当空距,以便更正错账时书写正确的文字或数字。

7.会计账簿必须注意过次页和承前页

当账页记到本页倒数第二行时,会计人员应留出末行,加计本页发生额合计数,结出余额,并在摘要栏注明"转次页"字样,将本页发生额合计和余额转入下一页的第一行,在摘要栏注明"承前页"字样。如该账户不需要结计累计发生额,则只需将余额转入下页。

8.会计账簿必须在账页上注明账户余额方向

对于凡需结出余额的账户在结出余额后,会计人员应在"借或贷"栏内写明"借"或"贷"字样,表明余额的性质。没有余额的账户,应在"借或贷"栏内写"平"字,并在余额栏"元"位上用"0"表示。库存现金日记账和银行存款日记账必须逐日结出余额。

9.期末各种账簿应进行结账

各账簿期末时都应计算出每个账户的本期发生额和期末余额,进行结账,并将余额转入下一会计期间,作为该账户的期初余额并在摘要栏分别注明"本月合计""月初余额"等字样。年初开始启用新账簿时,也应将上年末各账户余额转入账户余额栏内,并在摘要栏注明"上年结转"或"年初余额"字样。

10.会计账簿登记时必须注意实行会计电算化的单位

对于实行会计电算化的单位,总账和明细账应定期打印,打印的会计账簿必须连续编号,经审核无误后装订成册,并由记账人员和会计机构负责人或会计主管人员签字或盖章。发生收款和付款业务的,在输入收款凭证和付款凭证的当天必须打印出库存现金日记账和银行存款日记账,并与库存现金核对无误。

三、日记账的设置与登记

日记账又称"序时账簿",它是按照经济业务的发生或完成时间的先后顺序逐日逐笔登记的账簿。设置日记账的目的是将经济业务按时间顺序清晰地反映在账簿记录中。日记账可以用来核算和监督某一类型经济业务或全部经济业务的发生或完成情况,其中用来记录全部经济业务的日记账称为"普通日记账";用来记录某一类型经济业务的日记账称为"特种日记账",如记录库存现金收付业务及其结存情况的库存现金日记账、记录银行存款收付业务及其结存情况的银行存款日记账以及专门记录转账业务的转账日记账等。在我国,大多数企业只设置库存现金日记账和银行存款日记账,而不设置普通日记账,普通日记账的功能体现在装订成册的记账凭证上。

(一)普通日记账的设置和登记方法

普通日记账是根据经济业务发生先后顺序,不论其性质如何,逐日逐笔编成会计分录,并据此登记到会计账簿上。由于普通日记账是直接根据原始凭证逐笔编制会计分录的载体,所以也称为"会计分录簿"。

普通日记账基本的格式是设有借方和贷方两个金额栏,这种日记账称为两栏式普通日记账,格式见表8-6。在普通日记账中登记经济业务的方法如下:

1.日期栏

日期栏主要用来登记经济业务发生的日期。年度计入日期栏上端,月、日分两小栏登记。只有在更换账页或年度、月份变动时才重新填写年度和月份。

2.摘要栏

摘要栏主要用来登记需要简要说明经济业务的内容。文摘要栏的字要简洁,要能概括经济业务全貌。

3.账户名称栏

账户名称栏主要用来登记会计分录的应借、应贷的账户名称(会计科目)。

4.金额栏

经济业务涉及的金额应分别登记到借方栏、贷方栏内。

5.过账栏

在过账栏内注明"√"符号,表示已经过账。

6.总账页数

每天应根据日记账中的会计分录登记总分类账,并将总分类账的账页计入本栏。

表8-6 普通日记账(两栏式)

第 页

××年		摘要	账户名称	借方	贷方	过账	总账页数
月	日						
3	5	向银行借款	银行存款	80 000		√	
			短期借款		80 000	√	
	8	购入办公用品	管理费用	5 000		√	
			银行存款		5 000	√	

● **(二)特种日记账的设置和登记方法**

1.库存现金日记账

库存现金日记账是用来逐日逐笔反映库存现金的收入、付出及结余情况的特种日记账,由出纳人员根据库存现金收款凭证(现收)、库存现金付款凭证(现付)及部分银行存款付款凭证(银付),按时间逐日逐笔登记。库存现金日记账必须采用订本式账簿,其账页格式一般采用三栏式或多栏式。

(1)三栏式库存现金日记账,设借方、贷方和余额三个基本的金额栏目,一般将其分别称为收入、支出和结余三个基本栏目。在金额栏与摘要栏之间经常插入"对方科目",以便记账时标明库存现金收入的来源科目和库存现金支出的用途科目。三栏式库存现金日记账的格式见表8-7所示。

表8-7 库存现金日记账

第 8 页

××年		凭证		摘要	对方科目	收入	支出	结余
月	日	种类	号数					
3	1			上月结余				500
	4	现付	1	付购入材料运费	在途物资		100	
	4	银付	1	提取现金	银行存款	15 200		
	4	现付	2	钟明预借差旅费	其他应收款		300	
	4	现收	1	李芳报销差旅费	其他应收款	240		
	4			本日合计		15 440	400	15 540
	…	…	…	…		…	…	…
	30			本日合计		250	150	300
	31			本月发生额及余额		18 520	18 220	800

库存现金日记账的登记方法如下：

①日期和凭证栏：登记库存现金实际收付款日期和凭证的种类，如"库存现金收（付）款凭证"简写为"现收（付）"，"银行存款付款凭证"简写为"银付"，主要是指从银行提取库存现金的收入数，根据银行存款付款凭证登记库存现金日记账，注意，该张凭证还需同时登记银行存款日记账。凭证栏还应登记凭证的编号数，以便于查账和核对。

②摘要栏：摘要说明入账的经济业务的内容。文字要简练，说明要清楚。

③对方科目栏：登记库存现金收入的来源科目或支出的用途科目，如从银行提取库存现金，其来源科目（即对应科目）为"银行存款"。其作用在于了解经济业务的来龙去脉。

④收入、支出栏：登记库存现金实际收付的金额。每日终了，会计人员应分别计算库存现金收入和付出的合计数，结出余额，同时将余额与出纳员的库存现金核对，即通常所说的"日清"，如果账款不符应查明原因，并记录备案。月终同样要计算库存现金收、付和结存的合计数，通常称为"月结"。

（2）多栏式库存现金日记账是在三栏式库存现金日记账的基础上发展起来的。这种日记账的借方（收入）和贷方（支出）金额栏都按对方科目设置专栏，也就是按收入的来源和支出的用途设置专栏。这种格式在月末转账时，可以结出各收入来源专栏和支出用途专栏的合计数，便于对库存现金收支的合理性、合法性进行审核分析，便于检查财务收支计划的执行情况。多栏式库存现金日记账的格式如表8-8所示。

表8-8 库存现金日记账（多栏式）

年		凭证字号	摘要	借方 应贷科目			合计	贷方 应借科目			合计	余额
月	日			银行存款	主营业务收入	…		其他应收款	管理费用	…		

采用多栏式库存现金日记账，如果"库存现金"账户的对应科目较多，账页会很大，给登账带来一定困难，为解决这一问题，可以分别设置库存现金收入日记账和库存现金支出日记账，其格式如表8-9、8-10所示。

多栏式库存现金收入、支出日记账的登记方法与多栏式库存现金日记账的登记方法基本相同，只是每日应将现金支出合计数计入库存现金收入日记账中的"库存现金支出合计"栏内，以便计算出当日库存现金余额。

表8-9 库存现金收入日记账

第　页

年		凭证字号	摘要	贷方科目		现金收入合计	现金支出合计	余额
月	日							
			期初余额					
			本月合计					
			过总账页码					

表8-10 库存现金支出日记账

第　页

年		凭证字号	摘要	借方科目			现金支出合计
月	日						
			期初余额				
			本月合计				
			过总账页码				

多栏式库存现金日记账的优点是既可以反映每笔现金收入、支出业务的来龙去脉，又可以通过"库存现金"科目的对应科目的若干专栏的设置，反映出相同业务在一定时期内的全貌。多栏式库存现金日记账适用于库存现金收付业务比较频繁的单位。

为了保证库存现金日记账的安全与完整，无论采用三栏式还是多栏式库存现金日记账，都必须使用订本账。

2.银行存款日记账

银行存款日记账是用来逐日逐笔反映银行存款的增减变化和结余情况的特种日记账，一般也是由出纳人员根据审核后的银行存款收款凭证（银收）、银行存款付款凭

第八章 会计账簿

证(银付)及部分库存现金付款凭证(现付),按时间顺序逐日逐笔登记。若一个单位开设有若干银行存款账户,应分别设日记账登记,便于与银行核对,也有利于银行存款的管理。

银行存款日记账的格式也有三栏式和多栏式两种,其基本结构与库存现金日记账类同。由于银行存款的结算都是通过特定的凭证进行的,因此银行存款日记账增设"结算凭证——种类、编号"栏,分别注明结算凭证的种类(如支票、信汇凭证、进账单等)及编号。

(1)三栏式银行存款日记账。

三栏式银行存款日记账主要设有"收入""支出""结余"三个金额栏,具体格式如表8-11所示。

表8-11 银行存款日记账

第 页

××年		凭证字号	摘要	结算凭证		对应账户	收入	支出	结余
月	日			种类	编号				
3	1		月初余额						80 000
	5	银付1	支付货款	转支	略	在途物资		25 000	55 000
	7	银收1	销售产品	转支	略	主营业务收入	50 000		105 000
	31		本月发生额及余额				50 000	25 000	105 000

三栏式银行存款日记账的登记方法与三栏式现金日记账的登记方法基本相同,但需要将结算凭证的种类、编号填写到"结算凭证"栏。另外对于将现金存入银行的业务,由于填制的是现金付款凭证,因此银行存款的收入数是根据现金付款凭证登记的。每日终了时要结出余额,并定期与开户银行核对,以便检查监督各项收支款项,避免出现透支现象。

(2)多栏式银行存款日记账。

多栏式银行存款日记账是分别按银行存款收入和支出的对应科目设置若干专栏,以便详细反映银行存款收入来源和支出去向,具体格式如表8-12所示。

表8-12 银行存款日记账(多栏式)

第 页

年		凭证字号	摘要	收入			支出			余额
月	日			贷方科目		合计	借方科目		合计	
			期初余额							
			本月合计							
			过总账页码							

同样,如果"银行存款"账户对应科目过多,也可分设"多栏式银行存款收入日记账"和"多栏式银行存款支出日记账",其格式和登记方法可参照多栏式库存现金

收入、支出日记账。

三栏式、多栏式银行存款日记账与三栏式、多栏式库存现金日记账的账簿格式及优缺点基本相同，因此二者的适用范围也是一致的。

为了坚持内部控制原则，实行钱、账分管，出纳人员不得负责登记库存现金日记账和银行存款日记账以外的任何账簿。出纳人员登记库存现金日记账和银行存款日记账后，应将各种收、付款凭证交由其他会计人员据以登记总分类账及有关的明细分类账。"库存现金"和"银行存款"总账与日记账的定期核对可以起到控制库存现金日记账、银行存款日记账的作用。

四、分类账的设置和登记

分类账是按账户分别反映不同类别交易或事项的增减变动的账簿，设立分类账的目的是要从各个账户中取得总括或详细的核算资料。按提供资料的详细程度不同，分类账可以分为总分类账和明细分类账。

总分类账簿简称"总账"，是根据总分类账户开设的，由若干具有一定格式的总账账页组成的簿籍。总分类账可以为经营管理提供总括的核算资料，是账簿体系的重要组成部分。

明细分类账簿简称"明细账"，是根据总分类账户所属明细分类账户开设的，由若干具有一定格式的明细账户账页组成的簿籍。明细分类账对总分类账起着补充说明的作用，能为经营管理提供某方面详细的核算资料，因此是会计账簿体系中不可缺少的部分。

（一）总分类账的格式及登记方法

总分类账只运用货币量度，即总分类账的登记只是各账户增减金额的登记，因此，总分类账一般采用借方、贷方、余额三栏式的订本账。由于订本式账簿页次固定，不能随时增添账页，也不能任意抽换账页，因而在启用总分类账簿时，应根据各科目发生业务的多少适当预留页数。根据实际需要，在总分类账中也可增设对方科目栏。其账页格式如表8-13所示。

表8-13　总分类账

会计科目：原材料　　　　　　　　　　　　　　　　　　　　　　　　总　页

××年		凭证		摘要	√	借方										贷方										借或贷	余额									
月	日	种类	号数			千	百	十	万	千	百	十	元	角	分	千	百	十	万	千	百	十	元	角	分		千	百	十	万	千	百	十	元	角	分
1	1			期初余额																						借				3	0	0	0	0	0	0
	5	银付	3	购入材料					1	0	0	0	0	0	0											借				4	0	0	0	0	0	0
	8	转	5	领用材料															2	5	0	0	0	0	0	借				1	5	0	0	0	0	0
	31			本月发生额及余额					1	0	0	0	0	0	0				2	5	0	0	0	0	0	借				1	5	0	0	0	0	0

总分类账的格式还有多栏式，如表8-14所示。

表8-14　总分类账（多栏式）

××年		凭证		摘要	发生额	××科目		××科目		××科目		××科目	
月	日	种类	号数			借	贷	借	贷	借	贷	借	贷

多栏式总分类账把序时日记账和总分类账结合在一起，变成了一种联合账簿，故通常称为"日记总账"，具有序时日记账和总分类账的双重作用。这种账簿可减少记账工作量，提高效率，并能较全面地反映资金运动的情况，便于分析，适用于经济业务较少的企业和单位。

由于总分类账能够全面、总括地反映经济活动情况，并为编制财务报表提供资料，因而任何单位都要设置总分类账。

总分类账可以直接根据各种记账凭证逐笔登记，也可以通过一定的汇总方法把各种记账凭证进行汇总，编制汇总记账凭证或科目汇总表，再据以登记总账。总账采用什么格式，根据什么方式登记，取决于各单位所采取的账务处理程序。有关总账的登记方法，将在账务处理程序一章加以阐述。

● **（二）明细分类账的格式及登记方法**

明细分类账是按照明细科目或明细项目设置的，用来分类、连续地记录企业某类经济活动及相关资产、负债、所有者权益、收入、费用、利润等的增减变化情况及其实有数额。明细分类账提供的有关经济活动的详细资料是编制财务报表的依据之一。各个单位在设置总分类账的基础上，还应根据管理的需要，按照明细科目设置若干必要的明细分类账,作为总分类账的必要补充。这样既能根据总分类账了解某一科目的总括情况,又能根据有关的明细分类账进一步了解该科目的详细情况。明细分类账应根据原始凭证或原始凭证汇总表登记,如果记账凭证已列有明细项目时,也可根据记账凭证登记。明细分类账一般采用活页式账簿,也可以采用卡片式账簿(如固定资产明细账)。根据所反映的交易或事项内容的特点,以及实物管理的不同要求,明细账页格式的设计有三栏式、数量金额式和多栏式等几种。

1.三栏式明细账

三栏式明细账的格式和三栏式总账的格式相同,主要设置借方、贷方、余额三个金额栏。这种格式适用于只需要进行金额核算,不需要提供数量变化情况的账户,如"应收账款""应付账款""其他应收款""预收账款""预付账款"等结算业务的明细分类核算。具体格式如表8-15所示。

表8-15 应收账款明细分类账

会计科目:应收账款——××公司

××年		凭证		摘要	√	借方									贷方									借或贷	余额								
月	日	种类	号数			千	百	十	万	千	百	十	元	角	分	千	百	十	万	千	百	十	元	角	分		千	百	十	万	千	百	十	元	角	分
1	1			期初余额																						借				3	0	0	0	0	0
	8	转	1	销售产品					2	0	0	0	0	0												借				2	3	0	0	0	0
	10	银收	2	收到货款																3	0	0	0	0	0	借				2	0	0	0	0	0
	31			本月发生额及余额					2	0	0	0	0	0						3	0	0	0	0	0	借				2	0	0	0	0	0

三栏式明细账应根据有关记账凭证逐笔进行借方、贷方金额登记,而后结出余额,并在"借或贷"栏填写余额的性质。

2.数量金额式明细账

数量金额式明细账适用于既需要金额核算,又需要反映实物度量核算的交易或事项,如"原材料""库存商品"等明细分类账。它的格式是设"收入"(借方)"发出"(贷方)"结余"三栏,每栏分别按"数量""单价""金额"进行登记。具体格式如表8-16所示。

表8-16 原材料明细分类账

材料名称：甲材料　　　编号（略）　　　最低储量：（略）
规格：（略）　　　计量单位：千克　　　最高储量：（略）

××年		凭证字号	摘 要	收 入			发 出			结 余		
月	日			数量	单价	金额	数量	单价	金额	数量	单价	金额
1	1		月初余额							100	10	1 000
	6	银付1	购进材料	200	10	2 000				300	10	3 000
	7	转1	生产领用				150	10	1 500	150	10	1 500
	31		本月发生额及余额	200	10	2 000	150	10	1 500	150	10	1 500

数量金额式明细账应根据原材料、库存商品等收入、发出的原始凭证或原始凭证汇总表分别进行"收入"栏、"发出"栏的登记。而后计算出"结余"栏的数量、单价、金额。由于企业每次购料的单价有可能不一样，就需要确定发出材料的单价，一般方法有先进先出法、移动平均法、加权平均法、个别计价法等，将在后续课程中讲述。

数量金额式明细分类账可以提供企业有关财产物资的数量和金额收、发、存的详细资料，从而能够加强财产物资的实物管理和使用监督，保证财产物资的安全完整。

3.多栏式明细账

多栏式明细账是指根据交易或事项的内容和提供资料的要求，在明细账页中设置若干专栏，用以登记某一个明细账户增、减变动详细核算资料的账簿。与其他两种明细账相比，多栏式明细账不仅要按明细账户分设账页，而且各账页要设若干专栏，这样就能将各明细项目的核算资料集中反映在同一张账页上，能够详细反映各明细账户的核算情况。这种账户一般适用于"管理费用""生产成本""制造费用""主营业务收入"等账户的明细核算，具体格式如表8-17所示。

多栏式明细账应根据有关原始凭证、汇总原始凭证、记账凭证等进行登记。如"生产成本明细账"就可以根据"发料凭证汇总表""制造费用分配表"等进行借方若干项目的登记，贷方则根据结转完工产品成本的凭证登记，而后结出余额，若需冲减或转出有关事项，在不设相反栏目的情况下，可以在明细账中用红字登记（费用类账户在借方以红字登记，收入类账户在贷方以红字登记）。

各种明细分类账的登记方法，应根据各单位的业务量大小、人员多少、交易或事项内容以及经营管理的需要而定。明细分类账通常根据原始凭证或标有明细科目及金额的记账凭证进行登记，可以逐笔登记，也可以定期汇总登记。

表8-17　生产成本明细分类账

产品名称：甲产品　　　　　　　　　　　　　　　　　　　　　　　　总　页

××年		凭证字号	摘要	借方（成本项目）				贷方	余额
月	日			直接材料	直接人工	制造费用	合计		
1	5	转3	生产领料	50 000			50 000		50 000
	31	转7	工人工资		17 000		17 000		67 000
	31	转19	分配制造费用			3 000	3 000		70 000
	31	转20	结转完工产品成本					70 000	0
	31		本期发生额及期末余额	50 000	17 000	3 000	70 000	70 000	0

（三）总分类账与明细分类账的平行登记

1.总分类账与明细分类账的关系

总分类账是根据总分类账户设置的，用以提供总括指标的账户；明细分类账是根据总账所属明细分类账户设置的，用以提供明细指标的账户。二者的关系主要表现在以下三方面：

（1）从提供会计核算指标的角度来看，二者反映的交易或事项内容是相同的，只不过提供核算指标的详细程度不同，总分类账提供某类交易或事项总括的核算指标，明细分类账则提供该类交易或事项详细的核算指标。

（2）从提供会计核算资料的角度来看，总分类账是对所属明细分类账的总括，对所属明细分类账起控制、统驭作用，即总分类账控制所属明细分类账的核算内容和核算数据；明细分类账是总分类账户的详细记录，对总分类账起着辅助和补充说明的作用，是总分类账户的从属账户。

（3）从提供会计核算资料的数量上来看，总分类账户的本期发生额应与其所属明细分类账户本期发生额的合计数相等，总分类账户的期末余额应与所属明细分类账户期末余额的合计数相等。

2.总分类账户和明细分类账户的平行登记

由于总分类账户和所属明细分类账户反映的内容相同，因而若要保持总分类账和明细分类账记录的一致，就应采取平行登记的方法。平行登记是指在交易或事项发生后，根据会计凭证，在登记有关总分类账户的同时，要以相同的金额、相同的方向登记总分类账户所属的各有关明细分类账户。只有通过平行登记并且相互核对，才能检验账户登记是否正确。平行登记的要点如下：

（1）登记的会计期间一致。这里的"会计期间"指的是同一会计期间，而非同一个时点，因为明细账一般根据记账凭证及其所附的原始凭证于平时登记，而总分类账因会计核算组织程序不同，可能在平时登记，也可能定期登记，但登记总分类账与明细分类账必须在同一会计期间内完成。

第八章 会计账簿

(2) 登记的方向相同。这里所指的方向，是指所体现的会计要素变动方向，而并非相同的记账方向。一般情况下，总分类账及其所属的明细分类账都按借方、贷方和余额栏登记，这时总分类账与其所属明细分类账中的记账方向是相同的，债权、债务结算账户即属于这种情况。但有些明细分类账户不按借方、贷方和余额设栏登记，而是按收入、发出、结存或其他容易理解的增减符号设栏登记，如"原材料"明细账按收入、发出、结存设数量金额式明细账，还有一些明细账按组成项目设多栏记录，采用多栏式明细账格式。在这种情况下，对于某项需要冲减有关组成项目金额的事项，只能以红字计入或用蓝字在该栏内登记反向记录，这时应根据实际的记账方向而不是根据所在栏目标明的借贷方向来确定。

(3) 登记的金额相等。即总账与明细账双方进行了同方向登记后，计入总分类账户的金额必须与计入所属明细账户的金额之和相等。

根据上述三点，总分类账的发生额和期末余额与其所属各有关明细分类账的发生额和期末余额之和必然相等。通过这种关系，企业可以检查总分类账和明细分类账的记录是否完整和正确。

现以"原材料"和"应付账款"两个账户为例，说明总分类账户及其所属明细分类账户的平行登记方法。

【例8-1】7月1日，方圆公司有关总分类账户及其所属明细分类账户的月初余额如下：

"原材料"总分类账户及其明细分类账户的月初余额为：

  甲材料300吨，每吨200元，明细账户借方余额 60 000元

  乙材料900千克，每千克20元，明细账户借方余额 18 000元

            原材料总账借方余额 78 000元

"应付账款"总分类账户及其所属明细分类账户的月初余额为：

  光明工厂明细账户贷方余额 5 500元

  宏远工厂明细账户贷方余额 4 000元

    应付账款总账贷方余额 9 500元

方圆公司本月发生的材料收发业务和与供应单位的结算业务如下：

① 7月2日，向永和工厂购入以下原材料，材料均已验收入库，货款未付。

  乙材料400千克，每千克20元，计 8 000元

  丙材料1 000件，每件5元， 计 5 000元

         合计13 000元

这项经济业务的会计分录为：

借：原材料——乙材料　　　　8 000
　　　　——丙材料　　　　5 000
　　贷：应付账款——永和工厂　　13 000

② 7月4日，以银行存款偿还光明工厂货款3 000元。这项经济业务的会计分录为：
借：应付账款——光明工厂　　3 000
　　贷：银行存款　　　　　　3 000

③ 7月8日，向宏远工厂购入丙材料200件，每件5元，货款计1 000元，材料已验收入库，货款暂欠。这项经济业务的会计分录为：
借：原材料——丙材料　　　　1 000
　　贷：应付账款——宏远工厂　1 000

④ 7月10日，仓库发出以下原材料，投入生产。
　　甲材料200吨，每吨200元，　计 40 000元
　　乙材料500千克，每千克20元，计 10 000元
　　丙材料700件，每件5元，　　计　3 500元
　　　　　　　　　　　　　　　　合计 53 500元

这项经济业务的会计分录为：
借：生产成本　　　　　　　　53 500
　　贷：原材料——甲材料　　40 000
　　　　　　——乙材料　　10 000
　　　　　　——丙材料　　　3 500

根据上述月初余额资料和会计分录，在"原材料"和"应付账款"两个总分类账户及其所属明细分类账户中平行登记：

将月初余额分别计入"原材料"和"应付账款"这两个总分类账户以及它们各自所属的明细分类账户。

根据上述会计分录，平行登记"原材料"和"应付账款"这两个总分类账户以及它们各自所属的明细分类账户，并分别计算各账户的本期发生额和期末余额。

"原材料"和"应付账款"总分类账户分别如表8-18、8-19所示。

表8-18　总分类账户

账户名称：原材料

××年		凭证字号	摘　要	借　方	贷　方	借或贷	余　额
月	日						
7	1		月初余额			借	78 000
	2	（略）	① 购入乙、丙材料	13 000		借	91 000
	8		③ 购入丙材料	1 000		借	92 000
	10		④ 发出生产用材料		53 500	借	38 500
	31		本月合计	14 000	53 500	借	38 500

第八章 会计账簿

表8-19 总分类账户

账户名称：应付账款

××年		凭证字号	摘要	借方	贷方	借或贷	余额
月	日						
7	1		月初余额			贷	9 500
	2	（略）	① 购入乙、丙材料		13 000	贷	22 500
	4		② 偿还货款	3 000		贷	19 500
	8		③ 购入丙材料		1 000	贷	20 500
	31		本月合计	3 000	14 000	贷	20 500

"原材料"明细分类账户登记如表8-20、8-21、8-22所示。

表8-20 原材料明细分类账户

明细账户名称：甲材料　　　　　　　　　　　　　计量单位：吨

××年		凭证字号	摘要	收入			发出			结存		
月	日			数量	单价	金额	数量	单价	金额	数量	单价	金额
7	1	（略）	月初余额							300	200	60 000
	10		④生产领用				200	200	40 000	100	200	20 000
	31		本月合计				200	200	40 000	100	200	20 000

表8-21 原材料明细分类账户

明细账户名称：乙材料　　　　　　　　　　　　　计量单位：千克

××年		凭证字号	摘要	收入			发出			结存		
月	日			数量	单价	金额	数量	单价	金额	数量	单价	金额
7	1	（略）	月初余额							900	20	18 000
	2		购入	400	20	8 000				1 300	20	26 000
	10		④生产领用				500	20	10 000	800	20	16 000
	31		本月合计	400	20	8 000	500	20	10 000	800	20	16 000

表8-22 原材料明细分类账户

明细账户名称：丙材料　　　　　　　　　　　　　计量单位：件

××年		凭证字号	摘要	收入			发出			结存		
月	日			数量	单价	金额	数量	单价	金额	数量	单价	金额
7	2	（略）	① 购入	1 000	5	5 000				1 000	5	5 000
	8		③ 购入	200	5	1 000				1 200	5	6 000
	10		④ 生产领用				700	5	3 500	500	5	2 500
	31		本月合计	1 200	5	6 000	700	5	3 500	500	5	2 500

"应付账款"明细分类账户登记如表8-23、8-24、8-25所示。

表8-23 应付账款明细分类账户

账户名称：光明工厂

××年		凭证字号	摘要	借方	贷方	借或贷	余额
月	日						
7	1	（略）	月初余额			贷	5 500
	4		②偿还货款	3 000		贷	2 500
	31		本月合计	3 000		贷	2 500

表8-24　应付账款明细分类账户

账户名称：宏远工厂

××年		凭证字号	摘　要	借　方	贷　方	借或贷	余　额
月	日						
7	1	（略）	月初余额			贷	4 000
	8		③ 购入丙材料		1 000	贷	5 000
	31		本月合计		1 000	贷	5 000

表8-25　应付账款明细分类账户

账户名称：永和工厂

××年		凭证字号	摘　要	借　方	贷　方	借或贷	余　额
月	日						
7	2	（略）	① 购入乙、丙材料		13 000	贷	13 000
	31		本月合计		13 000	贷	13 000

平行登记的结果表明：

（1）总分类账户期初余额等于所属明细分类账户的期初余额之和。

（2）总分类账户本期借方发生额等于所属明细分类账户的借方发生额之和。

（3）总分类账户本期贷方发生额等于所属明细分类账户的贷方发生额之和。

（4）总分类账户的期末余额等于所属明细分类账户的期末余额之和。

根据总分类账户和明细分类账户的有关数字必然相等的关系，可以采用相互核对的方法来检查账簿登记是否正确、完整。如果有关数字不等，表明账簿登记有差错，必须查明原因，加以更正。

为了便于核对，可以根据某一总分类账户所属明细分类账户的记录分别编制明细分类账户本期发生额及余额表。例如，根据上例的"原材料"和"应付账款"明细分类账户的记录，分别编制本期发生额及余额表，见表8-26、8-27。

表8-26　"原材料"总分类账户所属明细分类账户发生额及余额表

明细分类账户	计量单位	单价	月初余额		本期发生额				月末结存	
					收入		发出			
			数量	金额	数量	金额	数量	金额	数量	金额
甲材料	吨	200	300	60 000	400	8 000	200	40 000	100	20 000
乙材料	千克	20	900	18 000	1 200	6 000	500	10 000	800	16 000
丙材料	件	5					700	3 500	500	2 500
合计				78 000		14 000		53 500		38 500

表8-27　"应付账款"总分类账户所属明细分类账户发生额及余额表

明细分类账户	月初余额		本期发生额		月末余额	
	借　方	贷　方	借　方	贷　方	借　方	贷　方
光明工厂		5 500	3 000			2 500
宏远工厂		4 000		1 000		5 000
永和工厂				13 000		13 000
合计		9 500	3 000	14 000	—	20 500

上述表8-26、8-27各栏合计金额，分别与"原材料"和"应付账款"总分类账户的月初余额，本月借贷发生额和月末余额核对。

第三节 对账与结账

一、对账概述

对账是指在会计核算中,为了保证账簿核算资料真实可靠,定期对账簿记录进行的核对工作。对账的主要内容包括账证核对、账账核对和账实核对。对账工作主要发生在月末,具体来说,主要是在将本月内的全部经济业务登记入账并计算出各账户的期末余额之后,结账工作之前。如果出现人员调动等特殊情况时,应根据需要随时对账。对账主要是通过账项的逐笔核对以及按照编制总分类账户发生额和余额对照表、明细分类账户发生额和余额明细表进行的。

(一)账证核对

账证核对是账账相符、账实相符的基础。账证核对是将总分类账、明细分类账和日记账的记录同其所依据的会计凭证的时间、凭证字号、内容、金额、记账方向进行核对,验证其是否相符。账证核对主要是在平时编制记账凭证和记账复核环节中随时进行的,做到随时发现错误,随时查明纠正。但是,在月末如果发现总分类账试算不平衡、账账不符或账实不符等情况,仍应核对账证是否相符,当然核对时只需查验与账账不符或账实不符相关的会计凭证。

(二)账账核对

账账核对是将不同会计账簿之间的账簿记录相互核对,要求做到账账相符。其内容主要包括以下几点:

1. 总分类账簿之间的核对。按照"资产=负债+所有者权益"这一会计等式和"有借必有贷,借贷必相等"的记账规则,总分类账簿各账户的期初余额、本期发生额、期末余额之间存在对应的平衡关系,各账户的期末借方余额合计和贷方余额合计也存在平衡关系。通过这种等式和平衡关系,可以检查总账记录是否正确、完整。

2. 总分类账簿与所属明细账簿之间的核对。检查总分类账各账户本期借、贷方发生额及期末余额与所属明细账户本期借、贷方发生额及期末余额之和是否相符。

3. 总分类账簿与序时账簿之间的核对。检查库存现金、银行存款日记账账户本期借、贷方发生额及期末余额与相应的总分类账户借、贷方发生额及期末余额是否相符。

4. 明细分类账簿之间的核对。例如,会计部门的各种财产物资明细分类账与财产物资保管、使用部门的有关财产物资明细分类账的期末余额之间的核对,检查各方期末财产物资结存数是否相等。

(三)账实核对

账实核对是将各种财产物资的账面余额与实存数额进行核对。其内容主要包括以下几点：

1. 库存现金日记账的账面余额与实地盘点的库存现金实有数额之间的核对。此项核对应该逐日进行，同时还应进行不定期的抽查。

2. 银行存款日记账的账面余额应定期与开户银行对账单核对。此项核对通常每月月末通过编制"银行存款余额调节表"进行核对。

3. 各种财产物资明细分类账账面余额与财产物资实存数的核对。此项核对根据财产清查的要求，定期或不定期地进行。

4. 各种应收、应付款项明细分类账的账面余额应定期或不定期与有关债务、债权单位（或个人）进行核对；各种应交款项明细分类账的账面余额应定期或不定期与国库及有关部门进行核对。此项核对通常通过发征询函的方式进行。

二、结账概述

结账是指把一定时期内应记入账簿的经济业务全部登记入账后，计算记录本期发生额及期末余额，并将余额结转下期或新账簿的工作。

（一）结账的程序

检查本期内发生的经济业务是否已经全部登记入账。结账前，各单位会计人员必须将本期内所发生的各项经济业务全部登记入账，并通过对账确保账簿记录正确。若发现漏账、错账，应及时补记、更正，不能为了赶编财务报表而提前结账或将本期发生的经济业务拖延至下期登账，也不能先编财务报表而后结账。

各会计主体，应按照权责发生制的要求，编制有关账项调整的记账凭证，进行账项调整，以正确反映本期的收入和费用；对于需要在本月办理的有关转账业务，如销售成本的结转、税金及附加的计算结转等，均应编制有关记账凭证并登记入账，从而确保会计信息的真实性和可靠性。

编制记账凭证，结转损益类账户本期发生额。将本期实现的各种收入从"主营业务收入"等收入账户转入"本年利润"账户的贷方；将本期发生的各项费用从"主营业务成本""管理费用"等费用账户转入"本年利润"账户的借方，以便计算确定本期的财务成果。

结算出所有账户的本期发生额和期末余额，年末结账时，应将有余额账户的年末余额结转至下年。

（二）结账的方法

结账的目的是将一定时期账簿记录结算清楚，因此结账工作一般是在会计期末进行的，可以分为月结、季结和年结。结账主要采用划线法，即期末结出各账户的本期发生额和期末余额后，加划线标记，并将期末余额结转至下期。会计人员应按照规定，在会计期末办理各账户月结、季结和年结。

月结时，应在该月最后一笔经济业务下面划一条通栏单红线，在红线下"摘要"

栏内注明"本月合计"或"本月发生额及余额"字样，在"借方"栏、"贷方"栏和"余额"栏分别填入本月合计发生额和月末余额，同时在"借或贷"栏内注明借贷方向。然后，在这一行下面再划一条通栏红线，以便与下月发生额划清。

季结时，通常在每季度的最后一个月月结的下一行，在"摘要"栏写上"本季合计"或"本季度发生额及余额"，同时结出借、贷方发生总额及季末余额。然后，在这一行下面划一条通栏单红线，表示季结的结束。

年结时，在第四季度季结的下一行，在"摘要"栏写上"本年合计"或"本年发生额及余额"，同时结出借、贷方发生额及期末余额。然后，在这一行下面划上通栏双红线，以示封账。

年度结账后，总账和日记账应当更换新账，明细账一般也应更换，但有些明细账如固定资产明细账等可以连续使用，不必每年更换。年终时，会计人员要把各账户的余额结转到下一会计年度，只需在摘要栏写上"结转下年"字样，结转金额不再抄写。如果账页的"结转下年"行以下还有空行，应当自余额栏的右上角至日期栏的左下角用红笔划对角斜线注销。在下一会计年度新建有关会计账簿的第一行余额栏内要填写上年结转的余额，并在摘要栏注明"上年结转"字样。

【例8-2】以方圆公司12月末"应收账款"总分类为例，说明其月结、季结和年结方法如表8-28所示。

表8-28 总分类账户

账户名称：应收账款 第 页

年		凭证字号	摘要	借方	贷方	借或贷	余额
月	日						
			上年结转			借	25 000
1	5				10 000		
1	16			20 000			
	31		本月发生额及余额	20 000	10 000	借	35 000
...	...	...	...	...	...	...	...
12	5				20 000		
12	20			10 000			
	31		本月发生额及余额	10 000	20000	借	46 000
	31		本季发生额及余额	60 000	35 000	借	46 000
	31		本年发生额及余额	150 000	129 000	借	46 000
			结转下年				

说明：_____表示单红线；========表示双红线。

第四节 错账的查找和更正方法

一、查找错账方法

在记账过程中，可能发生各种各样的差错，如重记、漏记、数字颠倒、数字错位、数字记错、科目记错、借贷方向记反等，从而影响会计信息的正确性与准确性，对此会计人员应及时找出差错，并予以更正。错账查找的方法主要有以下几种：

（一）尾数法

对于发生的角、分的差错可以只查找小数部分，以提高找出差错的效率。

（二）差数法

差数法是指按照错账的差数查找错账的方法。例如，在记账过程中只登记了会计分录的借方或贷方，漏记了另一方，从而形成试算平衡中借方合计与贷方合计不等。其表现形式是：借方金额遗漏，会使该金额在贷方超出；贷方金额遗漏，会使该金额在借方超出。对于这样的差错，可由会计人员通过回忆和与相关金额的记账核对来查找。

（三）除2法

除2法是指以差数除以2来查找错账的方法。当某个借方金额错计入贷方（或相反）时，出现错账的差数表现为错误的2倍，将此差数用2去除，得出的商就是反向的金额。例如，应记入"应收账款"科目借方的3 000元误记入贷方，则试算平衡表中贷方合计多出借方合计数6 000元，被2除的商3 000元即为借贷方向反向的金额。同理，如果借方总额大于贷方总额800元，即应查找有无400元的贷方金额误记入借方。如非此类错误，则应另寻差错的原因。

（四）除9法

除9法是指以差数除以9来查找错数的方法。它适用于以下三种情况：

1. 将数字写小

如将400写成40，正确数字大于错误数字9倍。查找的方法是：以差数除以9后得出的商即为写错的数字，商乘以10即为正确的数字。上例差数360，（400-40）除以9，商40即为错数，扩大10倍后即可得出正确的数字。

2. 将数字写大

如将50写成500，错误数字大于正确数字9倍。查找的方法是：以差数除以9后得出的商即为正确的数字，商乘以10后所得的积为错误的数字。上例差数450，（500-50）除以9后，所得的商50为正确数字，50乘以10（即500）为错误数字。

3.邻数颠倒

如将78写成87，将96写成69，将12写成21等。颠倒的两个数字之差最小为1，最大为8（即9-1）。查找的方法是：将差数除以9，得出的商连续加11，直到找出颠倒的数字为止。如将78记为87，其差数为9。查找此错误的方法是：将差数除9得1，连加11后可能的结果为12，23，34，45，56，67，78，89。当发现账簿记录中出现上述数字（本例为78）时，则有可能正是颠倒的数字。

二、错账更正方法

账簿登记要求正确、及时、完整，使提供的会计信息便于会计信息使用者使用，因此会计人员必须认真、细致地做好记账工作，如果出现登账错误，必须遵循一定的规则进行更正，不得使用刮、擦、挖补、涂抹等方法进行更正。更正错账的规则（错账更正方法）有三种，分别是划线更正法、红字更正法、补充登记法。

（一）划线更正法

在结账前，如果会计人员发现账簿记录有文字或数字错误，而记账凭证没有错误，可以采用划线更正法。具体做法是：先在错误的数字或文字上划一条红线，表示注销，并使原来的字迹仍可辨认；然后在划线上方空白处用蓝字填写正确的数字或文字，并由记账及相关人员在更正处盖章，以明确责任。应注意的是，对于错误的数字，必须全部用红线划掉，不能只划去整个数字中的个别错误数字。如将4 300错写成4 500，整个数字全部用红线划去，而不是只将5划去，然后再在红线上面空白处用蓝字书写4 300，并在更正处签名或盖章，以明确经济责任。对于文字的错误，会计人员可以只用红线划去错误的部分，然后在上方用蓝字书写正确的文字。

【例8-3】12月27日，方圆公司用银行存款52 680元购买办公用品。记账凭证上编制的分录为：

借：管理费用　　52 680
　　贷：银行存款　　　52 680

记账时误将管理费用账户中的金额登记为56 280。更正方法如图8-1所示。

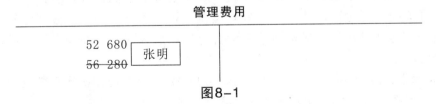

图8-1

（二）红字更正法

红字更正法用于以下两种情况：

第一种情况是在记账后发现记账凭证中会计科目或记账方向有误，造成账簿登记的错误。更正方法是：先用红字金额填制一张内容与原错误凭证完全相同的记账凭证，在摘要栏写明"更正某月某日第×号凭证的错误"，填制日期写更正日期，凭证编号接本日已编凭证号编写，以红笔在金额栏登记，并据以用红字金额登记入账，冲销原有的错误记录；再用蓝字重新填写一张正确的记账凭证，在摘要栏写明"重填某月某日第×号凭证"，填制日期仍写更正日期，凭证编号接上述更正错账的凭证编号编写，并用蓝字登记入账。

【例8-4】方圆公司以银行存款9 500元支付广告费，编制会计分录时误记入"管理费用"账户（应记入"销售费用"账户），并已登记入账。

　　　　借：管理费用　　9 500
　　　　　　贷：银行存款　　9 500

发现这一错误时，用红字更正法更正如下：
先编制一张与原来错误相同的记账凭证，金额用红字，其分录如下：

　　　　借：管理费用　　 9 500
　　　　　　贷：银行存款　　 9 500

带框数字表示红字金额，下同。据此凭证登记入账，以达到冲销错账的目的。
再编制一张正确的记账凭证，其分录如下：

　　　　借：销售费用　　9 500
　　　　　　贷：银行存款　　9 500

上述分录记账后，有关账户中的记录如图8-2所示。

借	银行存款	贷		借	管理费用	贷
	9 500		原记	9 500		
	9 500		冲销	9 500		
	9 500		重记			

借	销售费用	贷
9 500		

图8-2　红字更正法1

第二种情况是在记账后发现记账凭证和账簿记录中应借、应贷会计科目无误，只是所记金额大于应记金额，造成账簿登记错误。更正的方法是：将多记金额用红字编制一张与原记账凭证应借、应贷科目完全相同的记账凭证，以冲销多记金额，并以红字金额登记入账。

【例8-5】方圆公司购入材料一批，计38 000元，货款已用银行存款支付。填制记账凭证时，误将金额记为88 000元，并已登记入账。

　　　　借：在途物资　　　88 000
　　　　　　贷：银行存款　　　88 000

发现上述错误时，可将多记的50 000元用红字金额编制会计分录，更正原记错误：

借：在途物资　　　　　50 000
　　贷：银行存款　　　　　　　50 000

上述分录过账后,有关账户中的记录如图8-3所示。

借	银行存款	贷		借	在途物资	贷
	88 000		原记	88 000		
	50 000		冲销	50 000		

图8-3　红字更正法2

（三）补充登记法

补充登记法又称"补充更正法"。若记账后发现记账凭证和账簿记录中应借、应贷会计科目无误,只是所记金额小于应记金额,则采用补充登记法进行更正。更正的方法是：将少记的金额用蓝字编制一张与原记账凭证应借、应贷科目完全相同的记账凭证,以补充少记的金额,并以蓝字金额登记入账。

【例8-6】方圆公司收到某单位归还欠款65 000元存入银行,编制会计分录时把金额误写为56 000元,并已登记入账。

借：银行存款　　　56 000
　　贷：应收账款　　　　　56 000

发现上述错误,可将少记的9 000（65 000-56 000）元再编一张蓝字的记账凭证,其会计分录为：

借：银行存款　　　9 000
　　贷：应收账款　　　　　9 000

上述分录过账后,有关账户中的记录如图8-4所示。

借	应收账款	贷		借	银行存款	贷
	56 000		原记	56 000		
	9 000		补记	9 000		

图8-4　补充登记法

第五节　账簿的更换与保管

一、账簿的更换

会计账簿的更换是指在会计年度开始时启用新账簿,并将上年度的会计账簿归档保管。年度终了更换会计账簿时,将有余额账户的余额直接记入新账的余额栏内,不需要编制记账凭证。

更换的规则为总分类账、日记账和大部分明细账必须每年更换一次，只有少部分明细账如固定资产明细账（固定资产卡片明细账）等不必每年更换，可以跨年度使用。

更换新账的程序如下：

首先，检查本年度账簿记录，将全部账户结清后，余额转入下年。

其次，根据本年度有余额的账户，直接将余额数字记入次年新账中相应账户的第一行"余额"栏内，并在"借或贷"栏注明余额的方向。在"日期"栏注明1月1日，在"摘要"栏内注明"上年结转"或"年初余额"字样。需注意的是：该项结转不必编制会计分录，也不用记入"借方"或"贷方"栏，而是直接记入"余额"栏。

二、账簿的保管

账簿记载着企业单位的重要会计资料，是企业单位的会计信息载体和储存器，因此，企业必须建立账簿的管理制度，妥善保管。账簿管理可分为日常管理和归档保管两方面内容。

●（一）账簿的日常管理

各种账簿管理应分工明确，由专人负责保管，一般由账簿的记账人员负责保管。账簿经管人员既要负责记账、对账、结账等工作，还要负责账簿安全、完整。

会计账簿未经有关领导或会计负责人批准，非经管人员不得随意查阅、摘抄、复制。

会计账簿一般不得随意携带外出，特殊情况需要带出（如与外单位核对等），应经单位领导或会计主管人员批准，并指定专人负责外出会计账簿的安全、完整。

会计账簿不得随意交与其他人员管理，以防涂改、毁坏账簿等问题的发生。

●（二）旧账归档保管的要求

年度终了更换新账后，对旧账应当整理装订，按规定办理移交手续，归档保管。

归档前，应检查更换的旧账是否齐全，是否全部结账，余额是否都已结转；订本式账簿应注销空行及空页；活页式账簿应抽出未使用的空白账页，装订成册并注明账页的总页码及每一账户的分页码。

更换下来的旧账簿，在进行整理的基础上装订成册。装订时应注意，活页账一般按账户分类装订成册，加具封面，一个账户可装订一册或数册，某些账户账页较少的，也可以几个账户合并装订成一册。装订时，应检查账簿的扉页内容是否齐全，手续是否完备。装订后，由经办人员、装订人员和会计主管人员在封口处签名或盖章。

旧账整理装订后应编制目录，填写移交清单，办理移交手续，归档保管。将账簿名称、册书、页码、保管期限等填入"会计账簿归档保管登记表"，其具体格式如表8-29所示。

表8-29　会计账簿归档保管登记表

××年度

账簿名称	页　数	经管人	保管期限	册　数	备　注

各种账簿同会计凭证、会计报表一样，都是重要的经济档案，必须按照会计制度统一规定的保管期限妥善保管，不得丢失和任意销毁，保管期满后，应按照规定的审批程序报经批准后才能销毁。

账簿在使用过程中应妥善保管。账簿的封面颜色在同一年度内力求统一，逐年更换颜色，以便于区别年度，在找账查账时就会比较方便。账簿内部应编好目录，建立索引。账簿要注意贴上相应数额的印花税票。账簿在过次年后，应将账簿装订整齐，活页账要编好科目目录、页码，用线绳系死，然后贴上封皮，在封皮上写明账簿的种类、单位、时间，在账簿的脊背上也要写明账簿种类、时间。

思考题

1. 什么是会计账簿？账簿可以分为哪几类？各有何特点？
2. 登记现金、银行存款日记账时为了实施内部牵制原则有哪些做法？
3. 明细分类账的格式有几种？分别适用于哪些账户？
4. 试述总分类账与明细分类账的联系与区别，并说明二者间平行登记的要点。
5. 更正错账有几种方法？各自适用于什么情况？
6. 什么是对账与结账？对账的内容包括哪些？如何进行结账？

练习题

8-3

一、单项选择题

1. 备查账簿是企业（　　）。
   A. 必设账簿　　　　　　B. 根据需要设置
   C. 内部账簿　　　　　　D. 外部账簿

2. 下列账户的明细账采用的账页适用于三栏式账页的是（　　）。
   A. 原材料　　　　　　　B. 应收账款
   C. 管理费用　　　　　　D. 销售费用

3. 总分类账簿一般采用（　　）。
   A. 活页账　　　　　　　B. 数量金额式
   C. 订本账　　　　　　　D. 卡片账

4. 收入费用明细账一般适用于（　　）。
   A. 多栏式明细账　　　　　　B. 三栏式明细账
   C. 数量金额式明细账　　　　D. 平行式明细账

5. 财产物资明细账一般适用于（　　）。
   A. 多栏式明细账　　　　　　B. 三栏式明细账
   C. 数量金额式明细账　　　　D. 以上都不是

6. 一般情况下，不需要根据记账凭证登记的账簿是（　　）。
   A. 明细分类账　　　　　　　B. 总分类账
   C. 备查账簿　　　　　　　　D. 特种日记账

7. 从银行提取现金，登记库存现金日记账的依据是（　　）。
   A. 库存现金收款凭证　　　　B. 库存现金付款凭证
   C. 银行存款收款凭证　　　　D. 银行存款付款凭证

8. 某会计人员在记账时将计入"银行存款"科目借方的6 100元误记为610元。会计人员在查找该项错账时，应采用的方法是（　　）。
   A. 除2法　　　　　　　　　B. 差数法
   C. 尾数法　　　　　　　　　D. 除9法

9. 库存现金和银行存款日记账，应当据有关凭证（　　）。
   A. 逐日汇总登记　　　　　　B. 定期汇总登记
   C. 逐日逐笔登记　　　　　　D. 一次汇总登记

10. 总账账簿登记的依据和方法是（　　）。
    A. 记账凭证逐笔登记　　　　　　B. 汇总记账凭证定期登记
    C. 取决于采用的会计核算组织形式　D. 科目汇总表定期登记

11. 会计人员在结账前发现，入账时误将600元记成6 000元，而记账凭证无误，应采用（　　）。
    A. 补充登记法　　B. 划线更正法　　C. 红字更正法　　D. 蓝字登记法

12. 对于那些既要进行总分类核算又要进行明细分类核算的经济业务发生后，在总分类账户和其所属的明细分类账户的登记必须采用（　　）。
    A. 平行登记　　　B. 补充登记　　　C. 试算平衡　　　D. 复式记账

二、多项选择题

1. 任何会计主体都必须设置的账簿有（　　）。
   A. 日记账簿　　　　　　　　B. 备查账簿
   C. 总分类账簿　　　　　　　D. 明细分类账簿
   E. 联合账簿

2. 明细分类账的账页格式一般有（　　）。
   A. 三栏式　　　　　　　　B. 数量金额式
   C. 多栏式　　　　　　　　D. 补充登记式
   E. T型账户式

3. 在账簿记录中，红笔只能适用于（　　）。
   A. 错账更正　　　　　　　B. 冲账
   C. 结账　　　　　　　　　D. 登账
   E. 重要事项记录

4. 错账更正的方法有（　　）。
   A. 红字更正法　　　　　　B. 划线更正法
   C. 补充登记法　　　　　　D. 除2法
   E. 除9法

5. 登记银行存款日记账依据为（　　）。
   A. 银行存款收款凭证　　　B. 银行存款付款凭证
   C. 部分现金收款凭证　　　D. 部分现金付款凭证
   E. 转账凭证

6. 多栏式明细账的账页格式一般适用于（　　）进行的明细核算。
   A. 资产类账户　　　　　　B. 收入类账户
   C. 费用类账户　　　　　　D. 成本类账户
   E. 所有者权益类

7. 账簿按用途可分为（　　）。
   A. 日记账　　　　　　　　B. 分类账
   C. 备查账　　　　　　　　D. 订本账
   E. 卡片账

8. 在下列中，可采用划线更正法的有（　　）。
   A. 在结账前，发现记账凭证无误，但登账时金额有笔误
   B. 结账时，计算的期末余额有错误
   C. 发现记账凭证金额错误，并已登记入账
   D. 发现记账凭证金额错误，原始凭证无误，记账凭证尚未登记入账
   E. 多记一笔业务

9. 除9法查找错账适用于以下（　　）。
   A. 将数字写小　　　　　　B. 将数字写大
   C. 邻数颠倒　　　　　　　D. 借方金额遗漏
   E. 重复记录一笔业务

10. 明细分类账可以根据（   ）登记。
    A. 原始凭证   B. 记账凭证
    C. 科目汇总表   D. 经济合同
    E. 日记账记录

三、判断题

1. 有时，序时账簿和分类账簿可结合在一本账簿中进行登记。   （   ）
2. 会计年度终了，应将活页账装订成册，活页账一般只适用于总分类账。（   ）
3. 总分类账的登记，可以根据记账凭证登记，也可以根据科目汇总表或汇总记账凭证登记。   （   ）
4. 日记账是逐笔序时登记的，故月末不必与总账进行核对。   （   ）
5. 对于记账过程中的数字错误，若个别数码错误，采用划线更正法时，只将错误划去并填上正确数码即可。   （   ）
6. 在结账前，若发现登记的记账凭证科目有错误，必须用划线更正法予以更正。
                                                                 （   ）
7. "原材料"账户的明细核算通常采用三栏式明细账。   （   ）
8. 库存现金日记账和银行存款日记账必须采用订本式账簿。   （   ）
9. 总分类账对明细分类账起着统驭作用。   （   ）
10. 账簿与账户是形式与内容的关系。   （   ）

四、业务题

（一）目的： 练习三栏式库存现金日记账和银行存款日记账的登记方法

资料： 鸿途公司2018年6月"库存现金"借方余额3 200元，"银行存款"借方余额45 000元。

1. 6月2日，向银行借入为期6个月的借款100 000元，存入银行。
2. 6月3日，向本市红光公司购进甲材料60吨，单价400元，货款24 000元，货款已用支票支付，材料尚未验收入库。
3. 6月4日，以银行存款14 600元偿还前欠红星公司货款。
4. 6月5日，用现金支付3日所购材料的运杂费400元。
5. 6月6日，职工王放出差借差旅费2 000元，经审核开出现金支票给付。
6. 6月8日，从银行提取现金15 000元，以备发放职工工资。
7. 6月8日，以现金15 000元发放职工工资。
8. 6月12日，以现金500元支付职工困难补助。
9. 6月15日，销售商品40吨，单价800元，货款已收到。
10. 6月18日，用银行存款支付销售商品所发生的费用600元。

11. 6月25日，收到华夏公司归还前欠货款18 000元，存入银行。
12. 6月26日，职工王放出差回来报销差旅费1 900元，余额退回。
13. 6月30日，用银行存款28 000元交纳税金。

要求： 1. 根据资料编制会计分录，并按经济业务的顺序编号（为简化核算，不考虑增值税）。

2. 设置"库存现金日记账"和"银行存款日记账"，登记并结出发生额和余额。

（二）**目的：** 练习错账的更正方法

资料： 鸿途公司2018年8月发生以下错账

1. 8日，管理人员张一出差，预借差旅费1 000元，用现金支付，原编记账凭证的会计分录为：

借：管理费用　　1 000
　　贷：库存现金　　　1 000

会计账簿已登记入账。

2. 18日，用银行存款支付先前欠A公司货款11 700元，原编记账凭证会计分录为：

借：应付账款——A公司　　11 700
　　贷：银行存款　　　　　　11 700

会计人员在登记"应付账款"账户时，将"11 700"误写为"1 170"。

3. 30日，企业计算本月应交所得税34 000元，原编记账凭证会计分录为：

借：所得税费用　　3 400
　　贷：应交税费　　　3 400

会计账簿已登记入账。

要求： 1. 说明以下错账应采用的更正方法。
　　　　2. 对错账进行更正。

五、案例分析

资料一：个体老板税务局偷改账簿

个体老板王某，重庆永川人，2012年5月在重庆市黔江区开设一电子门市部。经该区国税部门调查，自2013年9月至2015年3月，王某取得营业收入171万余元，但王某以使用外地发票等手段向国税机关隐瞒真实收入，少缴增值税59 028.36元。2015年5月13日，该区国税稽查局在检查中，调取了王某的现金日记账，并要求王某自查申报补税。王某称没赚钱，只向税务部门申报补税606元，并称要重新核对账簿。当月17日，王某接到该区国税稽查局通知到局办公室，重新核对现金日记账。当时，该办公室稽查人员将现金日记账交还给王某,叫王某核对,便到另一边忙手头工作。王某见无人监视,偷偷掏出笔将账簿上的部分数字由大改小。下班时,稽查人员收回王某的现金日记账簿时,发现有10多个数字有涂改痕迹,大部分是千位数改成百位数,涂改后的总数比原来少数万元。该区国税稽查局向当地警方报案。在事实与证据面前,王某承认偷改账簿事实。

(资料来源:http://news.sohu.com/20050608)

资料二:为抗税房产商销毁账簿

郑州一置业有限公司以销毁账册、删除会计资料、群体阻挠为手段的偷税抗税案,偷逃税款170余万元。昨日,记者从郑州市地税局稽查局获悉,他们在公安机关的帮助下,成功查处了一起外商独资企业恶意毁账抗税行为,该公司两责任人也将面临刑事处罚。

郑州某置业有限公司为外商独资企业,主营市场租赁与房地产开发经营。今年4月,郑州市地税局稽查局接到上级转来的举报信,称该公司近年来在经营管理某针织市场和某小商品市场时,大量偷逃国家税款。4月20日,该稽查局第六检查中队来到该公司财务部的收费室要检查相关资料时,突然,收费室的电源被切断了,屋里漆黑一片。该公司财务部经理顿某称公司停电了,但稽查人员发现邻近房间依然灯火通明。当稽查人员正要查看一本红色封面的账簿时,一名女收费员突然冲了过来,一把抢走账簿,跑出了收费室。当稽查人员追出门外,该收费员已不知去向。顿某却称:"这些人都是临时工,不懂规矩,跑哪儿了我们也不清楚,等我们找到她,一定把账簿追回。"

4月28日,稽查局向郑州市公安局经侦支队提出报案申请,由于该公司涉嫌隐匿、故意销毁会计资料罪,经侦支队对该公司法人刘某、账务经理顿某进行了拘留。据两人交代,公司的账目是由公司财务部门的专职人员做的,收费室的电是公司人员人为破坏的,抢夺会计资料是顿某预先安排的,记录收费流水账的电脑资料已被全部删除。在稽查人员之前对其进行税务检查后,刘某连夜召集有关人员开会,研究如何对付检查。他们还将抢走的记载真实收入的账簿用碎纸机销毁投入黄河。

经查,该公司通过采取少列收入、进行虚假纳税申报手段,两年间共少缴营业税41万余元,少缴城市房地产税130余万元。经郑州市地税局案件审理委员会会审,对该公司作出补税及3倍罚款的处理,并加收滞纳金。目前,该案涉及款项正在执行中,两名被拘留的公司责任人已被检察机关以涉嫌偷税罪、隐匿或者故意销毁会计资料罪提起诉讼。

(资料来源:http://www.sina.com.cn)

资料三:酒店利用两套账隐匿收入偷税案

H市某大酒店是1994年底成立的股份制企业,主要经营餐饮、旅馆、歌舞厅等项目,同时兼营洗浴及停车服务等与餐饮旅游业相关的配套服务项目。

经查,该酒店1996年全年营业收入仅100.33万元,按酒店日常运作所需成本及接待规模来推算出入太大。稽察局对酒店1997年1月至10月发票使用情况进行检查,发现开票金额共420.3万元,酒店申报156.21万元,相差264.09万元。另外,酒店还开取"大头小尾"发票,存根联比发票联累计少1万多元。

酒店在1995年至1997年期间,非法设置了两套账簿:一套用来核算酒店的全部收支情况和经营成果,据此向主管部门报送财务报表;另一套账则隐匿了大部分收入,仅记载其中一部分,平时根据这套账记载的收入来申报纳税。

经查实发现如下问题:1995年至1997年酒店实际营业收入为1 459万元,已申报缴纳营业税及城建税附加17.96万元,少缴营业税56.72万元、城建税3.99万元、教育费附加1.71万元、地方教育附加费0.61万元;少缴土地使用税0.3万元;少缴房产税4.99万元;少缴印花税0.41万元;少缴企业所得税1.27万元。合计少缴税款及附加费69.98万元。

根据《中华人民共和国税收征收管理法》第四十条规定,该酒店采取设二套账手法,隐匿应税收入,进行虚假的纳税申报,其行为已构成偷税,除追缴其所偷税款69.98万元外,对其偷税行为处以10万元罚款,对不按规定开具发票的行为处以0.2万元罚款。税款、罚款已按规定全部入库。

(资料来源:http://www.shenji.cn)

要求:请分析上述三则案例中的错误做法,并查阅相关资料,说出正确的账簿设置、登记、管理等方面的有关规定。

第九章

财产清查

本章知识结构图

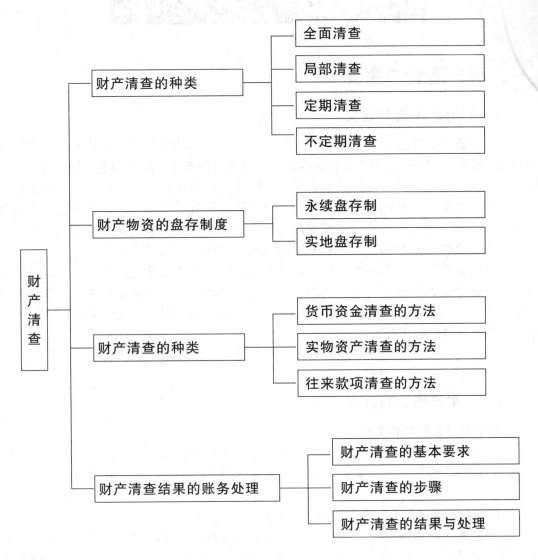

| 学习目标 | 1. 掌握财产清查的意义和种类。
2. 熟悉财产清查的方法。
3. 掌握财产清查的账务处理。 |

第一节 财产清查概述

一、财产清查的意义

（一）财产清查的含义

财产清查就是通过对货币资金、实物资产、往来款项等的盘点或核对，查明账存数与实存数是否相符以及账实不符的原因，从而保证账实相符的一种会计核算方法。

企业的各项财产包括货币资金、存货、固定资产和债权债务。各项财产物资的增减变动和结存情况都是通过账簿记录如实反映的。从理论上来讲，会计账簿上所记载的各项财产物资增减变动和结存情况应该与实存数额完全一致，但在实际工作中，由于各种原因往往会造成各项财产物资的账面数与实存数发生差异。

财产物资账面数与实存数不符主要因为在运输、保管或收发过程中，有时会发生自然损耗或计量、检验不准确，从而导致数量、品种或质量的差错；由于工作人员管理不善或不法分子营私舞弊、贪污盗窃等造成财产物资的损失；在结算过程中，由于未达账项等导致账实不符。

因此，为了保证会计账簿记录的真实和准确，企业对各项财产物资必须进行定期与不定期清查，做到账实相符。

（二）财产清查的意义

1.保证会计资料的真实性

财产清查可以确定各项财产物资的实存数，将实存数与账存数进行对比，做到账实相符，以保证会计信息真实、可靠，提高会计信息的质量，保护各项财产物资安全完整。

2.挖掘财产物资潜力，合理使用企业资财

财产清查可以查明各项财产物资有无积压、储备过多或不配套等情况，及时对多余积压物资进行处理，改善经营管理，充分挖掘各项财产物资的潜力，加速资金周转，提高财产物资的使用效果。

3.保证财经纪律和结算制度的贯彻执行

财产清查可以查明各项财产物资的储备和保管情况以及各种责任制度的建立和执行情况，揭示各项财经制度和结算纪律的遵守情况，加强财产物资保管人员责任感，促使经办人员自觉遵守财经制度和结算纪律，及时结清债权债务，避免发生坏账损失，保证各项财产物资的安全完整。

二、财产清查的种类

财产清查的种类很多,按不同的标准进行分类,通常主要有以下两种分类:

(一)按清查对象的范围划分

1.全面清查

全面清查是指对属于本单位或存放在本单位的所有财产物资、货币资金和债权债务进行全面彻底的清查、盘点和核对。对资产负债表所列项目,要逐一盘点、核对。全面清查的对象通常包括以下各项内容:

(1)属于本单位和存放在本单位的所有财产物资,包括属于本单位的固定资产、无形资产及其他长期资产、库存商品、原材料、包装物、低值易耗品、在产品、半产品、产成品、商品、未完工程等;属于本单位但在途的各种在途物资;租赁使用、受托保管、代销代购的财产物资等。

(2)货币资金,包括库存现金、银行存款(包括外币存款)、其他货币资金等。

(3)各项债权债务,包括应收应付款项、预收预付款以及银行借款等。

2.局部清查

局部清查是指根据管理的需要或依据有关规定,对部分财产物资、债权债务进行清查、盘点和核对。局部清查的清查对象主要是流动性较强的财产,比如库存现金、银行存款、库存商品、原材料、包装物、债权债务等。

(1)对于库存现金,每日业务终了应由出纳人员当日清点核对,月终清查一次,做到日清月结。

(2)对于银行存款,出纳人员至少每月要同银行核对一次。

(3)对于收发频繁、流动性强或容易短缺、损耗的财产物资,如库存商品、原材料、包装物等,除年度清查外,年内还要轮流盘点或重点抽查。

(4)对于贵重物资和重要物资,至少每月都应清查盘点一次。

(5)债权债务,每年至少同对方企业核对一至两次。

如果遭受自然灾害或发生盗窃事件以及更换相关工作人员时,也应对各项财产物资或资金进行局部清点和盘查。

(二)按照清查的时间划分

财产清查按照清查时间是否事先有计划,可分为定期清查和不定期(临时)清查。

1.定期清查

定期清查是指按计划安排时间对财产物资、债权债务进行的清查。一般是在年终决算前进行全面清查,在季末和月末进行局部清查,年末清查的范围一般要比月末、季末大一些。

2.不定期清查

不定期清查是指事先并无计划安排清查日期,而是根据实际需要临时进行财产清查。不定期清查通常在以下情况进行：
(1) 更换出纳、财产物资保管人员时。
(2) 发生意外损失和自然灾害时。
(3) 进行临时性清产核资，对某些要求清查的资产进行清查时。
(4) 财政、税务、银行以及审计部门对企业进行检查时。
(5) 单位破产、合并、重组、改变隶属关系时。

第二节 财产物资的盘存制度

财产物资的盘存制度是指在日常会计核算中采用什么方法确定各项财产物资的盘存数。企业财产物资的盘存制度通常包括永续盘存制和实地盘存制两种。

一、永续盘存制

永续盘存制又称"账面盘存制"，是指平时对各项财产物资的增加数和减少数，都必须根据会计凭证在有关明细账中进行连续登记，并随时结算出各项财产物资账面余额的一种盘存制度。

账面期末余额＝账面期初余额＋本期增加数－本期减少数

企业采用永续盘存制，在财产明细账中可以随时掌握财产收入、发出和结存的情况，从而能够加强对财产的日常管理。尽管财产明细分类核算工作量较大，计算工作过于集中，但有利于加强财产物资的管理。因此，在一般情况下，各单位均采用这种盘存制度。

【例9-1】方圆公司A材料的期初结存及购进和发出的资料如下：

月初结存1 000千克，单价2元，金额2 000元。本月6日，生产领用500千克，计1 000元，本月8日，购进300千克，单价2元，金额600元，本月16日，购进900千克，单价2元，金额1 800元。本月25日，生产领用600千克，计1 200元。根据上述资料，采用永续盘存制，在材料明细账上的记录如表9-1所示：

表9-1 永续盘存制的原材料明细账

原 材 料 明 细 账

材料名称：A材料　　　　规格：10毫米　　　　计量单位：千克　　　　第　页

年		凭证字号	摘 要	借 方			贷 方			结 余		
月	日			数量	单价	金额	数量	单价	金额	数量	单价	金额
	1		月初余额							1 000	2	2 000
	6		发出				500	2	1 000	500	2	1 000
	8		入库	300	2	600				800	2	1 600
	16		入库	900	2	1 800				1 700	2	3 400
	25		发出				600	2	1 200	1 100	2	2 200
	30		本期发生额及余额	1 200	2	2 400	1 100	2	2 200	1 100	2	2 200

二、实地盘存制

实地盘存制是与永续盘存制相对应的一种盘存制度，这种方法用于产品制造企业时称为"以存计耗制"或"盘存计耗制"，用于商品流通企业时称为"以存计销制"或"盘存计销制"。这种方法平时只登记财产物资的增加数，不登记减少数，期末通过实地盘点所确定的实存数，倒挤出本期各项财产物资的减少数，再根据倒挤出的本期减少数，登记有关账簿。

本期减少数＝账面期初余额＋本期增加数－期末实存数

企业采用实地盘存制，平时只须登记各项财产物资的增加数，不用登记减少数，从而简化了财产的明细分类核算工作。但是，它对各项财产的收入、发出和结存没有严密的手续，不利于进行日常管理和监督。期末倒挤计算财产物资的减少数，容易掩盖财产物资管理存在的问题，既不利于财产的管理，又影响了成本计算的正确性。因此，它一般只适用于一些价值低、品种杂、进出频繁的商品。

【例9-2】在例9-1中，假设方圆公司对A材料采用实地盘存制进行收入、发出、结余核算，则A材料明细账记录如表所示：

表9-2 实地盘存制的原材料明细账

原 材 料 明 细 账

材料名称：A材料　　　　规格：10毫米　　　　计量单位：千克　　　　第　页

年		凭证字号	摘 要	借 方			贷 方			结 余		
月	日			数量	单价	金额	数量	单价	金额	数量	单价	金额
	1		月初余额							1 000	2	2 000
	8		入库	300	2	600						
	16		入库	900	2	1 800						
	30		发出				1 100	2	2 200	1 100	2	2 200
	30		本期发生额及余额	1 200	2	2 400	1 100	2	2 200	1 100	2	2 200

对永续盘存制和实地盘制进行比较，分析如表9-3所示。

表9-3 永续盘存制和实地盘存制的比较

盘存制度	概念	具体做法	优缺点
永续盘存制（账面盘存制）	根据账簿记录计算账面结存数量的方法。	平时对财产物资的增加数和减少数都必须根据有关凭证连续计入有关账簿，并随时结出账面结存数额。用公式表示如下： 期末账面结存数量＝期初账面结存数量＋本期增加数量－本期减少数量。	优点：手续严密；能及时反映存货的收、发和结存情况；有利于加强对存货的管理，保护财产物资的安全与完整。 缺点：核算工作量大。
实地盘存制	根据实地盘点或技术推算所得的实存数量作为各项存货账面结存数量的方法。	平时对存货的增加业务都要根据会计凭证连续登计入账，但不登记存货减少数。到月末结账时，根据实地盘点的实存数来倒挤出本期的减少数。用公式表示如下： 本期减少数＝期初账面结存数量＋本期增加数－期末实际结存数。	优点：核算手续简单、工作量小。 缺点：手续不够严密；不能通过账簿随时反映存货的收、发、结存情况；不利于加强对存货的管理。

第三节 财产清查的方法

　　财产清查是一项业务量大、涉及面广的工作，它不仅是会计部门和各财产物资管理部门的一项重要任务，也是他们的一项重要职责。为了使财产清查工作迅速、顺利地进行，达到财产清查的目的，使它发挥应有的积极作用，在清查前（特别是全面清查以前），单位必须协调各方面力量，做好充分准备。

　　财产清查之前的业务准备工作具体包括以下几个方面：

　　首先，财产清查工作必须在单位负责人的领导下，由会计人员、有关财产保管人员等成立财产清查领导小组，清查小组要做好清查计划，组织清查人员认真学习，明确清查的意义和要求。

　　其次，会计部门应在财产清查之前，将所有的经济业务登计入账并结出余额，做到账账相符、账证相符，为账实核对提供正确的账簿资料。

　　再次，财产物资的保管人员应将所经管的全部财产物资计入有关明细账，并结出余额；将所保管以及所用的各种财产物资归位整理清楚，贴上标签或抄写盘存表，标明品种、规格和结存数量，以便盘点核对。

　　最后，在财产清查地点，财产清查人员要准备好各种计量器具并进行严格检查，以保证计量准确可靠，还要准备清查登记用的清单、表格等。

　　在完成以上各项准备工作以后，清查人员应针对不同的清查内容而采用不同的清查方法实施财产清查和盘点。

一、货币资金的清查方法

(一) 库存现金的清查

库存现金的清查应先采用实地盘点的方法确定库存现金的实存数,再与现金日记账的账面余额相核对,确定账实是否相符以及盈亏情况。库存现金的盘点应由清查人员会同出纳人员共同负责。

在日常的工作中,出纳人员每日清点库存现金实有数,并与库存现金日记账的账面余额核对。但在库存现金的会计核算过程中,由于管理不善或工作人员失职等原因,可能发生库存现金差错或丢失。为了防止贪污、盗窃、挪用公款等不法行为的发生,确保库存现金安全完整,单位需要定期或不定期地对库存现金情况进行实地盘点,重点检查账款是否相符,有无"白条"抵库、私借公款、挪用公款等违纪违法行为。

盘点时,出纳人员必须在场,现金应逐张清点,清查人员从旁监督。同时,清查人员还应认真审核库存现金收付凭证和有关账簿,检查账务处理是否合理合法、账簿记录有无错误,以确定账存数与实存数是否相符。盘点结束后,清查人员应根据盘点结果,及时填制"库存现金盘点报告表",由盘点人员、出纳人员及其相关负责人共同签名盖章。

"库存现金盘点报告表"具有双重性质,兼有"盘存单"和"实存账存对比表"的作用,是反映库存现金实有数和调整账簿记录的重要原始凭证,也是分析账实差异原因、明确经济责任的依据。其一般格式如表9-4所示。

表9-4 库存现金盘点报告表

单位名称: 年 月 日

实存金额	账存金额	对比结果		备注
		盘盈	盘亏	

盘点人(签章): 出纳员: (相关负责人签章)

(二) 银行存款的清查

银行存款的清查与库存现金清查不同,银行存款的清查是通过将银行存款日记账与开户银行转来的对账单进行核对,以查明银行存款的实有数额。如果发现二者余额相符,一般说明无记账错误;如果发现二者余额不相符,原因可能有两个,一是双方或一方记账有误,二是存在未达账项。

所谓未达账项,是指企业与银行之间,由于凭证传递的时间不同,一方已登记入账,另一方因尚未接到凭证而未登记入账的款项。总的来说,未达账项有两大类:一是企业已经入账而银行尚未入账的款项；二是银行已经入账而企业尚未入账的款项。具体地说，未达账项有下列四种情况：企业已收款入账，银行尚未收款入账；企业已付款入账，银行尚未付款入账；银行已收款入账，企业尚未收款入账；银行已付款入账，企业尚未付款入账。

上述任何一种情况发生，都会使企业银行存款日记账的余额与银行对账单的余额不相一致，其中在第一和第四两种情况下，企业银行存款日记账的余额会大于银行对账单的余额；在第二和第三两种情况下，会使企业银行存款日记账的余额会小于银行对账单的余额。

在清查银行存款时，如出现未达账项，应通过编制"银行存款余额调节表"进行调整。调节表一般是采用"补记法"，即在企业银行存款账面余额和银行对账单余额的基础上，各自补记对方已收而本单位未收的款项，减去对方已付而本单位未付的款项。经过调节后，双方的余额应相互一致，即：

企业银行存款日记账余额+银行已收企业未收-银行已付企业未付＝银行对账单余额＋企业已收银行未收－企业已付银行未付

【例9-3】方圆公司2018年5月31日银行存款日记账账面余额为50 000元，同日银行开出的对账单余额为68 000元。经银行存款日记账与银行对账单逐笔核对，发现有以下未达账项：

1. 5月25日，企业收到销货款2 000元，银行尚未入账；
2. 5月27日，企业开出转账支票一张计18 000元，银行尚未入账；
3. 5月29日，银行代企业收回购货款10 000元，企业因尚未收到收款通知而尚未入账；
4. 5月29日，银行代企业支付支付本月水电费8 000元，企业因尚未收到付款通知而尚未入账。

根据以上资料编制银行存款余额调节表，如表9-5所示。

表9-5　银行存款余额调节表
2018年5月31日　　　　　　　　　　　　　　　单位：元

项目	金额	项目	金额
企业银行存款日记账余额 加：银行已收企业未收款 减：银行已付企业未付款	50 000 10 000 8 000	银行对账单余额 加：企业已收银行未收款 减：企业已付银行未付款	68 000 2 000 18 000
调节后的存款余额	52 000	调节后的存款余额	52 000

在表9-5中，左、右两方调节后的金额相等，经调节后的存款余额才是企业可动用的银行存款实有数额。需要注意的是，"银行存款余额调节表"只起对账作用，并不是原始凭证，不能根据银行存款余额调节表来编制会计分录，作为记账依据，必须在实际收到有关收、付款结算凭证后，才能据以记账。对于长期存在的未达账项，应进一步查明原因，予以解决。

二、实物资产的清查方法

实物资产主要包括存货（如原材料、在产品、半成品、库存商品、低值易耗品、包装物）和固定资产等。实物资产的清查主要从数量和质量上进行，由于各种实物资产的形态、体积、重量及堆放方式等不相同，所以在清查时针对不同的清查对象采用不同的清查方法。常用的实物资产的清查方法有以下几种：

1.实地盘点法

实地盘点法是指通过实地逐一点数或用计量器具来确定实物资产实存数量的一种方法。该方法适用范围较广且易于操作，企业单位大部分的实物资产的清查均可采用这种清查方法。

2.技术推算法

技术推算法是指通过技术推算确定实存数量的一种方法。该方法一般适用于那些大量成堆且难以清点的财产物资，如煤炭、矿石、盐、饲料等的清查。

3.抽样盘点法

抽样盘点法是指对某些数量较多、重量和体积比较均衡的实物资产，可先确定其总体，然后从总体中抽取一定量样本，从而推算出总体数量的一种方法。

为了明确经济责任，在进行实物资产清查盘点时，实物保管人员必须在场。对各项财产物资的盘点结果，清查人员应逐一填制盘存单，详细列明各种实物资产的名称、规格、数量、单价等，并由盘点人员和实物保管人员共同签字或盖章。盘存单是记录清查结果的书面证明，也是反映实物资产实有数额的原始凭证。

表9-6　盘存单

单位名称：　　　　　　　　盘点时间：　　　　　　　　编号：
财产类别：　　　　　　　　存放地点：　　　　　　　　金额单位：

编号	名称	计量单位	数量	单价	金额	备注

盘点人（签章）：　　　　　　　　　　　　　　实物保管人（签章）：

为了进一步核实清查的实存数与账面数是否一致，应根据"盘存单"和会计账簿记录，确认盘盈盘亏数，填制"实存账存对比表"，该表是调整账簿记录的原始凭证。

表9-7　实存账存对比表

使用部门：　　　　　　　　年　月　日　　　　　　　　编号：
资产类别：　　　　　　　　存放地点：　　　　　　　　金额单位：

编号	类别及名称	计量单位	单价	实存		账存		对比结果				备注
								盘盈		盘亏		
				数量	金额	数量	金额	数量	金额	数量	金额	

实物保管人：　　　　　　　会计：　　　　　　　编表：

三、往来款项的清查方法

往来款项主要包括应收款项、其他应收款、应付款项和其他应付款及预收账款、预付账款等。往来款项的清查一般采用函证核实法,即信函、电函或面询的方式,与往来单位核对账目,以确定往来款项是否相符。

往来款项清查的方法一般有以下几步:

首先核对本单位的往来款项账簿记录,确认总分类账与明细分类账的余额相等,以及各明细分类账的余额相符。

在保证本单位账簿记录正确、完整的情况下,再编制"往来款项对账单",通过信函、电函、面询等多种方式,请对方企业核对。对账单应按明细账户逐笔摘抄,一式两联,其中一联交对方单位核对账目,另一联作为回联单。对方单位核对相符,应在回单上注明"核对相符"字样,并盖章后退回本单位;如果发现双方账目不相符,应将不符情况情况在回单上注明或另抄对账单退回,以便进一步查对。

收到回单以后,要据以编制"往来款项清查报告单",由清查人员和记账人员共同签名盖章,注明核对相符与不相符的款项,并及时催收该收回的款项,积极处理呆账,减少坏账损失。往来款项的清查结果应编制往来款项清查报告表,格式如表9-8所示。

_____公司:

截至____年____月____日,贵公司尚欠我公司货款_____元,大写:_____。请核对后将回联单寄回。谢谢!

核查单位(签章):_____

_____年____月____日

_____公司:

截至____年____月____日,我公司尚欠贵公司货款_____元,大写:_____。经核对确认无误。

核查单位(签章):_____

_____年____月____日

表9-8 往来款项对账单
往来款项清查报告表

总分类账户名称: 2018年12月31日 单位:元

明细分类账户		清查结果		核对不符原因			备注
名称	账面余额	核对相符金额	核对不符金额	未达账项金额	有争议款项金额	其他	

清查人员(签章)×× 记账人员(签章)××

第四节 财产清查结果的处理

一、财产清查结果处理的基本要求

通过财产清查，企业通常都能发现财产管理和核算方面存在的问题。对所发现的问题，企业应当按照国家有关会计准则、制度的规定进行认真处理，做好财产清查结果的处理工作，具体包括以下几方面要求：

（一）查明差异，分析原因

对于财产清查结果出现的差异，会计人员应当及时核实盘盈和盘亏数字，并调查分析形成差异的性质及原因，明确责任，提出处理意见，报送有关领导和部门批准后，予以处理。

（二）调整账簿记录，账实相符

为了做到账实相符，保证会计信息真实正确，对于查明的各种盘盈、盘亏，会计人员应及时调整有关财产物资的账簿记录，并作为待处理财产损溢，在查明原因经有关领导和部门批准后，再按批准的意见，进行相应的账务处理。

（三）总结经验，加强管理

对于财产清查中发现的各种问题，会计人员应及时查明问题的性质及原因，认真总结经验教训，制定改进措施，进一步健全财产管理制度，加强财产管理，明确管理责任，从根本上保护企业财产的安全与完整。

二、财产清查结果处理的步骤

财产清查出现账实不符，无非有两种情况：一是盘盈，即实存数大于账存数；二是盘亏，即实存数小于账存数。对其结果的处理应设置"待处理财产损溢"账户。"待处理财产损溢"账户是用来核算财产清查过程中所查财产物资的盘盈、盘亏及转销情况的账户，借方登记各项财产的盘亏或毁损数额和各项盘盈财产报经批准后的转销数，贷方登记各项财产的盘盈数额和各项盘亏或毁损财产报经批准后的转销数。该账户属过渡性账户，转销后无余额。为了进一步反映财产物资盘盈、盘亏的具体情况，应设置"待处理流动资产损益"和"待处理固定资产损益"两个二级明细账户。该账户结构如图9-1所示：

借	待处理财产损溢	贷
待处理财产盘亏金额 根据批准的处理意见结转待处理财产盘盈数		待处理财产盘盈金额 根据批准的处理意见结转待处理财产盘亏数

图 9-1

（一）审批之前的处理

在处理建议得到批准之前，会计人员和财产管理人员应根据"实存账存对比表""盘点报告表"等资料，编制记账凭证、计入有关账簿，使账簿记录与实际盘存数相符。同时，清查人员应向有关方面报告清查结果，根据企业的管理权限将处理建议报股东大会或董事会、经理（厂长）会议或类似机构批准，对于发生的财产损失应及时向主管税务机关申请备案确认。

（二）审批之后的处理

处理意见经审批后，会计人员应根据发生差异的原因和审批处理意见进行账务处理，转销待处理财产的盘盈、盘亏数，编制记账凭证并计入相关账簿，保证账簿记录的完整性和准确性。

三、财产清查结果的账务处理

（一）库存现金清查结果的账务处理

1. 库存现金盘盈的账务处理

当现金发生溢余时，报经批准后，属于应支付给有关人员或单位的，计入"其他应付款"科目；属于无法查明原因的现金溢余，计入"营业外收入"科目。

【例9-4】方圆公司在财产清查中，发现库存现金溢余100元。

（1）报经审批前，应根据"库存现金盘点报告表"编制记账凭证，并据以登计入账，调整账面记录，使其账实相符。编制会计分录如下：

借：库存现金　　　　　　　　　　　　　　100
　　贷：待处理财产损溢——待处理流动资产损溢　　100

（2）经反复核查，属于无法查明的其他原因造成的现金溢余，经批准后，列作营业外收入处理，应编制如下会计分录：

借：待处理财产损溢——待处理流动资产损溢　　100
　　贷：营业外收入　　　　　　　　　　　　　　100

如果现金溢余属于应付给有关人员或单位的，应编制如下会计分录：

借：待处理财产损溢——待处理流动资产损溢　　100
　　贷：其他应付款——××　　　　　　　　　　100

2. 库存现金盘亏的账务处理

当现金发生盘亏时，报经批准后，属于应由责任人赔偿或保险公司赔偿的部分，计入其他应收款；属于无法查明原因的，计入管理费用。

【例9-5】方圆公司在财产清查中，发现库存现金短缺300元。

（1）报经审批前，应根据"库存现金盘点报告表"编制记账凭证，并据以登计入账，调整账面记录，使之账实相符。会计分录如下：

```
        借：待处理财产损溢——待处理流动资产损溢        300
            贷：库存现金                              300
```
（2）经过核查，属于出纳员的责任造成的现金短缺，应由出纳员负责赔偿。应编制如下会计分录：
```
        借：其他应收款——出纳员                      300
            贷：待处理财产损溢——待处理流动资产损溢    300
```
日后出纳员交来赔款，则应编制如下会计分录：
```
        借：库存现金                                 300
            贷：其他应收款——出纳员                   300
```
如果现金短缺属于应由保险公司赔偿的短款，应编制如下会计分录：
```
        借：其他应收款——××保险公司                 300
            贷：待处理财产损溢——待处理流动资产损溢    300
```

（二）存货清查结果的账务处理

1. 存货盘盈的账务处理

当企业发生存货盘盈时，应根据"实存账存对比表"，将盘盈的价值计入"原材料""生产成本""库存商品"等账户的借方，同时计入"待处理财产损溢——待处理流动资产损溢"账户的贷方。经查明原因和有关部门批准后，再冲减管理费用。

【例9-6】方圆公司在财产清查中，查明盘盈乙材料一批，价值2 000元。

（1）报经批准前，应根据"实存账存对比表"作如下会计分录：
```
        借：原材料——乙材料                          2 000
            贷：待处理财产损溢——待处理流动资产损溢    2 000
```
（2）经查，上述材料盘盈由于收发计量错误所致，经批准冲减"管理费用"，应作如下会计分录：
```
        借：待处理财产损溢——待处理流动资产损溢      2 000
            贷：管理费用                             2 000
```

2. 存货盘亏的账务处理

当企业发生存货盘亏或毁损时，批准前应先借记"待处理财产损溢——待处理流动资产损溢"账户，贷记"原材料""库存商品"等账户。批准后，盘亏的存货在扣除过失人或保险公司等赔款和残料价值后的净损失，属于一般经营损失的部分计入"管理费用"账户，属于非常损失的部分，如自然灾害、意外事故等，计入"营业外支出"账户。

【例9-7】方圆公司在财产清查中，发现盘亏甲材料50千克，价值2 000元。

（1）根据"实存账存对比表"，在审批前按材料的盘亏数入账，应作如下会计分录：
```
        借：待处理财产损溢——待处理流动资产损溢      2 000
            贷：原材料——甲材料                      2 000
```

(2)经查,上述材料盘亏系平时收发计量误差所致,经批准列作"管理费用",应作如下会计分录:

借:管理费用　　　　　　　　　　　　　　　2 000
　　贷:待处理财产损溢——待处理流动资产损溢　2 000

【例9-8】方圆公司在财产清查中,发现盘亏丙材料500千克,价值20 000元,购进该批材料的进项税额3 200元。

(1)在审批前按材料的盘亏数入账,应作如下会计分录:

借:待处理财产损溢——待处理流动资产损溢　23 200
　　贷:原材料——甲材料　　　　　　　　　　20 000
　　　　应交税费——应交增值税(进项税额转出)　3 200

(2)经查,上述材料盘亏属于非常损失造成的,经批准由保险公司赔偿10 000元,其余经批准列作营业外支出,应作如下会计分录:

借:其他应收款——××保险公司　　　　　10 000
　　营业外支出　　　　　　　　　　　　　13 200
　　贷:待处理财产损溢——待处理流动资产损溢　23 200

(三)固定资产清查结果的账务处理

1. 固定资产盘盈的账务处理

盘盈的固定资产属于会计差错的,按照相关会计准则规定,应通过"以前年度损益调整"账户进行核算。关于固定资产盘盈的会计处理留待后续有关课程介绍。

2. 固定资产盘亏的账务处理

盘亏的固定资产,应按其账面价值先通过"待处理财产损溢——待处理固定资产损溢"账户核算,报经批准转销时,在扣除过失人或保险公司等赔款和残料价值后,作为盘亏损失借记"营业外支出"账户,贷记"待处理财产损溢——待处理固定资产损溢"账户。

【例9-9】方圆公司在财产清查中,发现盘亏设备一台,该设备账面原价为20 000元,已提折旧8 000元。

(1)根据"实存账存对比表",对盘亏设备应作如下会计分录:

借:待处理财产损溢——待处理固定资产损溢　12 000
　　累计折旧　　　　　　　　　　　　　　　8 000
　　贷:固定资产　　　　　　　　　　　　　　20 000

(2)固定资产盘亏经审批,同意作为损失列作营业外支出处理,应作如下会计分录:

借:营业外支出　　　　　　　　　　　　　12 000
　　贷:待处理财产损溢——待处理固定资产损溢　12 000

(四)应收款项清查的账务处理

在财产清查中,对于已查明确实无法收回的应收账款和无法支付的应付账款,要按规定程序报经批准后进行相应的账务处理。其中,对于长期应收未收的款项,即坏账损失通常有两种处理方法,一种为直接转销法,另一种为备抵法。但现行准则规定企业对于发生的坏账损失不采用直接转销法,即不得擅自冲销账簿记录,不通过"待处理财产损益"账户进行核算,而要求采用备抵法。

备抵法又称"计提坏账准备金法",是指按期估计坏账损失,形成坏账准备。当某一应收款项全部或部分确认为坏账时,应根据其金额冲减坏账准备,同时转销相应的应收款项等账户金额的一种坏账损失会计核算的方法。其基本会计处理如下:

1. 期末估计坏账(计提)时

借:信用减值损失
  贷:坏账准备

2. 确认坏账时

借:坏账准备
  贷:应收账款

【例9-10】方圆公司9月16日确认应收甲公司一笔50 000元的账款无法收回,按规定程序批准后,应编制如下会计分录:

借:坏账准备   50 000
  贷:应收账款   50 000

思考题

1. 什么是财产清查?财产清查的意义是什么?
2. 未达账项是什么?为什么会产生未达账项?
3. 如何对库存现金和银行存款进行清查?怎么解决清查中出现的问题?
4. 财产清查的结果如何进行账务处理?
5. 永续盘存制与实地盘存制有什么区别?各有何优缺点?

练习题

一、单项选择题

1. 企业对于发生自然灾害毁损的财产物资进行财产清查,属于（　　）。
   A. 定期清查　　　　　　　　B. 分期清查
   C. 不定期清查　　　　　　　D. 集中清查

2. 下列关于财产清查说法正确的是（　　）。
   A. 库存现金应该每日清点一次
   B. 银行存款每月至少同银行核对两次
   C. 贵重物资每年应盘点一次
   D. 债权债务每年至少核对二、三次

3. 下列项目属于实物资产清查的是（　　）。
   A. 库存现金　　　　　　　　B. 固定资产
   C. 银行存款　　　　　　　　D. 应付账款

4. 关于现金的清查,下列说法正确的是（　　）。
   A. 在清查小组盘点现金时,出纳人员无需在场
   B. "现金盘点报告表"无需清查人员和出纳人员共同签字盖章
   C. 要根据"现金盘点报告表"进行账务处理
   D. 不必根据"现金盘点报告表"进行账务处理

5. 银行存款清查的方法是（　　）。
   A. 定期盘点法　　　　　　　B. 与银行核对账目法
   C. 实地盘存法　　　　　　　D. 和往来单位核对账目法

6. 无法查明原因的现金盘盈应该计入（　　）科目。
   A. 管理费用　　　　　　　　B. 营业外收入
   C. 销售费用　　　　　　　　D. 其他业务收入

7. 华翔公司2018年6月30日银行存款日记账的余额为200万元,经逐笔核对,未达账项如下:银行已收,企业未收的5万元;银行已付,企业未付的3万元。调整后的企业银行存款余额应为（　　）万元。
   A. 200　　　　　　　　　　　B. 208
   C. 202　　　　　　　　　　　D. 203

8. 对往来款项进行清查,应该采用的方法是（　　）。
   A. 抽样盘存法　　　　　　　B. 与银行核对账目法
   C. 实地盘点法　　　　　　　D. 发函询证法

9. 在记账无误的情况下，造成银行存款日记账和银行对账单不一致的原因是（   ）。
   A. 应收账款   B. 应付账款
   C. 未达账项   D. 其他货币资金

10. 财产清查是对（   ）进行盘点和核对，确定其实存数，并检查其账存数和实存数是否相符的一种专门方法。
    A. 存货   B. 固定资产
    C. 货币资金   D. 各项财产

二、多项选择题

1. 按财产清查的范围可将财产清查方法分为（   ）。
   A. 定期清查   B. 不定期清查
   C. 局部清查   D. 全面清查
   E. 实地盘点法

2. 因更换出纳员而对现金进行盘点和核对，属于（   ）。
   A. 全面清查   B. 不定期清查
   C. 局部清查   D. 定期清查
   E. 发函询证法

3. 下列采用发询证函法进行清查的项目有（   ）。
   A. 应收账款   B. 存货
   C. 库存现金   D. 应付账款
   E. 固定资产

4. 下列反映在待处理财产损溢科目借方的有（   ）。
   A. 财产的盘亏数   B. 财产的盘盈数
   C. 各项财产盘盈财产报经批准后的转销数
   D. 尚未处理的财产净溢余   E. 待处理财产损溢期末余额

5. 下列属于财产清查一般程序的有（   ）。
   A. 组织清查人员学习有关政策规定
   B. 确定清查对象、范围，明确清查任务
   C. 制定清查方案   D. 填制盘存单和清查报告表   E. 编制收付款凭证

6. 下列情况需要进行不定期清查的有（   ）。
   A. 年终决算前进行财产清查   B. 更换财产物资保管人员
   C. 发生自然灾害或意外损失   D. 临时性清产核资
   E. 单位主要负责人调离时

7. 下列项目中属于调减项目的有（　　）。
   A. 企业已收，银行未收　　　　B. 企业已付，银行未付
   C. 银行已收，企业未收　　　　D. 银行已付，企业未付
   E. 银行未收，企业未收

8. 下列采用技术推算法清查的有（　　）。
   A. 库存现金　　　　　　　　　B. 固定资产
   C. 露天堆放的盐　　　　　　　D. 露天堆放的煤
   E. 应收账款

9. 对于库存现金的清查，下列说法不正确的有（　　）。
   A. 库存现金应该每月清点一次
   B. 库存现金应该采用实地盘点法
   C. 在清查过程中可以用"白条"充抵库存现金
   D. 要根据盘点结果编制"现金盘点报告表"
   E. 库存现金应该采用查询核对法

10. 造成账实不符的原因主要有（　　）。
    A. 财产物资的自然损耗　　　　B. 财产物资收发计量错误
    C. 财产物资的毁损、被盗　　　D. 会计账簿漏记、重记、错记
    E. 更换财产保管员

三、判断题

1. 采用实地盘存制，平时账簿记录中不反映财产物资的减少数额。（　　）
2. 对于财产清查结果的账务处理分两步进行，发现盘盈盘亏时调整有关账面记录，报请批准后按批准意见处理。（　　）
3. 非正常原因造成的存货盘亏损失经批准后应该计入营业外支出。（　　）
4. 在进行库存现金和存货清查时，出纳人员和实物保管人员均须在场。（　　）
5. 对债权债务的清查应采用实地盘点的清查方法。（　　）
6. "银行存款余额调节表"是银行存款清查的方法。（　　）
7. 银行余额调节表可作为原始凭证，调整账簿记录。（　　）
8. 对于现金的清查，应将其结果及时填列现金盘点报告表。（　　）
9. 定期清查和不定期清查对象的范围必须是全面清查。（　　）
10. 对各项实物资产清查就是进行定期盘点和核对。（　　）

四、业务题

（一）方圆公司2018年12月30日银行存款日记账余额为691 600元，银行对账单余额为681 600元，经逐笔核对，发现有以下未达账项

1. 企业将收到购货单位货款17 000元送存银行，企业已记账，银行尚未记账。
2. 企业购买材料开出转账支票4 000元，企业已记账，银行尚未登计入账。
3. 企业委托银行代收款项6 000元，银行收到已记账，企业尚未记账。
4. 银行代企业支付的水电费3 000元，企业尚未收到银行付款通知，故尚未登计入账。
要求：根据上述未达账项编制银行存款余额调节表。

（二）方圆公司2018年经财产清查，发现盘亏甲材料2 000吨，每吨20元，经查明属于自然灾害造成的损失，由保险公司赔偿22 000元
要求：对方圆公司甲材料的盘亏进行批准前和批准后的会计处理。

（三）方圆公司2016年在财产清查中，发现盘亏机器设备一台，原值为350 000元，已提折旧额为100 000元
要求：对方圆公司盘亏的固定资产进行批准前和批准后的会计处理。

五、案例分析

华泰公司成立于2018年5月，12月26日公司财务部门为编制财务报表要进行财产清查。经总经理办公会同意，12月29日财务部门同物资保管部门、生产部门一起进行财产清查。经清查发现，A种材料盘盈3 000元，B种材料盘亏4 500元，C种材料盘亏1 000元。经查实，A材料是由收发材料时量具不准确造成的，B材料属于定额内的合理损耗，C材料属于过失人造成，应由过失人赔偿700元，扣除过失人赔偿后，其余经批准计入公司的管理费用。请问财务部门应该如何进行账务处理？

第十章

财务会计报告

第十章 财务会计报告

本章知识结构图

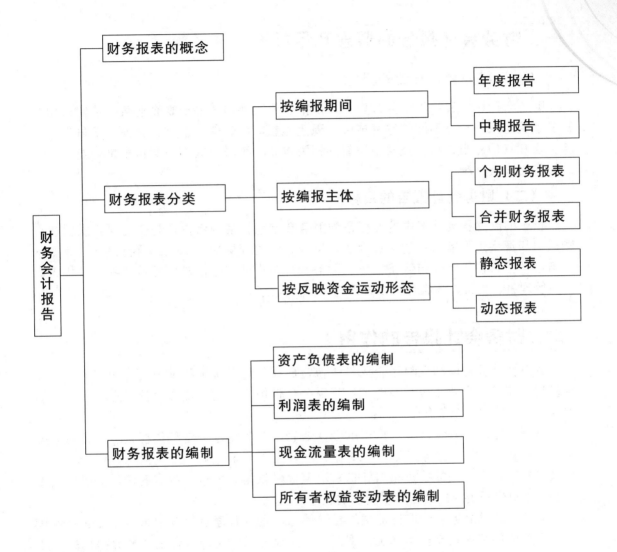

| 学习目标 | 1. 理解财务会计报告的意义和作用。
2. 学会简述财务报表的结构和内容。
3. 熟练掌握财务报表的编制要求和编制方法。
4. 了解财务报表的汇总、审批与报送。 |

第一节 财务会计报告概述

一、财务会计报告的概念及目标

(一) 财务会计报告的概念

财务会计报告又称"财务报告",是指企业对外提供的反映企业某一特定日期的财务状况与某一会计期间的经营成果、现金流量等会计信息的文件。财务报告包括财务报表和其他应当在财务报告中披露的相关信息和资料,其中财务报表是企业财务会计报告的核心内容。

(二) 财务会计报告的目标

企业编制财务会计报告的目标是向财务会计报告使用者提供与企业财务状况、经营成果和现金流量等有关的会计信息,反映企业管理层受托责任的履行情况,有助于财务会计报告使用者作出经济决策。财务会计报告使用者通常包括投资者、债权人、企业管理者、员工、政府及其相关机构和社会公众等。

二、财务会计报告的作用

财务会计报告总括反映了企业某一特定日期的财务状况和某一会计期间的经营成果及现金流量。企业正确、及时地编报财务会计报告并对外提供会计信息具有重要的作用,主要体现在以下几个方面:

第一,通过财务会计报告提供的会计信息,企业的投资者和债权人可以了解有关企业财务状况、经营成果和现金流量的情况,据以分析企业的盈利能力、偿债能力、发展前景等,为他们的投资决策和信贷决策提供依据。同时,投资者还可据以评估企业管理层对受托资源的经营管理责任的履行情况。

第二,通过财务会计报告提供的会计信息,企业管理者可以掌握本企业的财务状况、经营成果和现金流量等情况,据以了解企业各项财务成本计划或预算指标的完成情况,及时发现问题,调整经营方针,提高经营管理水平,为今后的经济预测和决策提供依据。

第三,国家经济管理部门通过对企业提供的财务会计报告进行汇总和分析,可以了解和掌握各部门、各地区的经济发展情况,并针对存在的问题采取必要的宏观调控措施,促进社会资源的有效配置,保证国民经济稳定持续发展。

第四,财政、税务、审计等部门通过对企业提供的财务会计报告进行汇总和分析,可以了解企业资金筹集和运用是否合理,检查、监督各企业是否存在违法乱纪和偷税漏税行为。

三、财务报表的分类

根据《企业会计准则》的规定，一套完整的财务报表至少应当包括资产负债表、利润表、现金流量表、所有者权益（或股东权益）变动表。财务报表可以按照不同的标准，分为以下几类：

（一）按服务对象分类

财务报表按其服务对象可以分为外部报表和内部报表。外部报表是企业必须定期编制、定期向外部会计信息使用者报送的财务报表，具有统一的报表格式和编制要求等，如资产负债表、利润表、现金流量表和所有者权益变动表等均属于外部报表。

内部报表是企业根据其内部经营管理需要而编制的，为管理者提供决策信息的财务报表，不要求统一的格式和种类，如成本报表属于内部报表。

（二）按编报的时间分类

财务报表按编制的时间分可以分为年度报表和中期财务报表。年度财务报表是指在年度结束以后编制的，可以全面反映企业整个会计年度的经营成果、现金流量情况及年末财务状况的财务报表。企业每年年底必须编制并报送年度财务报表。中期财务报告是指以中期为基础编制的财务报告。中期是指短于一个完整的会计年度的报告期间。中期财务报表包括月报表、季报表、半年报表。

（三）按编报单位的不同分类

财务报表按编报单位不同可以分为基层财务报表和汇总财务报表。基层财务报表是指由独立核算的会计主体编制的，用以反映某一会计主体财务状况和经营成果的报表。汇总报表是指上级主管部门将本身的财务报表与其所属企业报送的报表加以平行汇总编制而成的财务报表。

（四）按编报的会计主体不同分类

财务报表按编报的会计主体不同可以分为个别报表和合并报表。个别报表是指在以母公司和子公司组成的具有控股关系的企业集团中，由母公司和子公司各自单独编制的，用以分别反映母公司和子公司各自的财务状况和经营成果财务报表。合并报表是指将母子公司形成的企业集团作为一个会计主体，以母公司和子公司单独编制的个别财务报表为基础，由母公司编制的综合反映企业集团整体财务状况、经营成果和现金流量的财务报表。

四、财务会计报告的编制要求

编制财务会计报告应当根据经过审核的会计账簿记录和有关资料，并按照国家统一的会计制度规定的编制基础、编制依据、编制原则和方法编制。为了使财务会计报告能够最大限度地满足有关各方的需要，企业必须保证财务报告的质量，充分发挥其在决策中的作用。企业编制的财务会计报告应当真实可靠、全面完整、编报及时、便于理解。编制财务报告的基本要求如下：

（一）真实可靠

企业会计准则规定财务会计报告中的各项数据必须真实可靠，如实地反映企业的财务状况、经营成果和现金流量。因此，财务会计报告应当根据经过审核的会计账簿记录和有关资料编制，不得以任何方式弄虚作假。如果财务会计报告所提供的财务信息不真实可靠，会导致财务会计报告使用者对企业财务状况、经营成果和现金流量情况作出错误的评价与判断，导致其决策失误。

（二）全面完整

财务会计报告应当全面反映企业的财务状况、经营成果和现金流量，完整地反映企业经营活动的全貌。财务报表只有提供全面完整的会计信息资料，才能满足各有关方面对财务信息资料的需要。为了保证财务会计报告的全面完整，企业应该按照准则规定的格式和内容编制财务报告，不得漏编、漏报，尤其对于某些重要的会计事项，应当在财务报表附注中加以说明。

（三）编报及时

财务会计报告提供的信息具有较强的时效性，企业应当按照法律、行政法规和国家统一会计制度规定的期限，及时编制、提供财务会计报告。只有及时编报的财务会计报告，才能为报告使用者提供对决策有用的信息资料。否则，即使是真实可靠和内容完整的财务会计报告，但由于编报不及时，可能会失去其应有的价值。

（四）便于理解

可理解性是指财务会计报告提供的信息必须可以为报告使用者所理解。企业对外提供的财务报表是为广大财务报表使用者提供过去、现在和未来的有关资料，为企业目前或潜在的投资者和债权人提供决策所需的会计信息，因此，企业编制的财务报表应当清晰明了，便于使用者理解和利用。

第二节 财务报表的组成及其编制

一、资产负债表

(一) 资产负债表的概念与作用

资产负债表是反映企业某一特定日期（如月末、季末、年末等）财务状况的财务报表，又称为"财务状况表"，是一张静态报表。资产负债表的作用主要表现在以下方面：

其一，资产负债表可以帮助人们了解企业所掌握的经济资源及这些资源的分布与结构。

其二，资产负债表可以准确反映企业的资金来源构成以及所承担的债务和所有者权益的结构。

其三，对资产负债表的分析，可以看出企业的财务实力，分析企业短期及长期偿债能力。

其四，对不同时期指标的对比，可以判断出企业资金结构的变动情况及财务状况的发展趋向。

(二) 资产负债表的结构与内容

资产负债表的结构包括报表格式和项目分类及排列方法两个方面。资产负债表的格式主要有账户式和报告式两种。根据我国《企业会计准则》的规定，我国企业的资产负债表采用账户式格式，并根据"资产＝负债＋所有者权益"的会计等式，将资产负债表分为左右两方，如同T形账户，左方列示各资产项目，右方列示负债和所有者权益各项目，左、右两方总计相等，即资产总计等于负债加所有者权益总计。

根据《企业会计准则》的规定，企业对于资产和负债应当按其流动性予以分类。在资产负债表中，资产项目分为流动资产和非流动资产项目；负债项目分为流动负债和非流动负债项目；所有者权益项目以投资者享有权益的先后顺序排列，即原始投资列前，派生的留存收益排后。资产负债表的简要格式如下表10-1所示：

表10-1 资产负债表

会企01表

编制单位：　　　　　　　　　年　月　日　　　　　　　　　单位：元

资　产	期末余额	年初余额	负债和所有者权益（或股东权益）	期末余额	年初余额
流动资产：			流动负债：		
货币资金			短期借款		
交易性金融资产			交易性金融负债		
应收票据			应付票据		
应收票据			应付票据		
预付款项			预收款项		
其他应收款			合同负债		
存货			应付职工薪酬		
合同资产			应交税费		
持有待售资产			其他应付款		
一年内到期的非流动资产			持有待售负债		
其他流动资产			一年内到期的非流动负债		
流动资产合计			其他流动负债		
非流动资产：			流动负债合计		
债权投资			非流动负债：		
其他债权投资			长期借款		
长期股权投资			应付债券		
其他权益工具投资			长期应付款		
投资性房地产			预计负债		
固定资产			递延收益		
在建工程			递延所得税负债		
生产性生物资产			其他非流动负债		
油气资产			非流动负债总额		
无形资产			负债合计		
开发支出			所有者权益（或股东权益）：		
长期待摊费用			实收资本（或股本）		
递延所得税资产			资本公积		
其他非流动资产			其他综合收益		
非流动资产合计			盈余公积		
			未分配利润		
			所有者权益（或股东权益）合计		
资产合计			负债和所有者权益（或股东权益）合计		

（三）资产负债表的编制方法

1.资产负债表中的"年初数"和"期末数"

资产负债表的"年初数"栏内各项数字，应根据上年年末资产负债表的"期末数"栏所列数字填列。如果本年度资产负债表规定的各个项目的名称和内容同上年度不相一致，应对上年年末资产负债表各项目的名称和数字按照本年度的规定进行调整，填入本表"年初数"栏内。

资产负债表"期末数"栏内各数字，应根据报告期内期末所有账户的余额资料填列。"期末数"是指某一会计期末的数字，即年末、半年末、季末和月末的数字。

一般企业资产负债表各项目数据的期末余额，主要通过以下几种方式取得：

（1）根据总账账户的余额直接填列。资产负债表中的大部分项目都可以根据相应的总账账户余额直接填列，如"交易性金融资产""递延所得税资产""开发支出""短期借款""交易性金融负债""应付职工薪酬""应交税费""递延所得税负债""预计负债""实收资本"（或"股本"）"资本公积""盈余公积"等项目应直接根据总账科目的期末余额填列。

（2）根据几个总账账户的余额计算填列。资产负债表中有些项目需要根据若干个总账账户的期末余额计算填列，如"货币资金"项目应根据"库存现金""银行存款""其他货币资金"账户期末余额的合计数填列。

（3）根据明细账户的余额计算填列。资产负债表中某些项目不能直接根据总账账户的期末余额或几个总账 账户余额计算填列，而需要根据有关明细账账户的期末余额计算填列，如"应收账款"项目应根据"应收账款" 和"预收账款"账户所属明细账借方余额之和减去"坏账准备"科目中有关应收账款计提的坏账准备期末余额后 的金额填列；"预收款项"项目应根据"应收账款"和"预收账款"账户所属明细账贷方余额之和填列；"应付 账款"项目应根据"应付账款"和"预付账款"账户所属明细账贷方余额之和填列；"预付款项"项目应根据" 应付账款"和"预付账款"账户所属明细账借方余额之和填列。

（4）根据有关账户余额减去其备抵账户余额后的净额填列。根据现行企业会计准则的规定，在资产负债表中，各 项资产的已提减值准备均应在有关资产项目中予以扣除，不需要将有关资产减值准备的余额单独列示，如资产负 债表中的"应收账款"等项目，应根据"应收账款"账户的期末余额减去"坏账准备"账户余额后的净额填列；"固定资产"项目应根据"固定资产"账户期末余额减去"累计折旧""固定资产减值准备" 账户余额后的净额 填列；"无形资产"项目应根据"无形资产"账户期末余额减去"累计摊销""无形资产减值准备" 账户余额后 的净额填列。

（5）根据总账余额和明细账余额计算填列。资产负债表的某些项目需要根据总账账户和明细账户的余额分析填列，如"长期借款"项目应根据"长期借款"总账账户余额扣除"长期借款"账户所属明细账户中将于一年内到期且企业不能自主地将清偿义务展期的长期借款后的金额计算填列,其中将于一年内到期且企业不能自主地将清偿义务展期的长期借款在"一年内到期的非流动负债"项目中填列。

(6) 综合运用上述填列方法分析填列。资产负债表有些项目需要综合运用上述填列方法分析填列,如"存货"项目应根据"原材料""库存商品""生产成本""委托加工物资""周转材料""材料采购""在途物资""发出商品""材料成本差异"等总账账户期末余额的分析汇总数,再减去"存货跌价准备"账户余额后的净额填列。

2.资产负债表各项目的填列方法

(1) 资产项目的填列说明:

①"货币资金"项目反映企业库存现金、银行存款、外埠存款、银行汇票存款、银行本票存款、信用卡存款、信用证保证金存款等资产的合计数。本项目应根据"库存现金""银行存款""其他货币资金"科目期末余额的合计数填列。

②"交易性金融资产"项目反映企业资产负债表日分类为公允价值计量且其变动计入当期损益的金融资产,以及企业持有的直接指定为以公允价值计量且其变动计入当期损益的金融资产的期末账面价值。本项目应根据"交易性金融资产"科目的相关明细科目期末余额分析填列。自资产负债表日起超过一年到期且预期持有超过一年的以公允价值计量且其变动计入当期损益的非流动金融资产的期末账面价值,在"其他非流动金融资产"项目反映。

③"应收票据"项目反映资产负债表日以摊余成本计量的、企业因销售商品、提供服务等收到的商业汇票,包括银行承兑汇票和商业承兑汇票。本项目应根据"应收票据"科目的期末余额填列。

④"应收账款"项目是反映企业资产负债表日以摊余成本计量的、企业因销售商品、提供服务等经营活动应收取的款项。本项目应根据"应收账款"和"预收账款"账户所属各明细账户的期末借方余额合计,减去"坏账准备"账户中有关应收账款的计提坏账准备期末余额后的金额填列。如果"应收账款"科目所属明细账户期末有贷方余额,应在资产负债表"预收款项"项目内反映。

⑤"预付款项"项目反映企业按照购货合同规定预付给供应单位的款项等。本项目应根据"预付账款"和"应付账款"科目所属各明细科目的期末借方余额合计数,减去"坏账准备"科目中有关预付款项计提的坏账准备期末余额后的金额填列。如"预付账款"科目所属各明细科目期末有贷方余额的,应在资产负债表"应付账款"项目内填列。

⑥"其他应收款"项目应根据"应收利息""应收股利"和"其他应收款"科目的期末余额合计数,减去"坏账准备"科目中相关坏账准备期末余额后的金额填列。

⑦"存货"项目反映企业期末在库、在途和在加工中的各种存货的可变现净值或成本(成本与可变现净值孰低)。本项目应根据"在途物资""原材料""低值

易耗品""库存商品""周转材料""发出商品""委托加工物资""委托代销商品""生产成本"等科目的期末余额合计,减去"代销商品款""存货跌价准备"科目期末余额后的金额填列。材料采用计划成本核算,以及库存商品采用计划成本核算或售价核算的企业,还应按加或减材料成本差异、商品进销差价后的金额填列。

⑧"合同资产"项目反映企业按照《企业会计准则第14号——收入》(2017修订)的相关规定,根据本企业履行履约义务与客户付款之间的关系在资产负债表中列示合同资产。本项目应根据"合同资产"科目的相关明细科目期末余额分析填列。

⑨"持有待售资产"项目反映资产负债表日划分为持有待售类别的非流动资产及划分为持有待售类别的处置组中的流动资产和非流动资产的期末账面价值。本项目应根据"持有待售资产"科目的期末余额,减去"持有待售资产减值准备"科目的期末余额后的金额填列。

⑩"一年内到期的非流动资产"项目反映企业将于一年内到期的非流动资产项目金额。本项目应根据有关科目的期末余额填列。

⑪"债权投资"项目反映资产负债表日企业以摊余成本计量的长期债权投资的期末账面价值。本项目应根据"债权投资"科目的相关明细科目期末余额,减去"债权投资减值准备"科目中相关减值准备的期末余额后的金额分析填列。自资产负债表日起一年内到期的长期债权投资的期末账面价值,在"一年内到期的非流动资产"项目反映。企业购入的以摊余成本计量的一年内到期的债权投资的期末账面价值,在"其他流动资产"项目反映。

⑫"其他债权投资"项目反映资产负债表日企业分类为以公允价值计量且其变动计入其他综合收益的长期债券投资的期末账面价值。本项目应根据"其他债券投资"科目的相关明细科目期末余额分析填列。自资产负债表日起一年内到期的长期债权投资的期末账面价值,在"一年内到期的非流动资产项目"反映。企业购入的以公允价值计量且其变动计入其他综合收益的一年内到期的债权投资的期末账面价值。在"其他流动资产"项目反映。

⑬"长期应收款"项目反映企业融资租赁产生的应收款项和采用递延方式分期收款、实质上具有融资性质的销售商品和提供劳务等经营活动产生的应收款项。本项目应根据"长期应收款"科目的期末余额,减去相应的"未实现融资收益"科目和"坏账准备"科目所属相关明细科目期末余额后的金额填列。

⑭"长期股权投资"项目反映企业持有的对子公司、联营企业和合营企业的长期股权投资。本项目应根据"长期股权投资"科目的期末余额,减去"长期股权投资减值准备"科目的期末余额后的金额填列。

⑮"其他权益工具投资"项目反映资产负债日企业指定为以公允价值且其变动计入其他综合收益的非交易性权益工具投资的期末账面价值。本项目应根据"其他权益工具投资"科目的期末余额填列。

⑯"固定资产"项目反映资产负债表日企业固定资产的期末账面价值和企业尚未

清理完毕的固定资产清理净损益。本项目应根据"固定资产"科目的期末余额,减去"累计折旧"和"固定资产减值准备"科目的期末余额后的金额,以及"固定资产清理"科目的期末余额填列。

⑰"在建工程"项目反映资产负债表日企业尚未达到预定可使用状态的在建工程的期末账面价值和企业为在建工程准备的各种物资的期末账面价值。本项目应根据"在建工程"科目的期末余额,减去"在建工程减值准备"科目的期末余额后的金额,以及"工程物资"科目的期末余额,减去"工程物资减值准备"科目的期末余额后的金额填列。

⑱"无形资产"项目反映企业持有的无形资产,包括专利权、非专利技术、商标权、著作权、土地使用权等。本项目应根据"无形资产"的期末余额,减去"累计摊销"和"无形资产减值准备"科目期末余额后的金额填列。

⑲"开发支出"项目反映企业开发无形资产过程中能够资本化形成无形资产成本的支出部分。本项目应当根据"研发支出"科目中所属的"资本化支出"明细科目期末余额填列。

⑳"长期待摊费用"项目反映企业已经发生但应由本期和以后各期负担的分摊期限在1年以上的各项费用。长期待摊费用中在一年内(含一年)摊销的部分,在资产负债表"一年内到期的非流动资产"项目填列。本项目应根据"长期待摊费用"科目的期末余额减去将于一年内(含一年)摊销的数额后的金额填列。

㉑"递延所得税资产"项目反映企业确认的可抵扣暂时性差异产生的递延所得税资产。本项目应当根据"递延所得税资产"账户期末余额填列。

㉒"其他非流动资产"项目反映企业除长期股权投资、固定资产、在建工程、工程物资、无形资产等以外的其他非流动资产。本项目应根据有关科目的期末余额填列。

(2)负债项目的填列说明:

①"短期借款"项目反映企业向银行或其他金融机构等借入的期限在1年以下(含1年)的各种借款。本项目应根据"短期借款"科目的期末余额填列。

②"交易性金融负债"项目反映企业资产负债表日承担的交易性金融负债,以及企业持有的直接指定为以公允价值计量且其变动计入当期损益的金融负债的期末账面价值。本项目应根据"交易性金融负债"科目的相关明细科目期末余额填列。

③"应付票据"项目反映资产负债表日企业因购买材料、商品和接受服务等开出、承兑的商业汇票,包括银行承兑汇票和商业承兑汇票。本项目应根据"应付票据"科目的期末余额填列。

④"应付账款"项目反映企业资产负债表日以摊余成本计量的,企业因购买材料、商品和接受服务等经营活动应支付的款项。本项目应根据"应付账款"和"预付账款"账户所属各明细账户的期末贷方余额合计填列。如果"应付账款"账户所属明细账户期末有借方余额,应在资产负债表的"预付款项"项目内填列。

⑤"预收款项"项目反映企业按照购货合同规定预收客户的款项。本项目应根据"预收账款"和"应收账款"科目所属各明细科目的期末贷方余额合计数填列。如

"预收账款"科目所属明细科目期末有借方余额,应在资产负债表"应收账款"项目内填列。

⑥"合同负债"项目反映企业按照《企业会计准则第14号——收入》(2017年修订)的相关规定,根据本企业履行履约义务与客户付款之间的关系在资产负债表中列示合同负债。本项目应根据"合同负债"的相关明细科目期末余额分析填列。

⑦"应付职工薪酬"项目反映企业为获得职工提供的服务或解除劳动关系而给予的各种形式的报酬或补偿。企业提供给职工配偶、子女、受赡养人、已故员工遗属及其他受益人等的福利,也属于职工薪酬。职工薪酬主要包括短期薪酬、离职后福利、辞退福利和其他长期职工福利。本项目包括企业根据有关规定应付给职工的工资、职工福利、社会保险费、住房公积金、工会经费、职工教育经费、非货币性福利、辞退福利等各种薪酬。本项目应根据"应付职工薪酬"科目所属各明细科目的期末贷方余额分析填列。外商投资企业按规定从净利润中提取的职工奖励及福利基金,也在本项目列示。

⑧"应交税费"项目反映企业按照税法规定计算应交纳的各种税费,包括增值税、消费税、所得税、资源税、土地增值税、城市维护建设税、房产税、土地使用税、车船税、教育费附加、矿产资源补偿费等。企业代扣代交的个人所得税,也通过本项目列示。企业所交纳的税金不需要预计应交数的,如印花税、耕地占用税等,不在本项目列示。本项目应根据"应交税费"科目的期末贷方余额填列;如"应交税费"科目期末为借方余额,应以"—"号填列。

⑨"其他应付款"项目反映企业除应付票据、应付账款、预收账款、应付职工薪酬、应交税费等经营活动以外的其他各项应付、暂收的款项。本项目应根据"应付利息""应付股利"和"其他应付款"科目的期末余额合计数填列。

⑩"持有待售负债"项目反映资产负债表日处置组中与划分为持有待售类别的资产直接相关的负债的账面价值。本项目应根据"持有待售负债"科目的期末余额填列。

⑪"一年内到期的非流动负债"项目反映企业非流动负债中将于资产负债表日后一年内到期部分的金额,如将于一年内偿还的长期借款。本项目应根据有关科目的期末余额填列。

⑫"长期借款"项目反映企业借入尚未归还的1年期以上(不含1年)的各期借款。本项目应根据"长期借款"账户的期末余额减去一年内到期部分的金额填列。

⑬"应付债券"项目反映企业尚未偿还的各种长期债券的本金和利息。本项目根据"应付债券"账户期末余额减去一年内到期部分的金额填列。

⑭"长期应付款"项目反映资产负债表日企业除长期借款、应付债券以外的各种长期应付款项的期末账面价值。本项目应根据"长期应付款"科目的期末余额,减去相关的"未确认融资费用"科目期末余额后的金额,以及"专项应付款"科目的期末余额,再减去所属相关明细科目中将于一年内到期的部分后的金额填列。

⑮"预计负债"项目反映企业确认的对外提供担保、未决诉讼、产品质量保证、重组义务、亏损性合同等预计负债。本项目根据"预计负债"账户期末余额填列。

⑯"递延收益"项目反映尚待确认的收入或收益。本项目核算包括企业根据政府补助准则确认的应在以后期间计入当期损益的政府补助金额、售后租回形成融资租赁的售价与资产账面价值差额等其他递延性收入。本项目应根据"递延收益"科目的期末余额填列。

⑰"递延所得税负债"项目反映企业根据应纳税暂时性差异确认的递延所得税负债。本项目根据"递延所得税负债"账户期末余额填列。

⑱"其他非流动负债"项目反映企业除长期借款、应付债券等项目以外的其他非流动负债。本项目应根据有关科目的期末余额填列。其他非流动负债项目应根据有关科目期末余额减去将于1年内(含1年)到期偿还数后的余额填列。非流动负债各项目中将于1年内(含1年)到期的非流动负债,应在"一年内到期的非流动负债"项目内单独反映。

(3) 所有者权益项目的填列说明:

①"实收资本(或股本)"项目反映企业各投资者实际投入的资本(或股本)总额。本项目应根据"实收资本"(或"股本")科目的期末余额填列。

②"资本公积"项目反映企业资本公积的期末余额。本项目应根据"资本公积"科目的期末余额填列。

③"其他综合收益"项目反映企业根据其他会计准则规定未在当期损益中确认的各项利得和损失。本项目应根据"其他综合收益"科目及其所属明细科目的发生额分析填列。

④"盈余公积"项目反映企业盈余公积的期末余额。本项目应根据"盈余公积"科目的期末余额填列。

⑤"未分配利润"项目反映企业尚未分配的利润。本项目应根据"本年利润"科目和"利润分配"科目的余额计算填列,未弥补的亏损在本项目内以"一"号填列。

【例10-1】威达公司2018年12月31日的有关资料如表10-2所示,编制威达公司2018年12月31日的资产负债表。

表10-2 科目余额表

单位:元

科目名称	借方余额	贷方余额
库存现金	20 000	
银行存款	114 000	
应收票据	120 000	
应收账款	160 000	
其中:应收账款——A公司	200 000	
应收账款——B公司		40 000
预付账款		60 000
其中:预付账款——C公司	40 000	
预付账款——D公司		100 000
坏账准备——应收账款		10 000
原材料	140 000	

续表

低值易耗品	20 000	
发出商品	80 000	
材料成本差异		10 000
库存商品	200 000	
长期股权投资	50 000	
交易性金融资产	4 000	
固定资产	646 000	
累计折旧		73 000
工程物资	13 000	
在建工程	80 000	
无形资产	300 000	
递延所得税资产	0	
其他非流动资产	100 000	
短期借款		20 000
应付票据		20 000
应付账款		140 000
其中：应付账款——E公司	200 000	
应付账款——F公司		60 000
预收账款		20 000
其中：预收账款——G公司		80 000
预收账款——H公司	60 000	
应付职工薪酬	8 000	
应交税费		22 000
长期借款		160 000
实收资本		1 000 000
盈余公积		400 000
未分配利润		400 000

表10-3　资产负债表

会企01表

编制单位：威达公司　　　　2018年12月31日　　　　单位：元

资产	期末余额	年初余额	负债和所有者权益（或股东权益）	期末余额	年初余额
流动资产：			流动负债：		
货币资金	134 000		短期借款	20 000	
交易性金融资产	4 000		交易性金融负债		
应收票据	120 000		应付票据	20 000	
应收账款	250 000		应付账款	160 000	
预付款项	240 000		预收款项	120 000	
其他应收款			合同负债		
存货	430 000		应付职工薪酬	-8 000	

续表

资产	金额		负债和所有者权益	金额	
合同资产			应交税费	22 000	
持有待售资产			其他应付款		
一年内到期的非流动资产			持有待售负债		
其他流动资产			一年内到期的非流动负债		
流动资产合计	1 178 000		其他流动负债		
非流动资产：			流动负债合计	334 000	
债权投资			非流动负债：		
其他债权投资			长期借款	160 000	
长期股权投资	50 000		应付债券		
其他权益工具投资			长期应付款		
投资性房地产			预计负债		
固定资产	573 000		递延收益		
在建工程	93 000		递延所得税负债		
生产性生物资产			其他非流动负债		
油气资产			非流动负债总额	160 000	
无形资产	300 000		负债合计	494 000	
开发支出			所有者权益（或股东权益）：		
长期待摊费用			实收资本（或股本）	1 000 000	
递延所得税资产			资本公积		
其他非流动资产	100 000		其他综合收益		
非流动资产合计	1 116 000		盈余公积	400 000	
			未分配利润	400 000	
			所有者权益（或股东权益）合计	1 800 000	
资产合计	2 294 000		负债和所有者权益（或股东权益）合计	2 294 000	

二、利润表

（一）利润表的概念与作用

1.利润表的概念

利润表又称"损益表"，是反映企业在一定会计期间经营成果的报表。利润表根据配比原则，把一定时期的收入和相对应的成本、费用配比，从而计算出企业一定时期内实现的净利润或净亏损，它是一张动态报表。

2.利润表的作用

（1）通过利润表提供的信息，企业可以从总体上了解其收入、费用和净利润（或亏损）等情况，从而揭示一定时期内的经营成果。

（2）通过利润表提供的信息，企业外部使用者可以进行指标计算分析，并据此进行经济决策。

（3）通过利润表提供的信息，企业内部管理人员可以据以评价利润的完成情况，及时发现存在的问题，加强内部经营管理，提高企业的经济效益。

（4）通过利润表提供的信息，企业可以计算有关财务指标，预测企业未来利润发展趋势。

● **（二）利润表的格式与内容**

利润表一般包括表首和表身两部分。表首包括报表的名称、编制报表企业的名称、报表反映的会计期间、金额单位、报表编号等内容；表身反映形成经营成果的各个项目和计算过程。

利润表的格式一般有单步式和多步式两种。按照我国企业会计准则的规定，我国企业的利润表采用多步式。多步式利润表是通过对当期的收入、费用、支出项目按性质或功能加以归类，按照企业净利润形成的环节和内容，依次分步计算出当期净利润。企业编制利润表可分为以下几个步骤：

第一步，计算营业利润

以营业收入为基础，减去营业成本、税金及附加、销售费用、管理费用、研发费用、财务费用、资产减值损失，信用减值损失，加上其他收益、投资收益（减去投资损失）、公允价值变动收益（减去公允价值变动损失）、资产处置收益（或减去资产处置损失），计算出营业利润。

第二步，计算利润总额

以营业利润为基础，加上营业外收入，减去营业外支出，计算出利润总额。

第三步，计算净利润

以利润总额为基础，减去所得税费用，计算出净利润（或净亏损）。

第四步，计算综合收益总额

净利润加上其他综合收益税后净额，即为综合收益总额。

第五步，反映每股收益

对于普通股或潜在普通股已公开交易的企业以及正处于公开发行普通股或潜在普通股过程中的企业，还应当在利润表中列示每股收益信息。每股收益分为基本每股收益和稀释的每股收益。

利润表的基本格式如表10-4所示：

表10-4　利润表

会企02表

编制单位：　　　　　　　　　　年度　　　　　　　　　　单位：元

项　目	本期金额	上期金额
一、营业收入		
减：营业成本		
税金及附加		
销售费用		
管理费用		
研发费用		
财务费用		
加：其他收益		
投资收益（损失以"－"号填列）		
公允价值变动收益（损失以"－"号填列）		
资产处置收益（损失以"－"号填列）		
资产减值损失（损失以"－"号填列）		
信用减值损失（损失以"－"号填列）		
二、营业利润（亏损以"－"号填别）		
加：营业外收入		
减：营业外支出		
三、利润总额（亏损总额以"－"号填列）		
减：所得税费用		
四、净利润（净亏损以"－"号填列）		
五、其他综合收益税后净额		
（一）不能重新分类进损益的其他综合收益		
（二）将重新分类进损益的其他综合收益		
六、综合收益总额		
七、每股收益		
（一）基本每股收益		
（二）稀释每股收益		

●（三）利润表的编制方法

利润表各项目的数据来源主要是根据各损益类科目的发生额分析填列，各项目均需填列"本期金额"和"上期金额"两栏。

1.总体思路

利润表"本期金额"栏反映各项目的本期实际发生数，可以根据各有关损益类账户的本期发生额分析填列。

利润表"上期金额"栏反映各项目的上期实际发生数，可以根据上年该期利润表"本期金额"栏内所列数字填列。如果上年该期利润表与本期利润表的项目名称和内容不相一致，应对上年该期利润表的项目名称和数字按本期的规定调整，填入本表

"上期金额"栏。

2.利润表各项目填列方法

（1）"营业收入"项目反映企业经营主要业务和其他业务所确认的收入总额。本项目应根据"主营业务收入"和"其他业务收入"科目的发生额合计分析填列。

（2）"营业成本"项目反映企业经营主要业务和其他业务所发生的成本总额。本项目应根据"主营业务成本"和"其他业务成本"科目的发生额合计分析填列。

（3）"税金及附加"项目反映企业经营业务应负担的消费税、城市建设维护税、资源税、土地增值税和教育费附加及房产税、车船税、城镇土地使用税、印花税等相关税费。本项目应根据"税金及附加"科目的发生额分析填列。

（4）"销售费用"项目反映企业在销售商品、提供劳务过程中发生的各种费用，主要包括宣传费、广告费、运输费、专设销售机构（含销售网点，售后服务网点等）的相关费用。本项目应根据"销售费用"账户的发生额分析填列。

（5）"管理费用"项目反映企业为组织和管理企业生产经营所发生的费用，包括企业的董事会和行政管理部门在企业经营管理中发生的，或者应当由企业统一负担的公司经费、董事会费用、聘请中介机构费用、咨询费、诉讼费、业务招待费、技术转让费、矿产资源补偿费、无形资产摊销、排污费、存货盘盈或盘亏（不包括应计入营业外支出的存货损失）等。本项目应根据"管理费用"账户的发生额分析填列。

（6）"研发费用"项目反映企业进行研究与开发过程中发生的费用化支出。本项目应根据"管理费用"科目下的"研发费用"明细科目的发生额分析填列。

（7）"财务费用"项目反映企业为筹集生产经营所需资金等而发生的筹资费用，主要包括：借款利息、手续费（包括票据贴现息）等。本项目应根据"财务费用"科目的发生额分析填列。其中："利息费用"项目，反映企业为筹集生产经营所需资金等而发生的应予费用化的利息支出。本项目应根据"财务费用"科目的相关明细科目的发生额分析填列。"利息收入"项目，反映企业确认的利息收入。本项目应"财务费用"科目的相关明细科目的发生额分析填列。

（8）"其他收益"项目反映计入其他收益的政府补助等。本项目应根据"其他收益"科目的发生额分析填列。

（9）"投资收益"项目反映企业以各种方式对外投资所取得的收益。本项目应根据"投资收益"科目的发生额分析填列。如为损失，本项目以"-"号填列。

（10）"公允价值变动收益"项目反映企业应当计入当期损益的资产或负债公允价值变动收益。本项目应根据"公允价值变动损益"科目的发生额分析填列，如为净损失，本项目以"-"号填列。

（11）"资产处置收益"项目反映企业出售划分为持有待售的非流动资产（金融工具、长期股权投资和投资性房地产除外）或处置组（子公司和业务除外）时确认的处置利得或损失，以及处置未划分为持有待售的固定资产、在建工程、生产性生物资产及无形资产而产生的处置利得或损失。债务重组中因处置非流动资产产生的利得或损失和非货币性资产交换产生的利得或损失也包括在本项目内。本项目应根据在损益类科目新设置的"资产处置损益"科目的发生额分析填列；如为处置损失，以"-"号填列。

（12）"资产减值损失"项目反映企业各项资产发生的减值损失。本项目应根据"资产减值损失"科目的发生额分析填列。如果是损失，以"-"号填列。

（13）"信用减值损失"项目反映企业计提的各项金融工具减值准备所形成的预期信用损失。本项目应根据"信用减值损失"科目的发生额分析填列。如果是损失，以"-"号填列。

（14）"营业利润"项目反映企业实现的营业利润。如为亏损，本项目以"-"号填列。

（15）"营业外收入"项目反映企业发生的除营业利润以外的收益，主要包括债务重组利得、与企业日常活动无关的政府补助、盘盈利得、捐赠利得（企业接受股东或股东的子公司直接或间接的捐赠，经济实质属于股东对企业的资本性投入的除外）等。本项目应根据"营业外收入"科目的发生额分析填列。

（16）"营业外支出"项目反映企业发生的与经营业务无直接关系的各项支出，主要包括债务重组损失、公益性捐赠支出、非常损失、盘亏损失、非流动资产毁损报废损失等。本项目应根据"营业外支出"科目的发生额分析填列。

（17）"利润总额"项目反映企业实现的利润。如为亏损，本项目以"-"号填列。

（18）"所得税费用"项目反映企业应当从当期利润总额中扣除的所得税费用。本项目应根据"所得税费用"科目发生额分析填列。

（19）"净利润"项目反映企业实现的净利润。如为亏损，本项目以"-"号填列。

（20）"其他综合收益税后净额"项目反映企业根据企业会计准则规定未在损益中确认的各项利得和损失扣除所得税影响后的净额。本项目应根据"其他综合收益"科目及其所属明细科目的发生额分析填列。

（21）"综合收益总额"项目反映企业净利润加上其他综合收益税后净额，即为综合收益总额。

（22）"每股收益"项目反映普通股或潜在普通股已公开交易的企业，以及正处于公开发行普通股或潜在普通股过程中的企业，还应当在利润表中列示每股收益信息。每股收益分为基本每股收益和稀释的每股收益，也就是每一股在一年内获得的净收益。

【例10-2】威达公司2018年损益类账户发生额资料如表10-5所示，编制威达公司2018年度利润表。

（注：所得税率为25%，假设无其他纳税调整事项。）

表10-5 损益类账户本期发生额

单位：元

科目名称	借方	贷方
主营业务收入		400 000
主营业务成本	300 000	
税金及附加	5 000	
管理费用	20 000	

续表

销售费用	3 500	
财务费用	3 000	
营业外收入		10 000
营业外支出	6 000	
其他业务收入		10 000
其他业务成本	7 500	
资产减值损失	1 000	
投资收益		20 000

表10-6　利润表

会企02表

编制单位：方圆公司　　　　2018年度　　　　　　　　　单位：元

项　目	本期金额	上期金额
一、营业收入	410 000	
减：营业成本	307 500	
税金及附加	5 000	
销售费用	3 500	
管理费用	20 000	
研发费用		
财务费用	3 000	
加：其他收益		
投资收益（损失以"－"号填列）	20 000	
公允价值变动收益（损失以"－"号填列）		
资产处置收益（损失以"－"号填列）		
资产减值损失（损失以"－"号填列）	-1 000	
信用减值损失（损失以"－"号填列）		
二、营业利润（亏损以"－"号填别）	90 000	
加：营业外收入	10 000	
减：营业外支出	6 000	
三、利润总额（亏损总额以"－"号填列）	94 000	
减：所得税费用	23 500	
四、净利润（净亏损以"－"号填列）	70 500	
五、其他综合收益税后净额		
（一）不能重新分类进损益的其他综合收益		
（二）将重新分类进损益的其他综合收益		
六、综合收益总额	70 500	
七、每股收益		
（一）基本每股收益		
（二）稀释每股收益		

三、现金流量表

(一) 现金流量表的概念及作用

1. 现金流量表的概念

现金流量表是反映企业在一定会计期间现金和现金等价物流入和流出的报表,它是以现金及现金等价物为基础编制的。

现金是指企业库存现金以及可以随时用于支付的存款,包括库存现金、银行存款和其他货币资金(如外埠存款、银行汇票存款、银行本票存款、信用卡存款等),不能随时用于支付的存款不属于现金,应列作投资,提前通知金融企业便可支取的定期存款应包括在现金范围。

现金等价物是指企业持有的期限短、流动性强、易于转换为已知金额现金、价值变动风险很小的投资。期限短和流动性强强调了变现能力,其中期限短一般是指从购买日起三个月内到期;易于转换为已知金额现金和价值变动风险很小则强调了支付能力。现金等价物通常包括三个月内到期的债券投资等。权益性投资变现的金额通常不确定,因而不属于现金等价物。企业应当根据具体情况确定现金等价物的范围,一经确定不得随意变更。

2. 现金流量表的作用

企业编制现金流量表主要是为财务会计报告使用者提供企业在一定会计期间现金和现金等价物流入和流出的信息。它的作用主要体现在以下几个方面:

(1) 通过现金流量表,财务会计报告使用者能了解和评价企业获取现金的能力。

(2) 通过现金流量表,财务会计报告使用者能对企业的现金支付能力和偿债能力以及企业对外资金的需求情况作出较为可靠的判断。

(3) 通过现金流量表,企业能预测未来的现金流量,分析经营状况。

(4) 通过现金流量表,企业能分析收益质量及影响现金净流量的因素。

(二) 现金流量表的结构及内容

1. 现金流量表的结构

现金流量表分为正表和补充资料两部分。现金流量表正表是以"现金流入－现金流出＝现金流量净额"为基础,采取多步式,分为经营活动、投资活动、筹资活动,分项报告企业的现金流入量和流出量。它由以下六项构成:一是经营活动产生的现金流量;二是投资活动产生的现金流量;三是筹资活动产生的现金流量;四是汇率变动对现金及现金等价物的影响;五是现金及现金等价物的净增加额;六是期末现金及现金等价物余额。

补充资料由以下三项构成:一是将净利润调节为经营活动的现金流量;二是不涉及现金收支的重大投资和筹资;三是现金及现金等价物的净变动情况。

2.现金流量表的内容

现金流量是指一定会计期间内企业现金和现金等价物的流入和流出。企业从银行提取现金、用现金购买短期到期的企业债券等现金和现金等价物之间的转换不属于现金流量。企业产生的现金流量分为三类：

（1）经营活动产生的现金流量。

经营活动是指企业除投资活动和筹资活动以外的所有交易和事项。企业一定时期的净利润主要来自于经营活动，但不同类型的企业，其经营活动的内容可能不同。工商业企业的经营活动主要包括销售商品或提供劳务、购买商品或接受劳务、制造产品、支付税费等；银行的经营活动主要包括吸收存款、发放贷款等；证券公司的经营活动主要包括买卖有价证券等；一般企业的经营活动产生的现金流量主要包括销售商品、提供劳务、购买商品、接受劳务、支付工资和交纳税款等现金和现金等价物的流入和流出。

（2）投资活动产生的现金流量。

投资活动是指企业长期资产的购建和不包括在现金等价物范围内的投资及其处置活动。长期资产是指固定资产、无形资产、其他资产等持有期限在1年或1个营业周期以上的的资产。投资活动产生的现金流量主要包括购建和处置固定资产、无形资产及其他长期资产，购买和处置子公司及其他营业单位等现金和现金等价物的流入和流出。

（3）筹资活动产生的现金流量。

筹资活动是指导致企业资本及债务规模和构成发生变化的活动。筹资活动产生的现金流量主要包括吸收权益性资本、发行债券、分配利润、偿还债务等现金和现金等价物的流入和流出。通常情况下，应付账款、应付票据等属于经营活动，不属于筹资活动。

现金流量表的格式如表10-7和表10-8所示。

表10-7　现金流量表

会企03表

编制单位：　　　　　　　　　　年度　　　　　　　　　　单位：元

项　目	本期金额	上期金额
一、经营活动产生的现金流量		
销售商品、提供劳务收到的现金		
收到的税费返还		
收到其他与经营活动有关的现金		
经营活动现金流入小计		
购买商品、接受劳务支付的现金		
支付给职工以及为职工支付的现金		
支付的各项税费		
支付其他与经营活动有关的现金		
经营活动现金流出小计		
经营活动产生的现金流量净额		

续表

二、投资活动产生的现金流量		
收回投资收到的现金		
取得投资收益收到的现金		
处置固定资产、无形资产和其他长期资产收回的现金净额		
处置子公司及其他营业单位收到的现金净额		
收到其他与投资活动有关的现金		
投资活动现金流入小计		
购建固定资产、无形资产和其他长期资产支付的现金		
投资支付的现金		
取得子公司及其他营业单位支付的现金净额		
支付其他与投资活动有关的现金		
投资活动现金流出小计		
投资活动产生的现金流量净额		
三、筹资活动产生的现金流量		
吸收投资收到的现金		
取得借款收到的现金		
收到其他与筹资活动有关的现金		
筹资活动现金流入小计		
偿还债务支付的现金		
分配股利、利润或偿付利息支付的现金		
支付其他与筹资活动有关的现金		
筹资活动现金流出小计		
筹资活动产生的现金流量净额		
四、汇率变动对现金及现金等价物的影响		
五、现金及现金等价物净增加额		
加：期初现金及现金等价物余额		
六、期末现金及现金等价物余额		

表10-8 现金流量表补充资料

补充资料	本期金额	上期金额
1.将净利润调节为经营活动现金流量		
净利润		
加：资产减值准备		
固定资产折旧、油气资产折耗、生产性生物资产折旧		
无形资产摊销		
长期待摊费用摊销		
处置固定资产、无形资产和其他长期资产的损失（收益以"－"号填列）		
固定资产报废损失（收益以"－"号填列）		
公允价值变动损失（收益以"－"号填列）		
财务费用（收益以"－"号填列）		
投资损失（收益以"－"号填列）		

续表

项目		
递延所得税资产减少（增加以"－"号填列）		
递延所得税负债增加（减少以"－"号填列）		
存货的减少（增加以"－"号填列）		
经营性应收项目的减少（增加以"－"号填列）		
经营性应付项目的增加（减少以"－"号填列）		
其他		
经营活动产生的现金流量净额		
2.不涉及现金收支的重大投资和筹资活动		
债务转为资本		
一年内到期的可转换公司债券		
融资租入固定资产		
3.现金及现金等价物净变动情况		
现金的期末余额		
减：现金的期初余额		
加：现金等价物的期末余额		
减：现金等价物的期初余额		
现金及现金等价物净增加额		

四、所有者权益变动表

（一）所有者权益变动表的概念和作用

所有者权益变动表是反映构成所有者权益的各组成部分当期的增减变动情况的报表。所有者权益变动表应当全面反映一定时期所有者权益变动的情况，不仅包括所有者权益总量的增减变动，还包括所有者权益增减变动的重要结构性信息，特别是要反映直接计入所有者权益的利得和损失，让报表使用者准确理解所有者权益增减变动的根源。

（二）所有者权益变动表的内容和结构

按照《企业会计准则第30号——财务报表列报》的规定，所有者权益变动表至少应当单独列示反映下列信息的项目：净利润；直接计入所有者权益的利得和损失项目及其总额；会计政策变更和差错更正的累积影响金额；所有者投入资本和向所有者分配利润等；提取的盈余公积；实收资本、资本公积、盈余公积、未分配利润的期初期末余额及其调节情况。所有者权益变动表的格式略。

第三节 财务报表的汇总、审批与报送

一、财务报表的报送

根据《企业财务会计报告条例》和《企业会计准则》的规定，对外提供的财务报告反映的会计信息应当真实、完整、及时，在报送之前必须由单位会计主管人和单位负责人进行复核。经审查无误后，企业对外提供的财务会计报告应依次编定页数、加具封面、装订成册、加盖公章。封面应注明企业名称、企业统一代码、组织形式、地址、主管部门、开业年份、报表所属年度和月份、报出日期等。企业的财务会计报告必须由企业负责人和主管会计工作的负责人、会计机构负责人、会计主管人员签名盖章后，设置总会计师的企业还应当由总会计师签名并盖章。

企业应向哪些单位报送财务报表，这与各单位的隶属关系、经济管理和经济监督的需要有关。国有企业一般要向上级主管部门、开户银行、财政、税务及审计机关报送财务会计报告，同时应向投资者、债权人以及其他与企业有关的报表使用者提供财务会计报告。股份有限公司还应向证券交易和证券监督管理机构提供会计报表。国有企业的年度财务报告还应报送同级国有资产管理部门。

根据法律和国家有关规定，公司的财务报告还需经中国注册会计师进行审计，应先委托会计师事务所审计，并将注册会计师出具的审计报告随同财务会计报告按照规定期限报送有关部门。

二、财务报表的审批

上级主管部门或总公司、财政、税务和金融部门，对各企业报送的财务会计报告应当认真审核，主要审核财务报表的编制是否符合财经法规、制度的规定审查报表种类；报表的项目是否填列齐全，报表附注是否符合有关要求；报表数字的计算是否正确，报表之间的勾稽关系是否正确；报表内容是否完整，有无违反法律、财经法规和弄虚作假现象等。在审核过程中，如果发现报表编制有错误或不符合要求，审核部门应及时通知报送单位进行更正，错误较多的应当重新编报；如果发现有违反财经法规的情况，应查明原因，及时纠正，严肃处理。

财务报表审核后要进行批复。年度决算报表除经上级主管部门审核批复外，还应由财政部门审批。企业要认真研究、执行上级主管部门的批复意见，并根据主管部门的批复意见进行相应的账务调整。

三、财务报表的汇总

国有企业财务报表报送上级主管部门后，上级主管部门要将所属单位上报的财务报表合并，编制汇总财务报表。汇总财务报表是上级根据所属单位上报的财务报表汇总编制，用来总括反映所属单位财务状况和经营成果的书面文件。在汇编财务报表时，主管部门必须先审核后汇总。汇总财务报表的格式和基层单位财务报表的格式基本相同，是根据所属单位的财务报表和汇编单位本身的财务报表，经过合并、分析计算、汇总而填列的。

各级企业主管部门编好汇总财务报表后，应按规定的期限逐级上报，并及时报送同级财政、计划、税务等国家综合部门，以便及时提供国家宏观管理所需的会计信息。

思考题

1. 什么是财务会计报告？财务会计报告体系包括哪些内容？
2. 什么是资产负债表编制的依据？
3. 利润表的概念、意义及编制步骤是什么？
4. 什么是现金流量表？现金流量表的编制基础是什么？

练 习 题

一、单项选择题

1. 某企业2018年应付生产工人薪酬30 000元，应付车间管理人员薪酬20 000元，应付厂部管理人员薪酬10 000元，则该企业2018年12月31日资产负债表中的"应付职工薪酬"项目金额为（　　　）元。

　　A.40 000　　　　　　B.60 000
　　C.50 000　　　　　　D.30 000

2. 某企业2018年12月31日结账后的"库存现金"科目余额为50 000元，"银行存款"科目余额为10 000 000元，"其他货币资金"科目余额为300 000元，则该企业2018年12月31日资产负债表中的"货币资金"项目金额为（　　　）元。

　　A.10 350 000　　　　B.1 350 000
　　C.10 050 000　　　　D.300 000

3. 多步式利润表中的净利润是以（　　　）为基础来计算的。

　　A.营业收入　　　　　B.营业成本
　　C.利润总额　　　　　D.营业利润

4. 我国的资产负债表采用（　　　）。

　　A.单步式　　　　　　B.多步式
　　C.账户式　　　　　　D.报告式

5. 反映企业某一特定日期财务状况的财务报表是（　　）。
    A. 资产负债表　　　　　　　B. 利润表
    C. 现金流量表　　　　　　　D. 财务报表附注

6. 下列项目中属于流动负债项目的是（　　）。
    A. 应付债券　　　　　　　　B. 长期借款
    C. 固定资产　　　　　　　　D. 应付职工薪酬

7. 资产负债表中资产的排列顺序是按（　　）。
    A. 项目收益性　　　　　　　B. 项目重要性
    C. 项目流动性　　　　　　　D. 项目时间性

8. 编制资产负债表所依据的会计等式是（　　）。
    A. 收入－费用＝利润　　　　B. 资产＝负债＋所有者权益
    C. 借方发生额＝贷方发生额
    D. 期初余额＋本期借方发生额－本期贷方发生额＝期末余额

9. 2018年12月31日，大华公司的负债合计为6 500万元，所有者权益合计为3 000万元，则当日该公司的资产合计应当为（　　）。
    A. 9 500万元　　　　　　　　B. 3 500万元
    C. 8 500万元　　　　　　　　D. 6 000万元

10. 以下财务报表中，属于反映企业对外的静态报表的是（　　）。
    A. 资产负债表　　　　　　　B. 现金流量表
    C. 利润表　　　　　　　　　D. 所有者权益变动表

二、多项选择题

1. 下列项目中属于流动资产的有（　　）。
    A. 货币资金　　　　　　　　B. 应收账款
    C. 预付账款　　　　　　　　D. 工程物资
    E. 长期股权投资

2. 下列等式正确的有（　　）。
    A. 营业利润＝营业收入－营业成本－税金及附加－期间费用±公允价值变动损益±投资损益
    B. 期间费用＝管理费用＋销售费用＋财务费用＋制造费用
    C. 利润总额＝营业利润＋营业外收入－营业外支出
    D. 净利润＝利润总额－所得税费用
    E. 营业利润＝营业收入－营业成本－税金及附加－期间费用－资产减值损失±公允价值变动损益±投资损益

第十章 财务会计报告

3. 利润表的特点有（　　）。
   A. 根据相关账户的本期发生额编制　　B. 属于时期报表
   C. 属于静态报表　　D. 属于动态报表
   E. 属于时点报表

4. 下列属于报表中非流动负债的有（　　）。
   A. 长期借款　　B. 应付债券
   C. 应交税费　　D. 应付职工薪酬
   E. 短期借款

5. 属于资产负债表中存货项目的有（　　）。
   A. 工程物资　　B. 生产成本
   C. 委托代销商品　　D. 周转材料
   E. 在建工程

6. 资产负债表中的"货币资金"项目，应根据（　　）科目期末余额的合计数填列。
   A. 备用金　　B. 其他货币资金
   C. 银行存款　　D. 库存现金
   E. 存货

7. 下列账户中，可能影响资产负债表中"应付款项"项目金额的有（　　）。
   A. 预收账款　　B. 应收账款
   C. 应付账款　　D. 预付账款
   E. 长期应付款

8. 下列各项中，影响营业利润的账户有（　　）。
   A. 营业外收入　　B. 投资收益
   C. 营业外支出　　D. 资产减值损失
   E. 销售费用

9. 利润表中"税金及附加"项目的税金有（　　）。
   A. 增值税　　B. 消费税
   C. 印花税　　D. 教育费附加
   E. 城市维护建设税

10. 财务会计报表的使用者包括（　　）。
    A. 投资者　　B. 债权人
    C. 国家政府部门　　D. 职工
    E. 企业管理人员和社会公众等

三、判断题

1. 资产负债表的格式主要有报告式和账户式两种，我国采用报告式。（　　）
2. 利润表是反映企业某一会计期间经营成果的报表，属于动态报表。（　　）
3. 资产负债表中的负债内部各项目是按照流动性或变现能力排列。（　　）
4. 账户式资产负债表分左右两方，左方为资产项目，右方为负债及所有者权益项目，左、右两边金额合计数相等。（　　）
5. 净利润是指营业利润加减营业外收支后的金额。（　　）
6. 资产负债表中"固定资产"项目应根据"固定资产"账户余额直接填列。（　　）
7. 以"收入－费用=利润"这一会计等式作为编制依据的财务报表是资产负债表。（　　）
8. 企业的财务报表分为年度和中期财务报表。（　　）
9. 利润表中的"营业收入"项目包括主营业务收入和其他业务收入。（　　）
10. 营业外收入影响利润表中的营业利润。（　　）

四、业务题

（一）兴隆公司2018年12月31日固定资产账户余额为5 000万元，累计折旧账户余额为600万元，固定资产减值准备账户余额为900万元，工程物资账户余额为300万元

要求：计算该公司2018年12月31日资产负债表中固定资产项目的金额。

（二）兴隆公司期末"工程物资"科目的余额为100万元，"发出商品"科目的余额为40万元，"原材料"科目的余额为60万元，"材料成本差异"科目的贷方余额为10万元，"存货跌价准备"科目的余额为20万元

要求：假定不考虑其他因素，计算该企业资产负债表中"存货"项目的金额。

（三）兴隆公司2018年12月31日结账后有关账户及所属明细账户借贷方余额如下表

账户余额	借方余额	贷方余额
应收账款（总）	650 000	
——甲公司	1 000 000	
——乙公司		350 000
预收账款（总）		600 000
——丙公司		1 000 000
——丁公司	400 000	
应付账款（总）		750 000
——A公司		800 000
——B公司	50 000	
预付账款（总）	460 000	
——C公司	545 000	
——D公司		85 000

要求：计算资产负债表中应收账款、预收账款、应付账款、预付账款的金额。

五、案例分析

兴隆公司2018年6月份有关损益账户的本期发生期额如下表所示

损益类账户的本期发生额

2018年6月

科目名称	借方发生额	贷方发生额
主营业务收入	5 000	925 000
主营业务成本	640 000	2 000
税金及附加	46 000	
销售费用	40 000	
管理费用	98 000	3 000
财务费用	16 500	300
其他业务收入		17 000
其他业务成本	11 000	
投资收益	2 000	19 000
营业外收入		8 600
营业外支出	6 800	
所得税费用	60 000	

要求：根据以上资料，编制兴隆公司2018年6月份的利润表。

第十一章 账务处理程序

第十一章 账务处理程序

本章知识结构图

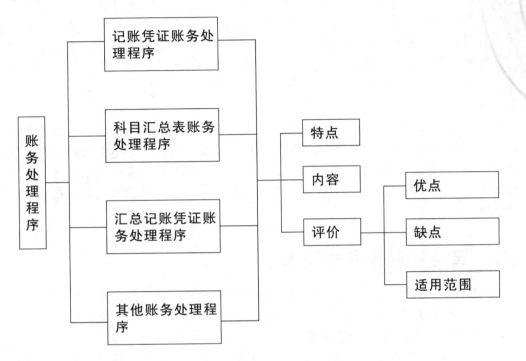

| 学习目标 | 1. 了解账务处理程序的种类及各种程序的区别。
2. 掌握各种账务处理程序的基本原理和操作过程。
3. 掌握不同的账务处理程序的优缺点和适用范围。
4. 掌握科目汇总表的编制。
5. 了解汇总记账凭证的编制。 |

第一节 账务处理程序概述

一、账务处理程序的概念和意义

账务处理程序又称会计核算形式或会计核算组织程序，是会计凭证、账簿、会计报表和记账程序四者的有机结合。它的具体内容包括会计凭证和账簿的种类、格式，会计凭证和账簿之间的联系方式以及由原始凭证编制记账凭证、登记总分类账和明细分类账到会计报表编制的完整工作流程。组织一套科学合理的账务处理程序,对企业的财务核算工作有着极其重要的作用和意义。

首先,一套完整的账务处理程序能较好地规范财务人员的会计核算工作。规范化的会计核算工作有利于保证会计记录的完整、正确,且保证提供高质量的会计信息。

其次,根据企业自身需要设置的账务处理程序能减少不必要的会计核算环节,提高会计核算工作人员的工作效率,同时减轻这些工作人员的工作量,保证会计信息的及时性。

最后,合理的账务处理程序对企业建立完善的内部控制系统也有着极大的帮助。建立、健全内部控制是企业管理当局的责任,严密组织的会计账务处理程序能够基本保证所有交易和事项以正确的金额在恰当的会计期间及时记录于适当的账户,使得会计报表的编制符合会计准则的要求,并能够保证对资产、负债和记录的接触都经过适当的授权。

二、账务处理程序的要求

既然账务处理程序对企业的经营活动有着重要的意义,那么如何合理地设计一套账务处理程序就成为企业会计人员的重要工作。为此,在具体的账务处理程序设计时,企业会计人员应遵循一些基本的原则:

第一,必须服从会计目标,及时、正确、完整地提供会计核算资料,以满足企业管理者及企业外部会计信息使用者对会计信息的需求。

第二,所设计的账务处理程序既要符合国家财政部门规定的统一核算形式,又要尽可能地考虑企业的实际情况。

第三,在合理工作的范围内,尽量简化核算手续,力求高效、省时、省力。

以上只是基本原则,企业会计人员在具体设计整套账务处理程序时应更多地考虑本企业的自身特点,在总的核算框架下对细节进行灵活的把握。

三、账务处理程序的种类

在现实生活中,企业规模不尽相同,经济业务更是千差万别。为使账务处理程序能够更适合企业的自身情况和特点,并且更有效率地完成会计核算工作,我国企业在长期的会计实践中,逐渐形成了以下几种具有代表性的账务处理程序:记账凭证账务处理程序;科目汇总表账务处理程序;汇总记账凭证账务处理程序;多栏式日记账账务处理程序;日记总账账务处理程序。

这几类账务处理程序的基本模式并没有太大差别,其主要区别在于登记总分类账的依据和方法不同。记账凭证账务处理程序是根据记账凭证登记总分类账;科目汇总表账务处理程序是根据科目汇总表登记总分类账;汇总记账凭证账务处理程序是根据汇总记账凭证登记总分类账;多栏式日记账账务处理程序是根据多栏式日记账登记总分类账;日记总账账务处理程序则是直接将总分类账当作日记账处理,即按记账凭证逐日逐笔登记日记总账。

之所以出现不同的登记总分类账方式,主要是因为在手工记账的年代,企业会计人员为提高会计核算工作效率,会不断在实践中发展账务处理程序,使其适合企业自身情况和特点。记账凭证账务处理程序是最基本最简单的账务处理程序,主要适用于经济业务量小的企业,对于每天发生较多经济业务的大型企业来说,这种账务处理程序会带来巨大的工作量,不利于会计工作效率的提高,也不利于保证会计信息的及时性和可靠性,这时如果采用科目汇总表或汇总记账凭证账务处理程序,则能有效地解决出现的工作量大的问题。

本章主要介绍前三种账务处理程序,即记账凭证账务处理程序、科目汇总表账务处理程序和汇总记账凭证账务处理程序等。

第二节 记账凭证账务处理程序

一、记账凭证账务处理程序的特点

记账凭证账务处理程序是指对发生的交易或事项,都要根据原始凭证或汇总原始凭证编制记账凭证,然后直接根据记账凭证逐笔登记总分类账的一种账务处理程序。它是最基本的账务处理程序,其他的账务处理程序都是在其基础上发展演变的结果。记账凭证账务处理程序最大的特点就直接根据记账凭证逐笔登记总分类账,在会计信息从凭证到账簿这一环节不再经过任何中间载体。

记账凭证账务处理程序有着显著的优点,主要体现在以下几个方面:首先,根据记账凭证逐笔登记总分类账及明细账,简明直观,易于理解,便于反映经济业务的发生情况,也方便事后的账证核对和检查分析;其次,由于它减少了账务处理程序的中间环节,大大降低了会计人员出错的可能性,亦减少了会计人员在会计核算期间的工作量。

二、记账凭证账务处理程序的具体内容

记账凭证账务处理程序的具体内容包括凭证与账簿设置和账务处理程序两个方面。具体内容介绍如下:

(一)凭证与账簿设置

采用记账凭证账务处理程序时,记账凭证可以采用收款凭证、付款凭证和转账凭证等专用记账凭证的格式,也可以采用通用记账凭证的格式。账簿一般设置库存现

金日记账、银行存款日记账、各种明细分类账和总分类账，日记账和总分类账一般可以采用三栏式，明细分类账则可根据企业不同情况和特点的需要，采用三栏式、多栏式、数量金额式或横线登记式等。

● （二）账务处理程序

记账凭证账务处理程序如图11-1所示。

①根据各种审核无误的原始凭证或原始凭证汇总表编制记账凭证。

②根据收款凭证和付款凭证及所附的原始凭证逐笔顺序登记库存现金日记账和银行存款日记账。

③根据各种记账凭证及其所附的原始凭证或原始凭证汇总表逐笔登记各种明细分类账。

④根据记账凭证逐笔登记总分类账。

⑤进行账账核对，定期将库存现金日记账、银行存款日记账和各种明细账的余额分别与其总分类账的余额相核对。

⑥期末时进行试算，根据试算平衡后的总分类账和明细分类账资料编制会计报表。

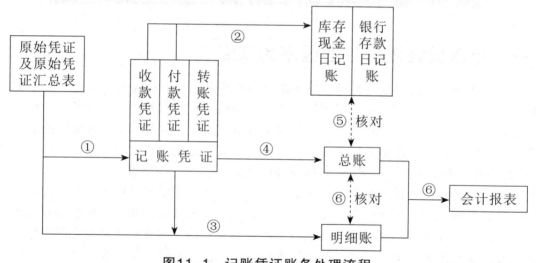

图11-1　记账凭证账务处理流程

三、记账凭证账务处理程序的评价

● （一）优点

直接根据记账凭证登记总分类账使得账务处理程序简单明了，记账层次清楚，较容易学习和领悟。根据记账凭证直接登记总分类账即可不进行中间环节的汇总，省去了汇总的手续。总账记录反映详细，用账、查账比较方便，对于一些不经常发生经济业务的会计科目，可以不设置明细分类账，只需在总账有关科目的摘要栏中，对经济业务加以说明即可，使总账的一些会计科目的摘要记录起到了明细分类账的作用。

- **（二）缺点**

由于总账是直接根据记账凭证逐笔登记的，当会计主体的经济业务量比较大的时候，登记总账的工作量就很大，不便于分工协作，也不利于提高会计工作的效率。

- **（三）适用范围**

这种财务处理程序一般只适用于规模较小、经济业务量少、记账凭证不多的单位。在实际工作中，为了减少登记总账的工作量，最好将原始凭证进行汇总，根据汇总原始凭证编制记账凭证，减少记账凭证数量，从而减少登记总账的工作量，提高会计核算工作的效率。

四、记账凭证账务处理程序的举例

通达公司2018年12月1日的总分类科目及有关明细分类科目余额见表11-1：

表11-1 通达公司2018年12月1日的总分类科目及有关明细分类科目余额

账户名称	借方金额	账户名称	贷方金额
库存现金	1 990	短期借款	210 000
银行存款	1 120 000	应付账款	32 000
应收账款—明德公司	56 000	其他应付款	15 000
—兴旺公司	32 000	应交税费	4 000
应收票据—红光公司	60 000	应付职工薪酬	57 000
原材料—甲材料	80 010	长期借款	400 000
—乙材料	26 000	实收资本	2 673 000
库存商品—A产品	20 000	盈余公积	607 000
—B产品	42 000	本年利润	730 000
固定资产	4 580 000	累计折旧	1 000 000
		利润分配	290 000
合计	6 018 000	合计	6 018 000

- **（一）通达公司2018年12月份发生下列经济业务**

1. 1日，从山西某公司购入甲材料2 000千克，每千克15元，共计30 000元，增值税专用发票上注明增值税额为4800元，材料尚未验收入库，料款已从银行支付。

2. 2日，上述甲材料验收入库。

3. 2日，购买运货卡车一辆，价款120 000元，以银行存款支付。

4. 4日，接受永继公司投资130 000元，存入银行。

5. 5日，用银行存款偿还以前年度借入的一项短期借款150 000元和一项长期借款250 000元。

6. 6日，从上海红星公司购入乙材料3 000千克，每千克20元，共计60 000元，增值税专用发票上注明增值税额为9600元,材料尚未验收入库,款项尚未支付。

7.7日,上述乙材料验收入库。

8.8日,销售A产品25台,每台售价3 800元,开出的增值税专用发票上注明货款95 000元,增值税额为15200元,款项已存入银行。

9.9日,收到明德公司通过银行转来的前欠货款56 000元。

10.10日,出纳员开出现金支票4 000元,提取现金备用。

11.10日,出纳员开出转账支票114 000元支付本月职工薪酬。

12.12日,销售给明德公司A产品6台,每台售价3 800元,开出的增值税专用发票上注明增值税额为3648元,货款尚未收到。

13.13日,用现金400元支付销售A产品包装费。

14.16日,以银行存款支付本月水电费15 000元,其中,生产A产品耗用7 000元,生产B产品耗用5 500元,生产车间照明耗用500元,行政管理部门耗用2 000元。

15.17日,公司仓库发出材料,发料汇总表见表11-2。

表11-2 发料汇总表

项目	甲材料		乙材料		合计	
	数量	金额	数量	金额	数量	金额
制造产品	1 600	24 000	2 400	48 000		72 000
——A产品	900	10 500	900	18 000		28 500
——B产品	700	13 500	1 500	30 000		43 500
行政管理部门耗用	10	150	10	200		350
合计	1 610	24 150	2410	48 200		72 350

16.19日,用银行存款支付行政管理部门日常的零星开支2 000元,生产车间零星开支550元。

17.20日,用转账支票支付广告费4 000元。

18.21日,销售人员王军预借差旅费500元,经审核用现金付讫。

19.23日,从银行借入1年期短期借款40 000元,存入银行。

20.25日,收到职工王明交来罚款200元。

21.26日,销售人员王军报销差旅费400元,交回余款100元。

22.28日,销售给红光公司B产品30台,每台售价4 600元,开出的增值税专用发票上注明增值税额为22 080元,收到红光公司开出并承兑的面值160 080元的5个月期限的商业汇票一张。

23.31日,计算分配本月应付职工工资114 000元。其中,产品生产工人的工资86 640元(包括生产A产品的工人工资40 380元,生产B产品的工人工资46 260元),车间管理人员的工资6 840元,厂部行政管理部门人员的工资20 520元。

24.31日,计提本月固定资产折旧费11 000元,其中生产车间使用固定资产计提折旧7 800元,行政管理部门使用固定资产折旧3 200元。

25.31日,用银行存款支付本月利息费用6 000元。

26.31日,计算出本月发生的制造费用总额为15 690元,按A、B两种产品生产工人工资比例进行分配,其中应由A产品负担8 671元,由B产品负担7 019元。

27.31日,结转本月完工产品成本。其中,A产品完工40件,已验收入库,其单位成本为2113.77元,总成本为84 551元;B产品完工35件,已验收入库,其单位成本为2 922.26元,总成本为102 279元。

28.31日,结转本月已售A产品成本65 526.87元和B产品成本87 667.80元。

29.31日,计算本月应交消费税25 580元。

30.31日,结转本月收入。

31.31日,结转本月成本费用。

32.31日,计算出本月应纳所得税(所得税税率为25%),假定本期不存在纳税调整项目。

33.31日,结转本月所得税费用。

(二)编制记账凭证

根据以上发生的经济业务资料,编制收款凭证、付款凭证和转账凭证,见表11-3至11-37。

表11-3 付款凭证

总号:总字第1号
贷方科目:银行存款　　　　2018年12月1日　　　　分号:银付字1号

摘 要	借方科目		金 额	记账符号
	总账科目	明细科目		
购入甲材料2 000kg	总账科目	明细科目		
	在途物资	甲材料	30 000.00	
	应交税费	应交增值税(进项税额)	4800.00	
(附件　张)	合计金额		¥34800.00	

会计主管:　　　记账:　　　稽核:　　　制单:　　　出纳:

表11-4 转账凭证

总号:总字第2号
　　　　　2018年12月1日　　　　　分号:转字1号

摘 要	总账科目	明细科目	借方金额	贷方金额	记账符号
结转入库材料成本	原材料	甲材料	30 000.00		
	在途物资	甲材料		30 000.00	
(附件　张)	合　计		¥30 000.00	¥30 000.00	

会计主管:　　　记账:　　　稽核:　　　制单:

表11-5　付款凭证

贷方科目：银行存款　　　　2018年12月2日　　　　总号：总字第3号　　分号：银付字2号

摘要	借方科目		金额	记账符号
	总账科目	明细科目		
购买运货卡车	固定资产	卡车	120 000.00	
（附件　张）	合计金额		¥120 000.00	

会计主管：　　　记账：　　　稽核：　　　制单：　　　出纳：

表11-6　收款凭证

借方科目：银行存款　　　　2018年12月4日　　　　总号：总字第4号　　分号：银收字第1号

摘要	贷方科目		金额	记账符号
	总账科目	明细科目		
接受永继公司投资	实收资本	永继公司	130 000.00	
（附件　张）	合计金额		¥130 000.00	

会计主管：　　　记账：　　　稽核：　　　制单：　　　出纳：

表11-7　付款凭证

贷方科目：银行存款　　　　2018年12月5日　　　　总号：总字第5号　　分号：银付字3号

摘要	借方科目		金额	记账符号
	总账科目	明细科目		
偿还银行借款	短期借款		150 000.00	
	长期借款		250 000.00	
（附件　张）	合计金额		¥400 000.00	

会计主管：　　　记账：　　　稽核：　　　制单：　　　出纳：

表11-8　转账凭证

2018年12月6日　　　　总号：总字第6号　　分号：转字第2号

摘要	总账科目	明细科目	借方金额	贷方金额	记账符号
购入乙材料	在途物资	乙材料	60 000.00		
	应交税费	应交增值税（进项税额）	9 600.00		
	应付账款	上海红星公司		69 600.00	
（附件　张）	合　计		¥69 600.00	¥69 600.00	

会计主管：　　　记账：　　　稽核：　　　制单：

表11-9　转账凭证

号：总字第7号
分号：转字第3号

2018年12月6日

摘要	总账科目	明细科目	借方金额	贷方金额	记账符号
结转入库材料成本	原材料	乙材料	60 000.00		
	在途物资	乙材料		60 000.00	
（附件　张）	合　计		¥60 000.00	¥60 000.00	

会计主管：　　　　记账：　　　　稽核：　　　　制单：

表11-10　收款凭证

总号：总字第8号
分号：银收字2号

借方科目：银行存款　　　2018年12月8日

摘要	贷方科目		金额	记账符号
	总账科目	明细科目		
出售A产品	主营业务收入	A产品	95 000.00	
	应交税费	应交增值税（销项税额）	15 200.00	
（附件　张）	合计金额		¥110 200.00	

会计主管：　　　记账：　　　稽核：　　　制单：　　　出纳：

表11-11　收款凭证

总号：总字第9号
分号：银收字3号

借方科目：银行存款　　　2018年12月9日

摘要	贷方科目		金额	记账符号
	总账科目	明细科目		
收到明德公司前欠款	应收账款	明德公司	56 000.00	
（附件　张）	合计金额		¥56 000.00	

会计主管：　　　记账：　　　稽核：　　　制单：　　　出纳：

表11-12　付款凭证

总号：总字第10号
分号：银付字4号

贷方科目：银行存款　　　2018年12月10日

摘要	借方科目		金额	记账符号
	总账科目	明细科目		
提现备用	库存现金		4 000.00	
（附件　张）	合计金额		¥4 000.00	

会计主管：　　　记账：　　　稽核：　　　制单：　　　出纳：

表11-13　付款凭证

贷方科目：银行存款　　2018年12月10日　　　　总号：总字第11号　　分号：银付字5号

摘要	借方科目		金额	记账符号
	总账科目	明细科目		
转账支付职工工资	应付职工薪酬		114 000.00	
（附件　张）	合计金额		¥114 000.00	

会计主管：　　记账：　　稽核：　　制单：　　出纳：

表11-14　转账凭证

2018年12月12日　　　　总号：总字第12号　　分号：转字第4号

摘要	总账科目	明细科目	借方金额	贷方金额	记账符号
销售A产品，货款未收	应收账款	明德公司	26 448.00		
	主营业务收入	A产品		22 800.00	
	应交税费	应交增值税（销项税额）		3 648.00	
（附件　张）	合　计		¥26 448.00	¥26 448.00	

会计主管：　　记账：　　稽核：　　制单：

表11-15　付款凭证

贷方科目：库存现金　　2018年12月13日　　　　总号：总字第13号　　分号：现付字1号

摘要	借方科目		金额	记账符号
	总账科目	明细科目		
用现金支付包装费	销售费用	包装费	400.00	
（附件　张）	合计金额		¥400.00	

会计主管：　　记账：　　稽核：　　制单：　　出纳：

表11-16　付款凭证

贷方科目：银行存款　　2018年12月16日　　　　总号：总字第14号　　分号：银付字6号

摘要	借方科目		金额	记账符号
	总账科目	明细科目		
支付本月水电费	生产成本	A产品	7 000.00	
		B产品	5 500.00	
	制造费用	水电费	500.00	
	管理费用	水电费	2 000.00	
（附件　张）	合计金额		¥15 000.00	

会计主管：　　记账：　　稽核：　　制单：　　出纳：

表11-17　转账凭证

总号：总字第15号
分号：转字第5号

2018年12月17日

摘要	总账科目	明细科目	借方金额	贷方金额	记账符号
领用原材料	生产成本	A产品	28 500.00		
		B产品	43 500.00		
	管理费用	材料费	350.00		
	原材料	甲材料		24 150.00	
		乙材料		48 200.00	
（附件　张）	合　　计		¥72 350.00	¥72 350.00	

会计主管：　　　记账：　　　稽核：　　　制单：

表11-18　付款凭证

总号：总字第16号
分号：银付字7号

贷方科目：银行存款　　2018年12月19日

摘要	借方科目		金额	记账符号
	总账科目	明细科目		
管理部门零星开支	管理费用	其他	2 000.00	
支付车间维修费	制造费用	其他	550.00	
（附件　张）	合计金额		¥2 550.00	

会计主管：　　记账：　　稽核：　　制单：　　出纳：

表11-19　付款凭证

总号：总字第17号
分号：银付字8号

贷方科目：银行存款　　2018年12月20日

摘要	借方科目		金额	记账符号
	总账科目	明细科目		
支付广告费	销售费用	广告费	4 000.00	
（附件　张）	合计金额		¥4 000.00	

会计主管：　　记账：　　稽核：　　制单：　　出纳：

表11-20　付款凭证

总号：总字第18号
分号：现付字2号

贷方科目：库存现金　　2018年12月21日

摘要	借方科目		金额	记账符号
	总账科目	明细科目		
王军预借差旅费	其他应收款	王军	500.00	
（附件　张）	合计金额		¥500.00	

会计主管：　　记账：　　稽核：　　制单：　　出纳：

表11-21　收款凭证

借方科目：银行存款　　　2018年12月23日　　　　　总号：总字第19号
　　　　　　　　　　　　　　　　　　　　　　　　　分号：银收字4号

摘要	贷方科目		金额	记账符号
	总账科目	明细科目		
向银行借款	短期借款		40 000.00	
（附件　张）	合计金额		¥40 000.00	

会计主管：　　　记账：　　　稽核：　　　制单：　　　出纳：

表11-22　收款凭证

借方科目：库存现金　　　2018年12月25日　　　　　总号：总字第20号
　　　　　　　　　　　　　　　　　　　　　　　　　分号：现收字1号

摘要	贷方科目		金额	记账符号
	总账科目	明细科目		
职工王明交来的罚款	营业外收入	罚款收入	200.00	
（附件　张）	合计金额		¥200.00	

会计主管：　　　记账：　　　稽核：　　　制单：　　　出纳：

表11-23　收款凭证

借方科目：库存现金　　　2018年12月26日　　　　　总号：总字第21号
　　　　　　　　　　　　　　　　　　　　　　　　　分号：现收字2号

摘要	贷方科目		金额	记账符号
	总账科目	明细科目		
王军报销差旅费退款	其他应收款	王军	100.00	
（附件　张）	合计金额		¥100.00	

会计主管：　　　记账：　　　稽核：　　　制单：　　　出纳：

表11-24　转账凭证

2018年12月26日　　　　　总号：总字第22号
　　　　　　　　　　　　　分号：转字第6号

摘要	总账科目	明细科目	借方金额	贷方金额	记账符号
报销差旅费	管理费用	差旅费	400.00		
	其他应收款	王军		400.00	
（附件　张）	合　　计		¥400.00	¥400.00	

会计主管：　　　记账：　　　稽核：　　　制单：

表11-25 转账凭证

总号：总字第23号
分号：转字第7号

2018年12月28日

摘要	总账科目	明细科目	借方金额	贷方金额	记账符号
销售B产品，收到票据	应收票据	红光公司	160 080.00		
	主营业务收入	B产品		138 000.00	
	应交税费	应交增值税（销项税额）		22 080.00	
（附件　张）	合　　计		¥160 080.00	¥160 080.00	

会计主管：　　　　记账：　　　　稽核：　　　　制单：

表11-26 付款凭证

总号：总字第24号
分号：银付字9号

贷方科目：银行存款　　　　2018年12月31日

摘要	借方科目		金额	记账符号
	总账科目	明细科目		
支付利息费用	财务费用	利息费	6 000.00	
（附件　张）	合计金额		¥6 000.00	

会计主管：　　　记账：　　　稽核：　　　制单：　　　出纳：

表11-27 转账凭证

总号：总字第25号
分号：转字第8号

2018年12月31日

摘要	总账科目	明细科目	借方金额	贷方金额	记账符号
结转本月应付职工的工资	生产成本	A产品	40 380.00		
		B产品	46 260.00		
	制造费用		6 840.00		
	管理费用		20 520.00		
	应付职工薪酬			114 000.00	
（附件　张）	合　　计		¥114 000.00	¥114 000.00	

会计主管：　　　　记账：　　　　稽核：　　　　制单：

表11-28 转账凭证

总号：总字第26号
分号：转字第9号

2018年12月31日

摘要	总账科目	明细科目	借方金额	贷方金额	记账符号
计提本月固定资产折旧	制造费用		7 800.00		
	管理费用		3 200.00		
	累计折旧			11 000.00	
（附件　张）	合　　计		¥11 000.00	¥11 000.00	

会计主管：　　　　记账：　　　　稽核：　　　　制单：

表11-29　转账凭证

总号：总字第27号　　分号：转字第10号

2018年12月31日

摘　要	总账科目	明细科目	借方金额	贷方金额	记账符号
分配本月车间制造费用	生产成本	A产品	8 671.00		
		B产品	7 019.00		
	制造费用			15 690.00	
（附件　张）	合　　计		¥15 690.00	¥15 690.00	

会计主管：　　　记账：　　　稽核：　　　制单：

表11-30　转账凭证

总号：总字第28号　　分号：转字第11号

2018年12月31日

摘　要	总账科目	明细科目	借方金额	贷方金额	记账符号
分配本月完工产品成本	库存商品	A产品	84 551.00		
		B产品	102 279.00		
	生产成本	A产品		84 551.00	
		B产品		102 279.00	
（附件　张）	合　　计		¥186 830.00	¥186 830.00	

会计主管：　　　记账：　　　稽核：　　　制单：

表11-31　转账凭证

总号：总字第29号　　分号：转字第12号

2018年12月31日

摘　要	总账科目	明细科目	借方金额	贷方金额	记账符号
结转本月销售产品成本	主营业务成本	A产品	65 526.87		
		B产品	87 667.80		
	库存商品	A产品		65 526.87	
		B产品		87 667.80	
（附件　张）	合　　计		¥153 194.67	¥153 194.67	

会计主管：　　　记账：　　　稽核：　　　制单：

表11-32　转账凭证

总号：总字第30号　　分号：转字第13号

2018年12月31日

摘　要	总账科目	明细科目	借方金额	贷方金额	记账符号
计算本月应交消费税金	税金及附加		25 580.00		
	应交税费	应交消费税		25 580.00	
（附件　张）	合　　计		¥25 580.00	¥25 580.00	

会计主管：　　　记账：　　　稽核：　　　制单：

表11-33　转账凭证

总号：总字第31号　分号：转字第14号

2018年12月31日

摘要	总账科目	明细科目	借方金额	贷方金额	记账符号
结转本月收入	主营业务收入		25 5800.00		
	营业外收入		200.00		
	本年利润			256 000.00	
（附件　张）	合　　计		¥256 000.00	¥256 000.00	

会计主管：　　　　记账：　　　　稽核：　　　　制单：

表11-34　转账凭证

总号：总字第32号　分号：转字第15号

2018年12月31日

摘要	总账科目	明细科目	借方金额	贷方金额	记账符号
结转本月成本费用	本年利润		217 644.67		
	主营业务成本			153 194.67	
	税金及附加	应交消费税		25 580.00	
	销售费用			4 400.00	
	管理费用			28 470.00	
	财务费用			6 000.00	
（附件　张）	合　　计		¥217 644.67	¥217 644.67	

会计主管：　　　　记账：　　　　稽核：　　　　制单：

表11-35　转账凭证

总号：总字第33号　分号：转字第16号

2018年12月31日

摘要	总账科目	明细科目	借方金额	贷方金额	记账符号
计算本月应交所得税	所得税费用		12 657.00		
	应交税费	应交所得税		12 657.00	
（附件　张）	合　　计		¥12 657.00	¥12 657.00	

会计主管：　　　　记账：　　　　稽核：　　　　制单：

表11-36　转账凭证

总号：总字第34号　分号：转字第17号

2018年12月31日

摘要	总账科目	明细科目	借方金额	贷方金额	记账符号
结转本月应交所得税费用	本年利润		12 657.00		
	所得税费用			12 657.00	
（附件　张）	合　　计		¥12 657.00	¥12 657.00	

会计主管：　　　　记账：　　　　稽核：　　　　制单：

（三）登记日记账

根据所编制的现金收、付款凭证和部分银行存款付款凭证，逐日逐笔登记现金日记账，如表11-37所示：

表11-37　库存现金日记账

2018年		凭证		摘要	对方科目	借方	贷方	余额
月	日	字	号					
12	01			期初余额				1 990
	10	银付	04	提现备用	银行存款	4 000		5 990
	13	现付	01	支付A产品包装费	销售费用		400	5 590
	21	现付	02	预付销售员差旅费	其他应收款		500	5 090
	25	现收	01	收王明交罚款	营业外收入	200		5 290
	26	现收	02	销售员退回余款	其他应收款	100		5 390
	31			本月发生额及余额		4 300	900	5 390

根据所编制的银行存款收、付款凭证和部分现金付款凭证，逐日逐笔登记银行存款日记账，如表11-38所示：

表11-38　银行存款日记账

2018年		凭证		摘要	对方科目	借方	贷方	余额
月	日	字	号					
12	01			期初余额				1 120 000
	01	银付	01	购买甲材料	在途物资等		34 800	1 085 200
	02	银付	02	购买运货卡车	固定资产		120 000	965 200
	04	银收	01	接受永继厂投资	实收资本	130 000		1 095 200
	05	银付	03	偿还借款	短期借款等		400 000	695 200
	08	银收	02	出售A产品	主营业务收入	110 200		805 400
	09	银收	03	收明德公司前欠款	应收账款	56 000		861 400
	10	银付	04	提现备发薪酬	库存现金		4 000	857 400
	10	银付	05	转账支付职工工资	应付职工薪酬		114 000	743 400
	16	银付	06	支付本月水电费	生产成本等		15 000	728 400
	19	银付	07	支付管理部门开支	管理费用等		2 550	725 850
	20	银付	08	支付广告费	销售费用		4 000	721 850
	23	银收	04	从银行借款	短期借款	40 000		761 850
	31	银付	09	支付本月利息费用	财务费用		6 000	755 850
	31			本月发生额及余额		336 200	700 350	755 850

（四）登记明细账

根据原始凭证、原始凭证汇总表、记账凭证登记明细分类账，下面以应收账款明细账和原材料明细账为例，其余明细分类账从略，如表11-39至11-42所示。

表11-39　应收账款明细账

明细科目：明德公司

2018年		凭证		摘要	借方	贷方	借或贷	余额
月	日	字	号					
12	01			期初余额			借	56 000
	09	银收	03	收到前欠款		56 000	平	0
	12	转	04	销售A产品6台	26 676		借	26 676
	31			本月发生额及余额			借	26 676

表11-40　应收账款明细账发生额及余额对照表

明细账户	期初余额	本期增加	本期减少	期末余额
明德公司	56 000	26 676	56 000	26 676
兴旺公司	32 000			32 000
合　计	88 000	26 676	56 000	58 676

表11-41　材料明细账

材料名称：甲材料　　　　　　　　　　　　　　　　　　单位：千克

2018年		凭证		摘要	收入			发出			结存		
月	日	字	号		数量	单价	金额	数量	单价	金额	数量	单价	金额
12	01			期初余额							5334	15	80 010
	01	转	01	采购入库	2000	15	30000				7334	15	110 010
	17	转	05	领用				1610	15	24150	5724	15	85 860
	31			本月发生额及余额							5724	15	85 860

表11-42　材料明细账

材料名称：乙材料　　　　　　　　　　　　　　　　　　单位：千克

2018年		凭证		摘要	收入			发出			结存		
月	日	字	号		数量	单价	金额	数量	单价	金额	数量	单价	金额
12	01			期初余额							1300	20	26 000
	06	转	03	购入入库	3000	20	60000				4300	20	86 000
	17	转	05	领用				2410	20	48200	1890	20	37 800
	31			本月发生额及余额							1890	20	37 800

(五) 登记总分类账

根据记账凭证直接登记总分类账，接下来以应收账款总分类账、应收票据总分类账和其他应收款总分类账为例，其余总分类账从略，如表11-43至11-45所示。

表11-43　总分类账

会计科目：应收账款

2018年		凭证		摘要	借方	贷方	借或贷	余额
月	日	字	号					
12	01			期初余额			借	88 000
	09	银收	03	收明德公司前欠款		56 000	借	32 000
	12	转	04	销售A产品6台	26 448		借	58 448
	31			本月发生额及余额			借	58 448

表11-44　总分类账

会计科目：应收票据

2018年		凭证		摘　要	借方	贷方	借或贷	余额
月	日	字	号					
12	01			期初余额			借	60 000
	28	转	07	销售B产品30台	160 080		借	220 080
	31			本月发生额及余额			借	220 080

表11-45　总分类账

会计科目：其他应收款

2018年		凭证		摘　要	借方	贷方	借或贷	余额
月	日	字	号					
12	01			期初余额			平	0
	21	现付	03	借差旅费	500		借	500
	26	现收	02	收回差旅费余额		100	借	400
	26	转	06	报销差旅费		400	平	0
	31			本月发生额及余额			平	0

● **（六）编制总分类账户期末余额试算平衡表**

根据总分类账户期末余额资料，可编制通达公司2018年12月31日总分类账户期末余额试算平衡表，如表11-46所示。

表11-46　总分类账户期末余额试算平衡表

账户名称	借方余额	账户余额	贷方余额
库存现金	5 390	短期借款	100 000
银行存款	755 850	应付账款	102 200
应收账款	58 448	其他应付款	15 000
应收票据	220 080	应交税费	68 165
原材料	123 660	应付职工薪酬	57 000
库存商品	95 635.33	长期借款	150 000
固定资产	4 700 000	实收资本	2 803 000
		盈余公积	607 000
		本年利润	755 698.33
		累计折旧	1 011 000
		利润分配	290 000
合　计	5 959 063.33	合　计	5 959 063.33

● **（七）编制资产负债表和利润表**

根据各总分类账和明细分类账期末余额编制会计报表（略）。

第三节 科目汇总表账务处理程序

一、科目汇总表账务处理程序的特点

科目汇总表又称"记账凭证汇总表",是一种汇总记账凭证。科目汇总表账务处理程序是指根据各种记账凭证先定期按会计科目汇总编制科目汇总表,然后根据科目汇总表登记总分类账的一种账务处理程序。它是从记账凭证账务处理程序发展出来的一种账务处理程序,其最大特点就根据定期汇总编制的科目汇总表登记总分类账。

二、科目汇总表账务处理程序的具体内容

(一) 凭证与账簿设置

科目汇总表账务处理程序的凭证可以设置"收款凭证""付款凭证"和"转账凭证"三种记账凭证,也可以按通用记账凭证格式设置一种记账凭证,但必须增设科目汇总表。

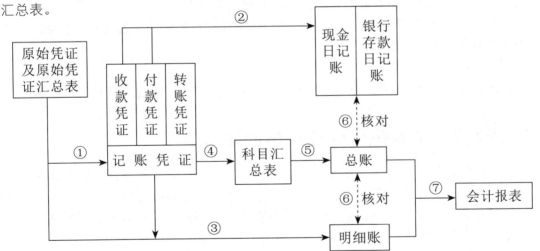

图11-2 科目汇总表账务处理流程

科目汇总表账务处理程序的账簿组织也基本与记账凭证账务处理程序相类似,分别设置日记账、总分类账及明细分类账等。

(二) 账务处理程序

1. 根据各种审核无误的原始凭证或原始凭证汇总表编制记账凭证。
2. 根据收款凭证和付款凭证逐笔顺序登记库存现金日记账和银行存款日记账。
3. 根据各种记账凭证及其所附的原始凭证或原始凭证汇总表逐笔登记各种明细分类账。
4. 根据各种记账凭证定期编制科目汇总表。

5. 根据科目汇总表登记总分类账。

6. 进行账账核对，定期将库存现金日记账、银行存款日记账和各种明细账的余额分别与其总分类账的余额相核对。

7. 期末时进行试算，根据试算平衡后的总分类账和明细分类账资料编制会计报表。

科目汇总表账务处理程序如图11-2所示。

三、科目汇总表账务处理程序的评价

1. 优点

（1）由于科目汇总表账务处理程序是根据科目汇总表登记总分类账的，每一个总分类账户每月只登记一次或几次，对于经济业务量比较大、记账凭证较多的单位来说，就大大地减少了登记总分类账的工作量。

（2）科目汇总表汇总方法比较简单，操作方便，并可根据各账户本期借贷方发生额合计数试算平衡，检查记账凭证的填制和汇总是否正确。

2. 缺点

（1）由于科目汇总表只按照科目进行汇总，不能反映科目间的对应关系，这样就不便于了解分析具体经济业务的来龙去脉，不利于查找错账。

（2）由于总账登记的是汇总数字，这样就看不出来经济业务的内容，因而降低了总账所提供资料的可用性。

3. 适用范围

这种会计核算程序一般只适用于规模大、经济业务频繁、记账凭证数量多的单位。

四、科目汇总表账务处理程序的举例

由于科目汇总表账务处理程序的内容与记账凭证账务处理程序的内容基本相同，不同的是在这个程序中需要增加编制"科目汇总表"，才能根据其登记总分类账。因此，这里主要介绍说明"科目汇总表"的编制方法。科目汇总表账务处理程序举例，以方圆公司为例，如表11-47所示：

表11-47 2018年1月各总分类账户的期初余额

账户名称	（借方）	（贷方）	账户名称	（借方）	（贷方）
库存现金	800		短期借款		130 000
银行存款	110 000		应付账款		81 000
应收账款	56 000		应付职工薪酬		12 500
其他应收款	1 500		实收资本		800 000
原材料	42 000		盈余公积		100 300
生产成本	5 500				
库存商品	18 000				
固定资产	1 200 000				
累计折旧		310 000			

第十一章 账务处理程序

利信公司2018年1月发生下列经济业务：

1. 2日，从银行提取现金1 500元备用。
2. 3日，采购员张军外出联系业务借支差旅费800元，以现金支付。
3. 3日，从新华公司购进甲材料一批，价款25 000元，增值税额4 000元，货款暂未付，另发生运杂费350元，运杂费已由新华公司垫付（运杂费不考虑增值税，下同）。
4. 4日，从银行取得半年期借款60 000元，转入本企业银行存款户。
5. 5日，车间领用甲材料一批，成本计15 000元，其中用于A产品生产12 000元，其余为车间一般耗用。
6. 5日，销售给大成商业批发公司A产品一批，价款38 000元，增值税额6 080元，对方开给的转账支票已交银行转账。
7. 6日，车间领用乙材料一批，成本计12 000元，其中11 000元用于B产品生产，其余为车间一般耗用。
8. 8日，以银行存款36 000元购入1台不需安装的新设备（暂不考虑增值税）。
9. 8日，企业管理部门以现金120元购买办公用品，办公用品交有关使用者。
10. 9日，管理部门的王小明借支差旅费600元，以现金支付。
11. 10日，接银行通知，华胜公司前欠货款38 000元已收妥入账。
12. 11日，以银行存款30 000元偿还前欠金泰公司货款。
13. 11日，采购员张军外出归来，报差旅费720元，余款80元交回现金。
14. 12日，从光明公司购入乙材料一批，价款计32 000元，增值税额5 120元，以银行存款支付。
15. 13日，以银行存款支付广告费3 500元。
16. 14日，销售给长城公司A产品一批，价款40 000元，增值税额6 400元，款项暂未收到。
17. 15日，以银行存款支付前欠新华公司货款及垫付的运杂费29 350元。
18. 16日，出纳员开出一张2 000元的现金支票，到银行提现备用。
19. 17日，用银行存款转账支付工资21 200元。
20. 18日，管理部门李强借支差旅费600元，以现金付给。
21. 19日，销售给明星商场B产品一批，价款20 000元，增值税额3 200元，款项存入银行。
22. 20日，从光明公司购入乙材料一批，价款12 000元，增值税额1 920元，款项以银行存款支付。
23. 21日，销售给兴泰贸易公司B产品一批，价款42 000元，增值税额6 720元，暂未收到。
24. 22日，从银行提取现金1 000元备用。
25. 22日，管理部门报销零星开支420元，以现金支付。
26. 23日，财务人员唐伟预借差旅费800元，以现金支付。

27. 24日，车间领用甲材料一批，成本3 000元，全部用于A产品生产。

28. 24日，接银行通知，兴泰贸易公司所欠货款48 720元收妥入账。

29. 25日，车间领用乙材料一批，成本5 600元，用于B产品生产。

30. 26日，以银行存款支付电费5 200元，其中管理部门应负担580元，A产品生产2 600元，B产品生产1 600元，车间共同用电420元。

31. 27日，以银行存款偿还到期的6个月短期借款60 000元，同时支付本月利息450元。

32. 29日，以银行存款2 000元支付产品展览费。

33. 31日，经计算，本月应付职工工资计28 000元，其中A产品生产工人工资15 000元，B产品生产工人工资8 000元，车间管理人员工资1 600元，企业管理人员工资3 400元。

34. 31日，计提职工社保费等合计5 600元，其中A产品生产工人社保费3 000元，B产品生产工人社保费1 600元，车间管理人员社保费320元，企业管理人员社保费680元。

35. 31日，计提本月固定资产折旧16 000元，其中生产使用固定资产应提13 000元，企业管理部门应提3 000元。

36. 31日，计提本月银行短期借款利息1 500元。

37. 31日，分配结转本月发生的制造费用19 244元，其中应由A产品负担12 509元，B产品负担6 735元。

38. 31日，结转本月完工产品的实际成本，其中本月完工A产品实际成本47 300元，完工B产品实际成本34 500元。

39. 31日，结转本月已售产品的实际成本，其中已售A产品实际成本为49 800元，已售B产品的实际成本为38 000元。

40. 31日，结转本月主营业务收入140 000元。

41. 31日，结转本月主营业务成本87 800元，管理费用8 716元，销售费用5 500元，财务费用1 950元。

42. 31日，计算本月应交所得税11 891元。

43. 31日，结转本月所得税11 891元。

(一) 第一步：编制会计分录

根据经济业务编制记账凭证，下面采用表11-48代之。

表11-48 记账凭证表

2018年		凭证字号	摘要	会计科目	借方金额	贷方金额
月	日					
1	2	银付字1	提取现金备用	库存现金 银行存款	1 500	1 500
1	3	现付字1	张军借支差旅费	其他应收款 库存现金	800	800

续表

1	3	转字1	购进甲材料	原材料 应交税费 　应付账款	25 350 4 000	 29 350
1	4	银收字1	取得半年期借款	银行存款 　短期借款	60 000	 60 000
1	5	转字2	A产品领用甲材料，车间领用甲材料	生产成本 制造费用 　原材料	12 000 3 000	 15 000
1	5	银收2	销售给大成商业公司A产品	银行存款 　主营业务收入 　应交税费	44 080	 38 000 6 080
1	6	转字3	领用乙材料用于B产品生产、用于车间一般耗用	生产成本 制造费用 　原材料	11 000 1 000	 12 000
1	8	银付字2	购入新设备	固定资产 　银行存款	36 000	 36 000
1	8	现付字2	管理部门购买办公用品	管理费用 　库存现金	120	 120
1	9	现付字3	王小明借支差旅费	其他应收款 　库存现金	600	 600
1	10	银收字3	华胜公司前欠货款收妥	银行存款 　应收账款	38 000	 38 000
1	11	银付字3	以银行存款偿还金泰公司货款	应付账款 　银行存款	30 000	 30 000
1	11	转字4	张军报销差旅费	管理费用 　其他应收款	720	 720
1	11	现收字1	张军交回多余现金	库存现金 　其他应收款	80	 80
1	12	银付4	从光明公司购入乙材料	原材料 应交税费 　银行存款	32 000 5 120	 37 120
1	13	银付字5	支付广告费	销售费用 　银行存款	3 500	 3 500
1	14	转字5	销售给长城公司A产品	应收账款 　主营业务收入 　应交税费	46 400	 40 000 6 400
1	15	银付字6	支付新华公司货款等	应付账款 　银行存款	29 350	 29 350
1	16	银付字7	提取现金备用	库存现金 　银行存款	2 000	 2 000
1	17	银付字8	以银行存款转账支付职工工资	应付职工薪酬 　银行存款	21 200	 21 200

续表

1	18	现付字4	李强借支差旅费	其他应收款 　库存现金	600	600
1	19	银收字4	销售给明星商场B产品	银行存款 　主营业务收入 　应交税费	23 200	20 000 3 200
1	20	银付字9	从光明公司购入乙材料	原材料 应交税费 　银行存款	12 000 1 920	13 920
1	21	转字6	销售给兴泰贸易公司B产品	应收账款 　主营业务收入 　应交税费	48 720	42 000 6 720
1	22	银付字10	提取现金备用	库存现金 　银行存款	1 000	1 000
1	22	现付字5	管理部门报销零星开支	管理费用 　库存现金	420	420
1	23	现付字6	财务人员唐伟预借差旅费	其他应收款 　库存现金	800	800
1	24	转字7	领用甲材料用于A产品生产	生产成本 　原材料	3 000	3 000
1	24	银收字5	收到兴泰公司欠款	银行存款 　应收账款	48 720	49 720
1	25	转字8	领用乙材料用于B产品生产	生产成本 　原材料	5 600	5 600
1	26	银付字11	支付水电费	生产成本 制造费用 管理费用 　银行存款	4 200 420 580	5 200
1	27	银付字12	归还短期借款并付息	短期借款 财务费用 　银行存款	60 000 450	60 450
1	29	银付字13	支付产品展览费	销售费用 　银行存款	2 000	2 000
1	31	转字9	分配工资费用	生产成本 制造费用 管理费用 　应付职工薪酬	23 000 1 600 3 400	28 000
1	31	转字10	计提社保费	生产成本 制造费用 管理费用 　应付职工薪酬	4 600 320 680	5 600
1	31	转字11	计提固定资产折旧	制造费用 管理费用 　累计折旧	13 000 3 000	16 000
1	31	转字12	计提银行借款利息	财务费用 　应付利息	1500	1500

续表

1	31	转字13	分配结转制造费用	生产成本 　　制造费用	19 244	19 244
1	31	转字14	结转本月完工产品实际成本	库存商品 　　生产成本	81 800	81 800
1	31	转字15	结转已销售产品成本	主营业务成本 　　库存商品	87 800	87 800
1	31	转字16	结转本月主营业务收入	主营业务收入 　　本年利润	140 000	140 000
1	31	转字17	结转本月损益类的费用类科目	本年利润 　　主营业务成本 　　管理费用 　　销售费用 　　财务费用	87 800	87 800 8 716 5 500 1 950
1	31	转字18	登记应交所得税	所得税费用 　　应交税费	11 891	11 891
1	31	转字19	结转本月所得税	本年利润 　　所得税费用	11 891	11 891

● (二) 第二步：登记日记账

根据收款凭证和付款凭证登记现金日记账和银行存款日记账，如表11-49至11-50所示。

表11-49 现金日记账

2018年		凭证		摘　要	对方科目	收入	支出	结余
月	日	种类	号数					
1	1			上年结余				800
	2	银付	1	提取现金备用	银行存款	1 500		2 300
	3	现付	1	张军借支差旅费	其他应收款		800	1 500
	8	现付	2	管理部门购买办公用品	管理费用		120	1 380
	9	现付	3	王小明借支差旅费	其他应收款		600	780
	11	现收	1	张军交回多余现金	其他应收款	80		860
	16	银付	7	提取现金备用	银行存款	2 000		2 860
	18	现付	4	李强借支差旅费	其他应收款		600	2 260
	22	银付	9	提取现金备用	银行存款	1 000		3 260
	22	现付	5	管理部门报销零星开支	管理费用		420	2 840
	23	现付	6	唐伟预借差旅费	其他应收款		800	2 040
	31			本月合计		4 580	3 340	2 040

表11-50　银行存款日记账

2018年		凭证		摘　要	对方科目	收入	支出	结余
月	日	种类	号数					
1	1			上年结余				110 000
	2	银付	1	提取现金	库存现金		1 500	108 500
	4	银收	1	取得半年期借款	短期借款	60 000		168 500
	5	银收	2	销售A产品	主营业务收入等	44 080		212 580
	8	银付	2	购入设备	固定资产		36 000	176 580
	10	银收	3	收到华胜公司货款	应收账款	38 000		214 580
	11	银付	3	偿还金泰公司货款	应付账款		30 000	184 580
	12	银付	4	购入乙材料	原材料等		37 120	147 460
	13	银付	5	支付广告费	销售费用		3 500	143 960
	15	银付	6	支付新华厂货款	应付账款		29 350	114 610
	16	银付	7	提取现金备用	库存现金		2 000	112 610
	17	银付	8	转账支付职工工资	应付职工薪酬		21 200	91 410
	19	银收	4	销售A产品	主营业务收入等	23 200		114 610
	20	银付	9	购入乙材料	原材料等		13 920	100 690
	22	银付	10	提取现金备用	库存现金		1 000	99 690
	24	银收	5	收到兴泰公司欠款	应收账款	48 720		148 410
	26	银付	11	支付水电费	生产成本等		5 200	143 210
	27	银付	12	归还短期借款	短期借款　等		60 450	82 760
	27	银付	13	支付产品展览费	销售费用		2 000	80 760
				本月合计		214 000	243 240	80 760

● **(三) 第三步：编制科目汇总表**

根据收付转凭证编制科目汇总表，如表11-51至11-53所示。

表11-51　科目汇总表

2018年1月1日至10日　　　　　　　　　　科汇1

会计科目	本期发生额		账页	记账凭证起讫号数
	借方	贷方		
库存现金	1 500	1 520	(略)	银收字1—3号
银行存款	142 080	37 500		
应收账款		38 000		现付字1—3号
其他应收款	1 400			
原材料	25 350	27 000		银付字1—2号
生产成本	23 000			
制造费用	4 000			转　字1—3号
固定资产	36 000			
短期借款		60 000		
应付账款		29 350		
应交税金	4 000	6 080		
管理费用	120			
主营业务收入		38 000		
合计	237 450	237 450		

表11-52 科目汇总表

2018年1月11日至20日　　　　　　　　　　　　　科汇2

会计科目	本期发生额 借方	本期发生额 贷方	账页	记账凭证起讫号数
库存现金	2 080	600	（略）	现收字1号
银行存款	23 200	137 090		银收字4号
应收账款	46 400			
其他应收款	600	800		现付字4号
原材料	44 000			
应付账款	59 350			银付字3-9号
应交税费	7 040	9 600		
应付职工薪酬	21 200			转　字4-5号
管理费用	720			
销售费用	3 500			
主营业务收入		60 000		
合计	208 090	208 090		

表11-53 科目汇总表

2018年1月21日至31日　　　　　　　　　　　　　科汇3

会计科目	本期发生额 借方	本期发生额 贷方	账页	记账凭证起讫号数
库存现金	1 000	1 220	（略）	银收字5号
银行存款	48 720	68 650		
应收账款	48 720	48 720		现付字5-6号
其他应收款	800			
原材料		8 600		银付字10-13号
生产成本	58 264	81 800		转　字6-22号
制造费用	15 244	19 244		
库存商品	81 800	87 800		
累计折旧		16 000		
短期借款	60 000			
应付账款	—	—		
应付职工薪酬		31 920		
应交税费		18 611		
管理费用	7 876	8 716		
销售费用	2 000	5 500		
财务费用	1 950	1 950		
主营业务收入	140 000	42 000		
主营业务成本	87 800	87 800		
本年利润	115 857	140 000		
所得税费用	11 891	11 891		
合计	684 172	684 172		

（四）第四步：根据科目汇总表登记总账（以应收账款、银行存款和其他应收款为例）

表11-54　总分类账

会计科目：应收账款

2018年		凭证		摘要	借方	贷方	借或贷	余额
月	日	字	号					
1	01			期初余额			借	56 000
	10	科汇	1	1-10日汇总		38 000	借	18 000
	20	科汇	2	11-20日汇总	46 400		借	64 400
	31	科汇	3	21-31日汇总	48720	48 720	借	64 400
	31			本月发生额及余额	95 120	86 720	借	64 400

表11-55　总分类账

会计科目：银行存款

2018年		凭证		摘要	借方	贷方	借或贷	余额
月	日	字	号					
1	01			期初余额			借	110 000
	10	科汇	1	1-10日汇总	142 080	37 500	借	214 580
	20	科汇	2	11-20日汇总	23 200	137 090	借	100 690
	31	科汇	3	21-31日汇总	48 720	68 650	借	80 760
	31			本月发生额及余额	214 000	243 240	借	80 760

表11-56　总分类账

会计科目：其他应收款

2018年		凭证		摘要	借方	贷方	借或贷	余额
月	日	字	号					
1	01			期初余额			借	1 500
	10	科汇	1	1-10日汇总	1 400		借	2 900
	20	科汇	2	11-20日汇总	600	800	借	2 700
	31	科汇	3	21-31日汇总	800		借	3 500
	31			本月发生额及余额	2 800	800	借	3 500

第四节　汇总记账凭证账务处理程序

一、汇总记账凭证账务处理程序的特点

汇总记账凭证账务处理程序是在记账凭证账务处理程序基础上发展出来的一种账务处理程序，是根据审核无误的记账凭证定期编制汇总记账凭证，并根据汇总记账凭

证登记总分类账的一种账务处理程序。它的主要特点是先定期将记账凭证按账户对应关系汇总，编制汇总记账凭证，再根据汇总记账凭证登记总分类账。

二、汇总记账凭证账务处理程序的基本内容

（一）凭证和账簿设置

在汇总记账凭证账务处理程序下，除了应设置收款凭证、付款凭证和转账凭证外，还要据以设置汇总收款凭证、汇总付款凭证和汇总转账凭证。从记账凭证的角度看，使用汇总记账凭证是该账务处理程序的独特之处。汇总记账凭证账务处理程序的账簿体系与记账凭证账务处理程序没有什么太大的差别，账簿仍需设置库存现金日记账、银行存款日记账和一定种类的明细分类账及三栏式总分类账。

（二）账务处理程序

汇总记账凭证账务处理程序如图11-3所示。

①根据各种审核无误的原始凭证或原始凭证汇总表编制记账凭证。
②根据收款凭证和付款凭证逐笔顺序登记库存现金日记账和银行存款日记账。
③根据各种记账凭证及其所附的原始凭证或原始凭证汇总表逐笔顺序登记各种明细分类账。
④根据各种记账凭证定期编制汇总记账凭证。
⑤根据汇总记账凭证登记总分类账。
⑥按照对账的要求，定期将库存现金日记账、银行存款日记账和各种明细分类账的余额分别与其总分类账的余额相核对。
⑦期末时进行试算，根据试算平衡后的总分类账和明细分类账的资料编制会计报表。

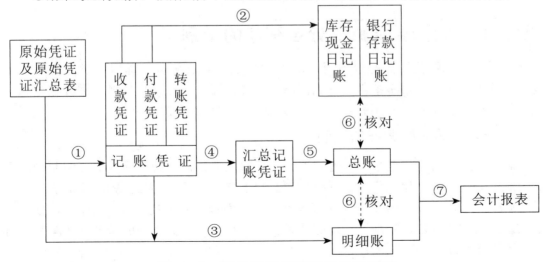

图11-3 汇总记账凭证账务处理流程

三、汇总记账凭证账务处理程序的评价

（一）优点

根据汇总后的记账凭证登记总分类账，而不是直接根据大量的记账凭证登记总分类账，这样就大大减轻了会计人员在会计核算期末的登账工作量，并可以促进会计分工，提高工作效率。

由于汇总记账凭证拥有记账凭证同样的特点，也较好地反映了经济业务的发生情况，有利于事后的账证核对和检查分析。

（二）缺点

汇总记账凭证账务处理程序要求按期编制一定数量的汇总记账凭证，这就在会计期间增加了会计人员的工作量。

汇总收款凭证及汇总付款凭证可直接根据一定日期内的收款凭证与付款凭证登记，不需再重新归类；但对于汇总转账凭证，需先按某个会计科目归类，将一定日期内与该科目相关的所有转账凭证找出，然后将对应的科目及发生额填入到一张汇总记账凭证当中。显然，这对存在较多转账凭证的企业将会增加较大的工作量，没有完全达到编制汇总记账凭证的预期目的。

由于在凭证到账簿之间增加了中间环节，不如直接通过记账凭证登记总分类账清晰明了。

（三）适用范围

这种账务处理程序一般适用于规模较大、经济业务比较多、会计工作较细的企事业单位运用。

四、汇总记账凭证账务处理程序的举例

由于汇总记账凭证账务处理程序的内容与记账凭证账务处理程序的内容基本相同，不同的是在这个程序中需要在编制出"汇总记账凭证"以后才能根据其登记总分类账。因此，这里主要介绍说明"汇总记账凭证"的编制方法。

（一）汇总收款凭证的编制

汇总收款凭证是根据库存现金和银行存款收款凭证汇总编制而成的。编制时，汇总收款凭证应按库存现金账户、银行存款账户的借方设置，并按其相对应的贷方账户进行归类汇总，一般5天或10天汇总填制一次，也可以每月编制一张。月末时，根据汇总收款凭证的合计数，分别计入库存现金、银行存款总分类账户的借方以及与其相对应各个总分类账户的贷方。

根据本章第二节中通达公司案例中记账凭证，即11-6、表11-10、表11-11、表11-

12、表11-21、表11-22和表11-23的记账凭证表编制得到的"汇总收款凭证",如表11-57和表11-58所示。

表11-57 汇总收款凭证

借方科目:银行存款　　　　2018年12月份　　　　汇收第1号

贷方科目	金额			合计	总账页数	
	1日至10日收款凭证银收字第1号至第3号	11日至20日收款凭证银收字第×号至第×号	21日至30日收款凭证银收字第4号至第×号		借方	贷方
实收资本	130 000			130 000		
主营业务收入等	110 200			110 200		
应收账款	56 000			56 000		
短期借款			40 000	40 000		
合　　计	296 200		40 000	336 200		

表11-58 汇总收款凭证

借方科目:库存现金　　　　2018年12月份　　　　汇收第2号

贷方科目	金额			合计	总账页数	
	1日至10日收款凭证现收字第×号至第×号	11日至20日收款凭证现收字第×号至第×号	21日至30日收款凭证现收字第1号至第2号		借方	贷方
银行存款	4 000			4 000		
营业外收入			200	200		
其他应收款			100	100		
合　　计	4 000		300	4 300		

(二)汇总付款凭证的编制

汇总付款凭证是根据库存现金和银行存款付款凭证汇总编制而成的。编制时,汇总付款凭证应按库存现金账户、银行存款账户的贷方设置,并按其相对应的借方账户进行归类汇总,一般5天或10天汇总填制一次,也可以每月编制一张。月末时,根据汇总付款凭证的合计数,分别计入库存现金、银行存款总分类账户的贷方以及与其相对应各个总分类账户的借方。

根据本章第二节中方圆公司的案例中记账凭证,即表11-3、表11-5、表11-7、表11-12、表11-13、表11-15、表11-16、表11-18、表11-19、表11-20和表11-26的记账凭证表编制得到的"汇总付款凭证",如表11-59和表11-60所示。

表11-59　汇总付款凭证

贷方科目：银行存款　　　　　2018年12月份　　　　　　　　汇付第1号

借方科目	金额			合计	总账页数	
	1日至10日付款凭证银付字第1号至第4号	11日至20日付款凭证银付字第5号至第7号	21日至31日付款凭证银付字第8号至第×号		借方	贷方
在途物资等	34 800			34 800		
固定资产	120 000			120 000		
短期借款等	400 000			400 000		
库存现金	4 000			4 000		
应付职工薪酬	114 000			114 000		
生产成本等		15 000		15 000		
管理费用等		2 550		2 550		
销售费用		4 000		4 000		
财务费用			6 000	6 000		
合　　计	672 800	21 550	6 000	700 350		

表11-60　汇总付款凭证

贷方科目：库存现金　　　　　2018年12月份　　　　　　　　汇付第2号

借方科目	金额			合计	总账页数	
	1日至10日付款凭证现付字第1号至第×号	11日至20日付款凭证现付字第2号至第×号	21日至30日付款凭证现付字第3号至第×号		借方	贷方
销售费用		400		400		
其他应收款			500	500		
合　　计		400	500	900		

（三）汇总转账凭证的编制

汇总转账凭证是根据转账凭证汇总编制而成的。编制时，汇总转账凭证通常按照转账凭证每一贷方科目分别设置，并按其相对应的借方账户进行归类汇总，一般5天或10天汇总填制一次，也可以每月编制一张。月末时，根据汇总转账凭证的合计数，分别计入总分类账户中各个应借账户的借方，以及该汇总转账凭证所开设的应贷账户的贷方。

根据本章第二节中通达公司案例中所有的转账凭证表编制得到的"汇总转账凭证"，这里仅以"应付职工薪酬"账户为例，如表11-61所示。

表11-61　汇总转账凭证

贷方科目：应付职工薪酬　　　　2018年12月份　　　　　　　汇付第2号

借方科目	金额			合计	总账页数	
	1日至10日收款凭证转字第1号至第3号	11日至20日收款凭证转字第　号至第×号	21日至30日收款凭证转字第8号至第×号		借方	贷方
生产成本			86 640	86 640		
制造费用			6 840	6 840		
管理费用			20 520	20 520		
合　　计			114 000	114 000		

第五节 其他账务处理程序

除了以上前面提到的记账凭证账务处理程序、科目汇总表账务处理程序和汇总记账凭证外，账务处理程序还包括多栏式日记账账务处理程序和日记总账账务处理程序，以下作简单介绍。

一、多栏式日记账账务处理程序

（一）多栏式日记账账务处理程序的特点

多栏式日记账账务处理程序是较为特殊的一种账务处理程序，它突破了前面所述的三种账务处理程序的范围。它的主要特点是将企业银行存款日记账及库存现金日记账的功能扩充，利用多栏式日记账的特点，在进行序时登记时，同时按相对应的会计科目分类登记，在期末可直接将日记账中的对应科目发生额作为登记总分类账的依据。这使得在登记总分类账时只需要根据转账凭证逐笔登记，同时将日记账中的余额填入总账即可。

（二）多栏式日记账账务处理程序的基本内容

1. 凭证和账簿设置

在多栏式日记账账务处理程序下，其凭证组织有一定的特殊之处。由于这种记账凭证对库存现金及银行存款日记账的要求较高，所以一般设置"收款凭证""付款凭证"和"转账凭证"格式，而不设通用的记账凭证格式，这主要是方便登记日记账的需要。

账簿需设置多栏式库存现金日记账、多栏式银行存款日记账、总分类账及相应的明细分类账。如果库存现金和银行存款对应科目较多时，要设置"多栏式库存现金收入日记账""多栏式银行存款收入日记账""多栏式库存现金支出日记账""多栏式银行存款支出日记账"。而库存现金和银行存款对应科目较少时，只设置"多栏式库存现金（收支）日记账"和"多栏式银行存款（收支）日记账"。

2. 账务处理程序

多栏式日记账账务处理流程如图11-4所示。

①根据审核后的原始凭证或原始凭证汇总表编制收款凭证、付款凭证、转账凭证。

②根据审核后的收款凭证和付款凭证逐笔顺序登记多栏式库存现金日记账和多栏式银行存款日记账。

③根据审核后的记账凭证及所附原始凭证登记各种明细分类账。

④根据转账凭证及多栏式库存现金日记账和多栏式银行存款日记账登记总分类账。

⑤期末，将库存现金日记账、银行存款日记账、明细分类账的余额与总分类账的余额相核对。

⑥期末，根据总分类账和明细分类账的资料编制会计报表。

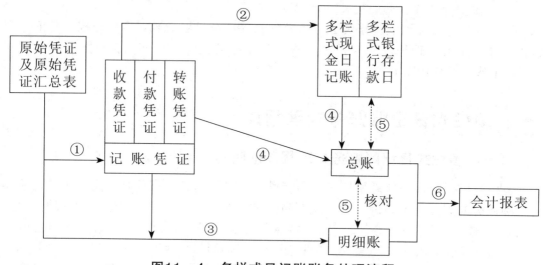

图11—4　多栏式日记账账务处理流程

（三）多栏式日记账账务处理程序的评价

1.优点

由于收款业务、付款业务都是通过多栏式日记账汇总后登记总分类账的，因此在一定程度上加强了核算资料的清晰性，又起到了简化总账的登记工作量。

2.缺点

在业务较多、较复杂以及会计账户设置较多的企业里，日记账的专栏栏次势必较多，账页过于庞大，不便于记账。

3.适用范围

这种会计核算形式一般适用于经营规模较小、经济业务比较简单、使用会计科目不多的经济组织。

二、日记总账账务处理程序

（一）日记总账账务处理程序的特点

日记总账核算形式是一种以日记总账替代总分类账，根据经济业务发生后所填制的各种记账凭证直接逐笔登记日记总账的账务处理程序。

日记总账是一种兼具序时账簿和分类账簿两种功能的联合账簿。日记总账的账页一般记为多栏式，即将经济业务发生以后可能涉及的所有账户，分设专栏集中列示在同一张账页上,每一账户又具体分设借方和贷方两栏。对所有的经济业务按发生的时间顺序编制记账凭证,并根据记账凭证在日记总账进行序时登记。具体做法是对发生的每一笔经济业务都将发生额分别登记在同一行的有关账户的借方栏和贷方栏内,借贷方发生额相等。

● **(二)日记总账账务处理程序的基本内容**

1.凭证和账簿设置

与其他会计核算形式相比,在日记总账核算形式下,仍应设置收款凭证、付款凭证和转账凭证等三种专用格式的记账凭证或通用格式的记账凭证,以及现金日记账、银行存款日记账和各种明细分类账,以便序时分类地反映单位所发生的全部经济业务。其中,现金日记账、银行存款日记账可采用"三栏式"账簿;明细分类账则根据单位实际情况可采用"三栏式""多栏式"或"数量金额式"的会计账簿。不同之处就在于,这种会计核算形式的总分类账采用的是日记总账的形式。其格式如表11-62所示。

表11-62 多栏式日记总账

年		凭证		摘要	库存现金		银行存款		应收账款		原材料		…
月	日	字	号		借方	贷方	借方	贷方	借方	贷方	借方	贷方	
													…
													…
													…
													…

2.账务处理程序

日记总账账务处理流程如图11-5所示。

①根据原始凭证或原始凭证汇总表填制各种记账凭证。

②根据收款凭证、付款凭证逐日逐笔登记现金日记账和银行存款日记账。

③根据各种记账凭证及其所附的原始凭证或原始凭证汇总表登记各种明细分类账。

④根据收款凭证、付款凭证和转账凭证逐日逐笔地登记日记总账。

⑤期末,将现金日记账,银行存款日记账的余额和各种明细分类账户的余额或余额合计数,分别与日记总账对应科目的余额核对相符。

⑥期末,根据日记总账和明细分类账的资料编制会计报表。

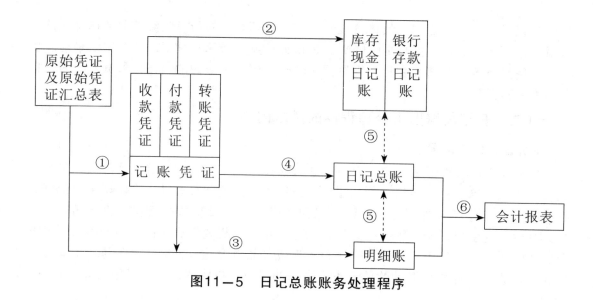

图11-5 日记总账账务处理程序

●（三）日记总账账务处理程序的评价

1.优点

日记总账财务处理程序不需要汇总各记账凭证，会计凭证的处理比较简单。日记总账采用的是多栏式的账页格式，按经济业务所涉及的全部会计科目设置专栏，因而账面上可以反映出各个会计账户的对应关系，便于了解经济业务的来龙去脉。

2.缺点

由于采用这种账务处理程序，会计期间内的经济业务都依据各记账凭证逐日地登记在一张账页上，会计科目全部集中在这一张账页上，因而不利于单位进行会计核算工作的分工和查阅。如果单位会计科目较多，日记总账的账页势必为之过大，不仅加大了会计核算的工作量，而且也不便于登账，容易登错行次。

3.适用范围

这种会计核算形式一般适用于经济业务简单、使用会计科目较少的小型企事业单位采用。

日记总账账务处理程序如图11-5所示。

思考题

分别简述记账凭证账务处理程序、科目汇总表账务处理程序、汇总记账凭证账务处理程序多栏式日记账账务处理程序和日记总账账务处理程序的特点。

练 习 题

一、单项选择题

1. 以下各种账务处理程序中，（　　）是一种最基本的账务处理程序。
   A. 记账凭证账务处理程序　　　　B. 科目汇总表账务处理程序
   C. 汇总记账凭证账务处理程序　　D. 日记总账账务处理程序

2. 各种账务处理程序的主要区别在于（　　）。
   A. 登记总分类账的依据和方法不同　　B. 采用账簿的格式不同
   C. 登记明细分类账的依据和方法不同　　D. 填制会计凭证的依据不同

3. 在科目汇总表账务处理程序下，登记总账的直接依据是（　　）。
   A. 科目汇总表　　　　　　　B. 记账凭证
   C. 汇总记账凭证　　　　　　D. 多栏式日记账

4. 记账凭证账务处理程序的特点是（　　）。
   A. 直接根据记账凭证逐笔登记总分类账
   B. 根据记账凭证编制科目汇总表并据以登记总分类账
   C. 先根据记账凭证定期编制汇总记账凭证月末再根据汇总记账凭证登记总账
   D. 日记账和总账合二为一，根据记账凭证直接登记日记总账，也完成了登记总账的工作

5. 汇总记账凭证账务处理程序的特点是（　　）。
   A. 直接根据记账凭证逐笔登记总分类账
   B. 根据记账凭证编制科目汇总表并据以登记总分类账
   C. 先根据记账凭证定期编制汇总记账凭证月末再根据汇总记账凭证登记总账
   D. 日记账和总账合二为一，根据记账凭证直接登记日记总账，也完成了登记总账的工作

6. 科目汇总表账务处理程序的特点是（　　）。
   A. 直接根据记账凭证逐笔登记总分类账
   B. 根据记账凭证编制科目汇总表并据以登记总分类账
   C. 先根据记账凭证定期编制汇总记账凭证月末再根据汇总记账凭证登记总账
   D. 日记账和总账合二为一，根据记账凭证直接登记日记总账，也完成了登记总账的工作

7. 如果企业经济业务较多，同时在汇总后仍需要在汇总凭证上反映出账户间的对应关系，以便于查对账目，这种情况宜采用（　　）。
   A. 记账凭证账务处理程序　　　　B. 日记总账账务处理程序
   C. 汇总记账凭证账务处理程序　　D. 科目汇总表账务处理程序

8. 汇总收款凭证是按（   ）设置，按贷方科目定期进行归类汇总。
   A. 收款凭证上的借方科目　　　　　　B. 收款凭证上的贷方科目
   C. 付款凭证上的借方科目　　　　　　D. 付款凭证上的贷方科目

9. 汇总付款凭证是按（   ）设置，按借方科目定期进行归类汇总。
   A. 收款凭证上的借方科目　　　　　　B. 收款凭证上的贷方科目
   C. 付款凭证上的借方科目　　　　　　D. 付款凭证上的贷方科目

10. 汇总转账凭证通常是按（   ）。
    A. 每一借方科目分别设置　　　　　　B. 每一贷方科目分别设置
    C. 现金科目为主汇总　　　　　　　　D. 银行存款科目为主汇总

二、多项选择题

1. 记账凭证账务处理程序适用于（   ）的情况。
   A. 经营规模小　　　　　　　　　　　B. 记账凭证不多
   C. 经济业务较少　　　　　　　　　　D. 会计人员多
   E. 记账凭证较多

2. 科目汇总表账务处理程序适用于（   ）的情况。
   A. 生产规模较大　　　　　　　　　　B. 经济业务复杂
   C. 经济业务较多　　　　　　　　　　D. 经济业务简单
   E. 生产规模小

3. 汇总记账凭证账务处理程序适用于（   ）的情况。
   A. 所有企事业单位　　　　　　　　　B. 经济业务量多
   C. 财会工作较细　　　　　　　　　　D. 经营规模大
   E. 经营规模小

4. 记账凭证账务处理程序的优点有（   ）。
   A. 在总账上能比较详细地反映经济业务的发生情况
   B. 账务处理程序简明，便于掌握
   C. 便于查账和用账
   D. 可以减轻总分类账登记的工作量
   E. 账务处理程序复杂，不便于掌握

5. 对所有经济业务通过汇总加工后才能登记总账的账务处理程序有（   ）。
   A. 记账凭证账务处理程序　　　　　　B. 科目汇总表账务处理程序
   C. 汇总记账凭证账务处理程序　　　　D. 日记总账账务处理程序
   E. 多栏式日记账账务处理程序

6. 科目汇总表账务处理程序的优点有（　　）。
    A. 可以反映账户之间的对应关系
    B. 可以进行本期发生额的试算平衡
    C. 可以减少登记明细账的工作量
    D. 可以减少登记总分类账的工作量
    E. 不能反映账户之间的对应关系

7. 汇总记账凭证账务处理程序的优点有（　　）。
    A. 可以减轻登记总分类账的工作量
    B. 可以简化明细账的登记工作
    C. 可以反映账户之间的对应关系
    D. 便于会计人员分工
    E. 不便于会计人员分工

8. 科目汇总表账务处理程序的缺点有（　　）。
    A. 不能进行试算平衡　　　　　　B. 不能反映账户之间的对应关系
    C. 汇总工作复杂　　　　　　　　D. 不能减轻登记总分类账工作量
    E. 不能减少登记明细账的工作量

9. 汇总记账凭证账务处理程序的缺点有（　　）。
    A. 增加汇总记账凭证的工作量　　B. 不能反映账户之间的对应关系
    C. 不能进行试算平衡　　　　　　D. 汇总转账凭证不利于分工
    E. 减少汇总记账凭证的工作量

10. 可减少登记总分类账的账务处理程序有（　　）。
    A. 记账凭证账务处理程序　　　　B. 汇总记账凭证账务处理程序
    C. 科目汇总表账务处理程序　　　D. 多栏式日记账账务处理程序
    E. 日记总账账务处理程序

三、判断题

1. 科目汇总表账务处理程序主要适用于生产规模大、经济业务较多的企业单位。
（　　）
2. 汇总记账凭证账务处理程序主要适用于业务量不多的小型企业。（　　）
3. 记账凭证账务处理程序的特点是根据汇总记账凭证登记总分类账。（　　）
4. 规模较小，经济业务比较简单而且记账凭证不多的单位，适合采用科目汇总表账务处理程序。（　　）
5. 记账凭证账务处理程序是最基本的账务处理程序。（　　）
6. 记账凭证账务处理程序一般适用于经营规模较小、经济业务量较少的单位。
（　　）

7. 汇总记账凭证是根据各种专用记账凭证汇总而成的。　　　　（　　）
8. 科目汇总表也是一种具有汇总性质的记账凭证。　　　　　　（　　）
9. 科目汇总表和汇总记账凭证的汇总方法是完全相同的。　　　（　　）
10. 根据记账凭证登记明细分类账后，就不能再根据记账凭证登记总账，否则就会形成重复登账的差错。　　　　　　　　　　　　　　　　　　　　（　　）

四、业务题

利信公司6月份发生下列部分经济业务：

2日，生产甲产品领用A材料40千克，计2万元，B材料20千克，计5 000元；

4日，用银行存款偿还前欠的红星工厂的货款6 000元；

6日，收到东方红企业归还的前欠的货款8 000元，存入银行；

7日，从银行提取现金20 000元，备发工资；

9日，以现金发放本月职工工资20 000万元；

11日，厂办公室王玉预借差旅费1 000元，以现金支付；

15日，以银行存款支付电视台广告费1 000元；

20日，王玉报销差旅费800元，退回现金200元；

22日，销售给国美电器甲产品10件，单价3 000元，税金5 100元，款项尚未收到；

31日，分配结转本月职工工资2万元。其中生产甲产品工人工资1.3万元，车间管理人员工资3 000元，厂部管理人员工资4 000元。

要求：根据该厂5月份的经济业务编制会计分录，并编制科目汇总表。

五、案例分析

肖强2016年10月份投资开办了胭脂红装潢公司，为此他以每月2 000元的价格租赁了一间店面，主要经营各种房屋的装潢。10月1日，肖强以公司名义在银行开立账户，存入10万元作为资本，用于经营。由于肖强不懂会计知识，他除了将所有的发票等单据都收集保存起来以外，没有作任何其他记录。到月底，肖强发现公司的存款少了，只剩下58 987元，库存现金只有643元；另外，尽管客户赊欠的13 300元尚未收回，但公司也有10 560元货款尚未支付。除此之外，实地盘点库存装潢材料，价值3.5万元。肖强开始怀疑自己的经营。

经对肖强保存的所有单据进行检查分析，汇总一个月情况显示：

1. 接受投资者投资100 000元，已存入银行；

2. 企业租用的店面装修及必要的设施花费2万元，均已用支票支付；

3. 购入装潢材料两批，每批价值35 200元，其中第一批用支票购买，第二批赊购全部价款的30%，其余用支票支付；

4. 1-20日房屋装潢收入共计38 800元，全部存入开户银行；

5. 20-31日房屋装潢收入共计25 870元，其中赊销13 300元，其余货款收入均存入开户银行；

6. 支票支付店面租金2 000元；

7. 本月份从存款户提取现金五次共计10 000元，其中4 000元支付雇员工资，5 000元用作个人生活费，其余备日常零星开支；

8. 本月水电费543元，支票支付；

9. 通信费220元，用现金支付；

10. 其他各种杂费137元，用现金支付。

要求：根据你所掌握的会计知识，结合胭脂红装潢公司的具体业务，完成下列要求（暂不考虑税费）。

1. 替肖强设计一套合理的账务处理程序，并帮他记账。

2. 向肖强报告胭脂红装潢公司的财务状况，解答其疑虑。

3. 评述胭脂红装潢公司的经营业绩。

第十二章

会计工作的管理和组织

本章知识结构图

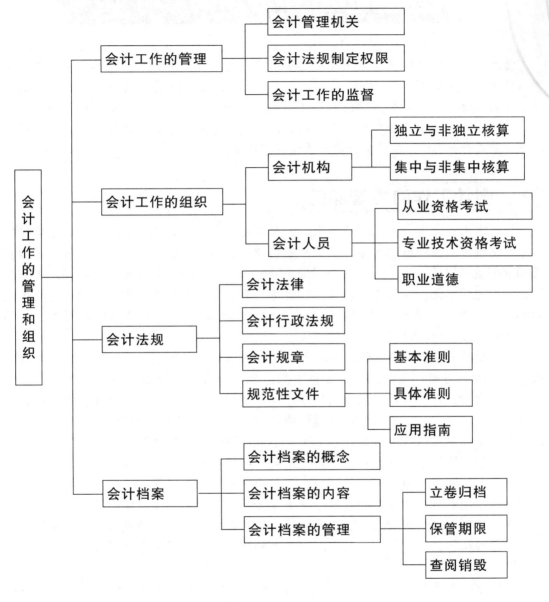

| 学习目标 | 1. 了解我国会计工作管理体制及会计工作机构设置。
2. 了解我国会计法规体系构成。
3. 掌握会计人员职业道德内涵。
4. 掌握会计档案管理要求。 |

第一节 会计工作的管理体制

会计工作是一项经济管理活动，为了规范会计工作，保证会计工作在经济管理中发挥作用，政府部门应在宏观上对会计工作进行必要的指导、监督和管理。所谓会计工作管理体制，就是划分管理会计工作职责权限关系的制度，包括会计管理组织形式、管理权限划分、管理机构设置等内容。完善、高效的会计工作管理体制，是确保各单位完成会计工作、保证会计信息质量的重要条件。

一、会计工作的主管部门

我国作为社会主义市场经济国家，公有制占主导地位，会计工作对维护社会主义市场经济秩序有其特殊的作用，这要求基层单位的会计工作一方面为本单位的经营管理和业务活动服务，另一方面为国家宏观调控服务。根据《会计法》的规定，国务院财政部门主管全国的会计工作，县级以上地方各级人民政府财政部门管理本行政区域内的会计工作。这明确了由财政部门主管会计工作，并要求管理体制遵循"统一领导，分级管理"的原则。

由财政部门管理会计工作主要基于以下几方面原因：首先，从国家机构的设置和权责归属的划分看，新中国一成立就在财政部门设立专门管理会计工作的机构。几十年来，会计工作一直由财政部门管理，财政部门在管理会计工作方面积累了一定的经验。其次，从会计工作与经济管理职能相关的密切程度看，财务会计工作同国家财政、税收工作的关系十分密切，它是国家财政、税收工作的基础。财政部门主管会计工作，有利于财税工作和会计工作相互结合、相互促进，更好地为财税工作和其他经济工作服务。再次，财政部门管理会计工作是一种权利，更是一种责任。财政部门的主要任务是组织财政收入，安排财政支出，实行宏观经济调控。但财政部门不能因为主要工作任务是抓财政收入而放松对会计工作的管理。如果会计秩序混乱，财政制度得不到贯彻执行，必然会造成财政收入流失和支出失控，最终会给财政工作带来不利的影响。

财政部门在管理会计工作时，应遵循"统一领导，分级管理"的原则。"统一领导，分级管理"，是划分会计工作管理权责的重要原则，也体现了管理的效率原则。会计工作的管理分工如下：国务院财政部门在统一规划、统一领导会计工作的前提下，发挥各级人民政府财政部门和中央各部门管理会计工作的积极性，各级人民政府财政部门和中央各部门应积极配合国务院财政部门管理好本地区、本部门的会计工作；各级人民政府财政部门根据上级财政部门的规划和要求，结合本地区的实际情况，管理本地区的会计工作，并取得同级其他管理部门的支持和配合。

二、制定会计制度的权限

会计制度是政府管理部门对处理会计事务所制定的规章、准则、办法等规范性文件的总称,包括对会计工作、会计核算、会计监督、会计人员、会计档案等方面所作出的规范性文件。根据《会计法》的规定,我国实行国家统一的会计制度。国家统一的会计制度,是指国务院财政部门根据《会计法》制定的关于会计核算、会计监督、会计机构和会计人员以及会计工作管理的制度。

我国的会计制度,既是规范各单位会计行为的标准,又是各单位组织会计管理工作和产生相互可比、口径一致的会计资料的依据,更是国家财政经济政策在会计工作中的具体体现,还是维护社会主义经济秩序的重要保证。当然,对有特殊要求的行业、系统,可以制定实施国家统一的会计制度的具体办法或者补充规定,但应报国务院财政部门审批或备案。

三、会计工作的监督检查

会计工作是一项社会经济管理活动,会计资料是一种社会性资源。政府管理部门在履行管理职能时,会涉及有关单位的会计事项和会计资料,有关法律赋予了政府有关管理部门监督检查相关会计事务、会计资料的职责。会计工作的监督检查,就是指国家对会计工作实施的国家监督,即政府有关部门依据法律、行政法规的规定和部门的职责权限,对有关单位的会计行为、会计资料所进行的监督检查。

根据《会计法》的规定,财政部门对各单位的会计工作实施监督检查,具体包括监督检查各单位是否依法设置会计账簿;各单位的会计凭证、会计账簿、财务会计报告和其他会计资料是否真实、完整;各单位会计核算是否符合《会计法》和国家统一的会计制度的规定;各单位从事会计工作的人员是否具备专业能力、遵守职业道德。在实施监督检查中发现重大违法嫌疑时,财政部门及其派出机构可以向与被监督单位有经济业务往来的单位和被监督单位开立账户的金融机构查询有关情况,有关单位和金融机构应当给与支持。

在对会计工作的国家监督中,除财政部门的普遍性监督外,其他有关部门,如审计、税务、人民银行、证券监管、保险监管等部门,按照法律、行政法规的授权和部门的职责分工,从行业管理、履行职责的角度出发,也有对有关单位会计资料实施监督检查的职权,有关单位有义务认真配合。

第二节 会计机构和会计人员

一、会计工作的组织

(一) 会计工作组织的意义

会计工作组织，主要包括针对会计机构的设置，会计人员的配备，会计规章、制度的制定和执行等各项工作所作的统筹安排。会计工作既是一项综合性、政策性较强的管理工作，也是一项严密细致的工作。会计工作的好坏，直接影响到各基层企业生产经营的好坏，也关系到国家政策、法令、法规能否顺利贯彻执行。因此，合理、科学地组织会计工作具有十分重要的意义：

合理、科学地组织会计工作可以使会计工作按照事先制定好的处理程序有条不紊地进行，并可以及时发现会计差错或遗漏，使之得到纠正，最终保证会计信息的质量和会计工作的效率。

合理、科学地组织会计工作可以使会计工作同其他经济管理工作更好地分工协作，相互配合，共同完成管理经济的任务。

合理、科学地组织会计工作可以促使会计单位内部各部门更好地履行自己的职责，充分管好用好资金，提高经济管理水平，追求最佳经济效益。其他各机关、团体、事业单位，虽然其业务性质与企业不同，但也应明确相应的经济责任，组织好会计工作，促使各部门少花钱，多办事，努力完成本职工作。

(二) 会计工作组织的要求

1.遵守国家会计工作的统一规定

在社会主义市场经济条件下，会计信息作为一种社会资源，既要满足有关各方了解会计主体财务状况、经营成果、现金流量情况的需要，同时，还应当符合国家宏观经济管理的要求。因此，各会计主体必须贯彻执行《会计法》，遵照国家统一的会计制度，制定本企业的会计制度，从而保证能够提供国家为加强国民经济宏观调控所需要的经济信息。

2.适应各单位经营管理的特点

每一会计主体的经营活动范围、业务内容不同，形成的会计信息也不同，所以，各单位必须结合本单位业务的特点和经营规模的大小等实际情况，作出符合实际的安排和具体实施办法，以满足有关方面对会计信息的要求。

3.符合精简节约的原则

在组织会计工作时，应在保证会计工作质量的前提下，力求提高会计工作效率，节约会计工作时间和费用，防止机构重叠、手续繁杂、人浮于事等不合理的现象发生。

第十二章 会计工作的管理和组织

4.协调与其他经济管理工作的关系

会计工作是一项综合性很强的经济管理工作，与其他经济管理工作有着十分密切的联系。它们之间既有分工，又有协作，在组织会计工作时，要同其他各项经济管理工作相互协调、相互配合，共同完成经济管理工作。

（三）会计工作组织形式

1.独立核算和非独立核算

根据会计工作的内容和完整性与否，可将会计核算分为独立核算和非独立核算。独立核算是指进行完整的会计核算工作。实行独立核算的单位称为独立核算单位。它的特点是：具有完整的凭证、账簿系统，进行全面地记账工作，并定期地编制反映财务状况和经营成果的财务会计报告。一般会计主体均为独立核算单位。非独立核算单位，又称报销单位，是指向上级机构领取一定数额的物资和经费或备用金，定期将有关的核算资料报送上级机构，由上级机构汇总记账的单位。非独立核算单位既不是法律主体，也不是会计主体，它没有完整的会计核算体系，平时只进行原始凭证的填列、整理和汇总以及现金账、实物账等的登记工作，既不独立核算盈亏，也不单独编制财务会计报告。非独立核算单位一般是独立核算单位的二级单位或基层单位。

2.集中核算和非集中核算

根据会计工作的具体组织形式和会计核算分工不同，可以分为集中核算和非集中核算。集中核算是指在公司或厂部一级设置会计机构，将企业的主要会计工作都集中在会计部门进行。企业内部各部门和分厂（车间）只对本部门发生的经济业务填制或取得凭证，并进行初步整理，定期交送会计部门。会计部门对各部门报送来的会计资料进一步进行加工整理，并据以登记总账和明细账，编制财务会计报告。实行集中核算可以减少核算层次，精简会计人员，提高工作效率。非集中核算又称分散核算，就是将会计工作分散在各有关部门进行，企业内部各有关部门或分厂（车间），在会计部门的指导下，对发生在本部门的经济业务进行核算，并登记有关明细账，而企业会计部门则登记总账和一部分明细账，编制财务会计报告，并进行其他的会计工作。实行非集中核算，可以使企业内部各有关部门及时利用核算资料进行日常的考核和分析，并在所属权力范围内解决经营中出现的问题，但该组织形式核算工作量较大，核算成本也比较高。

独立核算和非独立核算主要是针对一个单位会计核算的完整性而言的，集中核算和非集中核算主要是针对一个单位会计核算分工而言的，两者有共同之处，也有区别。一个单位选择哪一种核算形式，主要取决于经营管理和业务组织上的需要。

财务共享服务中心（Financial Shared Service Center，简称FSSC）是近年来出现并流行起来的会计和报告业务管理方式。它作为一种新的财务管理模式正在许多跨国公司和国内大型集团公司中兴起与推广。它是将在不同国家、地点的实体的会计业务拿到一个共享服务中心来记账和报告，从而保证了会计记录和报告的规范、结构统一。由于不需要在每个公司和办事处都设会计，节省了系统和人工成本，但这种操作受限于相关国家的法律规定，对企业内部管理水平要求也比较高。

二、会计机构

会计机构是直接从事和组织领导会计工作的职能部门。我国《会计法》明确规定："各单位应当根据会计业务的需要，设置会计机构，或者在有关机构中设置会计人员并指定会计主管人员；不具备设置条件的，应当委托经批准设立从事会计代理记账业务的中介机构代理记账。"建立健全会计机构是规范会计工作，保证会计信息质量，使会计工作能够顺利进行的重要条件。

企业、事业、国家机关、社会团体等单位一般都需要设置相应的会计机构。由于会计工作和财务工作都是综合性经济管理工作，两者关系非常密切，所以在实际工作中通常将两者合并在一起，称财务部或财务处（会计处）、科、股等，具体称谓视各单位规模大小和部门设置等情况而定。会计机构及会计人员在各单位负责人的组织领导下，依法开展会计工作，如实地反映本单位的经济活动情况，及时地向有关方面提供所需的会计信息。

在会计机构内部，一般需要按照会计工作内部控制的原则以及会计工作内容的繁杂和会计人员配备的多寡，进行合理分工，设置不同的会计工作岗位。以制造业为例，规模较大的制造业一般可以设置下列会计工作岗位：会计主管、出纳、固定资产核算、材料核算、职工薪酬核算、成本核算、往来核算、资金核算、财务成果核算、总账报表、稽核、档案管理等。会计工作岗位的设立，有利于会计工作岗位责任制的建立，使会计人员之间既相互协作配合，又相互监督促进，最终能够高质量地完成会计工作任务。

三、会计人员

（一）会计人员任职条件

设置会计机构，必须配备相应的会计人员。

依据2018年12月财政部颁布的《会计人员管理办法》，会计人员，是指根据《中华人民共和国会计法》的规定，在国家机关、社会团体、企业、事业单位和其他组织（以下统称单位）中从事会计核算、实行会计监督等会计工作的人员。

会计人员包括从事下列具体会计工作的人员：出纳；稽核；资产、负债和所有者权益（净资产）的核算；收入、费用（支出）的核算；财务成果（政府预算执行结果）的核算；财务会计报告（决算报告）编制；会计监督；会计机构内会计档案管理；其他会计工作。

担任单位会计机构负责人（会计主管人员）、总会计师的人员，属于会计人员。

会计人员从事会计工作，应当符合下列要求：遵守《中华人民共和国会计法》和国家统一的会计制度等法律法规；具备良好的职业道德；按照国家有关规定参加继续教育；具备从事会计工作所需要的专业能力。

会计人员具有会计类专业知识，基本掌握会计基础知识和业务技能，能够独立处理基本会计业务，表明具备从事会计工作所需要的专业能力。

单位应当根据国家有关法律法规和本办法有关规定，判断会计人员是否具备从事会计工作所需要的专业能力。

单位应当根据《中华人民共和国会计法》等法律法规和本办法有关规定，结合会计工作需要，自主任用（聘用）会计人员。

《会计法》第三十八条规定：从事会计工作的人员，必须具备从事会计工作所需的专业能力。担任会计机构负责人（会计主管人员）的，还应当具备会计师以上专业技术职务资格或者从事会计工作三年以上经历的。

因发生与会计职务有关的违法行为被依法追究刑事责任的人员，单位不得任用（聘用）其从事会计工作。因违反《会计法》有关规定受到行政处罚五年内不得从事会计工作的人员，处罚期届满前，单位不得任用（聘用）其从事会计工作。

（二）会计专业职务与专业技术资格

会计专业职务和会计专业技术资格，都是我国用于考核和确认会计人员的专业知识和业务技能的重要制度，其目的在于通过考核，合理确认会计人员的技术等级，促进会计人员加强学习，不断提高业务水平。

会计专业职务是区别会计人员业务技能的技术等级。根据《会计专业职务试行条例》的规定，会计专业职务分为高级会计师、会计师、助理会计师、会计员。高级会计师是高级职务，会计师是中级职务，助理会计师和会计员是初级职务。会计人员经过会计专业技术资格考试合格后，并符合其他条件，用人单位可根据有关规定聘任会计人员担任相应的专业技术职务。

会计专业技术资格是指担任会计专业职务的任职资格。在我国，会计人员通过考试取得会计专业技术资格，用人单位可根据需要和德才兼备的原则，从获得会计专业技术资格的会计人员中择优聘任。目前，我国开展的有会计初级资格和中级资格考试，高级资格实行考试和评审结合的评价制度。

此外，在会计活动中还有一项重要的考试，那就是注册会计师考试。《中华人民共和国注册会计师法》规定，注册会计师是依法取得注册会计师证书并接受委托从事审计和会计咨询、会计服务业务的执业人员。会计师事务所是依法设立并承办注册会计师业务的机构。注册会计师若想执行业务，就应当加入会计师事务所。

这里，我们应当注意会计师与注册会计师的区别。通俗点讲，会计师是供职于各单位，具有中级会计技术职称的会计人员。注册会计师是面向不特定的客户提供审计和会计咨询等会计专业服务的中介机构执业人员。注册会计师只能在加入会计师事务所后，才能开展执业活动。

（三）会计人员的职业道德

会计人员在从事会计工作时应当遵守职业道德，树立良好的职业形象，依法客观公正地办理各项会计事务，努力完成本职工作。根据财政部1996年6月制定的《会计基础工作规范》，对会计人员的职业道德问题作出了规定，主要有以下六个方面：

1. 敬业爱岗

会计人员应当热爱本职工作，努力钻研业务，使自己的知识和技能适应所从事工作的要求。

2. 熟悉法规

会计人员应当熟悉财经法律、法规、规章和国家统一会计制度，并结合会计工作进行广泛宣传。

3. 依法办理

会计人员应当按照会计法规和国家统一会计制度规定的程序和要求进行会计工作，保证所提供的会计信息合法、真实、准确、及时、完整。

4. 客观公正

会计人员办理会计事务应当实事求是、客观公正。

5. 搞好服务

会计人员应当熟悉本单位的生产经营和业务管理情况，运用掌握的会计信息和会计方法，为改善单位内部管理、提高经济效益服务。

6. 保守秘密

会计人员应当保守本单位的商业秘密。除法律规定和单位领导人同意外，不能私自向外界提供或者泄露单位的会计信息。

（四）会计专业技术人员继续教育

会计工作既是一项要求严格、责任重大的经济管理工作，又是一项专业复杂、技术含量高的技术工作。为了确保各单位会计工作有条不紊的进行，对外提供高质量的会计信息，国家财政部、人力资源社会保障部于2018年5月联合发布了《会计专业技术人员继续教育规定》，全面、系统地指导会计专业技术人员继续教育工作。会计人员是否参加继续教育是各单位对其工作考核、聘用的主要依据，同时，也是会计人员聘任会计专业技术职务或者申报上一级资格的重要条件。因此，各单位及会计人员都应当高度重视会计专业技术人员继续教育工作。

《会计专业技术人员继续教育规定》主要包括以下几方面内容：

1. 继续教育的内容

会计专业技术人员继续教育内容包括公需科目和专业科目。

公需科目包括专业技术人员应当普遍掌握的法律法规、政策理论、职业道德、技术信息等基本知识，专业科目包括会计专业技术人员从事会计工作应当掌握的财务会计、管理会计、财务管理、内部控制与风险管理、会计信息化、会计职业道德、财税金融、会计法律法规等相关专业知识。

2. 继续教育的形式

会计专业技术人员可以自愿选择参加继续教育的形式。会计专业技术人员继续教育的形式有：

（1）参加县级以上地方人民政府财政部门、人力资源社会保障部门，新疆生产建设兵团财政局、人力资源社会保障局，中共中央直属机关事务管理局，国家机关事务管理局（以下统称继续教育管理部门）组织的会计专业技术人员继续教育培训、高端会计人才培训、全国会计专业技术资格考试等会计相关考试、会计类专业会议等；

（2）参加会计继续教育机构或用人单位组织的会计专业技术人员继续教育培训；

（3）参加国家教育行政主管部门承认的中专以上（含中专，下同）会计类专业学历（学位）教育；承担继续教育管理部门或行业组织（团体）的会计类研究课题，或在有国内统一刊号（CN）的经济、管理类报刊上发表会计类论文；公开出版会计类书籍；参加注册会计师、资产评估师、税务师等继续教育培训；

（4）继续教育管理部门认可的其他形式。

3. 学分管理

会计专业技术人员参加继续教育实行学分制管理，每年参加继续教育取得的学分不少于90学分。其中，专业科目一般不少于总学分的三分之二。

会计专业技术人员参加继续教育取得的学分，在全国范围内当年度有效，不得结转以后年度。

参加本规定第十条规定形式的继续教育，其学分计量标准如下：

（1）参加全国会计专业技术资格考试等会计相关考试，每通过一科考试或被录取的，折算为90学分；

（2）参加会计类专业会议，每天折算为10学分；

（3）参加国家教育行政主管部门承认的中专以上会计类专业学历（学位）教育，通过当年度一门学习课程考试或考核的，折算为90学分；

（4）独立承担继续教育管理部门或行业组织（团体）的会计类研究课题，课题结项的，每项研究课题折算为90学分；与他人合作完成的，每项研究课题的课题主持人折算为90学分，其他参与人每人折算为60学分；

（5）独立在有国内统一刊号（CN）的经济、管理类报刊上发表会计类论文的，每篇论文折算为30学分；与他人合作发表的，每篇论文的第一作者折算为30学分，其他作者每人折算为10学分；

（6）独立公开出版会计类书籍的，每本会计类书籍折算为90学分；与他人合作出版的，每本会计类书籍的第一作者折算为90学分，其他作者每人折算为60学分。

第三节 会计法规

一、会计法规体系

会计法规是国家和地方立法机关，以及中央、地方各级政府和行政部门制定颁布的有关会计方面的法律、法规、准则和制度等。这些法规制度是处理会计事项、办理会计实务的准则和指南，是保证会计信息质量的首要前提。社会主义市场经济同样是法制经济，建立健全适应社会主义市场经济所需的会计法规体系，对于保证会计发挥其职能，促进会计主体提高经济效益，维护社会主义市场经济的正常秩序等方面都具有非常重要的意义。

我国的会计法规体系主要由会计法律、会计行政法规、会计规章以及规范性文件组成。

1. 会计法律

会计法律是由全国人民代表大会及常务委员会制定的有关会计法律。如：《中华人民共和国会计法》《中华人民共和国注册会计师法》等。

2. 会计行政法规

会计行政法规是由国务院制定发布或者国务院有关部门拟定经国务院批准发布的。如：《总会计师条例》《企业财务会计报告条例》等。

3. 会计规章

会计规章是由主管全国会计工作的行政部门——财政部或财政部与国务院其他部门联合就会计工作中某些方面颁布的规章、制度。如：《会计人员管理办法》《会计专业技术人员继续教育规定》《会计基础工作规范》《会计档案管理办法》等。

4. 规范性文件

规范性文件是由国务院主管部门——财政部以部门文件形式印发的。如：具体会计准则及应用指南等。

二、会计法

　　会计法是会计法规体系中层次最高的法律规范，是制定其他会计法规的依据，也是指导会计工作的最高准则。我国于1985年1月21日发布了《中华人民共和国会计法》，并于同年5月1日起实施。随着我国经济体制改革的不断深入，社会主义市场经济得以建立和发展，《会计法》分别于1993年12月、1999年10月和2017年11月三次进行修订，以符合客观经济发展的需要。

　　我国现行的《会计法》共分总则、会计核算、公司和企业会计核算的特别规定、会计监督、会计机构和会计人员、法律责任以及附则等7章52条。其中，总则部分对会计法的立法宗旨，会计工作在社会主义市场经济中的地位和职能，会计法的适用范围和单位负责人对本单位会计工作和会计资料的真实性、完整性的责任，作出了明确规定；会计核算、公司和企业会计核算的特别规定部分是会计法的主要内容，除了对会计凭证的填制、会计账簿的登记、财务会计报告的编制以及其他会计事项的处理作出规定外，尤其增加了强调对公司、企业如何确认、计量和记录会计基本要素的规定，以确保企业会计信息真实可靠；会计监督部分确立了单位内部会计监督管理制度的法律地位和作用，规定了财政部门和包括审计机关在内的其他政府部门监督检查会计工作的职责权限，以及会计中介机构的社会监督作用；会计机构和会计人员部分主要对会计机构的设置、会计人员的专业能力、会计人员的职业道德以及会计人员违法违纪的处理等方面作出了规定；法律责任部分则详细列举了单位或个人违反会计法的具体表象以及处罚规定。

　　目前的《会计法》无论在内容上还是在力度上，都比原法有很大的发展，能更有效地规范会计行为、保证会计信息质量。在市场经济发展的今天，每一名会计工作者都应认真学习《会计法》，并将其作为自己工作的准绳和指南。

12-5

三、会计准则

　　会计准则是会计人员在从事会计工作时必须遵守的基本原则，是会计活动的行为规范。会计准则包括会计基本准则和会计具体准则及应用指南。

　　我国于1992年11月发布，1993年7月1日正式实施的《企业会计准则》属于基本准则，它对企业会计核算的一般要求和主要问题作出了原则性的规定。之后自1997年5月到2001年11月我国已陆续发布了16项具体会计准则。具体会计准则是按照基本会计准则的要求，针对各种经济业务作出的具体规定。

　　近年来，我国证券市场发展迅猛，经济全球化日益加剧，尤其是在我国加入WTO后，我国的经济无论是在广度上还是在深度上都快速融入到世界经济体系中，进出口贸易持续快速增长。市场经济的建设，一要靠诚信，二要靠法制，二者均与会计密切相关。会计准则发展必须顺时应势，创新趋同。2006年2月，财政部在经过若干年的精心准备后,颁布了全新的会计准则体系。该准则体系包括1项基本准则和38项具体准则以及相关的应用指南等。其中,基本准则在整个准则体系中起统驭作用,主要规范会计目标、会计假设、会计信息质量要求、会计要素的确认、计量和报告原则等;具体准则主要规范企业发生的具体交易或事项的会计处理;会计准则应用指南主要包括具体会计准则解释和会计科目、主要账务处理等,为企业执行会计准则提供操作性规范。这三项内容既相互独立,又互为关联,构成了统一整体。2011年,为了规范小企业会计核算,财政部颁布了《小企业会计准则》。目前,我国大中型企业(包括上市公司)、小企业已经均有符合各自实际需求的具体会计准则,我国会计准则体系日益完善。

2014年财政部对《企业会计准则——基本准则》进行修订,之后又陆续发布8项具体准则,其中3项新准则,5项为修订后重新发布的准则,加上2017年5月发布的《企业会计准则第42号——持有待售的非流动资产、处置组和终止经营》,目前共有42项具体企业会计准则。当然,随着经济形势不断不断变化,新的会计事项陆续出现,会计准则也在不断修订和完善中。

这些具体会计准则及其操作指南为会计实务提供了有力的帮助,使得会计人员能够更好地开展会计工作,为社会提供真实可靠的会计信息。

第四节 会计档案

一、会计档案的概念

会计档案是指单位在进行会计核算等过程中接收或形成的,记录和反映单位经济业务事项的,具有保存价值的文字、图表等各种形式的会计资料,包括通过计算机等电子设备形成、传输和存储的电子会计档案。会计档案是国家档案的重要组成部分,也是各单位的重要档案之一,它能为检查遵守财经纪律情况和总结经营管理情况提供重要参考材料。因此,各单位应当加强会计档案管理工作,建立会计档案的立卷、归档、保管、查阅和销毁等管理制度,保证会计档案能够得到妥善保管、方便查阅,同时严防会计档案的毁损、散失和泄密。

二、会计档案管理内容

为了加强会计档案管理,统一会计档案管理制度,财政部和国家档案局于2015年12月11日联合发布新的《会计档案管理办法》,该办法明确指出,财政部和国家档案局主管全国会计档案工作,共同制定全国统一的会计档案工作制度,对全国会计档案工作实行监督和指导。由此，我国会计档案管理工作步入一个新台阶。该办法共三十一条，分别就会计档案的归档、保管期限、查阅和销毁等方面作出了具体规定。

（一）会计档案的立卷、归档

会计档案资料主要由会计凭证、会计账簿和财务报告等会计核算专业材料组成，其中会计凭证包括原始凭证、记账凭证；会计账簿包括总账、明细账、日记账、固定资产卡片及其他辅助性账簿；财务报告包括月度、季度、半年度、年度财务会计报告；其他会计资料，包括银行存款余额调节表、银行对账单、纳税申报表、会计档案移交清册、会计档案保管清册、会计档案销毁清册、会计档案鉴定意见书及其他具有保存价值的会计资料。

各单位每年形成的会计档案，应当由会计机构按照归档要求，负责整理立卷，装订成册，编制会计档案保管清册。在会计年度终了后，可暂由单位会计管理机构保管一年，期满之后，应当由单位会计管理机构编制移交清册，移交单位档案机构统一保管。单位会计管理机构临时保管会计档案最长不超过3年。

（二）会计档案的保管期限

会计档案的保管期限分为永久、定期两类。定期保管期限一般分为10年、30年两类。会计档案的保管期限，从会计年度终了后的第一天算起。单位应当定期对已到保管期限的会计档案进行鉴定，并形成会计档案鉴定意见书。经鉴定，仍需继续保存的会计档案，应当重新划定保管期限；对保管期满，确无保存价值的会计档案，可以销毁。会计档案鉴定工作应当由单位档案管理机构牵头，组织单位会计、审计、纪检监察等机构或人员共同进行。

按规定，企业会计凭证、会计账簿一般保管期限为30年；年度财务报告、会计档案保管清册和会计档案销毁清册、会计档案鉴定意见书要求永久保存；银行对账单、银行存款余额调节表、纳税申报表保管期限为10年，其他会计档案也分别规定了相应的保管期限。

（三）会计档案的查阅和销毁

按规定，单位应当严格按照相关制度利用会计档案，在进行会计档案查阅、复制、借出时履行登记手续，严禁篡改和损坏。单位保存的会计档案一般不得对外借出。确因工作需要且根据国家有关规定必须借出的，应当严格按照规定办理相关手续。会计档案借用单位应当妥善保管和利用借入的会计档案，确保借入会计档案的安全完整，并在规定时间内归还。

单位应当定期对已到保管期限的会计档案进行鉴定，并形成会计档案鉴定意见书。经鉴定后仍需继续保存的会计档案，应当重新划定保管期限；对保管期满，确无保存价值的会计档案，可以销毁。单位负责人、档案管理机构负责人、会计管理机构负责人、档案管理机构经办人、会计管理机构经办人在会计档案销毁清册上签署意见。单位档案管理机构负责组织会计档案销毁工作，并与会计管理机构共同派员监销。监销人在会计档案销毁前，应当按照会计档案销毁清册所列内容进行清点核对；在会计档案销毁后，应当在会计档案销毁清册上签名或盖章。电子会计档案的销毁还应当符合国家有关电子档案的规定，并由单位档案管理机构、会计管理机构和信息系统管理机构共同派员监销。保管期满但未结清的债权债务会计凭证和涉及其他未了事项的会计凭证不得销毁，纸质会计档案应当单独抽出立卷，电子会计档案单独转存，保管到未了事项完结时为止。

思考题

1. 简述会计工作管理体制。
2. 简述《会计法》对各单位会计机构设置的要求。
3. 简述会计人员任职条件的要求。
4. 试述我国会计法规体系的构成。
5. 简述会计档案组成内容。

练 习 题

一、单项选择题

1. 我国会计工作主管部门是（   ）。
   A. 国务院   B. 人民代表大会
   C. 财政部门   D. 会计师协会

2. 对各单位会计工作具有普遍性监督的部门是（   ）。
   A. 人民银行   B. 税务部门
   C. 财政部门   D. 审计部门

3. 企业会计凭证、会计账簿保管期限为（   ）。
   A. 永久   B. 10年
   C. 30年   D. 20年

4. 我国会计法规体系中，（   ）是最高层次的法律规范。
   A. 企业会计制度   B. 注册会计师法
   C. 企业会计准则   D. 会计法

第十二章 会计工作的管理和组织

二、多项选择题

1. 根据《会计专业职务试行条例》的规定，会计专业职务分为（　　）。
   A. 会计员　　　　　　　　B. 助理会计师
   C. 会计师　　　　　　　　D. 高级会计师
   E. 注册会计师

2. 依法可以对各单位会计工作进行检查的部门包括（　　）。
   A. 财政部门　　　　　　　B. 往来单位
   C. 税务部门　　　　　　　D. 保险监管部门
   E. 会计师事务所

3. 会计人员的职业道德一般应包括（　　）等。
   A. 敬业爱岗　　　　　　　B. 客观公正
   C. 搞好服务　　　　　　　D. 保守秘密
   E. 依法办理

4. 下列会计档案需要永久保存的是（　　）。
   A. 会计账簿　　　　　　　B. 记账凭证
   C. 年度财务报告　　　　　D. 会计档案保管清册
   E. 会计档案销毁清册

三、判断题

1. 国家统一的会计制度是会计工作的根本大法。　　　　　　　　（　　）
2. 我国境内所有企业都必须执行国家统一的会计制度。　　　　　（　　）
3. 年度终了，会计档案可暂由会计部门保管一年。　　　　　　　（　　）
4. 会计档案涉及本单位商业机密，一律不得外借。　　　　　　　（　　）

参考书目

1. 全国会计从业资格考试辅导教材编写组.会计基础[M].北京.经济科学出版社.2016.
2. 财政部会计资格评价中心.初级会计实务[M].北京.中国财政经济出版社.2015.
3. 中华人民共和国财政部.企业会计准则（2015年版）[M].上海.立信会计出版社.2015.
4. 中国注册会计师协会编.会计[M].北京.中国财政经济出版社.2016.
5. 魏明海，龚凯颂.会计理论（第四版）[M].大连.东北财经大学出版社.2014.
6. 文硕.西方会计史[M].北京.经济科学出版社.2012.
7. 朱小平.初级会计学（第五版）[M].北京.中国人民大学出版社.2015.
8. 陈国辉.基础会计（第五版）[M].大连.东北财经大学出版社.2016.
9. 朱继民，魏朱宝.会计学基础（第四版）[M].合肥.安徽大学出版社.2011.
10. 李伯兴，周建龙.会计学基础（第二版）M].北京.中国财政经济出版社.2013.
11. 李占国.会计学基础[M].大连.东北财经大学出版社.2016.
12. 丁元霖.会计学基础（第五版）[M].上海.立信会计出版社.2016.
13. 孙凤琴，谢新安.会计学基础（第三版）[M].北京.中国人民大学出版社.2015.
14. 马同保，桑忠喜.会计学基础[M].武汉.华中科技大学出版社.2012.
15. 张其秀，于囤叶.会计学基础[M].上海.上海财经大学出版社.2016.
16. 张艳丽，苏红.会计学基础[M].成都.西南财经大学出版社.2013.
17. 柳延峥，冯艳.会计学基础（第三版）[M].大连.东北财经大学出版社有限责任公司.2010.
18. 藏文红.会计学基础（第二版）[M].北京.北京大学出版社.2014.